인종간 입양의 사회학

이식된 삶에 대한 당사자들의 목소리

OUTSIDERS WITHIN: Writing on Transracial Adoption

First published in the United States by

South End Press, PO Box 382132, Cambridge, MA 02238, USA.

For rights, contact: southend@southendpress.org www.southendpress.org.

The still from *Night Cries* appears courtesy of
Tracey Moffatt and Roslyn Oxley9 Gallery, Sydney.

이식된 삶에 대한 당사자들의 목소리

인종간 입양의 사회학

Outsiders Within: Writing on Transracial Adoption

글 토비아스 휘비네트 외 29인

엮음 제인 정 트렌카, 줄리아 치니에르 오패러, 선영 신

옮김 뿌리의집

뿌리의집
KOROOT

인종간 입양의 사회학

이식된 삶에 대한 당사자들의 목소리

1판 1쇄 찍음 2012년 4월 24일
1판 2쇄 펴냄 2015년 9월 3일

글쓴이 토비아스 휘비네트 외 29인
엮은이 제인 정 트렌카, 줄리아 치니에르 오패러, 선영 신
옮긴이 뿌리의집

펴낸이 김길자
편집인 김도현
편집/디자인 김민승
펴낸곳 뿌리의집
등록 제300-2012-53호(2012년 4월 2일)
주소 110-030 서울시 종로구 자하문로 125-10
내용문의 02) 3210 2451~2
팩스 02) 3210 2453
전자우편 admin@koroot.org
홈페이지 www.koroot.org

ISBN 978-89-968798-0-0 93330

* 책값은 뒤표지에 있습니다.
* 잘못된 책은 구입하신 곳에서 교환해 드립니다.

"20만 한국계 입양인들의
백만 명이 넘는
한국의 엄마, 아빠, 할아버지, 할머니,
이모, 삼촌, 형제자매들에게
이 책을 바친다."

감사의 글

먼저 한영외국어고등학교의 세빛또래 친구들과 허건성 선생님께 감사드린다. 그들은 〈뿌리의 집〉에 대한 자원봉사활동의 일환으로 이 책의 번역에 가담했다. 고등학생답게 그들의 번역은 고군분투의 흔적이 역력한 경우가 없지 않았고, 몇몇 번역은 매우 탁월했다. 이 번역을 통해서 그들이 인종간 입양에 대한 인식의 지평을 조금이나마 가꿀 수 있었기를 바라고 번역에 참여시켰던 바, 비록 서툰 점이 없지 않았으나 소중한 성장의 기회였기를 바라마지 않는다. 여기 그들의 참여를 기리는 뜻에서 이름을 적는다. 고동연, 김형준, 홍재준, 차수민, 최다연, 진윤태, 박영재, 윤하람, 최영화, 안아름, 마윤주, 이호선, 김선우, 고승준, 이다솔, 허남웅, 김동규, 김민준, 김아려, 박재범, 서준원, 문원준, 염동교, 최예슬, 최나래, 최원호, 이유성, 김다움, 김고은, 선혜리, 윤도권.

〈뿌리의 집〉 자원활동가들 중에서 영어 훈련이 잘 된 사람 몇 분에게 초역을 부탁드렸다. 이정민, 김태연, 신서윤, 김혜인, 최진경, 성윤정, 강의향, 정유진, 우현경의 아홉 분이다. 이분들의 노고에 감사드린다. 특히 전문번역가로서 2부를 번역해주신 최진경 님과 4부를 번역해주신 강의향 님, 그리고 번역문 전체를 세밀하게 살피고 조언을 주신 김성수 박사님께 진심 어린 감사를 표한다.

이 책의 출판을 위해 스위스 베른의 교민 Bruno Traber-이명숙 가정과 Erwin Baenteli-최영진 가정이 상당한 재정을 지원했다. 먼 나라에서 한국 사회에 입양에 관한 새로운 담론이 전개됨을 기뻐하며 격려해준 일에 감사드린다. 한국에 살고 있는 귀환 입양인들도 〈뿌리의 집〉이 개최한 2011년 추수감사절 만찬에서 연대의 표지로서 약간의 기탁금을 만들어줬다. 감사드린다.

무엇보다 원저의 편집자로서 번역과 출판의 모든 과정에 조언과 협력을 다한 제인 정 트렌카 님에게 무한한 감사를 드린다. 그녀가 없었다면 이 책의 출간은 불가능했을 것이다.

표지 디자인을 자원활동가 수준에서 감당해준 입양인 화가 Joo Young Choi와 그래픽 디자이너 Tiemen Hilbers, 책의 제작 과정에서 전문적 지원을 베풀어준 내 친구 유재현에게도 감사드린다. 〈뿌리의 집〉 간사인 김두연과 한혜림의 아름다운 수고, 그리고 지금은 떠난 일꾼 이지은 님의 수고, 지난해부터 우리의 출판 사업에 가담해서 출판 과정을 이끌어준 김민승 님의 수고가 어우러져 이 책의 출간이 가능했다. 내 아내 공정애는 내가 원고의 재번역과 감수를 위해 보낸 시간 동안 마음을 다해 격려해줬다. 모든 분들에게 감사드린다.

2012년 4월

〈뿌리의 집〉 김도현 목사가 두 손 모아

옮긴이의 말

해외입양인센터 〈뿌리의 집〉은 2008년 스웨덴의 저명한 한국계 입양인 한국학자 토비아스 휘비네트의 『해외입양과 한국 민족주의』를 번역하여 소나무출판사를 통해 출간했다. 4년의 긴 세월이 흘렀다. 이제 스스로 출판사 〈뿌리의 집〉을 설립하고 『인종간 입양의 사회학(*Outsiders Within*)』을 번역 출간한다.

『인종간 입양의 사회학』은 인종간 입양인 당사자들의 생의 여정에 대한 성찰과 학문적 발화[發話]를 묶은 책이다. 편집자 3인은 물론 30편의 글 중 25편의 필자들이 모두 인종간 입양인들이다. 이들은 북미의 인디언 가정 혹은 흑인 가정에서 태어났거나, 한국이나 베트남 혹은 나이지리아, 과테말라에서 출생했지만, 북미와 유럽과 호주의 백인 가정들로 사실상 강제 편입되어 성장한 사람들이다. 피부색에 따른 서열화 때문에 종종 폄하에 직면하면서 살아온 소위 '유색인'들이다. 그들은 시인이거나 시민운동가, 혹은 예술가이거나 학자들이다.

원저의 편집자들은 서문에서 그들이 이 책을 기획하고 출판한 일이 "교정적矯正的 행동"임을 똑똑하게 밝혀 말하고 있다. 실제로 이 책은 곳곳에서 인종간 아동 입양에 관한 기성 담론을 전면적으로 재편성하기 위한 논거와 성찰을 보이고 있으며, 나아가 오늘날 번영을 구가하고 있는 인종간 입양 관행의 궁극적 폐기를 위한 영감을 제공한다.

해외입양은 우리에게도 낯선 일이 아니다. 2차 세계대전 이후 50만이 넘는 유색 아동들이 아시아와 아프리카와 라틴아메리카로부터 북미와 유럽과 오스트레일리아로 입양되었다. 북미 대륙 내에서도 아메리칸 인디언 아동과 흑인 아동이 인종간의 경계를 넘어 백인 가정으로 입양되었다. 그런데 이 인종간 입양에 대해서 그동안 발언해온 사람들은 입양부모와 입양기관에 연루된 사회복지사들과 대학의 연구자들이었다. 그들 대부분은 '유색인종 아동'을 구원의 대상으로 바라보았고 인종간 입양은 아동을 비인간적인 비서구로부터 보다 인간적인 서구로 이동시키는 구원적 행위로 해석했다. 그들은 그들이 생산해낸 학문적 집적물들을 통해 인종간 입양에 대한 지지와 찬사를 표명하거나 인종간 입양의 정당성을 옹호했다. 또한, 인종간 입양의 동원과 세계적 입양산업의 흥왕에 복무했다.

바로 이 지점에서, 이 책 『인종간 입양의 사회학』의 필자들은 당사자들로서 자신의 삶에 얽힌 이야기들을 영감 어린 시와 산문을 통해서 또는 정밀한 학문적 작업의 결과물들로 제출한다. 이렇게 함으로써 필자들은 기존 담론을 비판하고 재해석함으로써 그 허구성과 탐욕을 들추어낸다. 또한 보편적 인류애에 관한 서사로 해석되어 온 인종간 입양의 담론이 사실상 서구 중심주의적 특수성에 뿌리를 두고 있는 세계 지배의 또 다른 방식임을 명징하게 입증해냄으로써 소위 서구적 입양 권력의 해체를 도모한다.

2차대전 이후 본격적으로 시작된 인종간 입양의 관행으로 인해 지구적으로 수백만에 이르는 사람들이 인종간 · 대륙간 가족 결별의 트라우마에 시달리고 있다. 자기 몸의 일부였던 아이와의 패배적 결별을 기억에 묻은 채 만성적 통증에 시달리는 아시아와 아프리카와 라틴아메리카의 생모들이 바로 그렇다. 생모와 가족, 언어와 문화, 귀속될 공동체로부터 격리되어 피부색의 정도에 따라 인간을 서열화시키는 인종주의 사회의 한가운데로 내동댕이쳐진 인종간 입양인들이 바로 그렇다.

『인종간 입양의 사회학』은 이들의 고통과 비탄과 아픔과 분노에 대한 해답이 '더 자비로워지는 것'이 아니라 우리가 살고 있는 지구적 삶의 방식을 재구성하는 데에 있는 것임을 시사한다. 자비로운 입양의 이름으로 대륙간 · 인종간 아동 이동의 깃발을 높이 드는 대신, 지구촌 가장 가난한 나라의 가장 가난한 여성도 낳은 자식을 키울 권리를 향유할 수 있도록 지구촌의 삶의 방식을 재구성하는 일에 참여하도록 영감을 주고 있다.

우리는 6.25 전쟁과 더불어 시작된 이 땅의 해외입양이 60년의 긴 세월을 지나 여태까지도 계속되고 있음을 알고 있다. 20만에 이르는 아동이 떠났고, 그들과 친생가족으로 연루된 이들만 100만이 넘는다. 입양기관 종사자들과 사회복지사들과 위탁가정들과 이 방면의 학자들과 국내외에서 해외 입양인들과 개별적 우정을 나눈 이들을 두루 친다면 수백만에 이를지도 모른다. 이 책의 편집자 중의 한 사람인 제인 정 트렌카는 입양으로 자식과 결별한 어머니와 그 가족들의 침묵하는 삶을 '사회적 죽음'이라 명명하고 있다. 바라건대,

이 책 『인종간 입양의 사회학』이 이 방면의 연구자들에게는 물론 우리나라의 해외입양에 관련된 모든 사람들이, 입양이 야기한 '사회적 죽음'의 치유를 위해 나서도록 하는 데 도움이 되기를 바라마지 않는다.

〈뿌리의 집〉은 한국 사회를 향해 입양 담론의 새로운 화두를 던지는 방법의 하나로, 책의 출판 과정에서 여러 사람의 손을 거치게 하는 방법을 택하였다. 시민단체로서의 역량 한계 때문이기도 하지만, 책의 번역 과정에 참여하는 사람들이 이를 통해서 〈뿌리의 집〉이 제안하는 입양 담론에 눈을 뜰 수 있기를 바라고 그것 또한 운동의 일환이라고 생각하기 때문이다. 덕분에 감사의 말에서 언급한 바처럼 원서의 번역 과정에 많은 사람들이 참여했다. 이들의 참여를 통해 마련된 초역을 본인이 원서와 대조하면서 원문에 충실히 옮기려는 원칙 아래 손질하고 아직까지 국내에는 생소한 전문용어 등에 유의하며 감수했다. 그러므로 이 책의 번역에 있어서, 보다 유려한 한국어 문장으로 다듬어지지 않은 등의 아쉬운 부분은 모두 본인에게 책임이 있다.

2012년 4월,
모든 옮긴이를 대표해서 〈뿌리의 집〉 김도현 목사 씀

차례

제4부 고통을 통한 성장

제5부 집으로 가는 여정?

제6부 외치노니, 우리의 목소리

들어가는 말:

내부의 이방인, 침묵을 깨다

사회의 변두리에 살면서 외부자의 시선으로 사물을 바라보고 학습하는 우리는 혁명적인 뿌리를 지닌 특별한 힘을 지니고 있다.

—킴 딜

우리는 증언해야만 한다. 백인 부모 중심의 이른 바 **영원한 가족**(forever families)과 함께 도심의 거리를 걷고 있는 중국소녀들을 위해, 미국 농촌 지역에 산재한 농가에서 자라고 있는 한국 아이들을 위해, 캐나다의 브리티시 콜롬비아(British Columbia)에 있는 작은 마을 학교에서 온전한 일원이 되기 위해 홀로 애쓰는 흑인 아동들을 위해(미국의 흑인 아동들은 캐나다와 영국 등으로 입양 보내지곤 한다—옮긴이), 미국 달러를 뇌물로 주고 사온 아이들을 위해, 납치되어 팔려온 우리 자매들을 위해, '입양불가' 판정을 받은 아이들을 위해.

이 책은 하나의 교정矯正적 행동이다. 지난 50년 동안 인종간 입양(transracial adoption)에 대한 저작을 주도해 온 사람들은 백인 입양부모들과 학자들, 정신과 의사들, 사회복지사들이다. 이들 **전문가**들은 입양인들[1]을 포함한 대중에게 인종간 입양이 **무엇**인지, **결국 우리 정체가 어떻게 드러나는지** 말해왔다. 입양인이 이렇게나 많고 백인 가정에서 급진적으로 인종이 변종되고 친족 관계가 바뀌어 버렸는데도, 성인이 된 인종간 입양인들의 목소리에는 아무도 귀를 기울이지 않았다. 우리 입양인들의 문화적 작업결과들은 변두리로 내몰렸고, 우리의 입양 경험을 논하는 에세이들은 배포되지 못한 채 대부분 사장되었다.

이런 보잘것없는 결과가 생긴 데에는 많은 이유가 있다. 인종간 입양이 근본적으로 고립된 경험이기 때문만은 아니다. 유색인종 입양인들인 우리는 입양에 대한 우리의 의견 표출이 백인 가족과 친구들과 동료들에게 우리를 이방인이 되도록 만들 것이라는 두려움을 가지고 있다. 우리는 사랑하는 사람들을 우리가 겪는 인종차별주의, 상실감, 정신적 충격의 가혹한 경험들로부터 보호하는 데 익숙해졌다. 우리 중에는 백인 사회에 동화되어 침묵을 지키고 살다가, 확실한 직업과 자신의 가족을 갖게 된 중년 이후에 외로움과 소외감이 주는 고통을 깨닫고 치유할 수 있게 된 사람들이 여전히 존재한다. 우리의 개인적 경험을 정치적 행동을 위한 영감으로 전환하려는 생각을 하기 전에 반드시 엄청난 내적, 감정적 처리 과정—배우지 않아도 알 수 있는—을 겪어야 한다.

인종간 입양인들이 최근에야 성인이 되었기 때문에 이들의 집필활동이 적을 수밖에 없다는 의견도 있다. 하지만 조부모 연령대가 된 인종간 입양인들도 많다. 북미와 호주의 원주민 아동들과 2차대전으로 고아가 된 일본 아동들, 그리고 한국전쟁의 고아들이 그러하다.

따라서 인종간 입양인들이 영원히 유년기와 성인기의 접점에 놓인 사람들이라고 편견을 갖는 것은 잘못이다. 중대한 의미를 지니는 인종간 입양인 집단이 최근에 와서야 성인기에 이르렀다. 1980년대 중반에서 말기를 정점으로 수많은 한국 아동들이 해외로 입양됐기 때문이다. 추산에 따르면 20만 명에 달하는 한국 입양아동들이 세계로 흩어졌을 뿐 아니라 수천 명의 아이들이 중국, 베트남, 인도, 과테말라, 콜롬비아, 에티오피아, 라이베리아에서 입양되었고, 미국 내에 있는 흑인 공동체들, 치카노(멕시코계 미국인—옮긴이)와 라틴계 공동체들, 호주와 미국의 원주민 공동체들에서도 입양되었다. 나열하자면 몇 안 되는 이 **공급처** 리스트는 매년 길어지는 추세다. 1980년대 이래로 국가간 입양(transnational adoption)이 급격하게 증가하면서 인종간 입양이 붐을 이루게 되었다. 미국 국무성에 따르면, 미국 내에서 입양 가능한 건강한 유아의 감소가 인지되면서 해외로부터의 아동 입양을 선택하는 사람들이 증가했다.[2] 1992년 6,472개의 **고아** 비자가 다른 나라로부터 입양된 아동들에게 발급되었다. 그리고 10년 뒤 그 수는 20,099개로 늘었다. 아동 대부분이 동아시아, 동유럽, 남미에서 왔다. 이 책의 저자들이 말하는 대로, 이 같은 입양 패턴의 변동은 유럽, 남미, 아시아 어린이들을 흑인 아동보다 상위에 두는 가치화에 기인하는 것이며, 예비 입양부모들의 욕망, 즉, 자신들이 살고 있는 땅의 **갈보**들의 아이를 입양하고 싶지 않다는 태도, 나아가 입양아동의 친생가족이 할지도 모르는 간섭을 피하고자 하기 때문이다. 미국은 전세계 입양산업의 가장 큰 **소비자**인 동시에 서유럽, 캐나다, 호주로도 매년 수천 명의 아동들을 입양 보내는 나라이기도 하다.

입양에 대해 논의할 때 일반적으로 출생국 내에서의 인종 경계선을 넘어가는 입양인(종종 **인종간 입양**이라고 말하는 경우)을 국가적 경계를 넘어 입양된 이들(국제(international) 입양 혹은 국가간(intercountry) 입양이라고 말하는 경우)로부터 분리해서 논의해왔다. 이러한 분리는 연대의 근원이 되는 공통성의 인지를 방해한다. 국가간 입양인이 당면한 문제의 대부분이 인종주의 · 주변화 · 차별이 낳은 정신적 외상인데도, 위와 같은 구분은 입양인의 문제를 새 가족을 찾는 일과 새로운 나라에 적응하는 문제부터 우선시한다.[3)] 많은 입양인 저자들이 입양에 관한 저작물들에서, 국제입양인 혹은 국가간 입양인으로 기술되어 온 우리를 인종간 입양인으로 재정의하고 있는 경향이 두드러지게 증가하고 있다. 이러한 재정의는 얼마나 끈질긴 인종화(racialization)가 우리 삶 전체를 관통하고 있는지를 강조한다.

이 책에서, 우리는 **인종간 입양**이라는 용어를 사용하는데, 이는 국내입양이든 국외입양이든 우리가 다른 피부색을 가진 입양인들로서 서로 연결되어 있음을 강조하고자 함이다. 동시에, 우리는 입양 이야기들의 다양성과 복합성을 이 한 책의 틀 안에 묶어내는 일을 명예로운 마음으로 추구한다. 인종간 입양인의 이야기들 중 같은 것은 하나도 없고, 정치적 입장도 각기 다르다. 총체적으로 봤을 때, 우리의 이 저작물은 다른 세상에 대한 희망에 찬 비전을 창조하는 바, 그것은 더 이상 유색인종 아이들이 팔리거나 소비되지 않고, 우리의 어머니와 가족들이 망실되거나 약탈당하지 않게 되는 일이다.

●입양과 입양지식의 정치학을 아는 자 누구인가?

인종간 입양에 관한 글쓰기 작업은 저자들의 동기에 대해 날카로운 질문을 제기한다. 만일 저자들이 유색인종의 아이를 입양한 백인 부모이거나 입양산업에 종사하는 사회복지사라면 그것이 문제가 될까? 이 주제를 가지고 글을 써온 그 많은 **전문가**들과 마찬가지가 아닐까? 오랜 시간 동안 남들에 의해 회자되고 왜곡된 역사를 가지고 있는 유색인으로서, 이 글쓰기의 동기 문제는 정말 중요하다. 저자들은 결코 편견이 완전히 배제된 상태에서 글을 쓰지 못한다. 우리의 비전은 성별, 인종, 국적, 정치적 관점, 그리고 입양삼자(adoption triad, 입양아동 · 친생부모 · 입양부모를 가리킨다.—옮긴이)에의 연루 여부와 관련된 사회적 위치를 항상 반영한다. 지식의 생산은 항상 이 위치성(locatedness)에 의해 특징이 드러난다. 이론가 퍼트리샤 힐 콜린스(Patricia Hill Collins)는, 흑인 여성들이 그들이 활동하고 있는 지배적 공동체의 세계관을 공유하는 사람들과는 다른 특이한 통찰력을 가질 수 있게 된 것은 **내부의 이방인**(outsider within) 관점 때문이라고 강조했다.[4] 지배적 담론에서 여전히 배척되면서도 그 속에 존재한다는 것은 순리에 어긋나는 지식을 창조하도록 이끄는 인센티브다. 과연 누가 인종간 입양에 관해 저술할 최적의 위치에 있는가? 누가 **내부의 이방인** 자리를 차지하는가?

랜달 케네디(Randall Kennedy)는 「인종매칭의 비극」이란 논문에서 입양인들은 인종과 가족, 입양에 대해서 특이한 시각을 가지고 있지 않다고 주장한다. 그는 인종간 입양을 열렬하게 지지하는 입양인들과 이를 비난하는 입양인들 사이의 의견 차이를 지적하면서, 인종간 입양인으로 양육된 경험에서 나온 통찰력이 무엇보다 중대하다는 결론을 내렸다.

어떤 관찰자들은 그들이 경험이 부여하는 권위를 지녔을 거라는 이유에서 입양인의 증언에 경의를 표하고 싶어질 것이다. 그러나 서로 상충하는 입양인 간의 의견 중에 어느 편을 따를 것인지를 결정하는 난관에 봉착하게 된다. 더 근본적인 도전은 입양인들에게 특별한 지식으로 부여된 것으로 간주되는 자산, 즉, 그들의 경험을 해독하고, 평가하고 활용하는 것에 있다. 입양인들의 회고록이나 다른 이야기들을 읽으면서, 사람들은 인종간 입양에 대한 생생한 경험이 아니라 그에 대한 해석과 만난다.[5)]

이 선집에 나온 수필들과 시들, 미술 작품들은 **입양인의 경험**과 **관점**이 오직 한 종류만 있지 않다는 점을 확실히 보여준다. 그렇다고 해서 인종간 입양에 관한 입양인들의 발언에 전문가적 권위가 별로 없다고 해도 된다는 건 아니다. 또한 그동안 이 분야의 실천적 지지자들이 종종 사용한 **인종색맹적**(colorblind) 수사들에 대해서, 인종간 입양인들과 이 입양인들과 연대를 표명하는 사람들의 극도로 비판적인 작업 결과물의 출현에 대해 눈을 감아서도 안 된다. 비판적인 입양인들의 관점들을 폄하하기 위해 노력하는 대신, 또는 기존하는 논의를 지지하며 그 내부에 자신을 정위시킴으로써 이름만 입양인에 불과한 사람들을 찾아나서는 대신, 우리는 세계적인 인종간 입양인 공동체의 이질성과 다양성을 포용하고, 논쟁의 조건을 전환하고, 새로운 탐구의 대로를 열어야 한다. 그것이 이 책의 도전 과제이다.

인종과 입양에 대해 두 가지의 유력하면서도 경쟁적인 담론이 있다. 한편에서 몇몇 학자들과 사회복지사들은 인종간 입양이 유색 아동들을 훼손한다고 주장한다. 그들은 인종간 입양이 아동의 자존감을 저하시키며, 정체성에 위기를 가져오고 출생 공동체와의 관계형성을 어렵게 한다고 말한다. 이러한 견해는 특히 1970년대 이후 동일 인종 배치를 적극적으로 장려했던 흑인 사회복지사들과 미국 인디언 사회복지사들 사이에 널리 유포되었다. 다른 한편은, 입양에 관한 최근의 연구에서 인종적 정체성이 지니는 핵심 성격에 동의하지 않으려는 학자들의 연구로 뒷받침되는 대중적 관점으로, 아동발달은 아동을 **사랑**과 안정감을 갖춘 가정으로 신속히 배치하는 것이 핵심이라는 주장이다. 인종주체성의 중심 역할을 반박하고자 하는 이 연구는 백인 가정으로 입양된 유색 아동이 자존감이나 인종적 고립에 관련된 문제로 고생하고 있다는 점을 부인하고, 그와는 반대로 백인 사회와 소수집단 양쪽 모두를 편안하게 오갈 수 있는 능력을 장점으로 얻는다고 주장한다. 이런 이유로 동일 인종 배치를 옹호하는 사람들은 정치적 동기와 입장을 지닌 분리주의자로 비난을 받아, 인종 분리를 조장하고 입양을 기다리는 아동의 곤경 및 인종간 입양이 정상적으로 기능한다는 경험적 증거를 무시하는 자로 간주된다. 인종적 사유 방식을 완고하게 반대하며 인종간 입양을 줄기차게 변호하는 사람들은 다인종 입양가정을 마치 다문화적 유토피아의 희망이 깃든 처소인 양 본다. 아래 리타 사이먼(Rita Simon)의 주장처럼 말이다.

> 이 연구들은 인종이라는 것이 사랑하고 헌신하는 일에 아무런 장벽이 되지 않은 것처럼, 인종간 가족 안에서 서로가 서로에게 부모와 자식으로, 형제와 자매로 엮일 수 있음을 보여준다. 인종 갈등으로 분열된 이 사회 안에서 이 연구들은 인종적 차이를 초월한 인간 존재를 보여주고 있다.[6)]

인종간 입양인들은 이 갈등하는 이야기들 가운데 흙탕물 속에서 헤엄치고 있다. 한편으로, 우리는 가족이나 공동체와의 관계에서 아무런 의미 있는 연결고리도 없이, 우리 존재를 문화들 가운데서 반쪽짜리 삶으로 비난받는 희생자로 정의하는 것에 저항한다. 해결될 기미가 보이지 않는 입양가족과의 팽팽한 긴장을 통과해서 일하고자 하는 우리의 의지와, 친생가족과 출신 사회와의 연결고리들을 재건축하려는 우리의 능력과, 진정성 어린 우리의 경험에 기초한 새로운 정체성을 창조하려는 우리의 성공적인 노력들은 우리가 진실로 생존하고 번영할 수 있는지를 드러내는 표지이다. 다른 한편으로, 인종차별과 고립과 학대로 인한 우리의 경험들과 우울증과 마약중독과 소외에 따르는 분투들은 인종 · 국경 · 문화의 경계를 넘어가는 입양이 진실로 얼마나 커다란 감정적 영적 값을 지불하는 일인지를 드러낸다. 우리는 이렇게 지속되는 역설 속에서 살고 있으며, 우리의 삶은 그 자체로 어김없이 일탈적이라는 것을 인식하고 있다. 한 장소에서 태어나서 다른 장소에서 자라고 다른 언어를 말하고, 다른 음식으로 길러져도 바뀌지 않는 우리의 육체는 인종과 국적에 대한 이념들의 잦은 폭력적 충돌의 표지이다. 이 책의 저자들은 현재 논쟁중인 사안이라는 관점에 따른 한계 설정을 거부하고, 이 한 권의 책에서 서로 다른 문제들을 두루 다루기로 결정했다.

●입양삼자를 뛰어넘기: 인종, 인종색맹, 반동

인종간 입양의 영향과 중요성은 소위 **입양삼자** 가족에만 한정되지 않는다. 실제로 인종간 입양은 후기시민권시대(post-civil rights era)에서 인종의 의미와 인종 정책들을 재정립하려는 투쟁의 강력한 상징이 되었다. 30년 전, 영국과 미국에서 흑인과 아메리카 원주민 사회복지사들은 유색인종 아이들이 백인 가정으로만 입양되는 것에 대해 문제의식을 느끼고, 동일한 인종적 배경을 지닌 가정으로 아이들을 배치하는 인종매칭 정책(race-matching policies)을 시행하기 위해서 맞서 싸워 성공했다. 지난 10년간, 인종매칭 정책들은 환원주의적이고, 구시대적이며, 인종주의적이라는 비난과 의혹을 받아왔다. 비판자들은 이 정책 때문에 많은 유색인 아동들이 배치받지 못한 채 새 가정을 기다리고 있다고 지적하며, 인종보다 가정의 영속성이 훨씬 더 중요하다고 주장한다. 그러면서도 그들은 백인 혈통의 혼혈 아동을 유색인 가정에 배치하는 것에는 의구심을 나타내며, 아동의 복잡한 인종적 배경을 무시하는 처사라고 주장하는 동시에, 동일 인종 배치는, 백인 입양부모가 아이를 입양할 수 있는 기회를 순전히 그들의 인종에 근거하여 거부하는 것이기 때문에, 백인 입양부모의 권리를 침해하는 것이라 주장했다.

동일 인종 배치를 둘러싼 투쟁은, 계속되는 인종의 중요성에 관한 더 광범위한 논의의 배경에 반대해서 일어나고 있으며, 동시에 인종적 불평등에 대한 보상을 제공하고자 고안된 방법들의 도덕성과 적법성에 관련해서도 일어나고 있다. 미국의 신보수주의 조직인 미국시민권협회(American Civil Rights Institute)와 컬러블라인드 아메리카 캠페인(Campaign for a Colorblind America)은 백인을 새롭게 불이익당하는 소수집단으로 묘사하면서, 시민권에 관한 잠언들을 백인을 방어하는 논조로 바꾸고, 자신들을 마틴 루터 킹 목사가 남긴 유산의 진정한 상속자라고 주장한다. 이러한 맥락에서, 사람을 피부색이 아닌 사람 됨됨이로 판단해야 한다는 킹 목사의 주장이, 인종주의적 배제를 바로잡기 위해 만들어진 정부의 개입 정책들에 대항하여 동원되었다. 특히 소수집단 우대정책(affirmative action)은 신보수주의 인종색맹 의제의 시험장인 캘리포니아의 사례와 함께 비난의 포화 아래 놓이게 되었다. 캘리포니아 시민권 발의문의 209항은 정부 기관들이 시행하는 소수집단 우대정책을 불법화했으며, 이로 인해 캘리포니아 시스템 하에 있는 대학에 입학하는 흑인과 라틴계 학생의 수는 급감했다. 워드 코널리(Ward Connerly)의 미국 시민권 규정 209항이 이뤄낸 의미 있는 성공에 뒤이어 소수집단 우대정책에 대한 법적인 도전이 전국적으로 줄줄이 일어났다. 진보적인 인종차별 시정조치들에 대한 공격은 거기서 멈추지 않았다. 2004년 봄에 있었던 캘리포니아 투표에서는, 법 집행기관을 제외한 모든 정부기관의 인종에 관한 통계자료 수집을 불법화하는 인종적 프라이버시 발의문 54안이 제안되었다. 만약 이 발의문이 시행되었다면, 주 정부 기관이 입양인의 인종을 확인하는 일과 주택부터 교육에 이르기까지 다양한 정부 프로그램에서 인종차별을 보여주는 통계자료를 수집하는 것을 금지할 수 있었을 것이다. 비록 시행되지는 못했지만, 54안이 받은 43퍼센트의 지지는 미국을 선도하는 캘리포니아주의 꽤 많은 소수집단 투표자들이, 유색인들이 불공평한 인종별 혜택을 받아왔다고 확신한다는 걸 보여주고 있다. 동시에 54안의 지지자들은 이 사회에 인종주의적 범주가 존재한다는 걸 주정부가 알 수 없도록 54안이 은폐할 수 있다고 생각한다는 걸 알 수 있다. 사실, 인종에 대한 인식은 어떤 것이든 그 자체가 인종주의자를 만드는 일이다.

인종색맹 의제로 선회하는 가장 가시적인 지점이 소수집단 우대정책인 한편, 신보수주의 압력단체는 인종간 입양에도 주목하기도 했다. 입양이라는 맥락에서 인종색맹 이념은 유색 아동들과 백인 예비 입양부모 모두를 인종적 관념의 희생자로 본다. 아이들은 그들이 인지하지도 이해하지도 못하는 사회적 범주로 인해 위탁가정이나 기관에서 대기하도록 강제되어야 한다고 말한다. 백인 부모들은 그들의 인종 때문에 처벌받고, 가정을 꾸릴 수 있는 기회를 박탈당한다. 이런 상황에서, 빌 클린턴 행정부 시절 통과된 MEPA(Multiethnic Placement Act, 다인종 배치법)와 그에 따른 IEP(Interethnic Placement Provisions, 인종간 배치 규정)는 인종과 상관없이 잠재적 입양부모와 아동이 결합할 권리를 옹호하는 필수적인 법적 방어장치이다.[7] 바로 이 점에서, 동일 인종 배치에 대한 공격을 소수집단 우대정책에 대한 비판의 시험장으로 볼 수 있을 것이다. "Love sees no color." 즉 **사랑은 피부색을 보지 않는다**는 상식적인 개념의 강조가 인종에 관한 규범을 되돌려버리는 일에 유용한 이념적 뼈대를 제공하고 있다. 그리하여 인종이 중요하다고 주장하는 이들을 또 다시 분리주의자나 관념론자로 몰 수 있게 되었다. 두 진영 사이의 논쟁에 대한 토론으로 우리의 논의를 한정하는 것은 우리의 인종간 입양의 이해를 편협하게 하는 것이며, 또한 다른 가능성들을 고려하지 못하게끔 한다.

만약 우리가 저소득층 부모들이 아이들을 키우기 위해서 적절한 경제적 지원을 받을 권리가 있으며, 마약중독에 걸린 여성은 치료받을 권리가 있고 어머니 역할을 계속할 권리가 있다고 주장하거나, 아이들에게는 자신의 엄마가 자신을 떠나서 감옥에 갇히지 않게 할 수 있는 권리가 있다고 주장한다면, 제안된 해결책들이 어떻게 바뀔 것인가? 만약 우리가 전쟁의 여파로 기근과 주택문제, 건강, 그리고 그들 자신과 아이들의 교육 문제로 고생하는 나라들과 남반구의 빈국에 있는 엄마들의 권리를 고려한다면, 논의는 어떻게 달라질 것인가? 이 책의 글쓴이들은 그들의 관심을 이미 현존하는 논의로 한정하지 않는다. 그들은 본보기가 되는 성공적 입양 사례나 혹은 경각심을 심어주는 재앙에 가까운 이야기들을 전하고자 하지 않는다. 대신에 식민주의와 인종차별주의, 군사주의와 제국주의, 세계화에 깊이 연루된 인종간 입양의 면모를 드러내고자 한다. 그렇게 함으로써, 유색인 아동들이 가족으로부터 격리되어 입양에 포박당한 근본 원인으로 설명되는 경제적 · 인종적 · 세계적 정의를 둘러싼 싸움과 깊은 관련이 있는 장기적 해결책이 필요하다는 점에 읽는이가 관심을 두게 한다. 그렇게 하여, 한 아동의 구원을 주장하는 대신, 공동체 전체를 위한 정의를 추구하자고 요청한다.

반대편으로부터 오는 직관을 좇아, 우리는 인종간 입양의 대안이 결코 동일 인종 배치가 아니라는 사실을 알아챘다. 범죄를 막고 정의를 구현하자고 가난한 유색인 엄마를 처벌하는 것은 공동체를 강화하거나 치유하는 것이 아니라 파괴하는 일일 뿐이다. 그런 점에서 우리는 오히려 복지정책에 진정한 대안이 있다는 점과, 인간 존재의 안전을 확보하는 일을 이윤보다 우선시하는 국제정책이 그 대안이라고 주장한다. 이 책은 인종간 입양에 관한 책일 뿐 아니라 그 이상에 관한 책이다. 상실과 사랑, 귀속과 소외, 고향과 추방에 관한 복합적인 이야기들을 그물처럼 짜낸 이 책은 인종간 입양에 관한 이해를 한층 더 풍부하게 할 뿐만 아니라 우리의 총체적인 삶을 형성하는 인종과 정치, 그리고 세계 경제의 역학관계에 대한 심원한 이해로 이끈다.

●이 책의 내용

이 책은 독자들이 여섯 단계에 걸쳐서 여행을 할 수 있도록 지도를 제공한다. 독자들은 자신의 마음에 가장 와 닿은 흥미진진한 이야기들이나 에세이들을 골라 읽어도 무방하다. 하지만 이 책에 소개된 글들을 순서에 따라 읽는다면 독자들은 여러 저자들이 그려내는 인종간 입양의 다양한 모습을 보고 보다 풍부한 이야기의 세계로 이끌려 갈 수 있을 것이다. 우리가 독자들을 초대해서 함께 떠나려는 여행은 우리가 지금까지 걸어온 입양의 여정, 즉, 결과적으로 우리들의 삶을 구성하게 된 출발과 도착, 애착과 상실에 깃든 의미를 묻는 일과 다르지 않을 것이다. 나아가, 우리가 태어난 나라와 공동체에 대해 배우고, 우리가 고향땅을 떠나게 했고 또 돌아가게 하는 표지인 사회 · 정치 · 경제의 불평등에 대해서 배울 뿐 아니라, 우리의 삶과 사랑의 세세한 부분에 이르기까지 따져볼 것이다. 우리는 이 책에서 개인적 이야기들과 비판적 분석들, 창의적 표현들, 복합적 차원을 지닌 대화들을 엮어 배치할 것이다. 우리는 이 책에서 개인적 이야기와 비판적 분석을 함께 배치하고 시와 시각적 예술을 산문과 나란히 배치함으로써, 입양인들의 목소리를 배제하는 것을 통해 이성적이며 **전문가적**이라고 간주되어 온 지식의 특권에 대해서 도전할 것이다.

제1부: 너는 도대체 어디서 왔니?

1부에서, 인종간 입양인 저자들은 인종차별과 문화적 이탈을 겪은 이들이 소속감과 정체성에 대한 감수성을 획득하기 위해 분투한 이야기를 공유하고자 한다. 1부의 제목은 많은 인종간 입양인이 일생을 통해서 받아온 질문이다. "너는 도대체 어디에서 왔니?"라는 이 질문은 매우 순수한 질문처럼 보인다. 그러나 이 질문은 '넌 우리와 다르다.'라는 거부를 함축하고 있으며, '넌 우리의 일원이 아니다.'라는 주장을 강조하는 질문이다. 우리는 일원이 되기 위해 과거를 잊어야 한다고, 우리 자신의 진실에 대해서 침묵하고 상황에 스스로를 끼워맞추라고 배워왔다. 우리는 순응하도록 부추김받았고, 우리의 과거를 망각하는 일을 통해서 자신의 기원으로부터 탈구되어 **자리를 옮기도록** 권고받았다. 하지만 1부 첫 글에서 글쓴이가 말하듯이, 우리의 기원과 생존에 얽힌 이야기들에 대해 더이상 부인하고 침묵하지 않으려 할 때에만, 비로소 우리는 상실과 탈구의 경험 안에 있는 처치곤란한 유산을 치유하기 시작할 수 있다.

인종간 입양인에게 정체성이란 복합적이고 유동적인 것이며, 나아가 가정과 학교에서 혹은 이웃 가운데서 자신과 인종적으로 동일한 사람들을 거의 만나지 못하고 자란 우리들에게는 의혹으로 가득한 것이다. 학교로 데려다 주는 흑인 엄마, 이모 , 할머니, 사촌이 전무한 상황에서 인종주의자들이 흑인 여성에 대해 성적 편견과 상상을 폭탄처럼 쏟아낼 때, 흑인 입양아동들이 어떻게 자신들의 곱슬머리와 검은 피부를 수치로 여기지 않을 수 있을까? 제니 라이트(Jeni Wright)의 에세이는, 우리 입양인들이 지니고 있는 신체적 표지가 입양가족과 다르다는 점에 관련된 우리의 투쟁을 보여줄 것이며, 우리가 우리의 조상들인 아프리카인, 아시아인, 아메리카 원주민, 중남미인들의 유해하거나 이국적인 신체의 증거라고 하는 인식에 맞서서 펼치는 고군분투를 상기시켜 줄 것이다.

1부 마지막 두 편의 글은, 인종간 입양의 경험이 어떤 이에게는 내적 성장의 기회가 되었다는 점을 보여줄 것이다. 킴 딜(Kim Diehl)은 어떻게 **내부의 이방인**이라는 그녀의 독특한 관점이, 공동체를 설립하고 영성을 추구하는 일을 통해서, 다른 사람들과 함께 하는 사랑의 공동체에로 이끌어주었는지 이야기할 것이다. 마크 해글런드(Mark Hagland)는 한국 사회에서 강요된 이성애와 가식적인 문화라는 이중의 덫 사이에서 어떻게 복잡한 자신의 과거사와 현존하는 현실에 어울리는 진실되고 온전한 정체성을 형성할 수 있었는지에 관한 이야기를 들려줄 것이다.

제2부: 어떻게 여기에 왔니?

인종간 입양의 옹호자들은 자주 "사랑은 피부색을 보지 않는다."라는 격언을 들먹인다. 2부에서는 입양의 정치학과 경제학을 앞쪽에 배치함으로써 입양을 '인종을 뛰어넘는 사랑'으로 논하기보다는 '인종에 관련된 돈의 문제'로 보도록 우리의 주의를 돌린다. 이 부분에서 이 책은 현재의 사회적 · 경제적 정책들이 인종간 입양을 부추기는 일이 아닌지를 숙고하도록 한다. 선영 신(Sun Yung Shin)은 소모품으로 전락하는 한국 농촌 여성의 영혼을 불러내는 한 편의 시로 2부를 시작한다. 이 여성들은 소위 아시아의 경제적 기적으로 일컬어진 저임금 노동을 공급했고 동시에 한국의 입양산업을 위해 그 몸을 바침으로써 아동을 공급한 여성으로 묘사된다.[8)]

도로시 로버츠(Dorothy Roberts), 엘렌 배리(Ellen Barry), 로라 브릭

스(Laura Briggs)는 미국으로 화제를 돌려서 아동복지와 범죄 관련법 체계에 있어 인종차별적인 미국의 시스템을 준열하게 비판한다. 그들의 글들은 복지 개혁, 즉, 보수적인 **가족 가치**의 정책 의제와 감옥 산업복합체의 등장이 어떻게 시민권을 훼손했는지, 또 어떻게 아프리카계와 라틴계 미국인 가족들을 유린했는지를 보여준다. 저자들은 아동복지의 개혁과 교정 체계들과 노동계층 가족에게 살 만한 임금을 주는 것을, 오늘날 초점을 두고 있는, 유색 아동을 백인 가정으로 입양시키도록 **자유화**하는 정책의 대안으로 고려해보도록 촉구한다. 킴벌리 파디(Kimberly Fardy)의 짧은 이야기는 수감 시스템의 심각한 영향을 말해준다. 유색인종이자 동성애자인 여성으로서, 감옥 수감자를 아버지로 두고 있는 딸로서, 복지에 의존하고 있는 10대 엄마로서, 성폭행과 인종차별과 노숙자 생활에서 살아남은 자로서, 파디는 인간성을 말살시키는 정부 정책들에 직면해서 어떻게 살아남고 자신을 강화해야 하는지에 대해서 참으로 많은 것을 우리에게 이야기해준다.

2부의 마지막 글은 우리가 국제적으로 확장된 정치 · 경제학적 초점으로 입양을 바라보도록 한다. 김 박 넬슨(Kim Park Nelson)의 국제입양산업에 관한 연구는, 입양부모들과 입양기관들 사이에 15억 달러가 개입된 국제적 아동 **무역**이 존재하는 이유가 무엇일지 드러내준다. 엘살바도르 실종 아동 당사자로서 패트릭 맥더모트(Patrick McDermott)는 국제입양산업이 납치된 아동을 위한 시장을 제공한 공범임을 밝힌다. 그의 에세이는 2부의 제목인 '어떻게 여기에 왔는가'에 답하고 있다. 입양인들의 여정은 결코 안락한 소설이 아니며 폭력과 억압으로 얼룩진 역사이자 트라우마를 일으킨다는 점을 단호히 말한다.

제3부: 식민주의적 상상, 지구적 이주

3부는 인종간 입양의 식민주의적 뿌리를 들추어낸다. 3부는 두 가지, 즉, 식민지화와 미국 인디언 정체성에 관한 숙고로부터 시작하는 바, 식민지적 획득과 정착사회 건설로 시작된 북아메리카 인종간·국가간 입양에 관한 모든 논쟁을 불러온다. 샨드라 스피어스(Shandra Spears)의 시는 문화 말살의 정신적 폭행에 의해 절단된 미국 인디언의 역사와 미래에 대한 인디언 여성의 치열한 탐구를 보여준다. 하지만 미국 인디언들은 자신들의 자녀들이 격리되고 지배사회에 동화되고 있을 때에 그냥 당하고만 있지는 않았다. 하이디 키웨틴피네식 스타크(Heidi Kiiwetinepinesiik Stark)와 케켁 제이슨 토드 스타크(Kekek Jason Todd Stark)는 인디언 아동복지를 위한 투쟁이야말로 식민지 해체 운동의 핵심 요소임을 명백하게 드러내어 준다.

미국 인디언 아동의 입양과 동화, **긴급구조**라는 이름 아래 후기식민지 상황인 남쪽의 가난한 나라에서 아이들을 데려와 지배권을 행사하는 부유한 북미로 이동시킨 것, 동아시아에서 서구 사회로 아동을 재배치한 것—이 세 가지 사이에는 아주 명확히 이데올로기적이며 역사적인 연속성이 존재한다. 토비아스 휘비네트(Tobias Hübinette)는 한국전쟁에 따른 한국 아동의 입양이라는 범례를 들어 미제국과 반공주의와 아동의 세계적 이동 간의 상관관계를 살펴보도록 촉구한다. 종교적 선구자들의 노력이 없고서야 제국은 완성될 수 없는 법이다. 식민주의의 오랜 도구였던 기독교 선교사들은

가난한 나라들의 영혼 구원 설화를 통해 식민지 지배를 정당화시켰다. 재란 김(Jae Ran Kim)은 그녀가 머물렀던 대구의 한 기독교 고아원을 방문하는 이야기를 섬세하게 묘사하는 바, 자신의 개인사를 도구로 삼아 한국 아동 입양의 번성기에 기독교 선교가 어떤 역할을 했는지 보여줌으로써 일반화된 식민주의의 역사적 작동체계를 조명한다.

제4부: 고통을 통한 성장

어떤 사람들은 인종간 입양인들이 다문화주의의 새로운 얼굴이라는 의견을 제시하기도 한다. 휘비네트는 인종간 입양인은 문화간의 교량이며, 인종간 조화의 상징이며 세계화와 탈근대 사회동포주의 인간의 체현이라고 하지만 도나 케이트 러스킨(Donna Kate Ruskin)은 미국 유색 여성들의 고전적인 저작집 『가교라고 불리는 내 등짝(*This Bridge Called My Back*)』을 인용하며, 가교가 되는 것은 엄청난 정신적 · 감정적 비용을 지불해야 하는 일임을 상기시킨다.

> 이걸로 충분해요
> 양쪽의 것들을
> 보고 만져지는 것 토할 것 같아요
> 모든 이들을 위해 가교가 되는 일 지긋지긋해요
>
> 당신들의 간극을 메우는 일 넌덜머리가 나요
> 당신들 스스로 울타리 치고 고립을 자초한 일을 위해

보험이 되어주는 일 정말 싫어요

당신들의 축제일 만찬 더 이상 혹하지 않아요

당신들의 괴상한 일요일 늦은 아침식사 더는 먹고 싶지 않아요

서른넷 백인 중 하나뿐인 흑인 친구가 되는 일 구역질 나요[9)]

인종적 · 국가적 · 문화적 정체성의 경계에서 살기 때문에 겪는 상실과 소외의 고통은 많은 인종간 입양인들에게 일종의 정신적 질환을 야기한다. 이것을 우울, 분노, 비탄, 불안정, 중독 등으로만 표현하기에는 석연치 않다. 우리들 중 몇몇은 입양가족을 향해 의리 있게 행동하느라 스스로의 고통들을 걸러야 한다는 압력을 느낀다. 만약 상실감과 그에 따른 슬픔의 감정을 표현하게 되면 입양가족들이 고통스러울지도 모른다고 걱정하는 것이다. 인종차별주의자들은 우리가 그들의 사회에 소속되지 않은 사람들이며 다문화가정이 정상적으로 작동할 수 없을 거라고 추정한다. 우리는 이와 같은 인종차별주의자들의 추정에 맞서서 모델이 되는 가정을 가꾸는 일과 우리들의 입양된 삶이 얼마나 좋았는지를 역설하는 일에 스스로 나서서 몸을 던진다. 하지만 많은 경우 우리는 비판이나 자기검열이 아니라 고통을 마주하는 방법을 통해서만 진정으로 치유가 될 수 있다. 4부는 우리가 체험했던 상실을 직면하고 나서 경험한 성장과 변화를 다룬다. 섀넌 기브니(Shannon Gibney), 베스 경 로(Beth Kyong Lo), 브라이언 타오 워라(Bryan Thao Worra)의 글들로 시작하며 동경[憧憬], 트라우마, 치료에 관해 탐색하게 될 것이다. 이 글들은 우리가 공유하고 있는, 우리의 가족과 과거에 대한 복잡한 감정을 드러내고, 자기부정을 벗어나 인격적 변화에 이르는 여정을 탐험할 것이다.

이어지는 세 편의 글들은 인종간 입양에 종종 끼어드는 투쟁들이 지닌 상이한 관점들을 검토할 것이다. 존 라이블(John Raible)은 때로 입양인과 입양가족의 어려운 관계를 탐색하고 입양가정으로 하여금 **인종화**되도록 제안할 것이다. 론 M.(Ron M.)의 회상록은 마약중독과 학대를 치유하는 영역들을 섭렵할 것이다. 12단계 프로그램을 통해 금주에 이르는 그의 여정, 문제투성이였던 자신의 과거를 직면하는 그의 투신, 치유를 시작하는 일, 건전한 방식으로 사랑하는 법을 학습하는 일 등은 우리들의 입양 이야기들 가운데 놓여있는 희망과 강점을 생생하게 보여준다.

론은 살아남았다. 하지만 책을 위한 자료를 수집할 때 편집자들은 론과 달리 살아남지 못한 이들의 이야기를 어떤 식으로 포함시켜야 할지 끊임없이 고민했다. 우리는 많은 인종간 입양인들이 예술가, 사회운동가, 작가로 성공했다는 것을 알고 있다. 하지만 마음의 상처를 극복하지 못하고 그들의 삶을 포기한 입양인들은 어찌 다룰 것인가? 이 책을 통해서 우리는 약물과 알코올중독에 빠진 사람들, 감옥과 정신병동에 수감된 사람들, 스스로 생을 마감한 사람들의 명예를 지켜줄 수 있기를 바란다. 4부의 마지막 두 부분은 죽음과 슬픔, 애도를 다루었다. 하이디 린 아델스만(Heidi Lynn Adelsman)은 인종차별과 수감 생활, 에이즈로 고통받았던 입양인 남동생의 분투에 대해 말한다. 그의 삶과 죽음은 이런 책이 왜 하루 빨리 나와야 하는지 환기시킨다. 마지막으로 레이첼 키 콜리어(Rachal Quy Collier)는 입양 때문에 생기는 치명적 상실에 대해서 숙고하며, 입양과 거절과 비탄에 대해 새로운 방식으로 사고하도록 제안한다.

집은 어디에 있는가? 우리를 키워준 가족들과 함께 하는 곳일까? 많은 유색인 입양인들에게 있어서, 우리가 우리의 입양부모들과 형제자매들을 사랑하는 그것이, 우리로 하여금 존재의 잃어버린 부분들을 그리워하는 감정으로부터 방어해줄 수는 없다. 어렸을 때 우리는 우리를 닮은 사람을 찾는 헛수고를 하곤 했다. 우리는 그런 사람들이 나타나서 우리가 다른 편의 사람들과 연결점이 있다는 사실을 보여주기를 바랐다. 어른이 되자 우리는 혈족과 친생부모와 원래 귀속되었을 사회들을 찾아 나섰다. 이 일은 우리로 하여금 동경하는 고향을 향한 먼 여행길에 오르게 했다. 하지만 우리의 귀환은—생모의 환대 여부나 이제 낯설기만 한 **모국**의 냄새나 소리와는 상관없이—우리에게 해답보다는 더 많은 의문점을 남겨주었다. 이런 이유로 5장 제목 끝에 물음표가 붙게 되었다. 다른 말로 **귀향**이라 부를 수 있는 우리의 여행은 이제 막 시작되고 있다.

모든 입양인들은 생모를 찾을 것인지, 또 생모를 찾는다 하더라도 또 다른 거부를 겪게 될 가능성은 없는지 하는 진퇴양난의 궁지에 몰려 있다. 우리가 여러 해를 투자한 끝에 생모를 찾게 된다 하더라도, 우리는 우리 자신을 내다버린 최초의 배신에 대한 분노와 원한이 엉긴 복잡한 감정으로 가득 차게 된다. 심지어 최초의 배신을 정말 겪은 건지도 불분명하다. 하지만 지극히 감정적이고 예측할 수 없는 우리의 재회에 관한 이야기는 대중들의 호기심과 관음증을 촉발시킴으로서 대중들의 먹잇감으로 소비된다. 영화『다낭에서 온 딸(*Daughter from Danang*)』에 대한 글을 쓴 그레고리 최(Gregory Choy)

와 캐서린 세니자 최(Catherine Ceniza Choy)는 우리에게 이런 **재현의 정치학**에 대하여 비판적으로 사고하도록 촉구한다.

우리의 귀향은 우리와 경험을 공유하는 다른 입양인과의 연결 고리, 우리의 출생국과 고향 사회와의 연결 고리를 구축해 가도록 이끈다. 에이미 인자 나프즈거(Ami Inja Nafzger)는 해외로 입양된 한국인들의 조직을 노력 끝에 성공적으로 설립한 과정을 적었다. 이 조직은 한국인들과 한국 정부기관들이 입양인을 이해하고 받아들이도록 하기 위해 설립된 조직이었다.

우리가 돌아갈 문화가 어떤 문화이든 간에 입양인들은 그 문화에 대한 이해를 모색하며 때로 이해점을 발견한다. 우리는 줄리아 치니에르 오패러의 시 한 편을 배치하는 것으로 이 장을 맺을 것이다. 그녀의 시는 나이지리아 남동부에 있는 친아버지의 땅을 향한 여행에 관한 것이다. 이 시에서 그녀는 익보(Igbo. 주로 나이지리아 동남부 지역에 사는 종족—옮긴이)의 붉은 흙과의 결속을 발견하는데, 그 땅은 그녀에게 심오한 영성이 깃든 땅이었다. 귀환의 길에서 겪는 모든 복잡성 그 자체가, 우리가 귀환을 통해 심층적 치유를 얻을 수 있음을 말해준다.

제6부: 외치노니, 우리의 목소리

이 책을 만들 때, 편집자들은 우리 입양인들이 우리 자신으로부터 나오는 고유한 목소리를 발하는 공간을 만들 수 있기를 기대했다. 인종간 입양을 찬성하거나 반대하는 로비스트나 대변인으로서가 아닌, 다문화주의의 실존하는 얼굴로서가 아닌, 혹은 피부색으로 인종을 차별하지 않는 인종색맹 사회의 미래를 여는 가능성의 존재로서가 아닌, 혹은 미국의 해외 국가들에 대한 중재와 개입의 증거를 그 얼굴과 외모에 지니고 있는 자로서가 아닌, 오직 우리 자신의 고유한 진실의 증인으로서의 목소리를 담을 그런 공간을 계획했다. 이 책의 마지막 부분인 6부에서는 함께 치유하고 함께 목소리를 내기 위해 결속해온 인종간 입양인들의 초국가적운동의 등장에 초점을 맞출 것이다. **전문가**라 불리는 외부인들이 우리 자신의 경험을 규정하는 것을 용인하지 않기로 하고, 스스로 우리의 현실에 대해서 정의하기로 한 결단이 우리의 이 운동에 불을 붙였다.

덴마크의 코리아클럽(Korea Klubben)의 부회장인 커스틴 후미 슬로트(Kirsten Hoo-Mi Sloth)와 베트남 국제입양인 모임(Adopted Vietnamese International)의 설립자인 인디고 윌리엄스 윌링(Indigo Williams Willing)은 그동안 입양 연구를 지배해온 패러다임을 비판하는 것으로 이 장을 시작한다. 슬로트와 윌리엄스는 인종간 입양인들은 입양가족들과 동화되도록 그리고 **같음**을 느끼도록 격려받아야 한다는 주류학계의 가설을 비판하면서, 인종간 입양인들이 성인이 되면서 발전시키는 복합적이고 다중적인 정체성에 관해 탐구한다.

마지막 세 글들은 입양인 단체의 조직화에 초점을 맞춘다. 인종간 입양인 단체들은 우리의 애환을 함께하고, 다른 이들의 여정으로부터 배우며, 변혁을 요구하며, 우리의 진실을 자기 검열 없이 자유롭게 말할 수 있는 공간을 창조한다. 페를리타 해리스(Perlita Harris)는 자신의 글을 통해 영국 런던에 위치한 ATRAP(the Association for Transracially Adopted People. 인종간 입양인 협회) 회원들의 대화를 우리와 공유한다. 서니 조(Sunny Jo)는 한국계 입양인과 그들이 운영하는 단체들이 군집하고 있는 지리적 요충지—서울, 스톡홀름, 브뤼셀, 샌프란시스코, 미네소타 등—의 출현에 대해 묘사한다. 이런 세계화된 그리고 다문화적인 공동체는 자기를 찾아가는 개인적 여행, 유동성, 국경을 넘나드는 일들에 기초하고 있다. 이런 맥락에서 이 공동체는 창조성과 (재)발명으로 가득한 다중 장소성을 지닌 생기발랄한 **내부의 이방인** 공동체이다.

우리는 이 책을 미국에 기반을 두고 있는 FNOA(First Nations Orphans Association. 원주민 고아 협회)의 설립자인 샌드라 화이트 호크(Sandra White Hawk)의 회상록으로 닫고자 한다. FNOA를 통해서, 샌드라 화이트는 다른 입양인들과 치유의 은사를 공유하며, 인디언 옹호와 지지자들의 모임, 원로들과 제의, 노래로 표현되는 미국 인디언의 영성과 연결됨을 통해 **집으로 돌아오도록** 입양인들을 초대한다.

●도약

이 책에서 우리는 우리의 경험을 토대로 국경을 초월하여 연합한다. 우리는 인종간 입양과 국제간 입양을 식민주의 역사와 오늘날의 세계적 불평등에 뿌리박고 있는 모든 사회적 질환들에 대한 만병통치약으로 사용하려는 것에 도전한다. 나아가 인종간 입양에 대한 대중적 관심을 인종과 인종주의를 넘어서는 새 시대의 여명으로 간주하는 관점을 거절한다.

여기 모은 글들의 가장 우선적인 주제는 인간 존재로서 우리의 출생권이다. 그것은 교환의 대상물이 아니다. 우리 입양인 개인의 개별적 삶을 사회 변혁을 위한 집합적 행동으로 변환시키기 위해, 우리는 과거 세대와 우리 사이의 역사적인 연결고리들, 우리의 과거와 미래가 우리의 친생가족과 나라와는 어떤 연결점을 갖는지, 오늘날 우리들을 상호 연결해주는 점들은 무엇인지를 이해해야만 한다. 흑백의 이항대립적 논쟁을 뛰어넘는 인종간 입양에 관한 확장된 토론 가운데서, 우리는 다양한 인종적 · 국가적 뿌리를 가진 입양인들 사이의 이해를 건설하고자 하며, 입양인들과 입양인이 아닌 유색인들 사이, 그리고 우리 유색인 입양인과 백인 동맹자들 사이의 지지를 구축하고자 한다.

편집자들은 유색인 페미니스트로서 이 작업을 한다. 우리가 정의하는 페미니즘은 재생산의 정의(reproductive justice, 낳으라는 강제와 낙태하라는 강제로부터 자유로이, 낙태를 결정했다면 낙태를 할 수 있으며, 출산을 결정했다면 출산을 지지받을 수 있는 여성의 재생산권에 관한 정의—옮긴이)가 모든 사람에게 예외 없이 적용될 수 있도록 우리의 헌신을 다하는 것이다. 우리 친모들의 재생산에 관한 선택들이 입양 문제의 핵심에 위치하고 있다. 대부분의 경우 친모들은 한계가 지워진 조건 안에서 선택할 수밖에 없었다. 우리에게 있어서 재생산의 권리는 안전하고 합법적인 낙태, 위험한 피임으로부터의 자유, 강요된 불임 등으로 환원될 수 없는 것이다. 대신 우리는 유색인 저임금 여성들이 그들의 자녀들을 떠나보내지 않고도 살아남을 수 있는 사회를 창출하고 지속시켜가야 할 것이다. 우리의 페미니즘은 우리에게 어떤 엄마들에게는 권력을 유산으로 남기고 어떤 엄마들에게는 그렇게 하지 않는 세계 체제에 대한 비판을 요청하고 있다. 이것은 우리의 생모에 대해서 우리가 들어온 의심스러운 이야기들에 대해서 재고하도록 요청하며, 우리로 하여금 고통에 찬 우리 자신의 과거로부터 떠나, 우리를 입양되도록 이끈 엄마들과 그 공동체의 제한된 생존을 위한 선택을 이해하도록 촉구한다. 우리의 이야기가 여권주의 운동과 글로벌 경제 정의(global economic justice) 운동의 교차점에 놓여 있지만, 백인 여권주의자들과 유색인 여권주의자들 대부분이 인종간 입양이야말로 바로 쟁투의 현장이라는 사실을 간과하고 있다. 이 책은 입양인들이 자신의 이야기들을 할 수 있는 발판이기도 하지만 글로벌한 차원의 응답을 요청하고 있기도 하다. 우파의 정치적 권력들이 글로벌한 지배세력이 된 이 시대에, 초국가적 페미니스트 연대가 하루 빨리 창출되어야 한다. 이런 초국가적 페미니스트 연대는 여성들로 하여금, 인간의 가장 기본적인 권리인 자신의 아이들에게 부모가 될 권리를 위해 함께 투쟁하도록 이끌게 될 것이다. 그리고 그것은 친생모가 입양모에 맞서서 허우적거리도록 하는 거래를 거부하게 할 것이다.

그러니 이게 바로 결정적인 점이다. 침묵을 지키는 일은 더 이상 불가능하다. 우리 국가간 혹은 인종간 입양인들이 글로벌한 가족의 한 부분으로 우리 자신의 위치를 깨닫는 것은 자신의 삶에 관해서 발언하도록 도전하게 한다. 우리의 삶을 형성해온 광범위한 불평등에 대한 각성이 우리로 하여금 행동하도록 촉구한다. 이 각성은 우리 자신과 타자들을 향한 하나의 도덕적 대응력을 요구한다. 이 각성은 우리로 하여금 증거를 남기게 하고 진실을 발견하도록 하며 글을 쓰게 한다. 또한 이 각성은 우리가 이제까지 배워왔던 많은 것을 잊게 하고 우리의 삶과 충절을 재창조하도록 촉구한다. 이 책의 많은 공헌자들은 이 책을 출판하기 위해 크나큰 학문적 · 직업적 · 개인적 위험을 감수했다. 몇몇은 이 책에 관한 가족과 사랑하는 이들의 반응을 걱정했고, 혹은 사회복지계나 학계의 동료들로부터 배척될 가능성을 우려했다. 그러나 우리의 이야기와 우리 자신들을 묻어버림을 통해서 만나게 될 개인적인 위험들은 다른 사람들이 우리에게 가할 수 있는 위해만큼이나 큰 것이다.

우리는 전 세계에 흩어져 살고 있는 인종간 입양인들과 대화의 물꼬를 트는 일을 통해, 과거로부터 배우며, 동맹을 조직하고, 인종과 문화에 관하여 우리 스스로 지니고 있는 추념[推念]들에 도전하고자 한다. 이렇게 함으로써 우리는 남들에게 우리의 독특한 경험을 납득시킬 수 있는 새롭고 유용한 단어들을 만들어냈다. 우리는 출생과 입양 문제에 있어서 매우 특수한 상황에 있기 때문에 국경과 단순한 이분법들에 의해 우격다짐으로 범주화되지 않을 것이다. 우리는 백인 문화에 동화되기를 거부할 것이며, 공동체의 피부색에 따라 문화에 고유한 특성을 부여하는 협애한 견해에 복종하지 않을 것이다. 이런 방식의 특성 부여는 우리 자신의 경험에 반하는 것이므로, 우리는 **사과, 바나나, 오레오, 코코넛** 같은 호명을 거부할 것이다.

우리는 인종간의 경계를 엄격하게 구분짓는 일을 통해 우리 자신을 분열시킬 필요가 없으며, 비입양인들에 의해서 정의된 정체성에 관한 이론들에 적응해야 할 필요도 없다. 우리는 이항대립적 사고의 덫에 걸려들지도 않을 것이며, 인종간 입양인을 위해서 어떤 종류의 인종적 문화적 정체성이 **올바른** 것이라는 식의 처방전을 내어 놓지도 않을 것이다.

입양기관이나 심지어 우리 가족들은 우리들에 대한 사회의 통념이 된 모양새나 그럴듯한 대중적 이미지를 조작해 왔다. 우리의 포괄적 목표는 지배적 담론에 맞서는 대항 담론을 제공하는 것이다. 지배적 담론이란 우리가 저술한 이야기가 아니다. 사실상 타자가 우리에 관해서 만든 이야기에 불과하다. 우리는 타자의 서술 객체가 아니라 우리 스스로 이야기의 주체이다. 우리의 삶은 식민주의, 인종차별주의, 성차별주의, 세계화된 자본주의와 같은 거대한 권력에 영향받고 있으며, 동시에 비탄, 분노, 고독, 동경 같은 내밀하고 사적인 조건에 의해 획정되고 있다. 하지만 우리는 생존자이지 희생자가 아니다. 이 책이 입양인들과 우리의 동맹자들이 새로운 질문을 던질 수 있도록 격려해주며, 인종간 입양 담론이 식민지의 해체와 사회 정의를 위한 광범위한 투쟁에 연계되도록 고무되기를 희망한다.

2006년 2월

—제인 정 트렌카, 줄리아 치니에르 오패러, 선영 신

1) 우리는 '입양인(adoptee)'이라는 단어가 문제가 된다는 것을 인식하고 있다. '입양인'은 '입양하다(to adopt)'에서 유래한 단어이다. 이 단어는 입양하는 사람(adopter)의 대상으로서 어떤 주체성도 부인되고 있다. 이 맥락에서는 '입양하는 사람(adopter)'만을 행위자로 상정하고 있다. 이 책에서 우리는 '입양인(adoptee)'이라는 용어의 의미 교정과 더불어 감히 우리의 주체성과 자기결정권을 추구하고자 한다.

2) 미국무부, "International Adoption," http://travel.state.gov/family/adoption/adoption_485.html.

3) 동시에, 주류 문학에서 원주민 국가들(indigeneous nations)로부터 격리된 입양인들을 인종간 입양인이라고 지칭하는 경우는 매우 드문데, 이는 정주인들의 나라와 주권국인 원주민 국가 간의 국가 대 국가로서의 관계를 멸실시키는 일이며, 입양의 식민지적 뿌리의 비가시화에 경의를 표하는 일이다.

4) Patricia Hill Collins, *Black Feminist Thought: Knowledge, Consciousness and the Politics of Empowerment*, 2nd ed. (New York: Routledge, 2000), 11-13.

5) Randall Kennedy, *Interracial Intimacies: Sex, Marriage, Identity and Adoption* (New York: Vintage Books, 2004), 469.

6) Elizabeth Bartholet, "Race Matching in Adoption: An American Perspective," *In the Best Interests of the Child: Culture, Identity and Transracial Adoption*, ed. Ivor Gabor and Jane Aldridge (London: Free Association Books, 1994), 169.

7) MEPA는 입양아동이나 예비입양부모의 인종이나 피부색, 혹은 국적을 이유로 아동의 배치를 지연시키거나 거부하는 것을 금지하고 있다. (US

Department of Health and Human Services, "A Guide to the Multiethnic Placement Act of 1994"), 169.

8) 1997년 경제 위기로 인해, 한국은 IMF의 엄격한 구조조정에 기반한 구제금융을 받아들였으며, 이는 당시의 김영삼 대통령으로 하여금, "다시 허리띠를 조여야 할 때다. 다가오는 경제 구조 조정에는 뼈를 깎는 고통이 따를 것이다."라는 말을 하게 했다. 한국은 20년간의 가파른 산업화와 고도 수출에 기반한 전례 없던 경제 성장으로 세계 11위의 경제 대국이 되었으나 구제금융을 받아들여야 했다. ("With IMF Bailout, South Korea Braces for Belt Tightening," *CNN World News*, November 22, 1997).

9) Kate Rushin, "The Bridge Poem," in *This Bridge Called My Back: Writing by Radical Women of Color*, ed. Cherrie Moraga and Gloria Anzaldua, 3rd ed. (Berkeley: Third Woman Press, 2002).

10) 2005년에 CBS뉴스의 「식스티미니츠(*60 Minutes*)」는 미국 국내에서 흑인 아동의 입양을 희망하는 부모가 부족해서 해외로 입양된 흑인 아동들이 있다고 보도했다. 시카고에 근거를 둔 흑인 아동의 입양을 전문으로 하는 중계 기관인 Adoption Link는 캐나다, 독일, 스위스와 영국에 있는 가정으로 700이 넘는 흑인 아동들을 배치했다고 보고했다. ("Born in USA: Adopted in Canada," *CBS News,* February 13, 2005; "Foreigners Vie to Adopt Black Babies," *ABC News*, March 5, 2005)

©Tracey Moffatt

트레이시 모팻의 단편 영화 「어둠 속의 비명: 전원의 비극(*Night Cries: A Rural Tragedy*)」(1989년작, 17분, 35mm.)의 스틸 이미지. 백인 어머니 곁에 앉은 원주민 딸은 어머니에게 고통을 주고 싶어하지만 또한 모성의 충만한 사랑을 보상받고 싶어하기도 한다.

(사진제공: Roslyn Oxley9 Gallery, Sydney)

트레이시 모팻은 호주 브리즈베인에서 1960년에 태어났다. 호주 토착민 애버리진 태생의 그녀는 백인 가정에 입양되어 백인 중산층이 사는 교외에서 자랐다. 퀸즐랜드 예술대학을 졸업하고 사진작가이자 시나리오 작가, 영화감독으로서 다양한 활동을 하고 있다. 1989년 첫 전시회 이후로 호주와 해외의 많은 전시회에 출품했다.

모팻은 이 영화로 1991년 템페레 국제 단편영화제 심사위원 특별상, 제39회 멜버른 국제영화제 최우수호주작품상을 수상했다. 영화는 백인 가정에 입양된 원주민 여성으로서 감독의 개인적인 경험을 담고 있으며 그때까지의 호주 실험영화의 경향-백인중심적이고 원주민에 관한 것은 대부분 다큐멘터리였던 경향을 깨고자 이 영화를 무언극이자 추상적인 실험영화로 만들었다.

제1부

넌 도대체 어디서 왔니?

1 마늘과 소금

수나

독백

엄마umma. 봉옥. 나를 있게 한 여성. 우리의 고통은 국경 탓이라고들 하지요. 우리는 민족주의로 인해 괴롭힘당해 왔답니다. 우리는 아픔, 개인사, 탈법적 토지수용, 전쟁으로 인한 분단, 기근, 제국주의 등에 시달려 왔습니다. 하지만 내가 엄마를 사랑하고 그리워하는 일에, 한국인이 되고 혼혈인이 되는 일에 국가가 필요한 것은 아니잖아요. 심장이 뛰고 있으니까 살아 있는 거라고 말하는, 그런 의사는 필요치 않잖아요. 다만 그런 이야기들이 우리를 위로했을 뿐이죠. 사람들은 정말 그렇다고 했고. 그렇지만 그런 이야기들은 우릴 괴롭히기도 했답니다. 나는 당신을 원해요. 내 생명을 다해 당신을 원해요. 당신을 갈망하는 나의 마음을 한 나라 위에 투사한답니다. 하지만 나의 사랑은 메르카토르 도법에 따라 그려진 국경선으로 가둘 수 없어요. 마치 당신을 향하여 내미는 내 살갗의 경계를 넘어 내 사랑이 당신에게로 향하듯 말입니다.

봉옥, 내 어린 시절의 사진들과, 당신과 이모랑 찍은 내 백일 사진을 보내줘서 고마워요. 그 사진들은 고통과 트라우마, 남자들, 속삭이던 사랑으로 채워진 삶의 편린들을 생각나게 하네요. 내가 얼마나 당신을 상상해보았는지 몰라요. 나는 미친 게 아니에요. 한국에서의 삶은 내 머리에 남아 있지 않아요. 나와 인생이 얽힌 나의 이부[異父] 형제 가람이는 한국에 있어요. 한국에서의 내 삶에 대해 이야기할 때, 공포에 질려 마음을 닫아버리는 얼굴을 보이는 미국 부모님 앞에서도 나는 미친 게 아니랍니다. 이 부모님들은 내가 한국에서 타고 온 편도 비행기에서 내리는 그 순간 내 인생이 **시작되었다**고 믿기를 바란답니다. 하지만 전 이곳 북미 땅에 발을 딛기 전에 이미 6년 동안 한국에서 살았습니다.

당신의 어머니께서 돌아가셨을 때, 당신은 19살이었죠. 제가 지금 19살입니다. 당신도 내 북미 어머니 버지니아(Virginia)도 죽지 않았지만, 나는 죽음으로 어머니를 상실하는 것과 이식[transplantation]으로 잃는 것을 비교하곤 해요.

봉옥, 내가 당신을 판단하는 방식에는 깊은 보수적 뿌리가 있답니다. 내게로도 향했던 그 제국주의적인 그 백인의 눈을 빌려 나는 당신을 판단해왔어요. 미안해요. 우리가 똑같이 겪은 신체적인 학대에 대해서, 그렇게 여러 가지 말로 당신을 비난한 겁니다. 결국 여성을 비난한 거죠. 제도화된 가부장제도, 경제적 착취와 식민주의로부터 당신과 나를 안전하게 지켜내지 못했다는 이유로 나는 당신을 정죄한 것입니다. 내 치료사는 경솔하게도 내 고통을 받아들이라고 하면서 당신은 내 어머니[mother]가 아니라고 말했어요. 하지만 당신은 나의 엄마[umma]예요. 또한 당신은 날 사랑합니다. 내가 당신을 사랑하는 것처럼요.

수년간 나는 당신을 내 가슴에서 도려내는 연습을 하거나 실제로 도려내려고 했답니다. 내 심장 박동이 나의 인간성을 결정한다는 것과 도려낸다는 것은 진짜 칼질이고, 결국 당신을 도려낸다는 것은 고통 속에서 나 자신을 외톨이로 만드는 것이라는 것을 깨우치고서야 그것을 그만두었습니다. 당신을 출산인[birth-person]이라고 부름으로써, 당신을 단순한 객체로 비인간화시켰답니다. 그리고 그렇게 **이름을 부여한 자**인 나 자신도 비인간화시킨 거죠. 나는 많은 것을 당신에게 덮어 씌웠고, 당신이 통제할 수 없었던 것, 제도화된 것들까지도 당신을 탓했죠. 미안해요. 당신은 나에게 상처를 주었어요. 나도 당신에게 상처를 주고 싶었어요. 서로에게 상처를 주는 동안, 우리가 서로를 약탈하고 있다는 사실을 알지 못했던 거죠.

누군가, 말하자면 아마도 치료사, 또는 북미의 엄마, 아니면 나 자신이, 나에게 당신의 이야기를 믿지 말라고 가르쳤습니다. 당신의 이야기가 나의 이야기, 즉, 나의 **한국인성**(Corean-ness)과 동의어가 되는 나의 기억들을 말살시킨다는 것을 믿으라고 가르쳤어요. 한국에서 당신이 보낸 편지들을 읽으면서, 나는 변호사와 함께 꼼꼼히 교차검증을 하면서 당신의 기억에 접근했답니다. 나의 이야기와 당신의 이야기, 나의 기억과 당신의 기억을 비교하면서 말이에요. 우리가 존재하지 않았기 때문이 아니라, 북미의 가족들이 내 말을 듣기를 거부하거나, 내 기억의 일부에 대해서 사실이 아니라고 부인했기 때문이에요. 가족들은 일부만 부인했지만, 나에게는 기억 전체에 대한 부인과도 같았어요. 나의 이야기들은 나의 미국 부모님들에게는 가설에 지나지 않았고, 쉽게 묵살할 수 있는 것들로 받아들여졌어요. 그들에게 나의 기억은 당신의 기억처럼 의심을 받았고, 틀린 것이었지요. 하지만 나는 왜 우리가 우리의 고통에 대해서 거짓말을 해야 하는지 묻고 싶어요. 나는 사람들이 자신들 또는 서로에게 인간의 잔인함에 대해서 이야기하기 위해 만든 사법 언어를 들으면 소름이 끼칩니다. 이는 인간이 서로에게 주는 상처를 감당할 수 있는 실제 능력을 생각한다면 의식이 있는 상태에서 감성을 도려내는 것과 같습니다. **생모**라는 말 대신에 **출산인**이라는 용어를 쓰는 것처럼 말입니다. 이는 당신이 나에게 생명을 준 사실을 부정하는 것과 같습니다. 신체적 출생과 감정적 출생을 격렬하게 대립시키는 것이지요. 사랑에 대해서도 마찬가지 입니다. 하지만 잠깐만요, 우리의 스토리들을 통해서 이러한 말들, 억압들을 풀어헤치면 우린 아직 온전하답니다. 나는 당신과 나, 우리를 볼 수 있어요.

나는 이제 당신의 이야기에 대해서 가졌던 나의 불신이 당신에 대한 것이 아니란 것을 알아요. 이는 내 북미 부모님이 당신과 내가 공유한 이야기들, 그러니까 헤어진 엄마들과 자녀들에 관한 이야기, 가족의 해체와 온 나라의 분단의 이야기에 대한 부정이었던 겁니다. 아기들과 어린 사람들이 미국, 벨기에, 영국, 프랑스, 네덜란드, 캐나다 등등의 나라들은 물론 빛을 비추는 다른 여러 나라들로 선적, 운반, 수송된 거라는 거죠. (이런 일들은 항상 어린 사람들, 아기들, 그리고 **그것을 의식하지 못하거나 그럴 의도가 없는** 엄마들에게 **우연히** 발생하는 것 같아요.) 아마 당신이 내 삶의 이야기들을 부인하는 것도 이와 연관이 있을 거예요.

우리는 우리의 살아온 이야기들이 밝혀지는 일에 대해서 두려워했지요. 이 이야기들은 우리가 하나의 가족을 형성할 수는 없었으리라는 **증거**로 사용될 수 있었을 것이라는 의구심을 불러 일으켰지요. 그래서 우린 침묵해온 것이지요. 그렇게 해서는 안 되는 것이었습니다. 우리는 완벽하진 않아도 한 가족이었습니다. 당신과 나, 그리고 당신의 육체에 접근할 수 있었던 사람들 모두 말입니다. 내 가족에 대한 관찰자, 이야기꾼, 스토리텔러인 나는 의사들이 환자의 증상을 야기한 사회적 조건들을 개선하려는 의지가 없을 때 사용하는 정신과적 약물투여로 침묵하였습니다. 나는 지금도 내 가족들에게 우울함과 역경을 주고 있다는 점에서 비난받고 있습니다. 봉옥, 당신도 보다시피, 당신과 나, 우리는 같은 방식으로 이 집으로부터 학대를 당한 것입니다.

우리는 고통이나 사랑이라는 삶의 자리 가운데서 가난했던 것이 아니라, 한국이라는 곳에서 가난했습니다. 미국의 내 가족은 든든한 중산층입니다. 나는 잠을 잘 곳이 있고, 내 배는 음식으로 가득합니다. 내 집, 내 방에서 불도 켤 수 있습니다. 집안에 설치된 배수시설도 있습니다. 밤에 촛불을 들고 밖에 나가지 않아도 됩니다. 똥도 누고 오줌도 싸는, 나무 헛간 안 화장실 바닥에 있는 그 구멍에 빠질 것을 걱정하지 않아도 됩니다. 그러나 나는 아직 화장실 물 내리는 소리가 두렵습니다. 비데의 보이지도 않는 스프레이에서 물이 솟는 소리도 두렵습니다. 나는 북미에 많은 물건들을 가지고 있습니다. 그러나 이 모든 물건도 고독에서 나를 구하지는 못합니다.

나는 아직 엄마, 당신과 협상하고 있습니다. 나는 우리의 이야기가 엮여 있고, 당신의 이야기를 인정하는 것이 나의 이야기를 배제하는 것이 아니라는 것을 깨닫고 있습니다. 무엇인가가 거칠게 다루어졌나 봅니다. 내가 영원히 닫지 않을 문이 휑하니 열려 있네요. 다른 사람들이 나를 다른 편으로 데리고 갈 때, 내가 그 문들이 열려 있는 것을 아는 것으로 인해 나는 결국 몇몇 사람들을 잃게 될 것입니다. 그리고 나는 거기서 나를 기다리는 사람들, 내가 만나기 위해 가쁜 숨을 참아야 했던 그 사람들을 잊을 수 없습니다.

✦ ✦ ✦

당신이 1998년에 북미에 오려고 했을 때, 비자 발급이 거부되었습니다.

"왜 거부됐죠?" 나는 버지니아에게 물었습니다.

"어, 세관에서 그분이 짐이 될 것으로 생각했나봐. 세관이 그분이 이곳에 영구체류하려고 한다고 했어."

당신이 보고 싶습니다. 나는 당신이 북미의 내 부모님에게 보낸 편지 문장 사이사이에서 당신을 봅니다. 그리고 당신은 내 삶의 이야기의 일부를 부정했습니다. 하지만 나는 더 이상 당신이 말한 이야기를 가지고 당신을 책망하지 않을 것입니다.

1997년 1월 14일

수 나 부모님께,

존경하는 수 나의 부모님, 이 죄인의 편지를 너그러이 읽어주시기를 간절히 부탁합니다.

나는 당신이 세세한 설명이 담긴 인생의 이야기가 담긴 편지를 내게는 보내지 않고 부모님에게만 보낸 것 때문에 혼란스럽습니다. 비디오를 부모님에게는 보내고 나에게는 왜 안 보냈는지도 말입니다. 나에게 도달하기를 바라고 연극을 하신 거죠. 아시다시피 때로는 사랑은 하나의 연극이기도 하죠.

사랑하는 수 나와 부모님께, 부탁을 하나 드려도 될까요? 영어 단어 중에 제가 좋아하는 Understanding이라는 것이 있습니다. 이 말은 누군가 나의 성품을 잘 알고 내게 공감한다는 뜻입니다.

추신: 수 나의 치료에 도움이 된다면, 저에게 와달라고 해주십시오. 단 하루만이라도 그녀를 만날 수 있기를 바랍니다. 아니 한 시간이라도 좋습니다. 그녀는 여전히 귀엽고, 착하며 울음 많은 아기입니까? 손가락은 아직도 가늘고 약한가요? 목은 예전처럼 긴가요? 눈은 작나요? '아빠와 크레파스'라는 노래를 잘 부르나요?

지금 나는 당신이 나의 부모님에게 감사한 마음을 가지고 있다는 것을 압니다. 그래서 당신이 그 편지를 썼겠지요. 이러한 방법이 나에게 접근할 수 있는 유일한 방법이었겠지요. 그래서 당신은 감사해하는 자세를 보였고요. 그래서 공손했고요. 당신과 내가 사랑 때문에 무엇을 하는지 보이나요? 당신은 날 잊지 않았습니다.

✦ ✦ ✦

우리 사이, 이 대양을 사이에 두고 이 편지들을 번역한 보이지 않는 손은 누구의 손이었나요? 봉옥, 당신은 내가 그런 것처럼, 북미, 백인, 권력을 숭배하나요? 나는 나의 식민지화를 숨기지 않습니다. 그리고 이러한 방법은, 나의 동의를 구하지 않고 몰래 내게 주입된 것들을 잊는, 내가 아는 유일한 방법입니다. 오늘까지도 나는 백인 가정에서 자란 유색인으로서 투쟁하며 살고 있습니다. 내 가족들은 백인 우월주의가 만연해 있는 현실을 부정하고 백인들의 특권은 없다고 말합니다. 인종주의 인간들은 **무식**하고 그들을 무시해야 하며, 침묵을 통해서 우월함을 드러내어야 한다고 말합니다. 그러나 침묵이 우월은 아닙니다.

나는 내 방에서 나와 한국 가족의 사진들을 천천히 모으고, 그것들에 마음을 모으면서, 이 집에서 살아갑니다. 나는 이 집에서 한국 가족의 이야기들을 점차 **소멸**시키고 있는 것은 아닐까요? 사진을 이렇게 모으는 일은 반발적인 쌓기놀이일까요, 아니면 부모의 부인에서 살아남기 위한 나만의 방법일까요? 약화되고, 희미해지고, 거의 망실되고 가고 있는 이야기들, 변질되고만 이야기들에 집중합니다. 아, 나는 이런 이야기들에 얼마나 친숙했었던가. 북미에 있는 이 집에서 말입니다. 어떤 집도 추악함으로부터 자유롭지 않습니다. 나는, 근본에서부터 말하자면, 작가 트린 티 민하(Trinh Thi Minh-ha)의 말처럼, 추악함은 어떤 것에 대한 두려움 그 자체이며, 사물을 있는 그대로 목도하는 것에 대한 두려움이라고 믿습니다. 또한 이는 판단에 대한 두려움이기도 합니다. 추악함이란 고통으로 여겨지는 일, 즉, 그것을 알아채고, 보고, 인정하고, 수용하고, 변화시키는 데에 있어 고통이 따르는 일에 대한 가치판단입니다.

나는 **한국** 음식을 많이 먹고 있습니다. 한국 음식을 먹는다는 것은, 숨을 참는다는 것이죠. 한국 음식은 맵고, 먹을 때 콧물이 흐르고 입에서는 불이 나기 때문입니다. 한국 음식을 먹는다는 것은 빨간 고추, 마늘, 소금, 매운 피망과 흰 밥을 엄청나게 많이 먹는다는 것을 의미하며, 곶감, 떡, 찹쌀떡을 먹는 것을 말합니다. 내 엄마, 봉옥, 오늘 내가 운전하면서 집에 갈 때 당신이 내게 말했습니다. 실제로 말을 한 것도, 나와 함께 있었던 것도 아니지만 말입니다. 나는 당신에게 왜 나를 떠났는지 물었습니다. 나는 당신에게 말했습니다. 내가 아무리 한국 음식을 많이 먹는다 해도, 그 음식이 내 부른 배 옆에 있을 당신을 대신할 수는 없다고. 내가 한국 음식을 영원히 먹는다 해도, 내 뱃속의 음식이 당신으로 변하는 것은 아니지 않느냐고. 그건 당신의 손이 내 배를 쓰다듬는 일이 될 수도 없고, 나를 감싸안는 일이 되는 것도 아니라고. 내가 떡을 먹는 까닭은 내가 당신과 가까워지고 싶어서라는 것을 압니다. 나는 음식을 통해서 당신을 느낍니다. 하지만 그것이 당신 자신은 아닙니다. 나는 왜 내가 배가 터지도록 먹곤 했는지에 대해서 좀 이상하게 생각했답니다. 이제 나는 그것을 압니다. 내가 당신—봉옥, 엄마—을 내가 온전한 존재가 될 반쪽으로 간절히 찾고 있었다는 것을.

나는 언제 수 나이기를 멈추었을까요? 당신은 언제 봉옥이기를 멈추셨나요? 나는 소니아(Sonia)로 지어지고 주형되었답니다. 내 마음속에서 당신은 먼저 희미하게나마 엄마로, 그다음에는 어머니로 여겨지고 있었지만, 심리치료의 과정에서 나는 당신을 출산인이라고 하면서 내게서 도려내 버렸습니다. 언제부터 우리의 이름이, 우리의 이야기가 상반되고, 모순되고, 충돌하게 되었나요? 어느 친구는 제게 이렇게 말합니다. 고속도로에서 길을 잘못 든다고 해서 너의 정체성이 바뀌는 것은 아니라고. 당신이 혼돈스러운 것은 당신의 잘못이 아닙니다. 이는 당신이 아니라 고속도로를 만든 사람들의 잘못입니다. 고속도로에서 출구는 단 두 곳뿐이며, 너는 그 둘 사이에 갇혔으며, 그 둘은 도로를 만들 때부터 시스템적으로 상호배타적이라고 말하는 사람들의 잘못입니다.

김치 두 접시, 밥 두 공기, 파를 넣은 메밀국수와 검정색 젓가락 두 짝(한 짝은 음식 담는 용, 다른 한 짝은 식사용)을 놓고, 나와 나의 엄마는 부엌에서 냉담하게 서로를 주시합니다. 오늘 저녁, 나는 새삼 입양된 기분을 느낍니다. 나는 이 집에서 스스로를 낯선 사람으로 느낍니다. 나는 한 손님으로서 이 집에 머물고 있고 잠시 여기서 살고 있지만, 이 집은 내게 나 자신만의 집을 찾을 때까지만 머무를 임시 가정입니다. 내가 이 집에서 보였던 침묵의 일부는 내가 재입양된 존재라는 것을 상징합니다. 왜냐면 나는 내가 처음 입양되었을 때, 영어를 하지 않았다는 것을 알고 있기 때문입니다. 어떤 점에서 나의 침묵은 나의 첫 입양을 상기시킵니다. 분명히 하고 싶은 점은 그때 나는 6살이었고 지금은 19살이라는 것입니다. 지금 나는 영어를 할 줄 알고 스페인어도 조금 합니다. 스페인어 문장 안에 한국말 "여보세요"와 "감사합니다"를 끼워 넣을 줄도 압니다. 또 나는 "hello"와 "thank you"도 할 줄 압니다. 나는 아직 나의 한국 이름, 엄마 아빠를 부르는 법도 잊지 않고 있습니다. 열까지 헤아리는 방법도요. 그러나 더 이상은 알아듣지 못합니다. 하지만 지금도 한국어를 들으면 내 심장은 두근거립니다. 이 익숙한 음절 소리를 들을 때면 내 귀에는 생기가 돕니다.

나는 엄마와 집안에서 어색하게 지나칠 때면 이러한 것들이 내가 처음 미국에 입양되었을 때와 얼마나 유사했는지에 대해 놀라곤 합니다. 어떻게 이 새 부모가 나에게서 무엇을 원하는지 알려고 노력하지 않아도 되게 되었는지, 어떻게 절대적 도움이 필요한 아이로서 이들의 관심을 받기 위한 노력을 하지 않아도 되게 되었는지에 대해서 말입니다. 어린 사람들은 누구나 나이 든 사람에게 승낙받는 게 어렵다는 걸 잘 압니다. 그리고 이런 어려움은 나이가 들더라도 좀처럼 없어지지 않습니다. 그러나 어떤 의미에서, 나의 침묵은 내가 북미에 처음 도착했을 때 내게 아무런 수단이 없다는 것을 주장한 것이었고, 이 집에서의 생활은 계속되었습니다. 내 이름 수 나가 점차 영어식 이름 소니아로 변하는 것을 받아들이게 되면서, 나는 나의 이름을 빼앗기게 되었습니다. 나의 언어, 나의 음식이 이런 식으로 없어지게 되었고, 이는 나를 다문화주의의 어린이, 즉, 맛난 **문화적 음미의 한 조각**으로 구분되어 한쪽으로 몰아넣었습니다. 물론 그 좋은 맛은 내 입양부모님이 정의한 것인 바, 나는 다른 존재였고 그렇게 살고 있었기 때문입니다. 그리고 내 입양부모님은 내가 비행기 출구를 통해서 미국으로 나온 순간을 내 인생의 시작, 즉 출생한 것으로 믿기를 바라셨습니다. 이것은 가슴 아프게도, 이분들이 나를 있는 그대로의 온전한 존재로 받아들일 의지가 없다는 것을 보여주는 것이었습니다. 내가 육식을 하는 사람이었을 때, 내가 가장 좋아하는 음식은 으깬 감자와 소스를 잔뜩 바른 고깃덩이 요리였다는 것이 참 우스운 일입니다. 요즘도 때때로 그 음식이 그립습니다. 그리고 나는 내 어머니mother가 나를 위해 으깬 감자, 강낭콩, 옥수수와 함께 완전채식주의자를 위한 냉동 가짜 **고깃덩어리**를 사실 때 보여주시는 상냥한 표정을 볼 수 있습니다. 엄마mom는 내가 완전채식주의자가 되기 전까지 내가 좋아했을 거라고 생각하는 음식들을 사주시려 애를 씁니다. 나는 엄마가 내게 잘 해주려고 하는 것을 알지만, 동시에 엄마 버지니아는 이해하려고 하지 않으며, 듣기를 싫어하고 인정하지 않으려는 분이라는 사실, 그 사실을 시인하기가 참 어렵습니다. 시인하는 것이 상처가 되기 때문입니다. 버지니아는 입양과 한국과 음식에 대한 나의 생각들과 지식과 권력에 대한 나의 생각들을 결코 받아들일 수 없을 것입니다. 왜냐하면 나는 백인이 아니니까요. 나는 백인이 아닙니다.

욕망은 삶을 복잡하게 만듭니다. 나는 스스로에게 같은 말을 반복합니다. **엄청난 성장**, **도약** 같은 단어들입니다. 그러나 나는 나의 입양에 대한 사이비 초월(pseudo-transcendence)에 직면하고 있습니다. 나는 입양된 존재라는 사실에 대해 결코 잊지 못할 것입니다.

언급되지 않은 것에 대해 말하기

내 인생의 대부분에서 나는 항상 2인칭 또는 3인칭의 관점에서 말해지는 바를 좇아 살아왔고, 또는 침묵해왔습니다. 나는 '나(I)'라는 1인칭 단수의 관점에서 말하려고 합니다. 그리고 또한 '우리(We)'라는 1인칭 복수의 관점에서도 말하려고 합니다. 나는 찢겨진 이야기들이나 침묵에 갇혀 있는 이야기들에 넌더리가 납니다. 나는 여기 있는 우리 모두의 이야기를 원하는 바, 그렇게 할 때만 우린 함께 살아남을 수 있답니다. 나는 나보다 먼저 살았던 여자들의 정신 질환에 관한 이야기들을 염두에 두고 있는데, 이 여자들의 피가 내게서 흐르고 있습니다. 봉옥의 이야기. 그녀는 잠을 청하기 위해서 술을 마시며, 간염을 앓고 있습니다. 그녀는 폭력적인 전 남편으로 인해 죽기 일보 직전까지 갔으며, 그녀가 잠든 사이 그녀를 강간한 남자와 함께 살고 있습니다. 그 남자는 그녀가 너무 고통스러워 생선매운탕을 마구 들이키고 있던 그런 때에도 그녀의 몸을 요구했습니다. 그녀는 그녀의 첫 아이인 딸, 즉 나에게 스티로폼 컵을 건넵니다. 그녀의 연인은 탐탁지 않게 이를 바라보았습니다. 그녀는 자살을 시도한 여인이며, 그리 대단할 것 없는 예**수**님과 하**나**님 속에서 안전을 찾고 그들 안에서 **거듭났습니다.**

가족 전체가, 나라 전체가, 지속되는 전쟁 상황 속에 둘로 나뉘어 있습니다. 공산주의 북쪽에선 사람들이 굶주리고 그들의 일상은 철저한 통제 아래 놓여 있는 한편, 현대식 군대로 무장한 남쪽은 군수산업으로서 성매매 복합체의 발흥을 통해 여성의 육체를 착취하여 경제적 번영을 누리고 있습니다. 남한에서는 배우자에 의한 폭력이 증가하고 있고, 국가는 노조 조직 운동을 무자비하게 탄압하며, 가족 소유 기업의 80퍼센트가 상류층들에게 귀속되어 있습니다. 남북한은 모두 휴전선과 나란히 그어진, 강요된 분단이라는 생체해부선의 철폐를 갈망하고 있습니다. 이는 모든 사람과 연루된 문제입니다. **두 나라** 공통 부분을 일치시키고, 이 나라를 분단시킨 북미 제국주의를 연좌시킬 때만(북미 제국주의의 공산주의자 색출, 북미 제국주의의 도미노 이론 궤멸 추구가 인민 역시 쓰러뜨린다는 점을 고려하지 않았던 점), 그리고 그것을 기억하는 가운데서만, 고통은 인정될 수 있고, 치유가 시작될 수 있을 것입니다.

봉옥, 그녀가 살면서 만났던 남성들은 매우 흥미롭습니다. 이제 거듭난 기독교인이 된 그녀는 그녀의 편지에서 구원자로서의 한 남성에 대해 전해주면서 "예수님을 사랑하라."라고 말합니다. 먼저, 그녀의 아버지는 집을 여러 채 가지고 있었고 부인도 여럿이었습니다. 그녀의 어머니가 죽고 아버지가 떠나자, 오빠가 그녀와 그녀의 두 여동생들 밑으로 된 집을 팔아 버렸습니다. 이내 성관계를 목적으로 하는 애인(lovers)들의 구애가 뒤를 이었습니다. 이어서 남편이 생겼고 딸을 하나 두었으며, 이혼에 이르렀습니다. 마침내, 재혼을 했고, 그 재혼으로 인해 우연하게도 그녀는 하나님과 예수님을 발견했습니다. 선교사들은 새로운 개종자들을 얻기 위해 한국으로 갔던 것이죠. 기독교 선교사들은 식민주의의 한 형태이긴 하지만, 항상 나쁜 것은 아닙니다. 오늘날처럼 어떤 희망을 필요로 하는 사람들을 생각한다면 선교사들이 그렇게 나쁘기만 한 것은 아닙니다. 지금 세상이 선교사들을 더 이상 가치가 없다고 여길 뿐.

여러분들은 정말로 한국 사람들이 선교사들, 그리고 입양 기관들을 필요로 한다는 것을 알게 될 것입니다. 아, 그 아이들! 한국인들은 자신들의 자녀를 어떻게 돌봐야 하는지 모릅니다. 부모들은 자식들을 굶주리게 하고, 학대당하도록 방치하고, 담배를 피우게 하고, 지저분하고 목욕을 하지 않은 채로 거리를 뛰어다니게 합니다. 부모들은 아이들이 하루 종일 제멋대로 놀게 내버려 둡니다. 왜냐하면 그들은 개고기를 먹는 것이 미개한 짓인 줄도 모르는 사람들이기 때문입니다. 한국인들은 바닥으로부터 띄워 올린 매트리스에서 자야만 한다는 합리적인 사실에 대해서도 무지한 사람들입니다. 현관에서 신발을 벗는 이상한 관습은 그다음 날 비우는 요강과 함께 내버려야 할 것일 뿐입니다. 한국 사람들은 키도 작고 어리석습니다. 이상한 언어를 쓰고요. 한국인들은 서로를 죽이지 않기 위해 3만 7,000명의 미군을 필요로 합니다. 결국 어떤 좋은 영향이 항상 그러하듯, 이 군대가 그렇게 하지 않았다면 한국 사람에겐 결핍되었을 민주주의의 정신을 비춘 것입니다. 한국전쟁, 이 잊힌 전쟁을 통해 한국 사람들은 투표할 권리, 시위를 할 권리를 얻게 되었습니다. 미국이 그렇게 한 것입니다. 한국 사람들은 (비)무장지대에 배치된 미군을 필요로 합니다. 왜냐하면 북한에 있는 미친 공산주의자 놈들이 민주주의 국가 남한에 쳐들어올지도 모르기 때문입니다. 무슨 일이 일어날 줄 누가 알겠습니까?

이 공산주의자들은 중국과 그리 멀지 않은 곳에 있습니다. 이들은 핵을 지닌 소련이었던 러시아에서도 멀리 있지 않습니다. 냉전, 핵무기 경쟁, 달 탐사 경쟁, 체르노빌 등을 생각해보세요. 반감기와 매장된 방사능, 매연으로 뒤덮인 공장, 폐 질환, 마스크로 막은 입, 마지막까지 갔을 때 공기를 마시고 있을 수백 명의 사람.

이 보잘것없는 한국인들은 비단 옷을 입고 있으며, 차를 많이 마시며, 마늘 냄새가 납니다. 한국인들은 음식을 땅에 묻습니다. (예전에 내가 북미의 엄마, 버지니아에게 "누가 김치를 발명했냐?"고 물었을 때, 그녀는 "아마, 실수였을 거야. 누군가 땅에 묻었다가 잊어버리고 있다가 한참 뒤에 꺼내게 되었고 그것을 먹기로 결정한 거지."라고 대답했습니다.) 이런 한국 사람들은 일하기를 좋아해서 임금도 안 받는 사람들이랍니다. 음 그리고 아! 한국 엄마들은 자식들을 학대받도록 내버려두고, 어떻게 하는 것이 자녀들에게 더 좋은지 모르는 사람들이지요. 이 사람들은 강간해달라고 부탁한답니다! 그 여자들의 어머니 세대 또한 자녀들을 어떻게 돌봐야 하는지 전혀 몰랐습니다!

이러한 병적인 가정들은 잘못된 것일 가능성이 많습니다. 이들이 소주와 담배를 달고 살 것은 의심의 여지가 없는 일이지요. 이들은 언제라도 죽어 갈 것이고, 현재로서는 천천히 자신들을 죽이고 있는 겁니다. 이들은 백인과 같지 않습니다. 이들은 미국에 살지도 않습니다. 하나님이 축복했고, 그들은 많이 애를 씁니다. 그러나 그들은 자본주의를 제대로 알지 못합니다. 아시아의 작은 용인 그들은 심지어 1997년에는 IMF의 구제 금융 지원을 받기까지 했습니다.

그런데 사회적 서비스들은 우려가 되는 수준에, 골치아픈 **사생아** 문제가 있으며, 경제도 걱정됩니다. 정신 질환, 한恨, 식민지주의와 박탈이 있으며, 수수, 보리, 쌀 없이 살아야 하는 문제도 있습니다. 제 1차대전(아니면 2차대전?) 때 미국이 공급했던 가공식품인, 6개들이, 8개들이, 12개들이 스팸이 그걸 구입하는 한국인들에게 전달되었습니다. 기계로 발라낸 싸구려 고기지요. (그런데 이러한 소비에서 얼마나 많은 부분이 선택가능한가요? 농업 지원금이나, 최근 멕시코 칸쿤에서 열린 WTO 정상회의에서 시위 끝에 자살한 한국인 농부 이경해 씨의 사례를 생각해 보세요. 봉옥의 남편은 농부이며, 다른 사람들은 그를 그의 트랙터와 함께 고용해서 자기들의 농지에서 그에게 일을 시킵니다. 그런데 **자유** 무역 **협약**이라는 것이 있고, 해외 노동력 착취의 현장도 있으며, 무관세지역들도 있습니다.)

그리고 나는 최근 라디오에서 한 소식을 들었는데, 그것은 한반도의 작은 섬에 핵폐기물을 매립한다는 제안에 관한 것이었습니다. 한국 어민들은 이 일이 자신들의 어업을 파산시킬 거라는 두려움을 가지고 있습니다. "누가 방사능 폐기물이 매장된 곳 근처에서 잡힌 생선을 먹고 싶어 할까요?"라고 한 사람이 말합니다. 이 보도에서 내레이션을 하는 사람은 "핵폐기물의 방사능이 완전히 소멸되려면 3만 5,000년이 소요된다."고 덧붙였습니다. 그렇습니다. 일부 양자나 전자 등의 미립자들은 그 반감기가 인간의 짧은 인생의 1,000배 이상이기도 합니다. 일부의 반감기는 수백만 년이기도 합니다. 나는 만약 3만7,000 명의 미군이 지난 50년 간 한국에 제국군으로써 주둔하기를 거부했다면, 3만5,000년에 해당하는 방사능을 매립할 필요도 없지 않았을까 라는 질문을 던집니다.

우리에겐, 쓰라림, 슬픔, 백인우월주의, 여성혐오, 정신질환 산업, 계급주의, 제국주의, 신식민주의, 선교사와 기독교, 도교와 불교, 신유교주의와 샤머니즘, 살해, 억제, 억압, 입양과 대양大洋, 벽과 검, 악마와 깊고 푸른 바다, 치료사의 조언, 삼킨 알약, 항경련제, 엉덩이의 탱탱한 부분에 놓은 주사 따위의 단어가 있습니다.

이것들은 낭만적이지 않습니다. 노동계층의 생존 투쟁 이야기에 대한 비가悲歌가 아닙니다. 이는 오히려 생존에 대한 것입니다. 그리고 나는 이들것을 「에비타(*Evita*)」 스타일의 영화로 만들고자 하는 것이 아닙니다. 이것들에는 어떤 아름다움도 없습니다. 사람들의 이야기들과 기억들은 결코 연극이 아닙니다. 이것들을 수용할 수는 없습니다. 권능을 강화시켜도 안됩니다.

> 나는 마늘과 소금이 필요해.
>
> 맞아, 마늘과 소금.
>
> 내 상처에 소금을.

내 추악함을 맛나게 하는 마늘.

맞아, 마늘과 소금.

2 사랑은 피부색을 보지 않는다

—한 혼혈 소녀의 회상

제니 C. 라이트

첫 번째 기억

아홉 살이었다. 난생 처음 혼자 샤워를 막 마친 때였다. 그 일이 있어났을 때, 나는 귀가 가려워서 면봉을 찾으려 했다. 상비약 상자에 달린, 김이 뽀얗게 서린 거울에서 나 자신을 힐끗 본 것이다. 그 일은 마치 자동차를 타고 가다가 작은 동물을 치는 순간처럼, 갑자기 일어났다. 나는 가까이 다가가 수건으로 김을 닦아내고, 흐느끼기 시작했다.

내 얼굴이, 지난 주 사회 시간에 보았던 내셔널지오그래픽 영화에서 본 아프리카의 사람들과 영락없이 똑같았기 때문이었다. 던바 선생님은 중간에 영화를 꺼야 했다. 가슴을 드러낸 여자들이 나오는 줄 몰랐기 때문이다. 쉬는 시간에 함께 공을 차고 놀곤 했던 남자 애들은 한 주 내내 그 영화 얘기만 했다.

나는 거울에 코가 닿을 만큼 세면대에 붙어 서서, 거울 속에서 나를 쳐다보는 못생긴 소녀를 향해 중얼거렸다. 너는 아프리카 미개한 땅에 사는 못생긴 소녀와 너무 똑같아. 입김이 내 얼굴을 뒤덮고 거울에는 김이 자욱하게 서릴 때까지, 나는 같은 말을 중얼거렸다. 나는 김 서린 거울에 '정글 토끼'라고 쓰기 시작했지만 울음이 북받쳐 끝까지 쓸 수가 없었다. 왜 아무도 나에게 내가 진짜 못생겼다는 사실을 말해주지 않았단 말인가? 나는 진짜 소녀처럼 생기지도 않았는데도 말이다. 상비약 상자를 열고 면봉을 잡는 대신 아빠의 작은 검정색 빗을 쥐었다. 두피에 판판하게 붙어 있는 아프리카인의 곱슬 머리를 빗느라 한 시간 넘게 목욕탕에 있어야 했다.머리카락을 펴는데 결국 실패했고, 그래서 그 시간은 마치 영겁의 시간처럼 느껴졌다. 그날 밤 나는 일기장에 손가락이 두피만큼 아플 때까지 글을 썼다. 그 글의 도입부 첫 문장은 "내가 똑똑한 것이 정말 다행이야. 왜냐하면 그 누구도 나랑은 결코 결혼해 주지 않을 테니까."였다.

두 번째 기억

10년 후 내가 대학을 마치고 집으로 돌아왔을 때, 여동생 메리의 머리칼이 엉망진창으로 헝클어져 있었다. 잘 손질하면 아주 멋지게 곱슬거리는 머리카락이 흘러내렸어야 할 자리 세 곳이 헝클어져 있었다. 너무 심하게 엉켜 있어서 머리카락 뿌리 부근을 통째로 잘라낼 수밖에 없을 지경이었다. 나는 부모님의 욕조 옆에 무릎을 꿇고 메리의 머리를 감길 준비를 하고 있었다. 그렇게 하는 것이 어머니가 내일 **교회에 갈 준비**를 돕는 것이었다. 메리의 머리카락을 풀기 시작하니 얼마나 엉망이 됐는지 알 수 있었다. 너무 화가 났다. 엉킨 머리카락 속으로 손가락을 비집어 넣은 채, 엄마를 소리쳐 불렀다. 엄마는 계단을 급하게 올라오느라 그리고 걱정 탓에 얼굴이 빨개져 있었다. 나는 참아왔던 비난을 퍼부었다.

백인 부모에게 입양된다면 백인 부모를 비난하기 쉽다. 흰 피부를 타고나지 못한 걸 가지고 화 내는 것 역시 쉬운 일이다. 나는 상당히 오랜 기간 화가 나 있었다. 사람들이 우리 가족을 응시하는 게 화났고, 내 부모님이 인종차별을 겪지 않은 게 화났으며, 내 자신이 엮여 있는 인종차별에 발버둥쳐야 하는 것에도 화가 나 있었다. 그 누구도—나의 부모님도, 베트남에서 온 남동생도, 백인 여동생도, 반 친구들도, 이웃의 아이들도—나처럼 생기지 않았다는 사실에 대해서 화가 나 있었다.

✦ ✦ ✦

아동 도서 카탈로그를 2년 동안 내 방에 숨겨 두었다. 그 사진 속의 아동 모델 중에 나 같은 아이가 있었기 때문이었다. 곱슬머리에다 밝은 갈색 피부, 핑크색 입술 등 나랑 너무 같았다. 「코스비 쇼(*The Cosby Show*)」가 방송되기 시작했을 때, 나는 흑인에 대한 단서를 얻을 요량으로 정말 열심히 그 쇼를 시청했다. 13살 때, 내 책장에는 『흑인의 영혼(*The Souls of Black Folk*)』과 『투명인간(*Invisible Man*)』이 꽂혀 있었다. 나는 **나의 동족**을 알고 싶었던 것이다.

세 번째 기억

내가 내 부모님으로부터 인종에 대하여 들은 것은 이 한 문장으로 요약할 수 있다. 사랑은 피부색을 보지 않는다(Love Is Colorblind). 엄마는 이 이상을 퀼트에 수놓아 내 방에 달아 주었다. 이것은 아름다운 이상이었지만, 초등학교 1학년 동안 그 한계를 알게 되었다.

난 통학버스 안의 통로에 서 있었다. 내 피부색 때문에, 먼저 앉아 있던 아이가 자기 옆에 못 앉게 했기 때문이었다. 난 집에 아무 말도 하지 않았지만 버스 운전사는 그러지 않았다. 그날 오후 그 애 엄마가 딸과 함께 우리 집에 와서 사과했다. 그리고 가장 기억에 남는 것은, 깊이 뉘우치는 모녀가 문을 닫고 나가자, 어머니가 내게 던졌던 말이다.

"뚱뚱한 애 옆에는 앉기 싫다고 하지 그랬니!"

어머니는 울기 시작했고, 결국 나는 엄마의 무릎에 앉아 엄마를 껴안고 엄마를 위로하려고 애썼다. 그러면서도, 그건 그릇된 거라고 생각했다. 딸이 상처받는 것을 본 어머니의 분노가 너무 커서, 사태를 올바르게 처리할 능력을 압도하고 말았던 것이다. 그녀는 별 도움이 되지 못할 의견, 세상이 다른 곳이기를 소망하는 눈물 어린 소원으로 나를 무장시켰다.

나의 소원은 엄마가 내게 단순히 그 현실을 용인하도록 하는 대신, 우리 집은 인종차별이 없을지라도 바깥세상은 그렇지 않을 수 있다는 것을, 그리고 그것은 정당하지 않다는 것을 말해주는 것이었다. 그리고 그런 인종차별에 대해서 슬퍼할 수도 있고, 분노해도 좋다는 것을 가르쳐 주는 것이었다. 내가 인종주의에 대해서 슬퍼하고 분노

한다 해도, 또 어떤 일이 있다 해도, 엄마는 변함없이 날 사랑하고, 다인종인 우리 멋진 가족 모두가 서로 사랑하리라는 것을 알게 해주길 바랐다.

내 동생 메리가 갓난아기로 입양되었을 때 나는 사춘기의 벼랑 위에서 위태롭게 흔들리고 있었다. 아기가 왔을 때 내 나이 겨우 열두 살이었는데도, 이웃 사람들은 그 애가 내 아이라고 의심했다. 우리가 **진짜 자매**처럼 닮았기 때문이었다.

몇 년이 지난 후 나는 메리가 나와 같은 혼혈이라는 것을 알았다. 나는 폴란드계 독일 어머니를 둔 반면, 메리는 그리스계 백인 어머니에게서 났고, 내가 뉴헤이븐 출신 아버지를 둔 반면, 메리는 아이티 출신 아버지를 두었다. 내 관심은 우리 부모의 혈통들이 아니라, 메리와 내가 우리 가족 안에서 서로 닮았다는 점이었다.

나는 내가 겪은 고통을 메리는 겪지 않게 하리라 다짐했다.

최소한 그들은 메리의 머리 손질법은 배울 수 있었다.

네 번째 기억

내가 메리에게서 뒤엉킨 머리카락 세 뭉치를 발견했을 때, 내 마음은 수년 동안 내게 베푸신 부모님의 사랑에 대항해 아주 단단하게 굳었다. 문제를 느끼는 내 마음은 비좁은 샤워룸 안에서 쪼그라들었고, 내 비난은 수증기로 가득한 샤워룸 천장까지 치고 올라갔다.

어머니가 화장실에 들어왔을 때, 나는 내 머리카락이 쥐여뜯기기나 한 것처럼 소리를 질렀다.

왜 메리의 머리를 살펴주지 않았어요? 왜 머리를 빗겨주지 않았나요? 왜 머리에 신경쓰지 않았어요, 머리를 몽땅 잘라내야 할 거예요, 새로 시작해야 할 거예요, 잘라내야 할 거예요, 몽땅 다 잘라내야 할 거라고요!

다음에 일어난 일은, 어머니가 겁에 질렸고 나는 소리를 죽이고 숨도 쉬지 않은 채로 울기 시작했다. 그리고 메리는 우리 모두를 대신해 소리를 지르고 있었다.

메리는 욕조에 앉아 울부짖고 있었다. 머리를 너무 심하게 흔들어 세 개로 땋은 머리가 요동쳤다. 아이는 소리를 지르기 시작했다. 나는 자르기 싫어, 못생겨질 거야, 친구들도 나랑 안 놀아주고, 아무도 나를 좋아하지 않을 거야, **나는 못생겨질 거야!**

물이 욕조에서 넘쳐흘렀고 나는 내가 떠나야 한다는 것을 알고 있었다. 내 무릎과 모든 것이 아파왔고 샴푸가 들어간 눈과 콧물이 욕조에 떨어지고 있었고, 엄마는 나를 세면대 쪽으로 밀어내고 있었다. 비록 물속은 아니었지만, 거기 계속 있으면 익사할 것 같았다.

나는 무릎을 일으켜 내 방으로 뛰어갔다. 그 자리를 떠났어도 나는 내 동생의 소리를 들을 수 있었다. 달라진 것은 동생이 **내 머리카락이 싫어!**라고 외친다는 것이었다.

그 후 내 방에서 어머니에게 내 동생의 헤어스타일이 중요하다는 것을 확신시키려고 마치 전쟁을 벌이듯 애쓴 것을 기억한다. 내가 메리의 머리를 길러야 한다며 어머니를 몰아세울 때, 나는 내가 동생을 보호하고 있다고 생각했다. 어머니는 나에게 그렇게 했듯이, 메리를 작은 소년으로 잘못 대하고 있는 것은 아닐까? 어머니는 메리가 놀림당하기를 바라고 있었을까?

메리의 아프리카 머리카락이 자라 묶을 수 있게 되자 내가 승리했다고 생각했다. 나는 어머니에게 회중전등(torch)을 들려주고 학교로 떠났다. 어머니는 그것이 무엇인지 모른 채 그것을 떨어뜨렸다.

✦ ✦ ✦

방학 때마다 나는 동생을 욕조로 끌고 들어가서, 여러 달 동안 제대로 빗지 않은 동생의 머리를 정성을 다해 빗겨주었다. 어머니는 메리가 머리 손질 때마다 계속 울어서 어쩔 수가 없다고 했다. 이 말은 나로 하여금 이를 악물고 돌아서게 만들었다.

메리가 더 컸을 때 나는 화가 난 목소리로 말했다. 너는 백인이 아니야. 너의 친구들과 같은 생머리를 가지고 있지 않아. 그냥 내버려두고 괜찮을 거라고 하면 안 돼. 그럼 머리가 엉키게 돼. 머리에 신경써야 해. 메리는 나와 내 말을 분하게 여겼다. 하지만 자기 자신의 머리카락에 대해서는 더 심하게 화를 냈다.

나는 샴푸 광고가 나올 때마다 메리에게서 이는 갈망을 보았다. 반짝이는 긴 생머리가 화면에 흐르며 햇살처럼 잔물결을 치는 모습이 내 동생의 눈에 비치는 모습을 보는 것이 너무 힘들었다. 나는 대신 다른 곳을 보았다. 메리의 눈에 비친 고통은 메리의 눈을 내 눈처럼 만들었다.

이 고통을 부모에게 설명하는 것은 힘들었다. 내 동생에게서 나를 보는 것이 나를 얼마나 섬짓하게 하는지를 깨닫는 데 오랜 시간이 걸렸지만, 부모님을 이해시키는 것은 더 긴 시간이 필요했다. 그 일이 일어난 건 3년 전쯤, 내가 10년 동안 기른 머리카락을 모두 가위로 잘라버린 때 즈음이다. 그렇게 하고 나서 내 머리를 고르려고 미용실에 갔을 때 미용사는 내 머리를 아주 짧게 잘랐고, 나는 일주일 내내 거울을 볼 수 없었다.

마침내 내가 거울에서 본 사람은 너무 못생겨서 그 누구도 자신과 결혼해 주지 않을 거라 생각하던 그 소녀가 아니었다.

나는 외부에 있는 것(to be on the outside)이 어떠한지 아는 한 아름다운 여성을 보았다. 그 여성은 외부에서 살아가는 느낌이 어떤 것인지를, 그녀를 사랑하는 사람들에게 말할 수 있는 사랑을 일군 여성이었다.

3 주변인의 힘

킴 딜

내가 인종간 입양인이라는 사실은 아마도 내 삶에서 가장 급진적인 원동력일 것이다. 강력한 원재료인 이 힘이 내 삶의 길을 이끌어왔다. 나는 내 인생의 파편들 가운데서 많은 인간들을 본다. 나는 추방당하고 버려지고 재탄생한 다른 사람들과 고통과 승리를 공유하고 있다. 사회의 변두리에 살면서 외부자의 시선으로 사물을 바라보고 학습하는 우리는 혁명적인 뿌리를 지닌 특별한 힘을 지니고 있다.

우리는 **연대**를 주장하는 만큼 실천하지 못한다. 그러나 혼혈인 인종간 입양인이라는 내 특수한 상황 때문에, 나는 연대를 실천하겠다며 내게 필수불가결한 내 존재의 복락을 망가뜨리는 일에 함부로 뛰어들 수가 없었다. 그리고 전략적 목적에 도움이 안 된다든지, 어떤 사람이 나와 가치관이 다르다고 해서 관계를 청산할 수도 없었다. 내가 어디로부터 왔는지 말해줄 친생가족이나 조상에 이르는 뿌리가 없는 존재로서, 나는 변두리로 밀려난 다른 사람들과 추방된 사람들을 찾아 안내를 받고 지혜를 얻었다.

그다지 검지 않은 흑인으로서, 백인 가정에서 성장한 자로서, 양성애자 기독교인으로서, 나는 변두리 삶과 직접적으로 연결되고자 했다. 나는 정체성과 문화와 공동체의 외부에서 살아가는 일에 익숙하다. 나는 나 자신의 공동체를 만들어야만 했는데, 이 공동체를 만드는 일이 즐겁고 기쁘기도 했지만 동시에 고립감에 짓눌리기도 했다.

10여 년 전 어느 추운 겨울, 나는 침대 위에서 무릎을 꿇고 창조주에게 여성, 그것도 가급적 흑인 여성을 위한 공동체를 허락해달라고 기도했다. 그게 내 기도였다. 일체감을 느끼고 싶었고 이를 위해서는 추진력 있는 여성 간부들이 필수적이었다. 나는 20년간이나 외로움에 시달렸기 때문에 공동체에 굶주려 있었다.

내 필사적인 기도대로 이루어졌고, 그해 여름과 그다음 해에 나는 공동체를 조직하는 데 좀 더 몰두하게 되었다. 정의에 대해 나와 비슷한 관심을 가지고 있던 여성들과 어울렸다. 나는 편안해졌으며, 기벽奇癖을 지닌 내 생긴 모습대로 살아가도록 격려받았다. 아무도 내 유머, 내 섹슈얼리티, 내 발언을 "백인같다"고 하지 않는다. 기도하는 삶과 영성은 내 인생의 중심에 자리 잡았고, 이교도들인 강력한 요루바족(입양되기 전 아프리카에서의 저자의 종족—옮긴이) 공동체와 기독교 치료자들은 나를 따뜻하게 보듬어줬다. 나는 나 자신을 사랑하고 치유하는 멋진 여행을 시작했다. 나는 더 이상 굶주리지 않았다.

주변인의 힘

미국의 입양사를 더 많이 알아감에 따라, 나는 여성의 권리와 아동의 권리를 위한 정치적 세력들과, 협애한 개념으로 조직된 가족가치 운동이, 얼마나 근본적으로 그리고 직접적으로 내 삶에 영향을 끼쳤는지를 깨닫게 되었다. 입양부모들에게는 세금감면 혜택을 제공하면서도, 이미 약화되어버린 공공서비스 영역의 재원은 삭감하려는 기독교 우파의 전략에 대응하기 위해서, 우리는 가족의 구조에 대해서 광범위한 문제들을 제기해야 한다. 누가 가족 구성원으로 분류되며 누가 부를 쥐고 있는가? 입양을 통해서 실제로 이익을 얻는 사람들은 누구인가? 입양 과정에서 아동의 권리는 충분히 고려되고 있는가?

전통적인 것들이 흔들리고 도전받으며 그 실체가 드러나고 있는 바, 거기에서 주변인들은 문제를 제기하고 있다. 팔레스타인 작가이자 정치적 행동가인 에드워드 사이드(Edward Said)는 1996년 발표된 그의 책 『지식인을 대표하다(*Representations of the Intellectual*)』에서 주변부를 이렇게 서술하고 있다. "관습적이고 편안한 것을 넘어가 본 적이 없는 사람들의 마음에서는 보통 망실되어지고 마는 것들을 볼 수 있는 곳이 그곳이다." 나에게 주변부란 용서와 희망을 발견하는 곳이다. 또한 거부와 추방 때문에 몸부림쳐야 하는 곳이다. 또한 이 비관습적인 장소는 나의 인간관계를 구축하는 곳이며 내 삶의 맥락들을 연구하는 곳이기도 하다.

승인

나는 미국에서 오남용된 부랑인법(vagrancy laws) 때문에 내 흑인 부모들과 헤어지게 된 경우는 아니지만 하여튼 백인 가정에 입양되었다. 나는 운 좋게도 북적북적 대는 고아원에서 살지 않아도 되었고 내 생모는 아마도 나를 사생아로 등록했는데도 벌금형이나 징역형을 받지 않았을 것이다. 또한 조국에서 생산된 비행기를 타고 조국에서 쫓겨나지 않았으며 비행기를 타다 추락사고가 났던 적도 없었다. 내가 소속된 대리업체는 아마도 당시 운영하던 일반 대리업체들에 비해 법적 책임에 충실했으며 견제와 균형이 잘 이루어지고 있던 것 같다. 나는 포로수용소로 강제로 재이송되는 일본인 아이와 같은 사례에 속하지도 않았고, 가족들로부터 떨어져 원주민 언어로 말하면 체벌을 당하는 학교로 보내지는 수천 명의 아메리카 원주민 아동의 사례에 속하지도 않았다.

흑인 아동이 생모와 이별하는 경우 중 내 사례는 다른 사람들의 사례보다 깔끔하며 뻔한 정치적 연관성과도 거리가 멀다. 하지만 난 내 생후 기록을 모두 덮어버리는 그 결정에 대해 어떠한 결정권도 없었다. 그리고 가족의 붕괴를 저지할 수도 있었을 사회복지 프로그램에서 연방자금을 빼내는 결정에 대해서도, 범인종적인 입양아동 배정정책 설립에 대한 결정에 대해서도, 유색인종의 노예화와 억압 하에서 설립된 미국에서 타인종 입양을 승인한 정치적 과정의 실제적 구현을 저지하는 데 있어서도 어떠한 결정권도 없었다.

탈구脫臼

나는 생후 7주 정도에 딜 가족에 입양되었다. 당시의 나를 안고 있는 어머니 사진을 갖고 있는데 그 사진 속에서의 나는 눈을 가늘게 뜨고 눈썹 사이에 주름이 잡힌 상태로 굳어진 입 모양을 한 채 어머니의 얼굴을 쳐다보고 있었다. 내 표정은 흡사 현관 앞에 버려진 아이의 심정을 말하는 듯했다. 또한, 다시 보호자의 품에 안기게 되어 기쁘기도 했겠지만 생모와의 생이별로 인해 아픈 마음을 대변하고 있었다. 30년이 지난 후에도 이러한 감정은 계속 남아있어 심지어 마음이 편안한 상황에서도 나의 표정은 심각하거나 엄숙하게 굳어 있는 경우가 많았다. 여전히 버림받고 혼란스러웠던 유아 시절의 감정이 남아 있기도 했지만, 가족들에게 보호되고 있고 치료 과정에서 안전함을 느끼는 유아의 감정 역시 남아 있다.

처음 9년은 플로리다 주 마이애미에서 살았다. 마이애미는 바람이 언제나 나무 사이를 산들산들 불고 바다는 조수를 따라 오르고 내림을 반복하는 자연을 가진 곳이었다. 다양한 언어, 인종, 냄새, 정치적 다툼이 한데 어우러진 곳이기도 했다. 그리고 정치 난민이나 추방된 가족들이 새 출발의 희망을 안고 정착하는 곳이기도 했다.

나의 어린 시절엔 1960년대 피델 카스트로의 사회주의 정부로부터 도망쳐온 쿠바 태생 전문직 상류계층이 이끌었던 쿠바인 공동체가 확대되고 있었다. 그로부터 20년 후 마이애미 지역 정치에 보수적이고 가톨릭의 영향을 받은 정책의제가 성공적으로 도입되었는데, 이로 인해 마리엘 항구에서 그 한 번의 합법적 이주 과정으로 건너온 새 쿠바 이민자들과 기존의 상류 쿠바인들은 강제적으로 통합될 수밖에 없었다. 12만 5,000명이 넘는 쿠바 사람들이 1980년 4월부터 9월까지 지속된 마리엘 긴급해상수송 기간 동안 뉴욕, 탬파, 마이애미로 이주하였다. 이주자 중 대부분은 이전 쿠바 이민자들이 전직 지주나 사업가였던 것과는 달리 노동자 계급이었다. 몇몇은 전에 교도소에 수감되거나 정신병원에 환자로 수용되었던 사람이었다. 따라서 그 여름 마이애미에서는 엄청난 계층과 문화 간의 충돌이 일어났다.

내가 다섯 살이 되어 유치원을 갈 준비를 하고 여전히 별다른 친구 없이 나의 상상 속의 친구들과 대화를 나누던 때였다. 나는 마리엘 선박 단체 이주 사건에 대해 알고 있지 못했다. 그러나 노숙자 쉼터 앞에 길게 늘어선 줄을 보기도 했고 오빠와 오빠 친구들이 쿠바인들에 대해 이야기하는 빈도가 늘었다는 것을 알게 되었으며 어른들이 카스트로나 선박, 고무 보트, 일자리에 대해 이야기하는 것을 엿듣기도 했다. 긴장이 고조되었다가 이완되는 일이 반복되고 있었지만 그해 여름, 스페인어로 이야기하는 사람들이 쇼핑몰, 식료품 가게, 우체국 등에서 이야기하는 것을 들으면 사실 누구나 긴장이 고조되고 있다는 것을 감지할 수 있었을 것이다. 오빠는 이미 스픽(Spic: 히스패닉계 사람들을 낮춰 이르는 말)이라는 말을 자주 쓰고 있었는데 부모님이 오빠에게 이 단어를 절대 사용하지 말라고 하는 것을 보고 나도 이 쿠바인들의 이주에 무언가 문제가 있다는 것을 알아챘다. 한참이 지난 후 고등학교에서 마리엘 단체 이주에 대한 글을 읽었을 때 이상하게도 쿠바를 떠난 사람들에게 친숙한 감정이 들었다. 나와는 다른 환경을 가졌고 다른 결정을 한 그들이지만, 나는 그들의 마리엘 단체 이주의 맥락 속에서 나 자신의 소외감에 대해서 이해하기 시작했다.

나는 이제 사람들이 자신들의 소외감과 정체감에 대해서 이야기할 때 그것에 대해 이해할 수가 있다. 또한, 우리가 안전한 보금자리를 아끼면서도 한편으로 증오하는 이유를 이해한다. 이 복잡한 감정을 난 알고 있으며, 그러한 감정을 지우는 방법은 없고 다만 그 모순을 일종의 역설적인 감정으로 받아들이고 인내하고 참아내는 것만이 유일한 방법임을 알게 되었다. 이런 식으로 나는 백인들에 대해 욕을 할 때 자유롭고 제약이 없다고 느끼지만, 우리 집으로 돌아가 백인인 부모님들과 마주 앉아 행복하게 식사를 하기도 한다. 유색인종 여자이면서 동시에 백인의 특권을 지닌 가족 구성원으로 지낸다는 것은 고통스러운 일이다. 백인들이 사는 방식을 직접적으로 깨닫는 동안 이와 같이 복잡한 감정을 해소하려면 인내심을 발휘해야 한다. 그렇게 해서 얻어진 깨달음은 해방감을 불러일으킨다.

간접적 가계

내가 고등학교를 졸업했을 때 우리 가족은 영국으로 휴가를 떠났다. 그곳에서 우리는 부모님의 결혼 25주년을 축하했다. 여태껏 부모님은 우리 가문에 대해서 조사를 해왔고 딜 가문 사람들의 생존 본거지가 되었던 곳을 여행하고 싶어 하셨다. 그리고 그 과정에서 나는 다시 한 번 소외감을 느끼고 있었다. 이번에 나는 인간 존재의 뿌리인 가문 앞에서 방관자로서 바라만 보고 있어야 했다. 나는 엄연히 말하자면 그 가문의 피를 이어받은 아이가 아니었기 때문이다.

그때 나는 드레드 헤어스타일(여러 가닥의 로프 모양으로 땋아 내린 머리 모양—옮긴이)을 한 상태였다. 머리를 한 지 2주 정도 지났었는데 두 달 후에는 대학교로 떠나게 되었다. 떠날 준비는 되어 있었으나 나는 내 자신이 인종적으로 여전히 피부색이 옅은 백인 계열, 또는 상처 위에 돋은 새 살처럼 분홍빛 피부 계열의 인종이라고 생각하고 있었다. 흑인, 아프리카 문화, 나와 비슷하게 생긴 혼혈인과 연계되고 싶었던 나는 런던의 공원에 서서 모든 공공장소들을 보고 감탄하며 내 눈 속에 담을 수 있는 한 최대한 많은 것들을 감상했다. 그곳에서 타인종 연인들이 셀 수 없이 많다는 것을 알고 당시 18세 소녀였던 나는 나의 정체성을 찾아가고 있었다. 내 머리는 점차 서로 엉켜서 무겁고 두꺼운 밧줄처럼 자랐지만, 내 자신은 그와 반대로 뭔가 풀려가고 있는 것을 느꼈고, 가벼워짐을 느꼈다. 자유로움을 느끼기 시작한 것이다.

두 번째 주에 런던 시내를 빠져나와 스코틀랜드가 있는 북쪽으로 향했다. 우리는 아버지, 어머니의 조상의 흔적이 있는 마을을 여행하고 있었다. 오빠, 어머니, 아버지는 흥분에 들떠 조상들의 이름이 새겨진 비석이 있는 공동묘지로 가는 지름길을 찾기 위해 지도를 뒤적거렸다. 하지만 난 가슴 깊숙이 위로받을 수 없는 공허함을 느끼고 있었다. 그전에 새롭게 자유를 느꼈던 것도 잠시 그 감정은 분노로 돌변했다. 난 스코틀랜드계 독일인에 근본을 둔 나의 제 2의 핏줄이자 가문을 찾기 위해, 원래는 소속감을 느끼게 해줬어야 할 기념비가 있는 공동묘지를 여행하는 것에 싫증이 났다. 그 지겨운 마을의 도로에 서 있던 나는 가슴이 깨어질 듯 아팠다. 그리고 나를 위로해줄 수 있는 사람이 단 한 명도 없다고 느꼈다. 심지어 상상 속 친구들조차도 나를 위로해줄 수는 없다는 것을 알았다. 나는 할 말을 잃었고 버려졌다는 느낌을 받았으며 새로운 고민이 날 괴롭게 했다.

기분이 워낙 급격하게 변화하는 나는 우울해져 부모님의 그 유쾌

한 여행을 망쳐버리려 했다. 가족들의 질문에 성을 내며 대답했고, 가족들에게 그들과 함께 가기보다는 그냥 혼자 걷고 싶다고 했다. 후에 중국 식당에서 점심을 먹으면서 내 가문에 대해 가상의 조상을 떠올리려 했다. 어떤 묘지에 내 조상들의 흔적이 남아 있을까? 그 흔적을 찾아 어떤 도로나 강을 따라 걸어갔을까? 스코틀랜드의 어떤 마을에서 내 조상들의 다툼, 열망, 희열을 상상하며, 나는 지금까지 해오고 있는 이 여행, 즉 나의 근원과 정체성을 찾는 여행을 시작하였다.

나의 뿌리에 대한 연구 속도는 느렸고 중간 중간에 연구가 중단되어 보류된 것도 많았으며 연구를 하는 과정에서 좌절도 많이 겪었고 그 내용이 지나치게 지적으로 처리된 것도 있었다. 나는 이러한 연구 과정에 다음과 같은 정치적 순환을 도입하였다. 나는 정치적 난민이 아니라 미국 역사 흐름을 거치며 진화하고 변화하며 심지어는 사라지기도 하는 연속된 정치적 결정의 산물이다. 이러한 관점에서 보면 나라는 사람은 한 가정과 임시 쉼터로부터 결국 영구적 보금자리에 정착했다는 점에서 공적이자 사적인 개입의 산물이다. 많은 문서 작업, 재정 교환, 법 집행 이후에야 난 우리 가족들의 품으로 인도되었다.

나는 다음 단계를 준비하기 위한 기회로 잠시 유예기간을 두었다. 지난 2년 동안 우울증을 겪었고 극도로 예민해져 화를 자주 내게 되었다.

나에게는 인종간 입양인 친구들이 몇 있다. 우리는 항상 우울해하곤 하다가 일정 기간 동안 사라져서 다른 사람들과 연락이 단절되고는 했고, 지금도 종종 그런다. 나는 이렇게 사라지는 것이 혼란과 고립으로 인해 고민을 겪을 때 우리가 정신적으로 다치지 않는 생존 메커니즘이라고 배웠다. 우울증은 나를 숱하게 잠 못 이루게 했고, 나는 그럴 때마다 스스로를 진정시키기 위해 음악을 틀었다. 어느 날 9시에 부모님의 비틀즈 앨범에서 「엘리너 릭비(Eleanor Rigby)」라는 노래를 발견하고 그 우울하고 준엄하며 거친 노래를 레코드가 늘어질 만큼 끊임없이 반복하여 들었다. 그 노래 중 "외로운 모든 사람들을 봐요. 그들이 모두 어디에 속해 있나요?"라는 대목은 내가 우울함을 극복하는 데 도움이 되었고 나의 감정을 충족시켜 주었다. 만일 무디 워터스, 로버트 존슨, 에타 제임스, 니나 시몬을 알았더라면 나는 소외된 사람으로 산다는 것의 친숙한 느낌에 슬피 울면서, 그로 인해 나오는 소외감을 표현한 음악들이 나의 친구가 되어 주길 갈망하며 그들의 음악을 들었을 것이다.

흑인들이 나의 사촌들을 스누키(Snookie)또는 리 리(Lee Lee)라고 부르듯이, 나에게 '거북'이라는 별명을 지어준 남부 흑인 여대생들과 나는 대학에서 친구가 되었다. 내 별명은 내가 소속되어 있고 관계를 맺는 사람들이 있음을 의미한다. 내 친구들은 내가 주기적으로 떠나서는 때때로 친근하게도 돌아오지만 한편 쌀쌀한 태도로도 돌아온다는 것을 알고 있는데 이렇게 자꾸 내가 사라지는 것이 거북이 자기 자신을 보호하기 위해 등딱지에 숨거나 회피하는 것을 연상시킨다고 한다. 난 현재를 유지하기 위해 노력했다. 하지만 그와 동시에 또한 내가 필요한 때면 언제든지 숨어 들어갈 수 있는 친숙하고도 편안한 거북 등딱지가 있었다. 그 속은 피난과 은둔의 공간이었다. 그러나 나는 내가 치료가 되거나 충만함을 느낄 때는 다른 사람들이 나와 함께 하길 허락하여 바깥세상에 나 자신을 열어 보인다.

나는 이러한 과정이 나를 나 자신과 관련 짓고 적막한 곳에서 나와 공유하며 공개적으로 삶을 누리는 것이라 생각한다.

유색인종 여성으로서, 유색인종 여성이기 때문에 조상의 근원, 피를 나눈 친척들, 그리고 세상을 살아가는 지혜로부터 격리되는 것은 종종 외로운 투쟁이곤 했다. 혼합된 정체성, 아프리카 스타일의 내 머리카락과 몸에 대한 자존감 결여, 유색인종 공동체 내에서의 소외감, 위와 같은 조건 속에서 내 길을 혼자서 찾아야만 했던 것은 속상한 일이었다.

어느 곳에서나 내가 적합한 인물이라고 느끼기 위해서 난 거짓말하는 법을 매우 일찍 배웠다. 내 가상의 공간은 종종 진실과 충돌했고 난 결국 나 자신에 대해 부인하는 길을 택했다. 누가 보기에도 내가 독일계나 스코틀랜드계 가족 구성원이 아님을 한눈에 알아볼 수 있었지만, 보육원이나 유치원에서 학급 친구에게 입양아동이 아니라며 거짓말했던 것이 기억난다. 그 친구에게 우리 할머니는 곱슬머리기 때문에 내가 곱슬머리라고 이야기했다. 또, 나를 키웠던 분들이 백인문화에 완전히 용해되어 있었기 때문에 나는 백인들에게 매달렸다. 우리가 매주 일요일이나 때때로 주중에 나가는 교회 안에는 유색인종 입양아동을 둔 어떤 가족을 제외하면 전체가 백인으로 가득했다. 부모님이 소유하고 있었던 레코드 모음은 해리 벨라폰테와 빌 코스비 레코드 하나씩만을 제외하고는 대부분이 백인가수들 것이었다.

거짓말은 내 자신과 내 자아가 분열되는 결과를 초래했고 결국 나는 내 가슴 속에 마치 무겁고 날카로운 돌들이 쌓이는 기분이 들었다. 난 사람들이 "넌 누구니?"하고 물어볼 때마다 치욕감에 화끈거렸다. 난 이미 백인 계열 피부를 가진 사람들이 누리는 특권과 백인 우월주의가 주입되어 있었기에 흑인이 되고 싶지 않았다. 흑인들이 도서관, 박물관, 혹은 페루나 멕시코로 여행을 갈 만한 여유가 없다는 것을 잘 알고 있었고 또한 상류층과 권력층에 흑인이 포함되는 경우가 힘들다는 것도 알고 있었다. 이유를 설명할 수는 없지만, 우리 가족의 백인 특권으로 인해 백인 가정에서 자란 내가 부분적인 백인 사람으로서 활보할 수 있는 세계인 미국에서는 엘리트 관문이 흑인에게 열려있지 못하다는 것을 알았다.

난 어떤 다른 대안을 생각할 수 없었기 때문에 내가 백인이라고 믿으려 애썼다. 나와 비슷하게 생긴 사람들의 공동체에 소속될 수가 없었고, 만일 내가 흑인이라고 나 자신을 정의하고 흑인이 되기를 선택하였을 때 흑인 공동체에서 나를 거부하는 것을 참아낼 수 없었기 때문이다. 이것은 단지 내가 외롭다는 문제만은 아니었다. 백인들에게 안겨 있는 동안 인종주의에 대해서 분석할 필요가 있었다.

나와 우리 가족을 분리시키는 이 모든 것들이 있었음에도 가족들과 가까운 관계를 유지했다. 내가 양성애자라는 점이 꽤 엄청난 이슈거리였는데도, 우린 서로 멀어지거나 하지 않고 종종 전화하거나 이메일을 교환하기도 했고 집에 방문하기도 했다. 어머니와 나는 특히 지난 10년 간 가까웠고 나는 내 자신의 모습에서 어머니의 일부 모습을 발견해왔다. 때때로 내가 말을 하면 그 목소리는 어머니와 너무 유사했고 내 서명은 어머니의 필체를 닮아가기 시작했으며 이따금 어머니가 사용하던 제스처를 하기도 한다. 어머니의 방식을 존중했으며 내 방식을 받아들이는 어머니의 방식도 존중한다. 어머니는 용서하고 잊어버리는 데 능하셨고, 어머니가 화가 나면 화가 났다는 사실을 우리에게 주지시켜 주긴 하지만 절대 그 일로 꽁해 있는 일이 없으셨다. 어머니는 작은 플로리다 주 마을에 있는 아프리카계 미국인 미술관이나 이튼빌에서 열리는 조라 네일 허스튼 페스티벌에 자주 나를 데려가셨다. 이러한 일들을 그녀는 어머니 자신을 위해 하신다. 나와 같이 시간을 보내는 것을 즐거워하시고 내가 필요한 사람이라고 느끼게끔 하신다.

우리 부모님들도 슬픔을 알고 그들의 경험을 통해서 나는 내가 겪었던 손실을 대하는 데 있어 중요한 교훈을 얻었다. 내가 태어나기 몇 년 전 우리 부모님이 낳았던 세 살배기 딸이 혈액병으로 세상을 등졌다. 어머니는 그 경험에 대해서 말하곤 하셨는데 그것이 매우 충격적이었다고 말씀하셨고, 만일 그 일을 또 겪게 된다면 어머니는 포기하기보다는 그때보다 더 빠르게 대처하도록 노력할 것이라고 말씀하셨다.

다른 대부분의 사람과 유사하게 나는 인종간 입양인 신분으로서 생존과 치료를 위해 나의 정체성을 위한 다양한 도구와 방법들을 여전히 개발하고 있다. 물러서는 대신, 포기하지 않기 위해 고통스러운 투쟁을 계속하고 나의 길을 항해해 나갈 수 있게 나침반을 준비하고, 인종적 정체성과 인종관계에 대한 분석을 다듬기 위한 조각칼을 준비할 것이며, 몇 년간 가족, 정치, 공동체, 종교의 교차로에서 자랐기에 융합된 정체성을 연결할 수 있도록 스크루 드라이버를 준비할 것이다.

내 도구들을 바라본다. 그것들은 혼혈인종, 양성애자, 또 영적으로 충만한 남부 여성으로서 살아가는 데 도움을 줄 혁신적 기술과 역량으로 가득하다. 그것 또한 먼지가 끼어있고 날카로운 날을 갖고 있어 내가 나의 도구를 과소평가할 때 나에게 상처를 입히기도 한다. 그리고 내 삶을 보다 부드럽게 이어나가기 위해 부인, 회피, 부끄러움, 속수무책이라 이름이 붙은 나의 칼날들도 점검하고 갈아줘야만 한다. 나는 혼혈 입양인으로서의 삶을 살고 있고 헤어짐의 상처를 동정, 집중, 기쁨의 표시로 바꿀 수 있다고 믿는다. 우리는 모두 식민화당한 사람이기도 하며 식민 개척자이기도 하다. 이 세상에서 우리는 한 특별한 영역을 차지하고 있다.

4 보편을 찾는 일

—다채적多彩的 정체성에 대한 고찰

마크 해글랜드

몇 년 전 유명한 아프리카계 미국인인 한 레즈비언 운동가를 인터뷰한 글을 읽었던 것이 생각난다. 이 운동가는 "정체성의 우선순위가 어떻게 되죠? 여성이 먼저인가요? 아니면 흑인? 동성애자?"와 같은 질문을 받았다. 그녀는 명예롭게도 다음과 같이 대답하였다. "글쎄요, 우선순위를 매긴다는 것은 집 밖을 나설 때 정체성 중 하나를 놓고 가는 것처럼 쉬운 게 아니랍니다. 셋 다 나예요. 정체성은 내가 어딜 가든 같이 가지요." 내가 조금 부연해서 말을 옮기긴 했다. 하지만 그녀 자신이 본인 정체성을 어떻게 인지하고 있는지에 대해 아마 가장 많이 받았을 그 질문에 대응한 그녀의 간단하고도 힘 있는 응답에 난 충격을 받았다.

그 활동가처럼 나는 자신의 복합적 정체성을 발견하고 그 정체성이 서로 이루는 관계들이 일상생활과 다양한 배경과 경험을 갖춘 사람들과의 상호작용 속에서 어떤 작용을 하는지 발견한다. 일상생활을 향유하고 총합적 정체성을 구축하고 진화시킴에 따라, 나는 복합적 정체성을 지닌 사람으로서 지속적으로 내 정체성들을 서로 관계 짓거나 주류사회에 내 정체성을 빗대어 보고 있다. (나는 아시아계 미국인 남성이고 성인이 된 한국인 입양아동이며 쌍둥이 딸을 두었고, 배우자가 있는 동성애자이다. 그리고 트랜스젠더 여자 형제가 있으며, 기자이고 영적 탐구자이기도 하다.)

다양한 내 정체성들이 서로서로를 분별하게 하며 그것들을 설명하기도 하고 결국 각 정체성을 강화하기도 한다고 믿게 되었다. 그 예로, 나는 한국계 입양인으로서의 경험과 동성애자로서의 경험이 매우 유사하다고 오랫동안 생각해 왔다. 나는 한국계 입양인과 동성애자라는 두 정체성 모두 대개의 사회에선 일반적이지 못하다는 걸 매우 잘 인지하고 있다. 또한 남들이 나를 보는 관점과 개인적으로 나와 접촉하는 방식에 영향을 줄 내 인종 · 민족 · 성적 정체성을 두고, 사람들이 별별 추측을 다 한다는 것도 잘 알고 있다. 자연스레 상황에 따라 변하는 일반 사회적 기준과 기대, 추정에 맞춰가야 한다는 압박감을 느끼게 되었다. 예를 들어 내가 5살 난 나의 예쁜 딸과 공공장소에 있으면 사람들은 보통 날 이성애자로 추정하기 마련이다. 그러나 내가 큰 도시의 한 식당에서 동성애자 그룹과 어울리고 있을 때면 사람들은 날 동성애자라고 추정하게 된다. 그리고 내가 문화면에 있어서도 완벽하게 아시아적인 사람을 만나게 되면 사람들은 또 다른 추측을 하게 된다. 이 모든 경우에 내가 알고 있는 내 자신의 모습은 한두 부분만 겉으로 표출되고 나머지 부분들은 내 속에 잠재하여 있기 때문에 순간순간의 사회적 맥락에 따라 다른 사람과의 차이를 불편한 방식으로 깨닫곤 한다.

사실 나는 한국계 입양인인 것과 성인 동성애자인 것의 유사함에 대해 또 다른 특별한 해석을 알게 되었다. 내가 만나 본 모든 한국계 입양인들은 다른 사람들과의 차이를 심오하게 인지하고 있었고, 통합과 조화를 위해서 의식적으로 정체성에 대한 인식을 보다 증진시킬 필요를 느끼고 있다고 토로했다. 동성애자들도 한국계 입양인과 같은 수수께끼에 직면하고 있었다. 그들은 의식적으로 정체성을 성립하도록 강요당한다고 느끼고 있었으며 보다 명확한 정체성과 정체성 확립 후 평화에 도달하기 위해 종종 고립과 혼란을 넘나들고 있다.(현재는 트랜스젠더 수술을 하여 여자가 된 내 쌍둥이 형제는 트랜스젠더들도 같은 상황이라고 한다.)

서로 다른 인종적 정체성과 성적 정체성이 어떤 면에서 유사하다는 사실은 우리가 서로를 통해 배울 수 있다는 점과 경험을 통해 서로를 강하게 하고 도울 수 있다는 점에서 시사점을 가진다. 한국계 입양인이라는 사실이 내 삶을 형성해왔고 내게는 그것이 여전히 매우 중요한 사실이지만 동성애자, 쌍둥이, 현재는 부모라는 사실 또한 내게는 마찬가지로 중요하다. 나의 경험은 특수성 속에 보편성을 가지며 한국계 입양인들은 이렇게 심오한 차이를 경험한 다른 사람들과의 연대감을 느낄 필요가 있다는 것을 일깨워준다. 이는 물론 모든 인종간 입양인들에게도 적용된다.

내가 2000년 가을에 미니애폴리스에서 개최된 한국계 입양인들의 첫 번째 소모임에 참여했을 때 처음에 나는 어떻게 하면 다른 입양인들이 나를 입회시켜줄지 매우 고민했고 불안해했다. 우리가 공통분모를 갖고 있긴 하지만 내 특수한 성적 정체성 때문에 배척받거나 소외당할까 봐 두려웠다. 다행히 그들은 나를 따뜻하게 바라봐주었다. 점점 그 규모가 커지고 있는 성인 한국계 입양인 공동체는 사실 내가 소속되어 있는 그 어떤 다양한 범주의 공동체보다도 개인적 다양성에 대해서 관대했다. 성인이 된 한국계 입양인들은 감정적으로나 사회적으로 고립되고 소외당하는 것이 어떤 것인지 안다. 난 1960년대 밀워키에서 마치 우주선을 타고 온 화성인처럼 자랐다. 내가 나의 마흔 번째 생일날에 성인 입양인 공동체가 있다는 것을 발견했을 때, 마치 화성인 전당대회라도 찾아낸 것 같았다!

사실 나의 모든 정체성을 구분하는 것은, 물론 현재까지도 계속되고 있는 일이며 나의 인생에 걸쳐 지켜나갈 것이기도 하다. 왜냐하면 **확립된 정체성**이 나와 독자들에게 아주 중요하다는 개념을 믿고 있기 때문이다. 예컨대, 나와 같은 문제를 맞닥뜨릴 일이 없는 대개 중산층 이성애자인 백인 남자들과는 달리, **일반인과 다른 이**라고 불리기도 하는 우리들은 필연적으로 우리의 정체성에 대한 문제에 직면하며, 이러한 문제들을 해결할 것을 강요당하는 경우가 대부분이다. 정체성 문제를 해결하기 위해 그들 자신을 찾고자 하는 사람들에게 흔들리지 않는 명확한 자아인식은 불가능하다. 나는 완전히 우리 사회에서 **일반인과 다른 이**에 속하며, 따라서 만약 내가 사회에서 나의 길을 갈 수 있도록 하는 내면의 평화를 찾는다면, 나는 내게 있어 정신적이며 지적인 일종의 지침으로 작용하는 정체성을 확립하는 방법을 찾아갈 수 있을 것이다.

한 아이의 아버지가 된 후에, 나는 항상 그것을 느끼게 된다. 나의 딸은 엄마의 립스틱을 갖고 노는 것을 매우 좋아하며 **엄마들만 립스틱을 바르고 아빠들은 바르지 않는다는 것** (물론, 몇몇 아빠들은 실제로 립스틱을 바르기도 한다, 하지만 이것은 완전히 다른 이야기이다!)이나, 쇼핑몰에 있는 다른 아시아인들이 아빠와 비슷하게 생겼지만, 말은 완전히 다르다는 것에 놀란다. 실제로, 한국인, 이란인, 아일랜드인, 독일인을 포함한 다양한 민족이 뒤섞인 나의 딸은, 내가 내 자신을 위해 겪어온 것과 같이 스스로를 위한 인종적이고 민족적인 자아정체성을 성립시키는 일에 필연적으로 직면한 자신을 발견할 것이다. 물론, 나는 그녀가 자아정체성을 받아들일 수 있도록 최선을 다할 것이다.

스스로 정의 내린 자신과 다른 사람이 부여한 정체성의 차이는 한국계 입양인으로서 내가 **인지 부조화**라고 부르는 것, 비록 내가 노르웨이와 독일 출신의 부모에 의해 밀워키에서 길러졌을지라도 다른 사람들은 언제나 나를 아시아 사회와 아시아 문화로 간주한다는 사실의 중심에 서 있다. 그들의 이런 범주화는 내가 백인과 비아시아 문화 속에 있을 때나 아시아 문화 속에 있을 때나 성가신 문제를 일으킨다.

일례로, 약 20여 년 전 나는 내 쌍동이 형제와 시카고 국제영화제에 한국영화를 보러 갔다. 대부분의 영화제 관객들은 시카고의 인종 다양성을 광범위하게 대표하기 마련인데, 관객 중 십중팔구는 한국인이었고, 나는 이 사실에 매우 놀랐다. 한국인 중년 여성이 우리 줄에 비집고 들어와 그 당시 나는 알지도 이해하지도 못한 말 "실례합니다"를 한국어로 했을 때 난 영어로 대답했다. 내 영어에 그 여인은 분명 숨이 막힐 정도로 깜짝 놀랐다. 그 이후로 나는 여성들의 그런 표정을 **놀란 한국인 여성의 얼굴**이라고 불러 왔다. 나는 그 표정을 숱하게 봤다.

2001년 봄 한국계 입양인들의 소규모 모임이 로스앤젤레스에서 열렸는데, 당시 우리들 부모님들은 이런 모든 것들을 해학적으로 비꼬며, **Stealth AZN**(AZN은 Asian을 가리킨다. 이 입양인들에게서 아시아인성을 볼 수 없기 때문에 '스텔스'라는 표현이 사용되었다.—옮긴이)이라고 씌어진 티셔츠를 나누어 주었다. 이 표어는 한국인 입양 성인을 우연히 만난 대부분의 사람들이 우리의 문화적 정체성에 대해 심하게 억측을 한다는 사실을 나타낸 것이었다. (비록 우리 중 대부분이 비아시아적 환경에서 성장했어도, 미국과 유럽 사회에서 매우 특이하고 유별난 정체성을 형성하는 문화적 아시아인으로 우리를 간주한다.) 이런 억측들은 우리 사회에서 광범위하고 강하게 퍼진 게이 남성들의 생활과 레즈비언, 양성애자들에 대한 억측과 유사하다. 종종, 이런 사회적 억측들은 만나고 교차하여 잠재적 혼란이 내재된 상황들을 만들어 낸다. 예를 들어 내가 나의 어린 딸과 대중 속에 있을 때에, 대부분의 사람들은 내가 문화적 아시아인이고, 결혼했으며, 이성애자라고 가정하지만 이들 중 어느 것도 사실이 아니다. 그러나 보통 나의 상황을 파악하느라 그들이 무진장 애쓰기를 기대할 순 없다.

통합을 지향하며

다양한 정체성의 구성체인 내 경험은 종종 철저하게 주변화되었다. 보다 심층적인 차원에서 볼 때, 사회 가운데 있는 정체성의 범주들은 나로 하여금 단순히 복잡적 정체성 가운데 머물러 있도록 하기보다는 보다 통전적인 정체성을 의식적으로 발전시키도록 촉구했다. 그것은 곧 나의 모든 것을 통합한 것이며, 내가 세계에서 평화와 조화를 이룰 수 있도록 허용하는 자아수용과 자기실현의 수준에 도달한 것이었다.

이러한 일이 어려웠냐고? 물론 어려웠다. 이러한 일이 지적 도전이 되었나? 물론 지적으로 도전이 되었다. 그러나 솔직히 말하면 한국계 입양인으로의 내 정체성과 또 다른 내 정체성 때문에 내가 직면한 이 도전이 놀라운 영적 선물이라고 믿는다. 단순히 내가 나이고, 개인적으로나, 직업적으로 만나는 많은 사람들에게 인종적, 성적性的, 유전적 특질과 환경(성격 형성 요인이 본성인지 환경인지에 대한 토론), 삶의 관계, 그리고 가족을 포함한 많은 사회 문제에 대한 그들의 억측에 의문을 가질 수 있게 한다는 것을 나는 안다. 우리가 원하든, 원하지 않던 인종간 입양인인 우리 모두가 세계에게 이런 질문을 마침내 줄 수 있다는 것이 선물이 아닌가?

상호이해와 자비를 품는 일에 있어서 인종간 입양인들은 커다란 잠재력을 지니고 있다. 어떤 점에서 나는 우리가 개인적으로나 집단적으로나 우리의 개인적이고 집단적인 경험을 이용하여 우리 사회가 정체성에 대해 더 나은 이해심을 갖도록 하는 일에 스승이 될 수 있다고 믿는다. 그러나 "만약 당신이 한국계 입양인이 아니라면 나를 절대로 이해할 수 없다."라는 입장을 취하는 것은 생각해볼 문제다.

이런 생각이 극단적으로 확산된다면 전쟁, 갈등, 그리고 전 세계에서부터 개인에 이르기까지 모든 수준의 오해를 초래할 수 있다. "당신은 흑인이 아니야. 당신은 세르비아인이 아니야. 당신은 무슬림이 아니야. 당신은 모르몬교도가 아니야. 당신은 장애인이 아니야. 당신은 채식주의자가 아니야."라는 식으로 무한 확장될 수 있다. 다른 한편으로는 나의 특별함이 나를 당신보다 낫게 만들고, 그리고 또한 나를 희생자 또는 축복받은 자로 설정하며, 반면에 당신은 백인이고, 크로아티아 사람이며, 힌두교도이고, 모르몬교도이며, 비장애인이며, 고기를 먹는 사람으로 만들어 당신이 나를 인간으로서 이해하는 것을 방해한다. 이러한 자기 위치 설정의 논리는 인간과 집단 사이의 상호작용을 황폐화한다. 그러나 우리는 매일 뉴스에서 이런 감정적 논리가 세계 곳곳에 적용되는 것을 본다.

이 논리대로라면 나는, 여성, 아프리카계 미국인, 장애인이 된다는 것이 무엇인지 결코 모를 것이다. 하지만 인간으로서 우리는 조그마한 자신의 세계를 넘어 더 깊은 인간성과 서로의 신성한 불꽃을 볼 수 있는 능력이 있다.

그래서 나는 입양인 형제와 자매에들게 청원한다. 우리의 비정상적이고, 예외적인 경험들을 통해, 인종간 입양인들이 사람 사이의 좀 더 깊고 성숙한 이해를 할 수 있게, 우리의 특징 속에서 인류 보편성을 축하함으로써 모든 **다른 사람**과 함께할 수 있도록 우리 상황을 살펴보게 하자. 이렇게 함으로써 우리는 삶을 다른 한국계 입양인들과 모두를 위해 좀 더 쉽게 만들어 나갈 수 있을 것이다. 결국 나는 독특한 나 자신이자 인류라는 커다란 모자이크의 한 조각이다. 그리고 나는 이 한 조각의 타일로서 거대한 모자이크의 정교함을 받아들인다.

Minneapolis **Tribune** | **Family**

1E
Sunday
December 2
1973

Nurse helps troubled waifs in Vietnam

By Jacquelyn K. Jones

Rosemary Taylor was sent to Vietnam in 1967 by the Australian Council of Churches to help care for the elderly and handicapped people at Phu My refuge. But there she saw that there was more to be done for children.

Thousands of them had been abandoned because their families couldn't afford to care for them or they had become separated from their families during evacuations. Many of the children were fathered by American servicemen.

"I saw that there was a need to work with the abandoned children. I didn't ask anybody. I saw the need and so I started an orphanage," Miss Taylor said.

One orphanage led to another. Now Miss Taylor is the supervisor of four orphanages in Saigon. One child also led to another. Since 1967, Miss Taylor has arranged for the adoption of more than 2,000 children by families in Europe, Canada and the United States.

Minnesota families have adopted 38 Vietnamese children, many of them through the arrangements of Miss Taylor and her staff of 12 people. Some of those parents and children recently attended a reception for her in Minneapolis.

They watched her slides of the orphanages and they heard her talk of how things are getting worse for the children now that the Vietnam war is over.

"Adoption is the only answer for many of the abandoned children," she said. "If they remained in Vietnam they would die from disease or starvation. My biggest problem is trying to keep the children alive until they can be adopted."

Miss Taylor, 34, a former

Staff Photo by Pete Hohn

Rosemary Taylor, with children who have been adopted by families in Minnesota.

high-school teacher from a family of five children in Adelaide, Australia, seems reluctant to talk about her motivation or her work.

"My starting an orphanage had nothing to do with my childhood," she said. "I had a very happy childhood."

Other persons acquainted with her work tell more about what she has done.

Barbara Baden, a nurse who has worked with her in Vietnam, tells about the opening of the first nursery for 15 children, of how Miss Taylor brings very sick young children from other orphanages to her facilities to give them medical care.

"She provides care for the children until she can arrange for them to be adopted," said Miss Baden. "I don't like to call Rosemary's homes orphanages; they are more like waiting stations."

Dorie Schmaus, social worker at Children's Home Society in the Twin Cities, tells

Children
continued on page 7E

Ann Landers

Dear Ann: I am a widow, age 55. My father-in-law is in very poor health and the doctors say it is just a matter of days. "Pops," as we call him, told me three years ago at his son's funeral that I would share his estate equally with his two daughters.

I have always loved Pops, helped him with his letter-writing and mending, driven him wherever he wanted to go, and he was at my dinner table almost every night. He frequently told me his daughters are fine girls but their husbands had made it clear that they didn't want "the old man around too much."

Yesterday one of the girls said something about "the old man" being out of his mind and that he had mumbled some nonsense about his estate being divided three ways. She told me, "It won't hold up in court so don't count on it."

I am not hard up for money, Ann, but neither are they.

This morning the other daughter suggested that I sign a paper forfeiting my share "to save the expense and embarrassment of a court fight." I am shocked and upset. What do you advise?
Still Reeling

Ann says: The poor fellow isn't even dead yet and his daughters are already counting his money. My advice is: Say nothing. Do nothing. Sign nothing. Consult a lawyer if you run into trouble at probate time.

Dear Ann: My birthday is next month. It will put me into my 30s and I'm depressed about it. Am I crazy because I want to get married?

The man I've been going with for seven years says he's "in no hurry." He has dinner here five nights a week. Restaurant food makes him sick. Weekends he spends with his mother. I don't go along because they never talk to me. Only to each other. In Italian.

Last night I put it to him plain: "When are we going to get married?" He said, "I can't stand pushy women. Quit bugging me." I love him and don't want to lose him. Other men have asked me out but I've said no to everybody. I know what I should do but I need someone to give a shove. Please do it.
Aging Fast

Ann Says: This advice is so old I'll have to shave it to tell it, but any woman who invests seven years in a relationship and gets an answer like that is crazy if she doesn't accept other invitations. Consider yourself shoved.

More personal advice from Ann Landers, every morning except Saturday in the Tribune.

Erma Bombeck

In June 1944, Gen. Eisenhower assembled three million British, Canadian and American men, 16 million tons of arms, munitions and supplies, 5,000 large ships, 4,000 smaller landing craft and more than 11,000 aircraft. At 6:30 a.m. on that fateful day he picked up the phone and said, "You are about to embark on a crusade" and just hours later they invaded Normandy.

I tried to find six women who could transport Miss Bilk's second grade on a field trip to the phone company. It made the invasion of Normandy look like an impulse.

Forget the 85 phone calls I made to mothers with legitimate excuses for not driving. (Well, maybe just a few of the better ones: "Fred uses the station wagon to carry around his samples. He's an anvil salesman." "I am three weeks overdue. Not a pregnancy, you ninny. A root touch-up at the beauty shop." "Martha, on 'Love Is A Many Splendored Thing,' is having her baby on that day. She'd never forgive me.")

I finally intimidated five mothers (plus myself) who said they would drive. The plan was a simple one. Rendezvous in the area of the circle in front of the school marked, NO PARKING, TOW-AWAY ZONE. Then Miss Bilk would send out the first five who would get into Mildred's car and it would pull away. Then the second

1973년 12월 2일자 《미니애폴리스 트리뷴》 기사 "간호사가 곤경에 처한 베트남 부랑아들을 돕다"

첨부된 사진 설명: 피트 혼(Pete Hohn) 사진 / 로즈메리 테일러 씨와 입양된 아이들.

(사진제공: Minnesota Historical Society)

제2부

어떻게 여기에 왔니?

미희 나탈리 르무안, 「50개의 숫자」, 서울, 2003년, 디지털 이미지

미희 나탈리 르무안은 한국에서 태어나 벨기에로 입양되었다. 1988년에 만든 첫 영화 「입양」이 브뤼셀 단편영화제 수상작이 되어 다른 입양인들과 함께 한국정부의 초대를 받았다. 한국정부의 기대처럼 경제성장이나 멋진 전통문화에 감동하는 대신 입양인들의 곤란을 목도하고 그들의 체류권이나 생활권 획득을 위해 노력하는 한편 600명이 넘는 입양인들의 부모 찾기를 도왔다. 벨기에 최초의 입양인 연합조직인 유로-코리안 리그의 설립자이며 한국 해외입양인연대 GOAL을 공동설립했다.

5 경제적인 기적

선영 신

또한 한국 이름에 대한 혼동은 한국 여성들이 결혼 후에도 그들의 결혼 전 성을 계속 쓴다는 사실로 인해 더더욱 복잡해진다.

한 방문객이 그녀의 명함을 청자그릇에 남겨두었다. 종이 물고기, 손가락 없는 손바닥, 담배로 지지고 태운 불투명한 창유리. 불에 타는 벽의 향기는 하늘 어디까지 갈 수 있을까?

그 방문객은 나의 적인가? 왜 나는 나와 비슷한 수준으로 영어를 하는 그녀에게 영어를 가르치는가? 얼마나 거대한 땅인가: "거의." 도쿄에서 온, 반은 한국인이고 반은 일본인인 그녀는 내게 서툰 영어로 말했다. "우린 너무 닮아서 마치 자매인 것 같아요!"

교훈: 시인은 제 2, 3, 4, 5의 언어로서의 영어 회화를 가르칠 자격이 없다. 나의 파괴적인 생각들은 우리의 양방향 거울에서, 방 바깥으로, 문 밑 틈을 통해 달아나고 있었다.

합법적으로 버려진

고아

위탁 아동

입양 대상

이주자

합법적으로 거주하는 외국인

귀화시민

외국인등록증 번호 A35300104

미국에서 태어난 것으로 보이는 사람

중국인으로 보이는 사람

결혼 이후에도 있는 나의 결혼 전 이름

✦ ✦

나는 몰랐다. 나사렛 예수에게
형제가 있다는 것을. 심지어 아랍어는
내 제 2언어도 아니다. 그리고 내 심장은
요셉을 위해 뛰었다. 우리의 아버지,
음지의 장인.
성모의 조각상에는
강보에 싸인 첫 아기가 있다.

그녀의 심장을 보호하기 위해
왼쪽 팔로 안은, 혹은
아기의 심장을 보호하기 위해
오른팔로 안은 아기가.

✦ ✦

한국인의 족보 대부분은 1500년 넘게 추적이 가능할 정도로 오랜 세월 동안 정확히 간수되었다. 한국인들은 조상과 성씨의 유래에 자부심을 갖고 있다.

어떤 이는 결점에 자부심을 가진다.
시력이 나쁘다든지. 안경의 시대에
태어난 건 기적이다.
내가 만약 귀족의 딸이었다면
세탁하려고 옷을
조각조각 뜯는 건 잘했겠지만 그것을 다시
합쳐 꿰매는 것은 엉망이었으리라.
무엇 때문에 자매가 있나, 무엇 때문에
엄마가 있나.

무엇 때문에 하인들이 있는가.

안과에서 난 나의 족보를 읽는 데 실패했다. 거대한 E는 커다란 흰 포스터를 희미하게 비가 내리는 것처럼 빗질하였다. 내가 족보를 읽는다기보다 족보가 나를 읽었고, 의사가 돌아서 있는 동안 그 족보는 쭈그러들면서 킥킥거렸다. 까만 숟가락의 오목한 부분이 순간적으로 왼편 눈을 오른쪽의 경멸로부터 보호했다. 만약 눈이 소리내고 입이 볼 수 있다면…

✦ ✦

우아함, 침착함과 더불어 한국여성들은 현대사회에 제공할 많은 것을 가지고 있다.

현대사회가 우리에게 제공할 무엇이 있는가? 세계의 여성들이 망명정부를 형성하면 나는 어느 곳에서 공무원 시험을 볼 수 있을까? 얼마나 많은 시를 써야 할까? 얼마나 빨리 통과될까?

우리는 겸손함 이외에 서양의 옷 속에 무엇을 감추게 될까? 수백만 쌍의 무 다리 사이에 존재하는 근대성은 어떤 모습일까?

✦ ✦

한국에 도착한 많은 외국인들은 "기생"에 대해 듣는다. 심지어 "기생"파티에 참석해 한 무리의 매력적인 아가씨들에게 극진한 대접을 받기도 한다. 보통의 서양 사람에게 갑작스럽게 쏟아지는 이러한 여성들의 관심은 압도적이다."기생"과 함께한 즐거운 저녁의 비용은 지갑을 텅텅 비게 할 수 있으므로, 미리 대비하라.

나는 미처 대비하지 못했다.
방문객이 자기 명함을 도로 가져가는 순간을.
너무나 순식간에 그 명함이 내 뺨에 상처를 냈다. 그리고
난 돌아섰고, 계속 돌려 대었다.
난 기다렸다, 또 다른 명함을.

들어맞는 한 세트를.

빌려온 얼굴로 난 영어를 말했고 반쯤은
일본인인 체했다.

내 아들은 밖이라고 말해야 할 때 안이라고 말한다.
문을 열어두고 싶을 때 닫으라고 말한다.

✦ ✦

이조 시대엔 여성을 가르친다는 게 집에서 키우는 소를 고전 강의에 보내는 것처럼 터무니없는 일이었다.
소녀들이 시조에 재주가 있다면 화류계로 나갈 수 있었다.

시인은 대화의 기술에서 배웠다!
시조를 위해 음절을 세어라.
내 주인 아저씨의 목으로 넘어가는
소주잔을 세어라. 비록 우리가 셀 수 있는
소에 불과할지라도, 이 갑작스럽게 쏟아지는
여성에 대한 관심에 대비하라.

✦ ✦

나이 든 기생은 막 기생에 입문한 소녀와 첫날밤을 보낼 높은 양반을 찾느라 정성을 쏟았다. 평생 동안 기생은 "첫날밤의 남자"를 자랑스러워했다. 기생으로서의 삶은 짧아서, 서른에 반드시 은퇴해야 했다.

첫날 밤
첫 남자
첫 번째 삶
첫 번째 짧은
첫 번째 은퇴
첫 번째 나이

노동하는 여성.
시는 편치가 않다.
고전 아니면 소.

✦ ✦

스코틀랜드의 역사학자인 제임스 게일은 이렇게 적었다. 낮에는 "춤추는 소녀들"과 노동하는 여성의 모습만 볼 수 있었다……서양인 관점에서 외모는 그다지 예쁘지 않았지만 인상적이었다……만만한 정조에는 한 점 그늘도 없이 그녀에게 주어진 역할에 행복해하는 것이, 그리고 이른 바 사회에서 그녀도 중요한 한 부분이라고 느끼는 것이……

> 우리 방문객을 불러라.
>
> 우리의 첫날밤을 위해 박물관에서 훔쳐온 청자를 들고
>
> 시와의, 여성 노동과의,
>
> 반쪽 얼굴을 한 기적과의,
>
> 아시아인의 눈에는 굳게 닫힌 서양 문과의
>
> 첫날밤을 위해

"눈을 천천히 감으세요, 더 천천히……."

한국인 대상 전쟁 범죄 다큐멘터리를 찍는 감독이 내게 말했다

도자에 흐르는 유약처럼 천천히

뜨고 닫기까지는 몇 밀리미터
갑작스러운 모래 폭풍으로부터
몽골인 눈을 보호하기를 거절한
드문드문한 몇 가닥의 눈썹이 쓸고 간다.

내 컴퓨터 모니터에
반사된 빛이다.
반짝이는 논이 아니라
내일의 나이키 신발에 대식가처럼 박힌
반짝이는 재봉틀 바늘이 아니라
그리고 이것이
통용되는 문화이다.

어느 하늘이 알까?
관상학에서 경제학까지 그 터무니 없음을
어느 여성이 알까,
기적에 대해?

6 입양의 신화와 인종적 현실

도로시 로버츠

지난 수십 년간 인종간 입양에 대한 뜨거운 논란이 백인 부모에 의한 흑인 아동의 입양을 중심으로 지속되어 왔다. 한쪽에서는 애정과 능력이 있는 백인 가정의 입양을 막는 정책 때문에 위탁가정에 머물고 있는 흑인 아동들이 피해를 받고 있다고 주장한다. 또한 다른 한쪽에서는 흑인 가족이 흑인 아동을 가장 잘 위탁 양육할 수 있으며, 백인들에 의한 입양은 흑인 문화의 토대를 침식할 수 있다고 주장한다. 이 논란은 흑인 문화의 특수성과 흑인 아동을 양육할 수 있는 백인의 능력이라는 주제 불일치에서 멈추어, 보다 중요한 질문들은 간과되곤 한다. 과연 왜 그렇게 많은 아이들이 위탁가정에 있으며, 왜 그 대부분이 흑인인가 하는 것이다. 이 질문에 대한 대답은 인종주의와 아동복지 정책을 둘러싼 문제적 현실에 있다. 인종간 입양을 지지하는 대부분의 주장이 범하는 오류는 사랑이나 문화가 아닌 정치에 있다. 인종간 입양에 대한 옹호론은 아동복지 제도의 인종주의를 무시할 뿐 아니라, 흑인 아동의 불균형적 위탁보호조치를 양산하는 인종적 편견과 구조적 불의를 강화시키고 있다.[1)]

이 장에서는 미국에서의 인종간 입양을 이해하고 이 문제에 대한 접근법을 개발하는 데 있어 핵심적인 인종정치학에 주목하고자 한다. 먼저, 이 주제에 대한 지배적 담론인 몇몇 논점에 대하여는 논쟁하지 않는 것이 중요하다고 본다. 나는 인종간 입양과 관련된 다음의 전제들을 수용한다.

1. 입양은 친생가족과 똑같이 사랑스럽고 사회적으로 중요성을 지니는 가족 창조의 정당한 수단이다.
2. 위탁가정에서 보호받고 있는 아동이 상당하며, 입양은 이 아동들에게 **영구성**을 만들어주는 하나의 방안이다.
3. 백인들은 타인종 집단의 아이들에게 사랑을 주는 좋은 부모가 될 수 있다.

인종간 입양에 대한 필자의 반론은 이 제도 자체가 흑인 문화나 공동체를 손상한다거나 백인들이 유색인종 아동을 사랑하며 키울 수 없다는 의미가 아니다. 흑인 아동을 입양하고자 하는 백인들은 흑인들의 문화나 연대에 심각한 영향을 끼칠 만큼 그 수가 많지 않다. 또한 흑인 자녀를 사랑하는 백인들도 많아서 인종간의 사랑이 가능함을 무시할 수 없게 한다. 나는 흑인이지만, 가장 친밀하고 너무나도 사랑하는 나의 아버지는 백인이다. 그가 나를 사랑하고 내게 훌륭한 아버지였음을 나는 한 번도 의심해 본 적이 없다. 그러나 친밀한 인종간 관계가 미국에 존재하는 광범위하고 구조적인 인종주의를 부정하거나 해결할 수 없다는 사실을 나는 잘 알고 있다.

인종간 입양에 대한 논의는 문화적 차이나 인종간 사랑 때문이 아니라 인종차별주의의 정치문제에 대한 입양의 역할 때문에 중요하다. 따라서 이 장에서는 인종주의화된 미국의 아동복지 체제가 어떻게 인종간 입양을 필수적이고 자비로운 행위인 것처럼 보이게 하는지 점검해 보고자 한다. 인종간 입양은 인종주의의 상처를 치료하기는커녕 흑인들의 가족간 연대의 가치를 폄하하는 인종차별주의적 이데올로기와 행동에 기여하고 있다. 인종간 입양에 대한 올바른 접근은 미국의 위탁보호 및 입양의 인종주의적 현실을 인지하고 도전하는 것이어야 한다.

미국에서 입양의 인종주의적 현실

입양은 아이들에게 사랑하는 가정을 주고, 부모가 될 능력이 있는 어른들에게 기회를 준다. 그러나 입양은 또한 인종, 계급, 성의 수직체계에 따른 사회 불평등을 반영하고 권력 이데올로기와 이해관계를 지원하는 정치제도이다. 미국의 위탁보호제도 하에서 입양을 기다리는 아이들 대부분은 흑인이나 라틴계이다.[2] 흑인 아동들의 입양에 대한 **필요성**은 편견에 기반한 결정과 제도적으로 흑인 가정에 불리한 입양 정책 등의 결과이다.[3]

입양 대상 아동의 인종간 격차는 미국 아동복지 제도의 일반적인 불평등을 반영한다. 흑인이나 미국 인디언 아동들은 전국 위탁보호 아동 중 과다하게 많은 부분을 차지하고 있다.[4] 즉, 전체 위탁보호 아동 중 흑인이나 미국 인디언 아동 비율이 전체 청소년 인구에서 흑인이나 인디언 아동이 차지하는 비율보다 높다는 점이다. 2000년에 미국 아동 중 흑인 아동이 차지하는 비율은 5분의 3 정도였으나, 위탁아동 중에서는 3분의 2에 달했다.[5] 또한 유색인종 아동은 전체 청소년 인구 중 약 30퍼센트를 차지하지만, 위탁보호 아동 중에서는 60퍼센트를 점유한다.[6] 유색인종 아동들 중에서는 백인 아동에 비해 위탁 보호 아동이 불균형적으로 많이 나타난다. 2000년에 흑인 아동이 위탁보호를 받을 확률은 백인 아동보다 네 배나 높았다.[7]

빈곤은 이러한 격차의 주요원인이다. 아동학대 사례의 대부분에서 부모의 방관이 드러나는데, 이러한 부모의 방관은 대체로 가난이라는 상황과 떼어서 생각할 수 없다. 사회복지학 교수인 던컨 린지(Duncan Lindsey)는 "무엇보다 소득 부족 때문에 아이들이 가정을 떠나 위탁보호시설로 오게 된다."라고 결론지었다.[8] 아동 방치와 아동복지 체계의 정의定意는 중산층이나 부유층이 아닌 가난한 가족 문제를 목적으로 하고 있다. 흑인 가정이 아동복지 제도에 참여하게 될 위험이 더 큰 이유 중 하나는 흑인들이 백인들보다 소득이 적고 가난하기 때문이다.

아동복지 제도 내에서 편견에 의한 관행으로 인종 불균형이 발생한다는 증거가 상당수 존재한다. 연구자들은 보고, 조사, 입증, 아동의 배치, 서비스의 제공, 영구적 보호결정 등 아동복지 결정과정의 모든 단계에 있어 차등화된 조치가 있었음을 밝혔다. 예를 들면 학대에 의한 트라우마와 관련하여 패소한 사례들을 다룬 1999년 연구에 따르면, 의사들이 학대를 밝혀내지 못하는 경우가 소수인종 아동의 경우보다 백인 아동들에서 두 배 이상 높았다고 한다.[9)] 필라델피아 병원기록에 대한 또 다른 연구는 1994년부터 2000년 사이에 골절로 입원한 흑인 및 라틴계 유아들은 유사한 상해를 입은 백인 아동들보다 아동 학대라는 평가를 다섯 배 이상 받았고, 아동보호당국에 세 배 이상 빈번히 보고되었다.[10)]

이와 유사하게 흑인 여성들이 백인 여성들보다 병원 직원들에 의해 임신 중 약물남용으로 신고되어 아동보호 당국에 아이를 빼앗길 확률이 높았다는 연구도 있다.[11)] 다른 체제의 의사결정에 의식적 · 무의식적으로 영향을 끼치는 뿌리 깊은 인종주의적 고정관념—흑인 여성의 부도덕함, 흑인 가정의 기능장애—에서 자유롭지 못한 것이다. 이 연구들은 의사나 사회복지사들이 백인 아동들에 대해선 위탁보호시설에 배치해서 아동과 가족에 해를 끼친다고 생각해 개입을 꺼리는 탓에 백인아동이 오히려 보호받지 못하는 인종주의 사례도 보여준다. 사람들은 백인 아동을 흑인 아동과 같은 비율로 위탁보호하는 것을 용납하지 못한다. 백인 아동들도 똑같이 가정에서 격리하라는 것이 아니라, 아동보호의 주요 접근법을 바꾸자는 것이다.

주[州] 당국은 주의가 필요한 흑인 아동의 가정에 지원을 해서 아동들에게 충격을 적게 주는 방법보다는 높은 비율로 위탁보호시설에 배치한다. 연방 정부[1)] 통계에 따르면 아동복지체제 내의 흑인 아동은 백인 아동에 비해 위탁보호될 확률이 두 배 높다. 미국 보건복지부에서 전국적으로 실시한 아동보호서비스에 대한 연구에 따르면, 소수민족 아동들, 특히 흑인 아동들이 백인 아동들과 같은 문제와 특성을 가지고 있어도 가정 내 서비스보다는 위탁보호조치를 받는 경우가 많다고 한다.[12] 위탁보호는 흑인 아동들에게 제공되는 가장 주된 **서비스**이다. 한번 그들의 집으로부터 격리된 흑인 아동들은 다른 아동들보다 더 오래 위탁가정에 머물게 되며, 더 자주 옮겨 다니고, 더 적은 혜택을 받고, 집에 돌아가거나 입양될 확률이 더 적다.[13] 따라서 흑인 아동들이 입양시장에 많이 존재하는 것은 주로 흑인 가족에 대한 아동복지 시스템의 열악한 대우에 기인한다.

아동복지 제도의 인종적 차별은 빈곤의 사회적 근원에 문제를 제기하는 대신 부모를 처벌하여 흑인 아동의 높은 빈곤율을 **표명하는** 정치적 선택을 반영하고 있다. 지난 수십 년간 아동복지서비스를 받는 아동의 숫자는 현저히 감소한 반면, 위탁보호를 받는 인구는 급증하였다.[14] 아동복지체제가 백인 아동보다 흑인 아동에게 집중되면서, 주와 연방 정부는 가정 내 보호보다는 가정 밖에서의 보호에 더 많은 돈을 썼다. 이는 60년대 복지권리운동의 성과로 실행된 흑인 가정을 위한 AFDC(Aid to Families with Dependent Children, 아동부양가족보조)제도에 비추어 볼 때 확실한 탈바꿈이다. 복지제도가 흑인 어머니들과 보다 많은 연관을 갖게 되면서 행동수정규칙이나 의무근로가 점차 강화되고, 1997년에는 드디어 연방차원에서의 실시를 폐지하기에 이른다. 두 시스템 모두 증가하는 흑인대상자들에 대해 가족에 대한 서비스를 줄이기보다는 처벌 기능을 강화하는 걸로 대응하였다.

아동복지와 주 당국의 접근법에 있어서의 이 제도적 불평등은 위탁보호 중인 입양 가능한 흑인 아동들을 초과 공급하고 있다. 이렇게 흑인 아동이 많은 이유는 집중적인 주 당국의 감독과 가족 해산 명령 때문이다. 가족과 공동체의 연대를 해치고 흑인들은 정부의 지도를 받아야 한다는 틀에 박힌 인종차별적 입장을 강화함으로써, 가족에 대한 간섭이라는 제도는 미국에서 불이익을 받고 있는 흑인들의 입지를 좁히는데 한 몫을 하고 있다. 많은 수의 아동들을 주 당국의 위탁양육 하에 두는 것은, 비록 이 중 몇몇이 궁극적으로 가족과 재회하거나 입양가정으로 옮겨진다고 하더라도, 구성원간의 건강한 연계를 형성하고 집단적인 실천에 참여하게 하는 공동체의 능력을 저해하는 일이다. 위탁보호는 아동의 가족, 친구, 이웃과의 연계를 파괴하기도 하며, 그 부모를 집중적인 주 당국의 규제에 몇 년간 묶어둔다. 나아가 흑인 거주 지역에 주 당국의 감독을 집중하는 것은 주민들의 삶에서 부모와 정부당국의 역할에 대한 공동체의 광범위한 영향력을 침해한다.[15]

입양에 대한 신화

인종간 입양을 옹호하는 입장은 몇 가지 신화에 바탕을 두고 있다. 현대 아동복지정책의 근원적인 신화는 입양이 위탁아동들에게 **영구적 보호**를 제공하면서 그 수를 줄여가면 위탁보호의 문제점들을 해결할 수 있다는 것이다. 지난 몇 년간 연방 및 주 정책은 가족을 유지하는 것에서 양육권을 말소한 후 위탁보호중인 아동을 입양시켜 **자유롭게**하는 방향으로 이동해 왔다. 특히 1997년에 의회에서 통과된 ASFA[입양 및 가정안전법]는 몇 가지 의무조항 및 혜택을 주 정부 아동복지과에 부여하면서 입양을 장려하고 있다.[16] 이 법의 결과로 대부분의 주 당국은 영구적 보호 계획에 필요한 시간을 단축시키고, 입양을 더욱 강조하며, 가족과 재결합하도록 하는 서비스와 동시에 위탁

아동들을 위한 입양가정을 준비한다.[17] ASFA는 또한 당국이 부모의 권한을 말소시키는 청원을 더 빨리 할 수 있도록 임의적인 시간 계획을 제시한다.

ASFA와 함께 1996년 연방복지 수정안이 시행되면서 연방 정부는 주 정부가 가난한 가족에 대한 기본적 경제 지원 없이도 그 가족의 아동을 학대와 방치로부터 보호할 수 있도록 미국 역사상 처음으로 의무화했다.[18] 결혼 촉진에 대한 복지정책처럼 입양에 대한 의존은 가족에 대한 주 당국의 지원을 사회경제적 불평등에 대한 개인적 해결방법으로 대체하는 신자유주의적 과제를 한 단계 발전시킨 것이다.

이 연방정책이 위탁보호아동의 입양을 증가시키기는 했으나, 여전히 흑인 아동들의 입양률은 낮다. 1997년에는, 위탁보호 상태에서 입양된 모든 아동들 중 44퍼센트가 흑인 아동들이었지만 2001년에는 35퍼센트에 그쳤다.[19] 더욱 중요한 것은, ASFA가 위탁보호아동들을 위한 최고의 단계인 친가족들과의 재결합에서 더욱 큰 인종차별을 발생시켰다는 점이다.[20] 많은 흑인 아동들은 양육권이 말소된 친생가족과의 아무런 연계도 없이, 또한 입양가정도 없이 법적고아로 위탁보호 상태에 남게 됐다. 새 연방정책은 흑인 친생가족의 연대를 훼손하면서 저소득층 아이들의 입양을 확대시켜 온 것이다. 나아가 위탁보호중인 아동의 입양은 애초에 아동이 이 시스템에 포섭되어야 했던 근본적인 이유—학대와 방치—와는 거리가 멀다.

게다가 인종간 입양에 대한 신화들은 위탁보호의 문제점에 대한 해결책이 입양이라는 잘못된 관점을 심화시키고 있다. 인종간 입양은 특히 다음과 같은 잘못된 믿음에 근거한 접근방법의 도구로 즐겨 사용된다. 즉, 흑인 아동이 위탁가정에 머물게 되는 이유는 **인종일**

치 정책 때문이며, 이 정책이 폐지된다면 흑인 아동을 기꺼이 입양할 백인 가정이 많다고 생각하는 것이다. 그러나 연방 법률이 인종일치를 폐지한다면 과연 흑인 아동의 입양 기회를 늘리게 되는 것인가, 아니면 백인 성인들의 입양기회를 확대하는 것인가? 그러나 법학교수인 리처드 뱅크스(Richard Banks)가 주장하듯, 연방법은 지금도 아동복지기관들이 인종차별을 자행하도록 허락하고 있다. 백인 부모는 흑인 아동 입양을 거절하고 백인 아동을 선호할 자유를 갖는 것이다.[21] 그러나 MEPA(Multiethinic Placement Act, 다인종배치법) 실시 이후에도 국내의 인종간 입양비율은 증가하지 않았다고 많은 기관들은 보고하였다. 가장 입양가정을 **필요로 하는** 나이가 든 유색인종 아동을 입양하는 백인 가정의 수는 매우 낮다.[22] 이러한 아이들은 대부분 독신흑인 여성들에게 입양된다.[23]

만약 정부의 목표가 흑인 아동의 입양 증가라면, 흑인 입양부모의 모집과 지원에 더 힘을 실어야 한다. MEPA의 '성실한 모집 노력'이라는 조항은 대개 말뿐이다. 연방 정부는 흑인 입양가정을 찾는 데는 성과를 올리지 못하고 있다.[24] 실제로 인종간 입양에 대한 주요 옹호론자 엘리자베스 바톨렛(Elizabeth Bartholet)은 흑인 사회 내에서 입양부모를 모집하는 것이나 친족내 위탁보호까지 반대하는데, 그 이유는 이러한 조치가 백인 부모가 흑인 아동을 보다 많이 입양하도록 하는 노력을 침해한다는 근거에서이다.[25] 그러나, 양육권 말소 없이 친척양육자에게 금전적 지원을 하는 후견인 보조 사업은 입양의 성공적 대안으로 검증되고 있다. 요컨대 연방입양 정책은 흑인 아동의 입양을 증가시키기보다는 흑인 가정의 불균형적인 붕괴와 규제를 증가시키는 데 더 큰 역할을 했다.

흑인 가족의 유대에 대한 폄하

너무나도 많은 흑인 아동을 입양 대상으로 생산하고 있는 정책과 제도의 불평등을 인종간 입양을 지지하는 사람들이 무시하는 것은 바람직하지 않다. 그러나 더욱 경계해야 할 것은 인종간 입양 옹호론이 이러한 정책들과 불평등을 강화시킨다는 점이다. 입양 일반, 특히 인종간 입양을 증가시키려는 캠페인은 위탁아동의 가정을 평가절하하고, 가족을 유지하려는 노력을 거부하는 주장을 중심에 둔다. 입양은 더 이상 구제될 수 없는 소수가정을 위한 해결책이 아니라 모든 위탁보호아동을 위한 가능한 선택, 오히려 선호할 만한 선택으로 제시되었다. 흑인 어머니와 아이와의 유대는 특히 백인들의 입양을 막는 장벽으로 폄하되고, 이 유대를 없애는 것이 입양 과정의 중요한 첫 걸음으로 비춰졌다.

ASFA에 관한 의회나 언론의 논의는 가족보존 정책을 흑인 위탁아동을 입양하고자 하는 백인 중산층 부부의 어려움과 연관지었다. 그 예로 1998년 《유에스뉴스앤월드리포트(*US News and World Report*)》의 기사 「입양의 교착상태(Adoption Gridlock)」는 노스캐롤라이나의 한 백인 부부가 흑인 아동들을 입양하겠다는 요청을 몇몇 미국 기관으로부터 몇 번 거절당한 후 결국 루마니아 고아 두 명을 입양하게 된 이야기로 시작한다.[26] 더욱 최근의 경우로, 시애틀 타임스에 소개된 '아동복지의 새로운 편견'은 워싱턴주 아동행정과에 의해 설립된 한 부서가 흑인가족을 보호하려 위탁부모가 **절반만 흑인인** 타이리즈(Tyrese)라는 소년을 입양하지 못하게 했다고 비난했다.[27] 이 기사는 "40년 동안 70명의 위탁아들을 키운 후 니콜라이슨(Nikolaisen) 가족은 또 사랑에 빠졌다"라고 시작된다. 기자는 위탁가정을 사랑의 구원자로 소개하며, 잘못된 기관 관계자가 **타이리즈를 문제 있는 집안으로 돌려 보내고 싶어서** 이 가족을 좌절시켰다고 전한다. 이런 기사들은 흑인 아동들이 친가족과 재결합해야 한다고 강조하는 것이, **보다 더 좋은 부모가 될 수 있는 백인** 부부들이 흑인 아동을 입양하지 못하도록 불공정하게 방해하는 셈이라고 은연중에 말하고 있다. 양육권을 더 빨리 말소하고 동일 인종에 배치하려는 정책을 폐지하는 전략으로 백인 가정에 더 많은 흑인 아동이 배치될 수 있는 것이다.

인종간 입양 담론은 도움이 필요한 흑인 아동과 사랑을 줄 수 있는 백인 입양부모라는 공감할 만한 두 역할을 집중 조명한다. 여기에서 소외되거나 부정적으로 비치게 되는 쪽은 흑인 부모들이다. 언론은 위탁보호 조치를 받은 흑인 아동의 부모는 모두 아이들을 버렸거나 키울 자격이 없다는 인상을 남긴다. 신문 기사의 이야기들은 위탁보호를 받고 있는 50만 명의 아동들을 **살아 있는 사람들의 고아**라고 잘못 일컫는다. 이 아이들이 사랑하는 가족들과의 연계를 대부분 유지하고 있는데도 말이다. ≪더 네이션(*The Nation*)≫의 칼럼니스트 카타 폴릿(Katha Pollitt)은 위탁보호를 받고 있는 아이들을 **고아**라 부르는 것은 대중에게 이 아이들의 부모를 **사실상 죽은 사람들**로 여기도록 가르치고 있다고 지적한다.[28] 인종간 입양 옹호론자들은 어떠한 자원이나 적절한 법적 대변인도 없이, 부유하고 힘센 관료제에 대항하여 양육권을 되찾고자 필사적으로 싸우고 있는 불쌍한 흑인 어머니들을 간단히 묵살하고 있다.

올바른 입양 정책에 대해

인종간 입양에 접근하는 올바른 방법은 입양 대상 흑인 아동과 구조적 불평등 사이의 상관관계를 인지하는 것이다. 인종간 입양 정책은 아동학대와 위탁보호를 줄이기 위하여 입양보다는 가족을 우선 지원하는 보다 폭넓은 아동복지 정책의 일부이어야 한다. 백인들이 흑인 아동을 입양할 수 있도록 허용하는 동시에, 아동의 친척이나 공동체로부터 입양부모를 찾을 수 있도록 강조하는 정책이어야 한다. 또한 위탁보호 대상 아동의 부모를 폄하하거나 가치를 낮춤으로써 입양을 장려하지는 않아야 한다.

흑인 부모들과 아이들 간의 유대를 인정하거나 나아가 그것을 지키기 위해 싸우기는커녕, 인종간 입양에 대한 옹호론은 흑인들에 대한 백인들의 자비라는 아주 치명적인 형태의 논리를 드러낸다. 즉, 흑인 아동에 대한 백인의 관리 감독을 위하여 흑인 가족의 존엄성을 상실시키는 자비인 것이다. 백인들의 흑인 아동에 대한 동정심은 바톨렛의 언어처럼, 그 아동들이 백인에게 **소속**되는 것으로 나타나서는 안 된다. 이는 아동복지에 대한 매우 이기적인 접근 방법이며, 미국의 인종적 계층에 도전하기보다는 그것을 영속시키는 일이다. 백인들이 흑인 아동에 대해 진정 걱정한다면, 그 마음은 가족 및 공동체와 살고 있는 흑인 아동들의 복지를 증진시킬 프로그램과 정책을 만드는 데 쏟아야 할 것이다.

1) 예외적인 주요 문헌으로는 Barbara Katz Rothman, *Weaving a Family: Untangling Race and Adoption* (Boston: Beacon Press, 2005)가 있다.

2) US Department of Health and Human Service (DHHS), Administration for Children and Families, *The AFCARS Reports* (TARS), http://www.acf.hhs.gov/programs/cb/dis/afcars/publications/afcars.htm

3) Dorothy E. Roberts, *Shattered Bonds: The Color of Childs Welfare* (New York: Basic Civitas Book, 2002). 이 책에서 필자는 아동복지체제에서 인종간 격차의 원인과 영향에 대해 설명하였다.

4) US DHHS, *TARS*

5) US DHHS, *TARS*

6) US DHHS, *TARS*

7) Child Welfare League of America, "Research and Data," *The National Data Analysis System* (NDAS), http://www.cwla.org/ndas.htm.

8) Duncan Lindsey, *The Welfare of Children* (New York: Oxford University Press, 1994), 155.

9) Carole Jenny and others, "Analysis of Missed Cases of Abusive Head Trauma," *Journal of the American Medical Association* 281 (1999): 621.

10) Wendy G. Lane and others, "Racial Differences in the Evaluation of Pediatric Fractures for Physical Abuse," *Journal of the American Medical Association* 288 (2002): 1603.

11) Ira J. Chasnoff, Harvey J. Landress, and Mark E. Barrett, "The Prevalence of Illicit-Drug or Alcohol Use During Pregnancy and Discrepancies in Mandatory Reporting in Pinellas County, Florida," *New England Journal of Medicine* 322 (1990): 1202; Daniel R. Neuspiel and Terry Martin Zingman, "Custody of Cocaine-Exposed Newborns: Determinants of

Discharge Decisions," *American Journal of Public Health* 83 (1993): 1726.

12) US DHHS, *National Study of Protective, Preventive, and Reunification Services Delivered to Children and Their Families* (Washington, DC: US Government Printing Office, 1997).

13) Mark E. Courtney and Vin-Ling I. Wong, "Comparing the Timing Exits from Substitute Care," *Children and Youth Services Review* 18, no. 4-5 (1996): 307-335; Steven L. McMurtry and Gwat-Yong Lie, "Differential Exits of Minority Children in Foster Care," *Social Work Research and Abstract* 28, no.1 (1992): 42-48.

14) US DHHS, *National Study of Protective.*

15) Roberts, *Shattered Bonds*, 236-254.

16) *The Adoption and Safe Families Act of 1997*, Public Law 105-89, US Statutes at Large 111 (1997): 2115, http://www.acf.hhs.gov/programs/cb/laws/pi/pi9802.htm.

17) US DHHS, *National Survey of Child and Adolescent Well-Being (NSCAW)*, 1997-2005, Office of Research, Planning & Evaluation, http://www.acf.hhs.gov/programs/opre/abuse_neglect/nscaw/index.html.

18) Courtney and Wong, "Comparing the Timing Exits," 329.

19) Courtney and Wong, "Comparing the Timing Exits," 326.

20) Courtney and Wong, "Comparing the Timing Exits," 325.

21) R. Richard Banks, "The Color of Desire: Fulfilling Adoptive Parents' Racial Preferences Through Discriminatory State Action," *Yale Law Journal* 107, no. 4 (1998): 875-964.

22) US DHHS, *NSCAW*, 1997-2005.

23) US DHHS, *NSCAW*, 1997-2005.

24) US DHHS, *NSCAW*, 1997-2005.

25) Elizabeth Bartholet, *Nobody's Children: Abuse and Neglect, Foster Drift, and the*

Adoption Alternative (Boston: Beacon Press, 1999).

26) Amanda Spake, "Adoption Gridlock," *US News and World Report*, June 22, 1998.

27) Jonathan Martin, "New Bias in Child Welfare," *Seattle Times*, July 11, 2005.

28) Katha Pollitt, "Subject to Debate: Republican Party and Unwed Mothers," *The Nation*, December 12, 1994, 717.

7 보다 정확한 의미

킴벌리 R. 파디

내가 어디서 왔는지 모르기에 이것이 어떻게 시작됐는지 알지 못한다. 뿌리가 없는 나무는 죽지만 어떻게 해서인지 내 폐 속으로 들어온 신의 구원의 숨결 덕에 나는 살아남았다.

어렸을 때 난 내 마음과 깊은 대화를 나눴다. 단지 환상이거나 순전히 거짓말일 수도 있었겠지만, 마치 과거의 일부를 기억이라도 하는 듯 그 대화는 내 자신에 대한 보다 깊은 이해에서 나온 것 같았다. 나는 엄마 아빠 모두의 모습을 내 안에 가지고 있다-나와 어떻게 닮았는지, 어디에서 왔는지, 사회제도의 경매에 결국은 날 올려놓도록 강요했던 고난은 무엇이었는지. 단지 그들이 날 원하지 않아서 버렸을 거란 생각은 잘 들지 않는다. 나의 웃음, 슬픔, 침묵은 내 영혼 속 아버지의 존재일 것이다. 나의 친절함, 신실함, 쉽게 무너지지 않는 힘은 엄마에게서 왔으리라. 고통을 주는 것은 진실이었다. 내가 무얼 믿든 나는 다시 그분들의 아이가 될 수 없고 그분들은 내 부모일 수 없다.

내가 다른 사람들처럼 자랐다면 과연 지금과 같았을까? 내가 지금 있는 곳에 있었을까? 잃었을까 아니면 얻었을까? 22살이 되어 나는 내가 살아온 삶을 받아 들였다. 하지만 여전히 나는 궁금하다- 다른 삶에서 운명의 주사위는 어떻게 굴러갔을까?

당연히 나는 왜 내가 현대판 노예처럼 포스터로 벽에 붙어있었는지 바람에게 묻는다. 어머니는 가난한 환경에 나를 두는 것보다는 경매사에게 넘기는 것이 낫다고 생각했을까? 그것이 자기가 줄 수 있는 것보다 더 많은 걸 내게 줄 수 있다고 생각한 걸까? 단지 경제적 문제만은 아니었을지도 모른다. 어머니는 그저 감정적으로 감당하지 못했던 것일 수도 있다. 내가 당연히 받아야 할 것들을 자기가 줄 수 없다고 생각했을 것이다.

자기가 사랑하는 사람들의 말, 행동, 기도를 통해 자신의 역사를 아는 것은 최고의 약이라고 나는 믿는다.

흑인으로서 백인 부모 밑에서 자라며 백인들이 주로 거주하는 도시 근교에서 사는 것은 잔인하도록 어쩔 수 없는 현실이다. 이 환경에선 흑인 청소년들을 건강한 성인으로 자랄 수 있게 도와줄 자원이 부족하다. 자신을 보호하며 긍정적인 정체성을 가지는 방법을 가르쳐줄 곳이 없는 것이다. 다행히도 나는 두 흑인 자매가 있었고, 함께 우리의 삶을 위해 싸울 수 있었다. 8학년 때부터 나와 비슷하다고 느낀 유일한 백인 아이들이었던 가난한 친구들과 친해지기 시작했다. 그 아이들도 자기가 어떻게 할 수 없는 무엇 때문에 사회로부터 따돌림을 당했다. 그러나 이러한 관계는 깊은 우정은 아니었고, 나도 그것을 알고 있었다. 어쨌든 내가 '백인 가정' 통행증을 가진 흑인일 뿐이라는 점은 나도 잘 알고 있었다. 편의상 이어진 3년 이후 나의 통행증은 취소되었다. 한 백인 남자아이에게 강간당한 것이다. 주위의 여자아이들에게 그 이야기를 하자, 그들은 남자애들에게 이야기를 했다. 날 강간한 아이의 누나가 앞장서서 나를 모욕하는 말을 하였다. 사람들 앞에서 백인 거주 지역에 사는 흑인 소녀들인 우리 자매가 가지고 있는 문제점에 대해 말한 것이다. 그녀는 우리 가족도 모욕했다. 자매가 있어 참 다행이었다. 우리는 화가 난 열다섯 백인 소년소녀들에게 함께 맞서 우리의 뿌리를 지켰다. 그들은 마치 린치 집단 같았고, 우리는 잔뜩 두들겨 맞은 뒤 나무에 매달린 이상한 과일 같았다. 그들이 퍼부은 인종차별적 학대의 물결이 우리에게 쏟아진 후, 언니는 도시에서 배운 방법으로 문제를 해결하려고 하였다. 칼을 꺼내 들고 그 소년의 누나에게 달려든 것이다. 그런 다음 언니는 도망갔다. 나는 계속 그 아이들과 싸웠고, 곧 교장이 나더러 학교를 떠나라 했다. 나는 학교를 떠났고, 머지않아 집도 떠났다.

가끔 어딘가에 비친 내 모습은 날 놀라게 한다. 왜냐하면 나는 보이는 것보다 훨씬 나이가 많다고 느끼기 때문이다. 사람들은 내가 만반의 준비 태세를 갖추고 있으며 현명한 영혼을 가졌다고 했다. 미국 내 다른 흑인 여자아이들처럼 조숙하기를 강요받아서 그렇다고 가끔 생각한다. 아이처럼 놀 수 있게 되기 전에 우리는 어른처럼 생각하고 행동하고 일하게 되었다.

나는 가족으로 생각할 정도로 믿을 만한 친구들이 있다는 점에서 축복받았다. 그러나 아직도 나는 그들이 가족과 재결합할 때 내 금줄에서 잃어버린 연결고리를 떠올리곤 한다. 나는 그 빈틈을 나만의 독특한 특징으로 채우는 법을 배웠다. 그 고리는 1세대 자메이카인이자 3세대 아일랜드인으로 박탈되었다가 되찾은 나의 관점이다. 이는 또한 국외 추방을 목전에 두고 복역 중이던 아버지와 사회복지 수혜자인 10대 어머니 사이에서 태어난 아이로서의 관점이다. 이는 태어나자마자 사회복지 제도에 맡겨지고 훗날 백인에게 입양되어 백미 속에 섞인 검은콩처럼 잔인한 세상과 맞서야 했던 사람으로서의 내 관점이다. 그것은 나같이 생기고 생각하고 행동하고 살아가는 어떠한 역할 모델도 없이 성장하는 유색인종 동성애자로서의 나의 관점이다. 그것은 4년 간 유방암과의 싸움을 통해서 의지력을 가르쳐주시고 변함없는 헌신으로 입양한 딸에 대한 사랑을 실천하신 한 강한 백인 여성에게 길러진 젊은 흑인 여성으로서의 내 관점이다. 그것은 두 번째로 엄마를 잃고 다시 고아가 된 젊은 여성으로서의 관점이다. 그것은 무시, 학대, 강간, 생존을 위한 섹스, 노숙, 인종차별, 성차별, 그리고 증오 범죄로부터 살아나온 생존자로서의 관점이다. 그것은 직장을 얻고, 집이 있으며, 훌륭한 여성과 약혼한 대학생으로서의 관점이다. 그리고, 전사, 생존자, 옹호자인 오늘날의 나를 만든 그 관점이다.

날 계속 숨쉬게 하고 살아남게 하고 웃게 하는 내 관점은 이것이다. 산다는 것은 살아남는다는 것, 그리고 살아남는다는 것은, 뭐랄까, 더 대단한 의미이다.

8 감옥 안의 부모, 위기의 아이들

엘렌 M. 배리

흑인인 H 부인은 폭력적인 남편에게 대항하다 죽인 죄로 주 교도소에서 징역을 살았다. 감옥에서 풀려난 뒤 그녀는 세 자녀를 키웠고 간호학 학위를 받았으며 공인 상담사가 되어 폭행을 당한 여자들과 그 자녀들의 경험에 대한 교훈을 널리 알렸다. 성인이 된 딸에게 정신분열이 일어나자 생후 8개월 된 손녀는 청소년 법정의 판결에 의지하는 신세가 되었다. H 부인의 전과는 21살 때의 일이었는데도 그 판결 때문에 법정은 손녀에 대한 양육권을 불허했다.[1)]

미국에는 감옥에 가는 부모들은 나쁜 부모라는 믿음이 퍼져있다. 이 태도는 쏟아져 나오는 리얼리티 경찰 쇼와 범죄 드라마, 그리고 잔인한 범죄에 대한 언론 보도로 이뤄진, 어쩌면 잘못된 것이다. 사실 최근 조사에 따르면 미국의 범죄율은 일정 수준에 머물렀지만 잔인한 범죄에 대한 언론 보도는 급증하였다.[2] 대부분의 일반인들이 가지는 범죄 피고인들이나 수감자들에 대한 부정적인 태도는 자기 자신이나 가족, 혹은 사랑하는 사람이 감옥에 있어서 직접 겪어보고 생겨난 게 아니다. 따라서 모든 복합적 인간 역학이 그러하듯 복역 중인 부모들은 각기 다른 사연을 갖고 있다. 그들의 행동이나 부모로서의 능력 또한 매우 다양한 차이를 갖는다. 일반 사회의 부모들과 마찬가지로 수감 시설에 있는 부모들 또한 양육에 있어 실수를 하고, 그 중 심각한 실수를 하는 경우도 있다. 그러나 일반인들처럼 복역 중인 부모들 또한 자녀를 위해 바람직한 선택을 한다. 그들은 완벽한 부모는 아니었을지 몰라도 대부분의 경우 **꽤 괜찮은** 부모들이다.[3]

미국의 모든 부모는 자녀에 대한 권리와 의무를 가지며, 이는 부모와 자녀 간 가족의 연대를 중시하는 법률, 규정, 판결에 의해, 적어도 문서상으로는 보호받는다. 어린이들은 또한 아동 학대와 혹사를 금지하는 법률에 의해 보호받는다.[4] 그러나 권리와 의무를 문서화하려는 이러한 노력에도 불구하고 아직 이 법들의 이행은 만연한 인종차별과 은밀한 계층 편견이라는 환경 속에서 이뤄진다. 사실상 지금의 정책과 관행은 저소득층 유색인종 아동들의 건강과 안녕을 무시하고 있다. 많은 어린이 권리 옹호자들은 현재의 **요람에서 감옥 창살까지** 현상이라는 파괴적인 효과를 걱정하고 있다.[5] 최근 경향으로 볼 때 지난 몇 년간 태어난 흑인[6]소년들의 3분의 1은 30세가 되기 전에 감옥에 갈 가능성이 있다.

학교, 방과후 교실, 보육 시설[7] 등을 포함한 공공 지출 삭감, 점점 더 낮아지는 아동 범죄자의 연령[8], 아동 처형의 도덕성에 대한 논쟁[9], 몇몇 주들의 학교에서 벌어지는 체벌 허용[10] 등은 아이들에 대한 증오를 보여주는 몇 가지 척도이다. 우익 정치가, 정책 입안자, 종교 지도자들이 이런 경향을 주도하긴 하지만, 미국인 주류의 지지나 무관심이 없었다면 추진력을 얻지 못했을 것이다.

부모가 복역 중이라는 이유만으로 아동을 부모, 형제, 친척으로부터 격리시키는 것은 가난한 유색인종 아이들의 안녕에 대한 무관심의 표시이다. 많은 유색인 아이들이 돌고 도는 위탁보호에 맡겨져 안정되고 사랑받을 가정을 누릴 기회가 적어지는 것 또한 이 아이들에게 전혀 도움이 되지 않으며, 그들의 부모와 가족, 공동체에 큰 피해를 주는 원인이 된다. 또한 아기를 다치게 하거나 학대하지 않은 수감자에게서 영아들을 분리하여 입양부모에게 보내는 것은 이 아이들, 부모, 형제, 친척, 공동체에 대한 범죄이다. 이 부조리의 강력한 영향은 2005년 미국 교도소와 유치장, 소년원에 수용된 220만 명 중 65퍼센트가 흑인, 라틴계 등 유색인종이라는 것을 보면 알 수 있다. 적은 수이긴 하지만 미국 원주민들 또한 범죄자들 중에서 놀라운 비율로 많이 발견된다.[11] 300만 명이 넘는 아이들의 부모가 현재 복역 중인 것으로 집계된다. 감옥에 갇히는 것이 여러 사회에서 세대 간의 문제임을 감안할 때, 이 집계는 미국 내 유색인종과 저소득층 사회에 대규모의 수감이 주는 영향의 전체적인 폭과 깊이에서 빙산의 일각을 차지할 뿐이다.

많은 유색인종 공동체가 인종차별주의와 그 다양한 표현 탓에 고통받고 있는 가운데, 흑인 사회는 현 치안 제도 하에서 가장 눈에 띄게 인종주의의 영향을 받고 있다. 이 나라의 수백만 흑인들이 현재 혹은 이전에 투옥, 가석방, 보호관찰, 구류 등에 처하거나 형사 사법 제도에 의해 직접적 피해를 받은 적이 있다.[12] 흑인 사회 구성원 대부분은 자신이 감옥에 갔거나 복역 중인 사람을 알고 있는 것이다. 부모가 복역 중이면 그 자녀들 또한 그렇게 될 확률이 매우 높아진다. 정책 수립자들은 이러한 현실을 들먹이면서, 복역 중인 부모로부터 보다 체계적으로 아동을 격리하는 방안을 정당화하곤 한다. 또 감옥에 간 부모의 양육권은 자동적으로 말소해야 한다는 극단적 주장을 하는 이들도 있다.[13] 하지만 대부분은 더 온건한 입장을 지지한다. 감옥에 가 있는 부모들은 자신이 좋은 부모라는 것을 **스스로 증명해 보일 수** 있어야 하며, 청소년재판소와 사회복지국의 모든 요구 사항을 만족시킨다면[14] 자녀와 재결합할 수 있다는 것이다. 사실, 미국에서 청소년재판소/사회복지 제도는 교정 제도와 동일하게 인종차별과 계급적 편견을 반영한다. 흑인들이 체포, 기소, 유죄 선고, 그리고 최소 형량 부여 및 집행까지 형사 사법제도의 모든 단계마다 과도하게 다수를 차지하는 것처럼, 주 당국의 개입으로 자녀가 격리, 보호되는 빈도 그리고 자녀와 분리되는 빈도도 높다.

교정 시설과 청소년재판소 및 사회복지 시스템이라는 제도들의 결합으로 불균형적으로 많은 영아와 아동들이 저소득층 라틴계 및 흑인 가정들에서 격리되는 결과를 초래했다. 이는 이들이 수감되거나 가난할 확률이 많고, 사회복지 혜택을 받지 않아도 될 자원에 접근하기가 어렵기 때문이다. 동일한 맥락으로, 부유한 백인 가정은 유색인 아이들을 입양할 가능성이 높아진다. 이와 함께 현재 미국의 인종과 계급의 정황을 놓고 볼 때 인종간 입양은 유색인종 사회에 대한 제도화된 인종차별의 타당한 상징이 된다.

> C 부인은 니카라과에서 온 새로운 이민자였다. 두 번째 아이를 낳은 후, 그녀는 산후 신경쇠약 증세를 보였다. 두 큰 아이들은 그녀에게서 격리되어 딸 둘을 입양하고자 하는 중산층 백인 가정에 위탁 양육되었다. 영어가 매우 서툰 C 부인은 한 달에 8시간씩 딸들을 보러 갈 수 있었고, 그 밖에 재결합을 위한 지원이나 격려는 거의 받지 못했다. 셋째 딸이 태어나자, 예전에 두 아이들이 격리 조치되었다는 것을 이유로 양육권이 말소되었다. 그녀는 정기 방문 때 사회복지국에서 신생아인 딸을 데려와 버렸고, 이로 인해 유괴범으로 체포되어 유죄를 선고받았다. 길고 복잡한 법적 싸움 후에 막내의 양육권은 유지할 수 있었지만, 결국 그 위 두 딸의 양육권은 영구 상실 되었다.[16)]

많은 다른 나라의 제도와는 달리 미국의 법 제도는 투옥, 공공 시설 수용, 약물이나 알코올중독, 자녀 위탁 기간 등을 포함해 몇 가지 경우에 친권 말소를 인정한다. 이 나라의 인종차별과 계급 편견, 즉 위탁보호/종속 제도 및 형사 사법 제도 등 모든 제도적 시스템에 널리 퍼져 있는 편견 때문에, 저소득층 흑인 및 라틴계 부모들은 백인 부모에 비해 과도한 비율로 양육권을 일시적 · 영구적으로 빼앗기곤 한다.

지난 35년 동안 **가족 재결합**을 지지하는 사람들과 **영구적** 보호 및 자녀와 친부모간 단절을 지지하는 사람들은 청소년재판소/사회복지국 쪽에서 정치적 · 철학적으로 큰 갈등을 빚어왔다. 이 결과로 위탁아동을 관리하는 법적, 제도적 연방 정부/주 정부 네트워크에는 태생적 긴장이 존재한다. 한편으로 자녀를 위탁 보낸 부모에게 **재**

결합 서비스의 권리가 주어졌다. 재결합 서비스는 우선적으로 자녀와 이별을 초래한 문제와 장애물을 부모들이 극복하도록 할 목적으로 제공되는 폭넓은 지원 제도이다. 연방 법률에 따르면 아동은 **가급적** 그들의 부모에게 돌아가야 한다. 그러나 입양 및 가정안전법(Adoption and Safe Families Act, 1997)은 "만약 사회복지국과 청소년재판소의 판결로 부모가 재결합 합의 조건을 충족하지 못한다면 아이들은 **영구적인 가정**에 인계될 것이다."라고 명시하고 있다.[17)]

가족의 재결합과 입양을 위한 아동 격리 사이의 이러한 충돌은 사실 진심에서 우러난 두 가지 정당한 걱정 때문에 일어났다.[18)] 아동은 영속적이고 애정 있는 가정에 맡겨질 자격이 있다는 생각과, **위탁보호 떠돌이**(foster care drift), 즉 안정되고 영구적인 가정 없이 어린 시절 내내 이 위탁가정에서 저 위탁가정으로 옮겨지던 과거의 관행이 이들에게 말로 헤아릴 수 없는 상처를 준다는 걱정들이다. 그러나 위탁보호 아동을 영속적으로 보호해야 한다는 우려가 정당하다 할지라도, 친부모의 양육권을 말소하는 것이 영원한 가정을 보장하지는 않는다. 그리고 아이 인생에서 더 이른 나이에 입양을 시키고자 한다면 부모들, 형제 자매, 조부모, 사촌, 또 다른 친척들과의 관계를 아이에게서 빼앗는 파괴적인 결과도 고려해야 한다. 누구에게라도 큰 중요성을 갖는 이러한 개인적 관계의 상실에 더하여, 백인 부모에게 입양된 유색인 아동은 문화와 인종 정체성을 상실하는 현실적이고 파괴적인 충격을 받아야 한다. 주류의 주장은 이런 피해의 영향을 과소평가하는 경향이 있지만, 이 책의 다른 저자들이 보여주듯, 자기 사회에서 격리되어 백인 입양가정에 배치된 아이들은 평생에 걸친 감정적 영향을 감당해야 한다.[19)]

물론 많은 경우 백인 위탁부모나 입양부모와 지내는 유색인 아이들은 새로운 가정에서 긍정적인 경험을 한다. 이 글은 한 백인 부모가 특정한 타 인종 아동을 입양한 것이 윤리적으로 적절한가를 묻고자 하는 것은 아니다. 인종간 입양의 윤리성과 관련된 논쟁은 해결책 없이 오랫동안 전개되었다. 이런 많은 논쟁들에서 신랄한 어조와 좁은 관점을 드러내는 요소 중 하나는 인종간 입양 옹호자들의 관점이다. 이 주제로 쓴 대부분의 기사나 책은 타인종 아동을 입양한 백인 입양부모의 관점에서 작성되었고, 따라서 부모가 될 기회를 준 이 제도를 보호하는 데 매우 적극적이다. 인종간 입양인 당사자나 친부모의 관점을 반영하는 경우는 매우 적은데, 이들은 백인 부모가 **구원자**의 역할을 갖는 **구원**의 강력한 수사 안에서 침묵하게 된다. 이 두 그룹은 마땅히 감사해야 하며 비난을 해서는 안 되는 것이다. 이 때문에 미국 내 입양 대상인 유색인 아이들의 증가를 뒷받침하는 인종적·계급적 사회 구조를 토론의 주제로 소개하는 일은 매우 어려웠다. 이 글에서 제기하는 관심은 노예 제도, 인종차별주의, 빈곤, 유색인종의 범죄 집단화에 대한 통합적 영향에 맞추어져 있으며, 이렇게 널리 퍼져 있는 인종적 환경이 현재의 사회복지 및 형사사법제도를 어떻게 만들어가고 있는지를 보여주고자 한다.

이 파괴된 제도가 하루아침에 해결될 수 없을 것이라 생각한다면, 우리는 먼저 현실적으로 친척이 아닌 위탁가정에 있는 많은 유색인 아이들을 건전한 상식과 인종적 정체성을 가지고 사랑과 윤리로 양육할 수 있는 백인 부모에게 보내는 것이 나을 수 있다는 점을 인정해야 한다.

그러나 궁극적으로 우리는 흑인 아동들이 자신의 부모, 친척, 공동체로부터 격리되는 경우가 증가하는 근본적 원인을 재조사하고 문제를 해결해야 한다. 수많은 영아와 아동이 부모와 분리되고 이어서 백인 입양가정으로 배치되는 것은 아동과 가정, 전체 공동체를 해친다. 유색인종 공동체를 조절하고 파괴하는 방법으로 아이들을 가족과 공동체로부터 격리했던 지독한 사례들은 미국 역사를 보면 쉽게 발견할 수 있다. 미국 원주민 아동들을 납치하여 가족, 언어, 문화와 멀리 떨어져 있는 미션 스쿨에 보낸 경우나, 노예시장에서 부모와 자녀를 잔인하게 분리시켜 흑인 미국인의 가정을 파괴한 경우, 또한 현재 수감된 부모의 아이들을 부모, 친척, 공동체로부터 분리하는 경우 등, 미국 사회는 오랫동안 아동 격리를 유색인종에 대한 테러, 분리, 불안정화의 방법으로 이용해 왔다.

1970년대 전미흑인사회복지사협회(National Association of Black Social Workers)는 인종간 입양은 현대판 노예제도이며, 흑인 아동들은 백인 가정에 인신매매되었다고 주장하여, 정치적 스펙트럼 양쪽 모두에게서 비난을 받았다. 그러나 수감된 부모의 자녀에 대한 입양에서 지속적으로 존재하는 노예제도의 유산은 인종간 입양과 형사사법 제도 사이의 관계를 볼 때 명백해진다. 이를 설명하는 데 유용한 간단한 역사적 조사가 있다. 노예제 폐지 이후 소작인의 **우두머리**가 된 이전 농장주들은 흑인 노동자들을 통제하기 위한 새로운 방법이 필요했다. 형사 사법제도, 특히 흑인들을 대상으로 하는 일련의 흑인법(Black Codes)이 이 기능을 제공했다. 이런 인종차별적인 법으로 판결을 받은 흑인들은 강제 노동의 또 다른 형태인 죄수 임대(Convict Lease) 제도를 통해 농장에 돌려보내졌다.[20] 흑인법과 죄수 임대 제도는 오늘날 사회 통제의 인종주의적 제도로서 계속 운영되는, 인종적으로 모순된 형사 사법제도의 토대를 마련했다. 그 시절 백인들이 노예제가 필수적이고 정당한 제도라고 설명하였듯이 형사 사법제도는 오늘날 그 인종적으로 모순된 영향에도 불구하고 정의를 실행한다고 여겨진다. 또한 남부의 백인들이 흑인 노예들은 열등하며 난폭하게 다루어져야 한다고 봤던 것처럼, 오늘날 감옥 속의 흑인은 **질 나쁘고** 처벌받아야 하는 범죄자로 비춰지고 있다.

1960년대 초·중순 흑인 민권운동이 자리를 잡고 활발해짐에 따라, 흑인들과 다른 유색인종에 대한 기소와 유죄 판결의 수가 증가했다는 사실은 우연만은 아니다. 많은 유죄 판결은 흑인 민권 운동과 직간접적으로 연관되어 있었다.[21] 이 시기 흑인 사회에서 흑표범당(Black Panther Party)은 세력과 인기가 크게 성장하였다. 노예제도 시대의 흑인이나 아프리카인, 남북전쟁 이후 남부의 전직 노예들을 위해서 결코 정의나 보호를 위한 법적 자원이 되어주지 않았던 사법집행은 민권운동 시기에 오히려 더 강력한 억압의 도구가 되었다. 그러나 법 집행부, 법원제도 및 정부 관료들이 막으려고 했음에도, 흑인 민권 운동은 흑인들, 그리고 궁극적으로 이 국가의 모든 소외되고 억압받는 계층인 유색인종, 여성, 동성애자, 아동, 장애인을 위한 중요한 법적 승리를 이끌어 냈다.

그러나 이런 진보에도 불구하고 흑인 민권 운동이 어렵게 싸워 쟁취한 승리는 흑인들을 범죄 집단 및 악마로 만드는 대규모의 움직임으로 인해 약화되어 왔다. 흑표범당의 세력과 급진성이 증가하자 미국 정부와 법 집행기관은 유색인종 공동체에 대해 더 강하고 파괴적인 공격으로 대응했다. 수많은 흑인 남녀들이 감옥에 갇혔고 이 운동의 몇몇 지도자들은 살해당하거나 음도에 의해 종신형을 받았다.[22] 흑인 청소년들은 괴롭힘과 인종적 프로파일링 및 경찰 과잉 대응의 희생자가 되는 경우가 많아졌다. 점점 더 많은 유색인종이 복지 사기 행위, 코카인, 마약 판매, 갱단 활동이라는 죄목으로 검찰의 편파적 판정에 의해 범죄자가 되었다. 미국 경제 상황이 악화됨에 따라 1980~90년대에 걸쳐 실업자가 증가하고 유색인종의 수감율이 급격히 증가하였다. 이러한 통계는 계속 반복되었다. 2005년, 교도소 및 구금 시설에 감금된 인구는 2,200만 명을 넘었고, 65퍼센트 이상이 유색인종이었다. 이 사람들은 각각 가족과 사랑하는 사람들이 있고, 대다수는 어린아이의 부모들이다. 조직적인 인종차별주의에 기초한 형사사법제도는 이 아이들의 가족을 철저히 파괴한다. 부모들이 투옥된 후, 또 다른 인종차별 제도인 아동복지 제도가 개입하는 것이다.

투옥이 부모-자녀 간 유대에 미치는 영향

이런 맥락에서 수감된 흑인 및 유색인종 부모에게서 아동을 분리하는 것은 공동체 전체에 중차대한 인종적 의미를 갖는다. 아동들이 확대가족으로부터 분리되어 친척이 아닌 위탁부모에게 맡겨지거나 백인 가정에 입양되면서 문제는 더욱 심각해졌다. 이 광범위하게 실행되는 유형을 볼 때, 인종과 인종차별주의가 미국의 위탁보호제도에 역할을 하고 있다는 결론을 내릴 수밖에 없다. 많은 사회복지사, 아동복지사, 청소년재판소 판사들이 위기에 처한 가정을 위한 효과적이고 공정하며 정당한 법률 제도를 만들어야 한다는 깊은 고민을 하고 있지만, 이러한 개인들만으로는 인종, 계급차별적인 형사사법

제도 및 사회복지 제도 하에서 각각의 상황을 완화시키는 정도이상을 이루어낼 수가 없다.

미국 감옥과 교도소의 대다수 수감자들은 남성이지만, 과거 20년 동안 여성 수감자 수는 남성 수감자 수의 증가 속도보다 훨씬 빠르게 증가하였다. 20년간 증가한 가난한 백인 및 유색인종 여성의 투옥으로, 현재 여성들은 전체 수감자의 거의 10퍼센트를 차지한다. 아버지의 투옥도 복잡한 사회경제적 요인으로 자녀와의 유대에 상당한 영향을 끼치지만, 어머니의 투옥이 미치는 영향은 훨씬 더 큰 정신적 충격과 혼란을 일으킨다. 아버지가 감옥에 갔을 때, 아이들은 대부분 어머니의 보호와 보살핌을 받으며, 상당수는 복역 중인 아버지와 어떤 형식으로든 연락을 지속한다.[23] 어머니가 감옥에 갔을 때 아버지는 아이들의 보호에 거의 참여하지 않는다. 이런 아이들의 대다수는 외할머니나 이모에게 보살핌을 받지만, 35퍼센트 정도는 어머니의 양육권에서 벗어나 위탁보호조치 된다. 현재의 위탁보호법률 및 규정의 엄격한 법적요건을 볼 때, 복역 중인 어머니들이 자녀와의 재결합에 필요한 요구시간을 따르는 것은 사실상 불가능하다. 어머니가 가석방 또는 집행유예가 된다고 해도, 재결합의 장애물은 여전히 많다. 이전에 복역했던 여성들은 적절한 임금을 보장하는 직업, 주택취득, 직업훈련, 탁아소 물색 등의 청소년재판소가 요구하는 재결합 요건을 충족하기가 매우 어렵다. 그들은 전과자에 대한 엄청난 사회적 차별에 직면해야 하고, 유색인종 여성들은 사적이거나 제도화된 인종차별의 결과로 더 큰 어려움을 겪는다.

감옥이나 교도소에서 출산을 한 여성수감자들은 아기에 대해 영구적으로 양육권을 잃을 위험이 훨씬 큰데, 특히 친척과 관계가 소원할 경우가 그렇다. 복역 중인 임신한 여성에게 가까운 친척이 있다고 해도, 교정청과 사회복지부에서 제공하는 창구가 무척 제한적이라 사실상 아이를 데리러 오는 것이 불가능할 경우가 많다. 친척들이 데리러 오지 못하면 아이는 감옥이 위치한 주州의 청소년재판소에 의해서 향방이 결정되어진다. 투옥중인 여성인구의 인종 및 계급적 비율로 인해, 이런 환경에서 위탁부모에게 양육을 받는 대다수의 아이들은 유색인종이고 거의 모두가 수입이 없는 가정 출신이다. 많은 여성감옥들이 인종적으로 다양한 도시지역에서 떨어진, 백인들이 주로 거주하는 농촌지역에 위치하고 있기 때문에 이 유아들은 대부분 다양성이 적은 공동체 속에서 백인 위탁가족들과 지낸다.

아기와 재결합하고픈 바람에도 불구하고 어머니들은 감옥에서 풀려나 자신의 아이에게 연락을 하기 어려운 경우가 많은데, 범죄를 저지른 지역사회로 돌아가도록 법적으로 요구받거나 주택이나 다른 지원을 받기 위해 가족에게 돌아갈 수밖에 없기 때문이다. 그래서 이런 환경에 처한 여성들은 수감 사실로 인하여 초래되는 아기와의 영구적인 이별 및 부모로서의 권리박탈에 직면하게 된다.

지난 일이십 년 동안 일어났던 한 가지 불온한 추세는 감옥이나 교도소에 있는 임신한 여성들을 공격하는 근본주의 종교 단체의 출현이었다.[24)] 많은 감옥 내 종교단체들은 투옥된 어머니와 그들의 아이들에게 중요한 서비스를 제공해 왔다. 그러나 종교 단체들이 가족으로부터 거의 지원을 받지 못하는 감옥 속의 임신한 여성들과 친구가 되어주며 중절하지 말라고 설득하고, 출소할 때까지만 아기를 돌봐주겠다는 약속을 하였다고 기록된 사례가 있다. 그러나 한번 종교단체 회원의 가정에 아기가 보내지면 엄마들과 연락을 끊어버려 결국

아이와 생이별을 하게 되었다.[25)]

> 10살 된 아들과 23살 된 복역 중인 딸이 있는 52세 흑인 할머니 L씨는 사회복지당국으로부터 "너무 나이가 들었다"는 이유로 손자에 대한 양육 신청을 거절당했다.
>
> 50세 라틴계 할머니 G씨는 자동차공장에서 성인시절의 대부분을 일했고, 괜찮은 집을 소유하고 있으며, 전과가 없다. 그녀는 마약 관련 죄로 감옥에 있는 딸을 "제대로 키우지 않았다"는 사회복지국의 판단에 따라 손녀에 대한 양육신청을 거절당했다.[26)]

이러한 많은 여성들이 겪는 또 하나의 현실은 아이에 대한 사랑과 지원을 줄 수 있는 가정을 제공할 할머니, 어머니, 자매나 친척들이 있다고 하더라도, 이러한 친척들 또한 복역 중인 엄마들처럼 존중이나 고려를 받지 못하는 대우에 처할 수 있다는 것이다. 한편으로 친척들은 재정보조나 지원서비스가 거의 없이, 나이가 들고 **위탁이나 입양보내기 어려운** 아이들을 떠맡게 된다. 다른 한편으로 입양가능하고 장애가 없는 아기가 감옥 안의 엄마에게서 태어날 경우, 조부모나 다른 친척들은 너무 **나이**가 많고, **병약**하고, **충분한 자원**이 없다는 이야기나 자기 자식도 잘 기르지 못했기에 손자를 잘 키울지 신뢰할 수 없다는 말을 듣게 된다.

사실상 모든 예에서 복역 중인 산모나 그 가족들은 아이와 자신들을 위해 정확하고 효과적인 결정을 내릴 만한 정보를 사회복지국이나 청소년재판소로부터 받지 못한다. 가족, 특히 유색인종이나 비영어권 가정은 청소년재판소의 소송 절차에서 제대로 변호를 받지 못한다. 복역 중인 부모의 경우 비록 변호사를 구할 수 있기는 하여도 변호사와 말할 기회가 적고, 청소년재판소의 피부양자 심판(dependency hearing)에 있어서도 양육권을 유지하거나 자녀와 연락할 수 있는 유효한 판결이 거의 이루어지기 힘든 마지막 순간에나 참여하게 된다.

부모의 권리 말소, 그 윤리적 · 법적 영향

아이나 어린이를 부모의 품으로부터 영구적으로 분리하는 것은 공동체의 마음을 아프게 하고 성인들의 희망을 앗아간다. 지난 수십 년간 유색인종들의 투옥이 증가함에 따라 부모와 일시적으로 혹은 영구적으로 헤어지는 아동의 수도 증가해 왔다. 많은 경우에 있어 아이들은 자신들의 공동체에서 격리되어 다른 인종이나 민족적 배경을 가진 가족과 함께 지내게 되었고, 이는 이 입양인들에게 처참한 결과를 낳았다. 흑인 아동들은 백인 아동들보다 위탁보호될 확률이 높으며, 장기간 머무르게 될 가능성도 높다. 게다가 친부모보다는 위탁가정에 가게 될 확률이 인종에 따라 깊은 연관성을 가진다는 연구들이 보고되고 있다. 즉, 백인 아동에 비해 유색인종 아동은 친부모에게 돌아갈 확률이 상당히 낮다.[27)]

저소득층 흑인, 라틴계, 기타 인종차별을 받는 가족과 공동체의 다음 세대에 돌이킬 수 없는 피해를 주기 전에, 이 사회적 현상은 **아동방치**라는 개별사례보다는 뿌리 깊은 인종적 · 경제적 불평등의 유형이 드러난 것으로 간주되어야 한다. 양육권의 말소는 부모와 아이가 더 이상 법적으로 **연관되지 않는다**는 인위적 선언인 동시에 본질적으로 부도덕한 일이다. 이는 아동이 한 가족에서 다른 가족으로 옮겨질 수 있는 상품이며, 삶에 있어 한 부모 이상을 가지는 **불안정성**을 견디지 못한다는, 결함이 크고 오래 지속된 믿음에서 도출된 것이다. 진실은 그 반대이다. 아이들은 한 명(혹은 두 명) 이상의 부모 같은 존재들이 주는 진실하고 이타적인 사랑에 응답하고, 이를 누릴 수 있다. 부모가 복역 중인 아이들은 많은 경우 친부모와 연락을 하며 긍정적인 영향을 받는다. 부모의 학대가 너무 심해서 아동의 어린 시절 부모와 연락하지 않는 것이 좋은 경우도 몇몇 있지만 그런 경우에도 아이들이 친척과는 함께 살 수 있어야 한다. 부모를 잃는 일은 아이에게 매우 충격적인 경험이지만, 형제자매나 친척과의 두 번째 이별을 겪게 되면 이 트라우마는 더욱 복합적으로 강화된다. 복역 중인 부모와의 관계나 그 부모 자체는 아이의 소유이다. 어떠한 사회제도, 판사, 법적제도도 그 관계를 아이에게서 빼앗을 권리가 없다. 부모가 복역 중인 아이는 부모에 대한 분노, 슬픔, 사랑, 양면적 감정 등 폭넓은 느낌과 감정을 겪는다. 그러나 부모와의 관계에 대한 요구 여부, 부모에 대한 용서 여부, 부모와의 관계 유지 여부 등, 부모와 관련한 모든 결정은 그 아이의 권리다.

지난 수십 년간 유색인종 투옥의 급격한 증가와 수천 명의 유색인종 아동의 가족 및 친척과의 격리는 유색인종 공동체에 뚜렷한 피해를 남겼다. 동시에 이렇게 억압적인 경향에 대응하는 활동가나 옹호자들의 풀뿌리운동 또한 성장하여 감옥산업복합체 및 그 계열조직의 팽창에 도전하고 있다. 이러한 운동은 1970년대 흑인 민권운동 및 여성운동의 형태를 따르고 있다.

1960년대와 1970년대 초반에 걸쳐 미국에서 일어난 수감자의 권리운동은 대부분 남성 수감자에게 집중되었다. 당시 몇 가지 주목할 만한 예외를 제외하고 복역 중인 여성은 진보진영이나 일반대중에게 사실상 보이지 않는 존재였다.[28] 그러나 1970년대 중반 교도소 안팎의 여성 활동가들이 여성 수감자들에 관련된 문제를 제기하는 일이 많아졌다. 어머니가 복역하는 동안 아이의 보호와 양육 문제, 감옥 안에서 임신 중인 여성 수감자의 처우 문제, 남성 교도관과 남성 직원에 의한 여성 수감자들의 성희롱 문제 등이 그 예이다.[29] 1970년대 중반 이전, 수감 환경의 문제를 제기하는 대부분의 집단소송은 남성 수감자들과 관련된 것이었으나, 이후 여성 수감자들도 교도소 환경에 항의하기 시작했다.[30] 전국에 있는 소수 풀뿌리단체들은 여성 수감자와 그 자녀들에 관한 문제에 특별히 역량과 관심을 집중하여 활동하였다.[31] 1980년대 동안 이런 단체들은 수백 개가 되었고, 1985년에는 이전에 수감되었던 여성들이나 지지자, 가족들이 참여한 전국모임인 수감 여성을 위한 전미 대회(National Roundtable on Women in Prison)가 처음으로 열렸다. 그 후 1988년에는 샌프란시스코에서 제4차 대회가 개최되어 수감 여성을 위한 전미 네트워크(National Network for Women in Prison)가 결성되었다. 이 전국대회 및 네트워크는 초기부터 이전에 수감되었던 여성들에 의해 주도되었고, 복역 중이거나 이전에 투옥되었던 여성의 리더십과 역량강화에 초점을 맞추었다.[32]

1990년대를 거치며 운동이 성장함에 따라, 수감된 적이 있는 여성의 리더십과 참여가 이 풀뿌리운동에 있어 지니는 중요도는 더욱 높아졌다. 1990년대 말, 여성 수감자 및 그 자녀들과 일하던 활동가들은 여성, 남성, 청소년, 수감자의 가족과 자녀, 그리고 전체 공동체에 영향을 미치는 감옥산업복합체의 팽창에 반대하는 새로운 운동이 일어나는 것에 결정적인 역할을 하였다.[33] 최근에 여성 수감자와 그 동조자들이 참여하는 풀뿌리운동은 새로 생겨난 두 운동에 기여하였다. 하나는 수감자의 자녀와 가족구성원에 대한 것이고,[34] 다른 하나는 대량수감의 부정의와 전과자 취급으로 인해 생기는 평생에 걸친 부차적 결과(이중 피해)에 관해 목소리를 높이는 과거에 수감된 적이 있었던 분들에 관한 것이다.[35]

이 풀뿌리운동의 성장과 함께, 복역 중인 부모와 그 자녀들이 처한 실제적 문제에 대하여 정책입안자, 학자, 언론인 등이 점차 많은 관심을 보이게 되었다. 일부 연구자 및 전문가들은 부모의 수감문제에 대한 공공담론에 사려 깊은 기여를 하고 있다. 활동가, 연구자, 실무자들은 서로 협력하며 저소득층 유색인종 공동체에 대규모 투옥 및 가족 파괴가 미치는 영향의 범위와 실체를 기록하기 시작했다.[36] 교정제도와 사회복지 서비스라는 서로 매우 다르지만 연관된 시스템이 이 나라 저소득층 유색인종 공동체에 미치는 피해를 기록하고 드러내려는 노력은 활동가들에게 교정정책 및 위탁보호/피부양자법의 완전 개정을 이끌어 낼 수 있는 정보와 도구를 제공해 줄 것이다. 이는 복역 중인 부모와 그 부모의 아이들을 위한 것이다.

두말할 필요 없이 이는 결코 작은 일은 아닐 것이다. 성과가 있을법한 가능한 방안은 미국 원주민 아동양육권법(Native American Child Custody Act)과 유사한 보호법안을 개발하여 흑인, 라틴계, 그리고 기타 인종 · 민족 유산의 정통성을 인지하도록 하는 것이다.[37] 이러한 법안은 현존하는 인종 및 입양에 관한 법률과 직간접적으로 모순될 것이고, 입양을 로비하는 옹호론자들로부터의 격렬한 반대에 부뒷칠 것이다. 그러나 저소득 유색인종 공동체의 아동을 그 부모로부터 분리함으로써 미치는 지속적 영향을 생각할 때, 마주칠 반대에도 불구하고 이러한 문제를 제기하는 일은 필수불가결하다. 특히 주목하여야 할 또 다른 분야는 복역 중인 부모의 자녀들을 위한 지원책으로서 확대가족의 장점 및 유효성에 대해 재확인하는 일이다. 유아나 아동을 친척에게 맡기는 방안은 진정한 우선순위에 놓여야 하며, 아이를 돌보는 조부모나 친척에 대한 혜택이나 지원 서비스를 늘릴 수 있도록 지속적으로 노력하겠다는 약속이 이에 뒷받침되어야 한다. 마지막으로 가장 중요하게는 현재 복역 중인 여성들에게 자신의 형기를 거주지, 공동체기반의 교정프로그램에서 자녀와 함께 마칠 수 있도록 하는 대안적 프로그램이 확산될 수 있도록 압력을 가해야 한다. 캘리포니아나 일리노이 같은 몇몇 주에서는 이미 이를 합법적으로 의무화 한 프로그램이 마련되었고, 다른 몇몇 주에서도 법령화되지는 않았더라도 이와 유사한 프로그램을 운영하고 있다.

복역 중인 부모와 그 자녀에게 영향을 미치는 사회복지 및 청소년재판소 정책을 검토할 때, 우리는 동시에 미국의 저소득 유색인들의 수감 및 유죄판결의 증가추세를 반전시킬 수 있는 비감금 전략을 촉진해야 한다. 예를 들어 중독자를 감옥이 아닌 치료소로 보낸다거나, 최소형량을 의무화하는 정책을 없애거나, 수감자들을 장기간 수용하게 만드는 **진정한 선고**(truth-in-sentencing)조항을 제거하는 것이 그러한 전략에 포함될 수 있을 것이다. 즉시 석방 가능한 죄수들을 위한 수감 이외의 대안을 마련하고, 보다 많은 이들의 특수한 필요를 충족하는 안을 만들어야 하며, 특히 자녀를 갖고 있는 많은 수의 여성들은 투옥 대신 거주형 치료 프로그램에 보내질 수 있도록 할

필요가 있다.[38)]

교도소 복지 증진 운동가들은 이민자 권리 증진 운동가들과도 함께 연대를 이루어 영주권 미소지자 및 등록되지 않은 수감자들의 부모 자녀간 연계를 보호하여야 한다. 그리고 궁극적으로 아이들을 위해 보다 나은 세상을 만들고자 하는 사람들인 우리는 **아동의 이익을 위해** 실행해 온 정책이나 프로그램이 실제로 아이들과 그들의 본래 공동체에게 최선이었는지를 스스로 물어야 한다.

감사의 글

지난 30년 동안 함께 일해 오면서 자신들의 경험과 삶을 나누어 주신 감옥 안의 부모님들, 그 아이들과 가족들께 깊이 감사 드린다. 또한「아이를 가진 수감자를 위한 법률 서비스(Legal Services for Prisoners with Children)」의 자원봉사자 및 직원들 모두에게도 감사의 말을 전하고 싶다.

1) Michaelah D., 출간전 원고, 법적기록물, Legal Services for Prisoners with Children (LSPC), 1540 Market Street, Suite 490, San Francisco, CA 94102.

2) Janine Jackson and Jim Naureckas, "Crime Contradictions: U.S. News Illustrates Flaws in Crime Coverage," *Fairness and Accuracy in Reporting*, May/June 1994, http://www.fair.org/index.php?page=1501.

3) Phyllis Chesler, *Mothers on Trial: The Battle for Children and Custody* (New York: McGraw Hill, 1986). "Mothers in Prison" 참조.

4) *Adoption and Safe Families Act* (1997): 105-189 참조. 대응하는 주 법률 참조.

5) Marian Wright Edelman, *Resetting Our Nation's Moral Compass*, May 2005, www.childrensdefense.org. 에델만(Edelman)은 또한 2001년, 58,000명의 흑인 남성이 복역 중이며, 그중 40,000명만이 대학을 졸업했다고 말한다.

6) 저자는 이 글에서 아프리카계 미국인을 정책과 경찰의 과격함의 대상이 되는 아프리카와 카리브해 지역출신의 이민자를 포함한 미국 거주자들을 의미하는 말로 사용하고 있다.

7) National Education Association, "No Child Left Behind Act of 2001," Issues in Education, www.nea.org; "Facing Reality: What Happens When Good Schools Are Labeled 'Failures'?" MassPartners for Public Schools, www.masspartners.com.

8) Amnesty International, "Betraying the Young: Human Rights Violations Against Children in the US Justice System," 1998 Amnesty International Report, *Library*, http://web.amnesty.org/library/engindex; Sue Burrell, "Legal Issues and Liabilities in Juvenile Confinement Facilities" (Youth Law Center: San Francisco, November 2000).

9) American Bar Association, Juvenile Death Penalty, http://www.abanet.org/crimjust/juvjus/juvdp.html; 주요한 움직임으로, 미국 대법원은 청소년에 대한 사형집행을

중단하였다(March 1, 2005), *Roper v. Simmons* (03–633) 112 S. W. 3d 397, affirmed.

10) 학교 내 체벌에 대해서는 Parents and Teachers Against Violence in Education (PTAVE)과 연계하면 된다. PTAVE는 세제혜택인 501(c)(3) 자격을 갖춘 비영리 단체이다: PO Box 1033, Alamo, CA 94507-7033, phone: 925-831-1661, fax: 925-838-8914, email: ptave@silcon.com. 20여 개 이상의 주에서 여전히 아이들을 때리거나 회초리질하고, 육체적 기합을 주는 등의 체벌이 허용되고 있다.

11) 미국원주민의 수감에 따른 영향은 특별히 언급하여야 한다. 비록 미국 내 수감시설에 있는 미국원주민들의 수는 다른 수감자에 비하여 적지만, *Mother Jones* 잡지의 포괄조직인 The Foundation for National Progress (FNP)가 최근 실시한 조사에 따르면, 2000년 미국 본토와 알래스카 원주민 10만 명 중 709명이 수감되었다. 이 비율은 10만 명 중 1,815명을 기록하는 흑인들에 이어 두 번째이다. 1980년에는 캘리포니아 교도소에 미국 원주민 10만 명당 145명이 복역 중이었으나, 그 비율은 2000년에 767명으로 급증하였다. FNP, July, 2001.

12) Dorothy E. Roberts, "The Social and Moral Cost of Mass Incarceration in African American Communities," *Stanford Law Review* 56, no. 5 (April 1, 2004): 1271-1305; Vincent Schiraldi and others, "Young African Americans and the Criminal Justice System in California: Five Years Later," *Publications and Library* (Report, Center on Juvenile and Criminal Justice, February 1996)도 참조, http://www.lindesmith.org/library/schiraldi2.cfm.

13) 최근 실행된 연방위탁보호규정에 대한 캘리포니아 법률 언어를 작성하는 데 대한 필자와 선임법률분석가의 대화(Sacramento, 1980).

14) 관할권에 따라 가족과 자녀를 관리 감독하는 기관의 명칭과 조직구조는 각기 다르고 다양하다.

15) Susan Kellam, "The Color of Care," *Connect for Kids*, July 26, 1999, http://www.

connectforkids.org/node/118?tn=lc/ra; Child Welfare League of America, "Children of Color in the Child Welfare System," *National Data Analysis System* (January 2004).

16) Jennifer C., unpublished transcript, legal archives, LSPC.

17) 참조: *Adoption and Safe Families Act* (1997): 105-189.

18) Pew Commission on Children in Foster Care, "PEW Commission Report on 'Foster Care Drift,'" Press Office reprint of article from *Fostering Families Today Magazine* (May/June 2004): 18-19, http://pewfostercare.org/press/files/FosterArticle3.pdf.

19) 이 책에 포함된 Raible, Harris, and Lo가 쓴 장을 참조할 것.

20) Milfred C. Fierce, *Slavery Revisited: Blacks and the Convict Lease System, 1865-1933*(New York: African Studies Research Centre, 1994); Angela Y. Davis, *Are Prisons Obsolete?*(New York: Seven Stories Press, 2003) 참조.

21) Ward Churchill and Jim Vander Wall, *The COINTELPRO Papers: Documents from the FBI's Secret Wars Against Domestic Dissent* (Boston: South End Press, 1991); Paul Wolf and others, "COINTELPRO: The Untold American Story Compilation" (paper, World. Conference Against Racism, Durban, South Africa, September 1, 2001) 참조.

22) Churchill and Vander Wall, *The COINTELPRO Papers*; Wolf and others, "COINTELPRO."

23) Ellen Barry, River Ginchild, and Doreen Lee, "Termination of Parental Rights Among Prisoners: A National Perspective," in *Children of Incarcerated Parents*, ed. Katherine Gabel and Denise Johnston (New York: Lexington Books, 1995), 149. 복역 중인 아버지로부터 격리되는 아동의 비율은 낮은 편이다.

24) 이러한 기관 중의 하나인 Babies Out of Bondage는 지난 10년간 남부 캘리포니아에서 활동하였다. 이 기관이 캘리포니아 주 교도소의 임신한 여성들에게 적극적으로 제안하였다. (legal archives, LSPC).

25) 「아이를 가진 수감자를 위한 법률서비스」의 변호사 캐시 피어슨(Cassie

Pierson)은 1998년부터 2006년까지 이러한 사례 8건에 대한 기록을 가지고 있다.

26) Legal Archives, LSPC.

27) Mark E. Courtney and others, "Race and Child Welfare Services: Past Research and Future Directions," *Child Welfare* 79, no. 4 (1996): 339?369; Westat Chapin Hall Center for Children, "The Role of Race in Parental Reunification," in *Assessing the Context of Permanency and Reunification in the Foster Care System* (December 2001), http://aspe.hhs.gov/hsp/fostercare-reunif01/chapter6.htm; Child Welfare League of America, "CWLA Fact Sheet and Relevant Research," *National Data Analysis System*, http://ndas.cwla.org/research_info/specialtopic1a.asp. 2002년, 미국 내 흑인 아동 1,000명 중 17명이 위탁보호를 받았는데, 이는 1,000명 당 5명이 위탁보호를 받은 백인 아동의 경우와 비교되는 수이다.

28) 이렇게 주목할 만한 몇몇 예외적 여성들은 감옥산업복합체에 대해 계속 도전하고 있다. 앤젤라 데이비스(Angela Davis)는 운동 초기에 있어 두드러지게 존경받는 지도자이며, 현재에도 중요한 역할을 하고 있다. 1970년대 흑표범당(Black Panther Party) 의 열혈활동가였던 아사타 샤쿠르(Assata Shakur)는 쿠바에 피신해 살고 있으면서도 지속적으로 뛰어난 지도자로 활발히 활동하고 있다.

29) 이러한 작업의 초기 지원기관으로는 대학부설 진료소가 있었는데, 이 중 주목할 만한 기관으로는 바바라 슈워츠(Barbara Swartz) (1976-1985)가 이끌었던 뉴욕대 법학대학(NYU Law School)의 여성교도소진료소(Women's Prison Clinic)와 캘리포니아 주립대 산타크루즈 분교(UC Santa Cruz)의 여성교도소 프로젝트(Women's Prison Project)를 들 수 있다.

30) 의료조치 필요에 대한 고의적 무관심: 뉴욕, Todaro v. *Ward*, 565 F.2d 48, 52 (2nd Cir. 1977) 참조; 구금시의 성학대 및 비행: 뉴욕, Fort v. *Ward*, 621 F.2d 1210 (2nd

Cir. 1980) 참조; 직업훈련에 대한 차별적 거부: 미시건, *Glover v. Johnson*, 138 F.3d 229, 245 (6th Cir. 1998) 참조; 임신 중 및 출산 후 여성에 대한 의료조치: 캘리포니아, *Harris v. McCarthy*, No. 85-6002-WMB (MCx) (C.D. Cal. filed Sept. 11, 1985) (settlement agreement Oct. 1987)참조.

31) 이러한 초기 단체들에는 Aid to Incarcerated Mothers (AIM), 매사추세츠주 보스턴(1975년 창립); Prison Mothers and Their Children (MATCH), 캘리포니아주 플리샌톤(Pleasanton)(1977년 창립); Legal Services for Prisoners with Children (LSPC), 캘리포니아주 샌프란시스코(1978년 창립); Aid to Children of Incarcerated Mothers (AIM) 조지아주 아틀란타(1982년 창립); Chicago Legal Advocacy to Incarcerated Mothers) (CLAIM), 일리노이주 시카고(1983년 창립) 등이 있다.

32) 수감 여성을 위한 전미 네트워크(The National Network for Women in Prison) (c/o Legal Services for Prisoners with Children, 1540 Market Street, Suite 490, San Francisco, CA 94102). 단체 정관에 따르면 이사회 구성원 중 적어도 50퍼센트는 수감 경험이 있는 여성이어야 하며, 50퍼센트는 유색인종 여성이어야 한다. 모든 전국회의에서 기조연설자 및 컨퍼런스 발표자들을 보면, 수감 경험이 있거나 유색인종인 여성 비중이 높고, 참여 관객 또한 다양하다.

33) 1990년대 말, 샌프란시스코-오클랜드 지역의 소수 활동가들이 수감 시설의 팽창 및 그 양상에 관하여 검토하는 회의를 제안하였다. 마이크 데이비스(Mike Davis)의 "감옥산업복합체" 라는 구절을 인용하면서 이 활동가들은 미국의 모든 주 및 11개의 타 국가로부터 3,500명 이상이 참여하는 컨퍼런스를 1998년 UC 버클리에서 개최하였고, 이 자리에서 CR(Critical Resistance, 중대한 저항) 운동이 시작되었다. CR은 현재 미국 내 10개 지부를 가지고 있으며 세계에 폭넓은 연결지점을 가지고 있다. (Davis, "Hell Factories in the Field: A Prison-Industrial Complex," *The Nation*, February 20, 1995, 229).

34) 수감자의 가족과 자녀에 관한 자료 및 "복역 중인 부모의 자녀들에 대한 권리장전(Children of Incarcerated Parents Bill of Rights)"을 보고자 할 때는 「아동이 있는 수감자를 위한 법률서비스」를 참조하라(San Francisco Partnership for Incarcerated Parents, September 2003). 수감자의 자녀 및 가족과 활동하는 기타 그룹으로는 Aid to Incarcerated Mothers, 매사추세츠 주, 보스턴; 2004년 "어린이 노벨상(Children's Nobel Prize)" 후보에 오른 적이 있는 The Osborne Association, 뉴욕주 뉴욕; Families and Loved Ones of Louisiana's Incarcerated Children (FLIC), 루이지애나 주 뉴올리언스 Aid to Children of Incarcerated Mothers, 조지아 주 아틀란타 등을 들 수 있다.

35) 2000년 초, 수감 경험이 있는 여성과 남성들이 LSPC에서 만나 그러한 사람들의 운동이 시작되어야 할 긴급한 필요성에 대해 논의하였다. 이 그룹은 지난 40여 년간 진행된 과다한 투옥의 결과 그들이 "전과자"로서 직면하고 있는 불평등과 장애에 대하여 자신들의 목소리를 내고자 하였다. All of Us or None으로 알려진 이 그룹은 이제 전국운동의 첫걸음을 내딛었다.

36) 예를 들어, 가족권리 프로젝트(Family Rights Project)는 뉴욕대 법학대학 브레넌 센터(the Brennan Center at NYU Law School)와 미국 내의 세 민간단체-Legal Services for Prisoners with Children(샌프란시스코), Chicago Legal Advocacy to Incarcerated Mothers(시카고), MECCA's Place (볼티모어)-와의 협력사업이다. 연구자인 베스 리치(Beth Richie)와 마티 구겐하임(Marty Guggenheim)이 함께 참여하였으며, 복역 중인 어머니와 그 자녀들이 청소년재판소의 피부양자 결정제도에서 겪은 경험을 기록하였다.

37) Minnesota Legislative Reference Library, "Minnesota Minority Child Heritage Protection Act," *Resources on Minnesota Issues* (September 2004), www.leg.state.mn.us/lrl/issues/mmchpa.asp. See, for example, the history of the act.

38) 예를 들어 복역 중 모자에 대한 지역사회보호프로그램(Community Prisoner Mother-Infant Care Program, CPMP)은 캘리포니아 주 감옥에서 복역할 여성들에게 투옥 대신 아이와 함께 거주 치료 프로그램에 배치될 기회를 주는 지역사회 기반의 대안이다. 물론 이 프로그램에도 한계가 있으나, 복역 중인 어머니들에게 자녀와 헤어지는 대신 함께 있을 수 있는 값진 기회를 제공하고 있다. CA Penal Code Sec. 3401, et seq. 참조; 또한 최근 근거법률이 제정된 일리노이 주의 유사 대안프로그램을 참조할 것. 미래의 모델은 교정당국기반에 반대되는, 지역사회가 기반이 되어 직접 운영하는 것이어야 한다.

9 복지 제도 내 아동의 고아 만들기

—크랙 베이비와 입양 정책 개혁

로라 브릭스

1994년 AFDC[부양자녀가족지원제도] 혹은 **복지 제도**를 폐지하려는 신보수주의적 노력이 절정에 이르렀을 때, 미국 하원의장 뉴트 깅리치(Newt Gingrich)는 생활보조금을 받는 어머니의 아이들을 고아원에 보내자는 정책대안을 제시하였다. 그 언급은 널리 보도되었고, 자유주의자들은 충격적이라고 했다. 한동안 싱글맘의 아들로 자랐던 빌 클린턴 전 대통령은 이를 비난하고 나섰다. 그는 주간 라디오연설에서 이 의견은 아이들을 **사랑 가득한 가정**에서 빼앗아 오자는 것이라 반박했다. 며칠 후, 이보다는 훨씬 덜 알려진 일이 발생했다. 깅리치가 **고아원**을 **그룹홈**이라 수정한 것이다. 격한 감정은 완화되었다. 진보적인 《워싱턴포스트》의 칼럼니스트 메리 맥그로리(Mary

Mcgrory)는 이 계획이 인간적이며 보다 자유주의적 정서에 바탕을 두었다고 주장했다.[1] 보다 자유주의적이었을 수는 있었겠으나, 슬프게도 인간적이지는 않았다. 빈곤정책에 대한 깅리치의 비전은 자유주의자들의 지지를 받아 법으로 제정되었고, 이에 따라 아동복지제도의 규모와 중요성이 증대되었다.

비록 **고아원**이라는 단어를 찰스 디킨스 수준으로 사용한 사실이 격한 비판을 불러오기는 했지만, 신보수주의자들과 많은 자유주의자들에게 있어 빈곤에 허덕이는 가정으로부터 아이들을 데리고 나오는 것은 빈곤퇴치프로그램이 오랫동안 목표로 해 온 자연스러운 결과물이었다. 1960년대, **빈곤의 문화**와 같은 자유주의 개념이나 모이니핸(Moynihan) 보고서와 같은 민주당 정책논문에서는 빈곤의 원인이 실업이나 임금보다는 가정과 양육에 있다고 주장하였다. 모이니핸 보고서에서 언급한 것처럼, **흑인 여성가장**들은 구직 경쟁력이 떨어지도록 아들들을 무력화시켰고, **빈곤의 문화**는 가난한 습관을 대대로 물려주었다. 1970년대, 아동복지사들은 학대나 방치—가난으로 정의되는 방치도 포함—가 의심될 경우, 법정에 가거나 증거를 제시하지 않고도 아동을 가족으로부터 격리시킬 수 있는 막강한 새 권력을 부여받게 되었다.[2] 1980년대, 마약과의 전쟁이 전개되면서 (흑인이라는 뜻이 내포된) **크랙 베이비**(마약중독 여성이 출산한 아동—옮긴이)들은 태어날 때부터 교육받을 수도, 일자리를 얻을 수도 없는 운명의 새로운 **생물학적 최하층**으로 정의되었다. 자유주의자들은 이 아이들을 위탁보호하려 노력하였고, 보수주의자들은 그 어머니들을 감옥에 넣으려 하였다. 1990년대에는 보수주의자들과 중도주의 민주당원들이 동시에 AFDC를 질병의 숙주처럼 취급하면서,

가난한 어머니들에 대한 소득지원을 중단하고, 그 아이들을 위탁보호가 아니라 한 단계 더 나아가 입양가정으로 이동시켰다. 1996년과 1997년, 입양세 공제 및 인종간 배치조항(Interethnic Placement Provisions)이 그러한 역할을 수행하였다. 이것은 MEPA의 수정판으로, MEPA-IEP로 알려져 있다.[3)]

최근에 빈곤계층의 모자에게 적용되는 주요한 정부정책은 AFDC에서 위탁 · 입양제도로 대체되었다. 이 정책은 비용 효율이 그리 높지 않은데도, 계속해서 연방 빈곤정책의 기반이 되고 있다. 이 제도가 얼마나 많은 사람들에게 영향을 주고 있는지는 아무도 모르는데, 이는 보안유지 정책, 자체적이어서 불완전한 국가 통계, 그리고 분산성(각 주 및 지역에 개별적으로 존재하는 위탁보호제는 50개가 넘는다)이라는 특징들 때문에 추적이 매우 어렵기 때문이다. 그런데도 1996년 이래 위탁보호 제도는 분명 확대되었다. 찬성론자들이 위탁과 아동복지 제도를 정당화하고 있으나, 사실상 아동을 가족과 분리시키는 것이 좋은 일이라고 판단할 수는 없다. 위탁보호아동에게 어떠한 일이 생겼는지를 보여주는 포괄적 통계는 없지만(주 정부는 이러한 정보를 기밀로 취급하고, 다양하거나 혹은 불완전한 방법으로 합산하고 있다), 작은 규모의 연구들에서 알 수 있듯이 이들은 성인들과 마찬가지로 감옥이나 정신병동에 너무나도 많이 간다.[4)] 왜 이렇게 비용이 많이 들고 효과적이지도 않은 제도에 심취하는 것일까?[5)] 답은 빈곤가정, 특히 가난한 어머니들이 아이들에게 유해하다는 뿌리 깊은 믿음에 있다. 자유주의적 구세주 콤플렉스와 수백 년간 빈곤층을 악하다고 보아 온 영국 역사에 기반을 두고, 이 제도는 가난한 사람들은 자질이 나쁘기 때문에 가난하다는 이론에 의존하면서 올바른 종류의 가족, 특히 올바른 어머니가 이러한 아이들을 구원할 수 있다고 주장한다.

이 장에서는 그러한 역사에 대하여 알아보고자 한다. 먼저 오스카 루이스(Oscar Lewis)와 1950~60년대 사회과학자들이 구체화한 **빈곤의 문화**를 살펴보고, 1980년대 말의 **크랙 베이비** 위기에 대해 다룰 것이다. 마지막으로 복지개혁과 더불어 가난한 사람들의 자녀를 분리시켜 중산층(백인을 암시)에 배치함으로써 생산적 시민으로 변모시키려 하였던 입양세 공제, MEPA-IEP에 대하여 살펴볼 것이다. 이러한 매 시기마다 공공정책과 인종의 의미에 관하여 중요한 재배치가 이루어졌다. **빈곤의 문화** 개념은 흑인 민권운동이 이루어낸 정부지원의 시대를 마감하는 신호가 되었고, **크랙 베이비** 현상은 레이건-부시 정부가 '마약과의 전쟁'을 통해 빈곤층을 범법자로 만든 작업의 정점이 되었다. 1996년의 입양세 공제는 처음에는 복지개혁법의 일부였으나, 결국 노동계층의 여성 · 아동 · 가족에 대한 주 정부의 낮은 신뢰를 드러내는 데 기여했다.

빈곤의 문화

빈곤의 문화라는 개념은 좌파 인류학자, 사회학자 그리고 언론인들에 의해 구체화된 사회과학의 이론적 틀이었다. 그러나 그렇게 시작된 이 개념은 1980년대 이후 신보수주의자들의 소유물로 굳어져 버렸다. 과연 이것이 애초에 진보적인 개념이었는지는 명확하지 않다. 창설자인 오스카 루이스는 어린 시절에 학습하게 되는 행동방식과 신념 등에 중점을 맞추어 이 개념을 설명하였는데, 그 예로는 성적분방함, 다수의 배우자, 핵가족 밖의 자녀라는 개념, 방치나 폭력 같은 자녀 양육상 부주의 등을 들 수 있다. 1961년 루이스는 빈곤의 문화에 대하여 다음과 같이 요약하였다.

> 인류학적으로 쓰일 때, 〔문화란〕 본질적으로 대대로 내려오는 삶의 디자인이다. 가난을 이해할 때 위의 개념을 사용하면서 내가 주목하고 싶은 점은 현대 국가들에서의 빈곤은 경제적 박탈감, 해체, 또는 무언가의 부재만은 아니라는 것이다. 이는 또한 긍정적인 면에서 이것이 없이는 가난한 자들이 삶을 영위해 나갈 수 없는 구조나 논리, 그리고 방어적 기제인 것이다. 즉, 놀라울 정도로 안정적이고 지속적인, 가족을 통해 대대로 내려오는 삶의 방식이다.[6)]

이 정의는 충격적이다. 루이스는 세 문장 안에 이 문화가 **대물림되는 것**이라고 두 번이나 언급하고 있다. 이런 방식으로 빈곤을 이해한다는 것은 궁극적으로 아이들과 아이들의 양육에 대해 주목한다는 것이다. 훗날 1996년에 출간된 그의 책 『인생(*La Vida*)』에서 루이스는 여기에 나이를 추가하였다. 아이들이 6세에서 7세가 되면 이미 **빈곤의 문화** 영향으로 너무 피해를 입어 부모들의 빈곤한 삶을 반복할 운명에 처할 수밖에 없다고 그는 주장하였다. 같은 경향인 1970년대의 정치학자 에드워드 밴필드(Edward Banfield) 같은 사람들은 **빈곤의 문화**가 미국 문화에 매우 낯익은 구별을 만들어 낸다고 하였는데, 이는 역사학자 마이클 카츠(Michael Katz)가 언급한 미국 백인들의 **가치 있는 가난, 가치 없는 가난**에 대한 구별을 의미한다.[7)] 루이스 본인은 자신의 이론이 이러한 영향을 미치리라 예상하지 못했겠지만, 결국 이 문화적 범주에 속해 있는 사람들에게 심각하게 절망적인 예측을 제시하는 결과를 낳았다.

빈곤의 문화에 대한 초기의 설명에서 오스카 루이스는 **현대적 빈곤**과 **전통적 빈곤**이 심리적 영향의 측면에서 다르다는 점을 조심스럽게 주장하고 있다. 전통적 빈곤에는 사회적 결합, 깊은 가족 간 유대감, 그리고 건강한 성과 성규범 등이 함께 하고 있었다. 이 환경에서 자라는 아이들은 건강이나 영양에 결핍을 겪거나 교육에 있어 문제를 가지고 있을지는 몰라도, 가족들에 의해 정신적으로 심각한 피해를 입지는 않았다.[8] 이 논리가 현대의 입양에 관한 믿음과 얼마나 잘 부합하는지를 보면 놀라울 따름이다. 미국의 위탁보호아동들은 보통 **나쁜 씨앗**으로, 언제 이전 가족이나 그로부터 습득했던 문제 있는 성격이 나타날지 모르는 아이들이다. 반면 외국에서 온 아이들, 심지어 오랫동안 시설에 있었고 나이가 많으며 사실상 많은 면에서 미국내 위탁아동과 다를 것이 없는 동유럽 아동들은 이보다 안전한 씨앗으로 간주된다.

2002년도에 유년기의 스트레스와 트라우마가 남긴 내분비계의 흔적을 찾던 한 연구자가 간접적으로 이점을 지적하였다. 그는 미국 가정으로 입양된, 이전에 시설에 있었던 루마니아 아이들과 이전에 위탁가정에 있었던 미국 아이들 그룹을 비교하였다. 입양된 나이, 동료와 가족에 대한 공격성, 다른 아이들과 어울리기 어려워하는 문제, 학교 적응 문제, 청소년 비행 등 사실상 모든 면에서 이 두 그룹의 아동들은 상당히 동일한 행동·감정 문제를 입양가정에서 겪고 있었다.[9] 이들이 여러 면에서 이렇게 비슷한 면모를 보이는 것을 보면 다음과 같은 질문을 할 수 있다. 왜 미국인들은 1991년에 루마니아로 몰려가서 심각하게 문제가 있는 아이들을 상당한 비용과 매우 적은 양육 지원 조건에도 불구하고 입양하였을까?(1991년에 루마니아 "고아"들에게 미국무부에서 발급된 비자는 2,594건으로 1990년과 1992년 각각 100건이었던데 비하면 매우 높은 숫자였다.)[10] 대신 당시 미국의 비슷한 아동들을 입양했다면 제도화된 지원과 정부 보조금을 받을 수도 있었는데 말이다. 입양을 하는 사람들의 동기와 신념은 입양하는 아이들만큼이나 다양하겠지만, 사실상 입양부모들이 두 그룹의 아이들이 비록 동일한 문제를 가지고 있어도, 앞으로의 삶이 매우 다를 것이라 생각한다는 데에서 이 질문에 대한 답을 찾을 수 있을 것이다.

크랙 베이비 신화

그렇다면 우리가 살펴보고 있는 역사로 되돌아오도록 하자. 1980년대가 되자 가난한 아이들이 물려받은 문화에 대한 비관주의는 생물학적 측면에 대한 걱정으로 바뀌었다. 1989년에 이르러 크랙 베이비가 그 해의 최고 뉴스가 되었다. 주요 신문들이 여러 면에 걸쳐 특집으로 이 이슈를 다루었고,[11] 네트워크 뉴스들은 임신 중에 마약을 사용하고 있는 여성들의 이미지를 시청자들에게 집중적으로 보도하였다. 그러한 여성의 아이들은 조산의 가능성이 크고, 출산 전후 사망률이 예외적으로 높으며, 중독 상태로 몸을 떨면서 태어날 수도 있고, 신경계 · 소화계 · 호흡계 · 순환계에 문제를 겪을 가능성이 크며, 어린 시절 학습장애나 행동과잉, 나아가 청소년 비행을 저지르거나 감옥에 가게 될 확률이 높다는 것이었다.[12] 이 열풍은 극도로 인종차별주의적인 도덕적 공황상태를 보여주었다. 마약 사용자들은 사실상 대부분 젊은 백인 남성이지만, 1985년에 텔레비전과 인쇄 매체에서는 마약을 흑인이나 라틴계가 사용하는 것으로 묘사하였다. 1988년부터 1990년까지 심야 뉴스는 뜻 자체가 거의 흑인이라 단정 지어진 **마약중독자 산모**들에 대한 전쟁을 시작하였다. 이 시기 TV 뉴스에 보도된 사례 중 55퍼센트의 여성이 흑인이었다.[13)] 신문은 이보다 더하면 더했지 못하지는 않았다.[14)]

연방차원의 마약전쟁을 이끌었던 윌리엄 베넷(William Bennett)은 많은 병원들, 특히 주로 흑인들이 많이 진료받는 병원의 분만실에서 상시적인 코카인 검진을 도입했다. 양성으로 나온 여성들은 그 자리에서 아기를 빼앗겼으며, 아직 출산 후 출혈이 멎지 않은 상태로 감옥에 가기도 했다.[15)] 심지어는 출산 전인 코카인 중독자 임부들에게 그들이 지내야 할 가장 바람직한 장소는 감옥이라고 설득하기도 했다.[16)] 1985년도부터 2000년도까지 무려 200명이 넘는 여성들이 코카인 또는 다른 마약을 임신 중에 사용한 죄로 기소되고, 수만 명의 여성이 아이를 위탁보호제도에 빼앗겼다.[17)] 특히 흑인 여성들은 임신 중 마약을 사용한 여성 중 흑인이 차지하는 비율에 비해 과도하게 높은 비율로 수감되었다.[18)]

크랙 베이비라는 역병은 현재의 위탁보호와 아동복지제도를 낳았다. 1985년과 1988년 사이 가정 밖, 그러니까 위탁보호, 심리치료 시설, 청소년재판소 등에서 지내는 아동의 수가 25퍼센트까지 증가하였다.[19)] 레이건 대통령 이후 사회복지 지형에 관한 정책이 처음에는 위탁보호제도를 위협할 만큼 부담을 주었지만, 곧 기관들은 **보고서**를 통해 대규모의 신규 기금을 얻기 위해 로비를 벌이며 경쟁하고 결국 기금을 얻어냈다. 의회 보고서, 청문회, 기금책정위원회 등은 마약으로 인한 **어린 피해자**들을 시급히 보호할 필요성에 대해 역설하면서, 보다 대규모 수용이 가능한 시설을(동시에 이 어린이들의 부모를 위한 대규모 교도소도) 건립하였다. 크랙 베이비를 돌보는 위탁부모들은 대중매체 덕에 칭송을 받았다. 이들은 가정이 파괴된, 결코 정상이 되지 못할 **고통 속의 아이들**을 돌보는 사람들로 비춰졌다.[20)]

또한 많은 대중들은 마약중독자 산모들이 아이들을 되찾는 일에 반대했다. 샌드라 패턴(Sandra Patton)이 주요 저작인 『출생의 증거(*Birthmarks*)』[21)]에서 주장한 것처럼, 코카인 중독 어머니들이 아이를 돌볼 수 없는 이유를 가장 극적으로 그럴듯하게 설명한 것으로 할리우드 극영화 「이사야를 잃다(*Losing Isaiah*)」가 있다. 이 영화에서 흑인 어머니(할리우드에서 사랑받는 흑인 여배우인 할 배리 분)는 마약 밀매소에서 살며 마약에 탐닉하고자 아기 이사야를 쓰레기 더미에 버린다. 영웅적인 백인 사회복지사(제시카 랭 분)는 머리에서 피를 흘리며 떨고 있던 이 남자 아기를 데려가서, 끊임없이 울어대고 자극에 극도로 예민하며 과잉행동을 보이는데도 정성껏 키운다. 아이가 새로운 가족과 잘 지낼 무렵, 돌연 약물 중독에서 벗어난 생모가 나타난다. 인종문제에 신경을 쓴 가정법원은 입양을 무효화하고, 친모에게 양육권을 부여한다. 블랙파워 탁아소라는 곳에서 이사야는 친모와 유대감을 갖는 데 실패하고, 백인 사회복지사가 다시 개입하여 아이를 구한다.[22)]

신보수파 논객들은 크랙 베이비라는 위기가 존재한다는 관념을 전파하려고 소리 높여 이야기하는 집단이다. 보수적 연구기관인 미국기업연구소의 더글라스 베샤로프(Douglas Beshrov)는 헤드스타트(Head Start)프로그램(미국의 저소득층 아동 및 가족을 위한 교육 · 의료 ·

영양 · 부모지원 프로그램—옮긴이)조차 도울 수 없는 **생물학적 하위 계층**의 탄생이라고 이 사태에 대해 언급하였다. 칼럼니스트인 찰스 크라우사머(Charles Krauthammer)는 이를 인용하면서 극도의 우생학적 입장을 견지하며, "출생부터 생물학적 열등함이라는 낙인이 찍힌, 신체적으로 손상을 입은 코카인 아기 세대"가 존재하며 모든 흑인 아동의 5~15퍼센트에 달한다고 주장하였다.[23] 심지어 《보스턴 글로브》의 데릭 잭슨(Derrick Z. Jackson)이나 《워싱턴포스트》의 윌리엄 래스베리(William Raspberry)와 같은 자유주의 흑인 논평가들 또한 가담하여, 코카인이 흑인 아동 사망률을 증가시키고 있으며, 아기에 미치는 코카인의 영향 때문에라도 마약을 합법화하는 노력에는 반대하여야 한다고 주장했다.[24]

아이러니한 것은 위와 같은 주장들이 결국 사실이 아니라고 밝혀진 점이다. 이제 의사와 연구자들은 마약이 태아에게 거의 영향을 미치지 않는다고 본다. 2001년 3월, 의학자인 데보라 프랭크(Deborah Frank)와 그 동료들은 코카인이 태아에게 얼마나 영향을 끼치는지에 관한, 1984년과 2000년 사이 영어로 출간된 모든 연구를 종합분석하였다. 분석의 대상이 된 연구들은 최소한의 기준을 만족해야 했는데, 그 기준으로는 통제군이 존재하고, 연구대상은 아기들이 코카인에 노출되었으리라는 예상을 근거로 결정했으며, 검시관들은 어느 아동이 마약에 노출되었는지 모르며, 하나 이상의 위험 요소(아편, 각성제, 환각제 혹은 HIV)에 노출된 어린이들은 연구에서 제외하였다는 것 등이었다. 이 연구 결과는 저명한 학술지인 《미국의학협회지(*JAMA(Journal of the American Medical Association)*)》에 발표되었는데, 대부분의 일반인들은 그 결과를 믿기 어려워했다. 연구자들이 임신 중 코카인 사용이 태아에게 미치는 부정적 영향에 대하여 어떤 증거도 찾아내지 못했던 것이다. 이에 대하여 연구자들은 다음과 같이 기술하고 있다.

> 혼동 요인을 통제하고 나니, 출생 전 코카인 노출 여부와 신체 성장, 발달능력, 언어의 수용 및 표현 사이에 어떤 부정적인 연관성도 찾을 수가 없었다. 최적 운동능력이 생후 7개월까지 조금 덜하기는 했지만 그 이후로는 아무런 영향이 없었고, 이는 아마도 담배의 영향으로 보인다. 일반 기준으로 점수를 매긴 부모와 선생님의 표준화 보고서에서는 코카인이 아동행동에 미치는 단독적인 영향이 나타나지 않았다.[25]

이 연구는 집중력 장애에 관하여 논란이 될 만한 증거를 보여주기는 했으나, 그것이 전부였다. 한때 코카인 때문이라고 생각된 문제들은 알콜, 담배, 마리화나, 노숙이나 가정폭력 같은 다른 환경적 요인 때문임이 밝혀졌다. 다른 많은 연구자나 분석가들이 의학 문헌에서 이 결과를 확인하였다. 최근 동료들에 의해 검증되고 적절하게 통제된 대규모의 종적 연구들도 태내 코카인 노출의 영향은 거의 없거나 의문시된다고 밝혔다.[26] 하지만 이 분석은 사회과학자들, 대중문화, 또는 정책수립에 거의 영향을 주지 못했다. 같은 호에 실린 프랭크와 동료들의 연구에 대한 웬디 차프킨(Wendy Chavkin)의 논평에서 볼 수 있듯, **크랙 베이비 소동**은 모두 결국 태아에 대한 의학적 영향보다는 정치와 더 큰 관련이 있었던 것으로 보인다.[27]

그 히스테리가 정치와 연관이 있었던 것은 사실이지만, 의학자들도 **코카인 중독 어머니**에게 앞장서서 책임을 물었던 쪽이었다. 언론과 아동복지, 공공정책이 코카인 사용 임산부들에게 공격을 퍼부었을 때 근간을 제공한 것은 의학자들이었다. 이 주제에 대한 연구자들의 상호검증제도 안에는 코카인이 임신에 심각한 악영향을 미친다는 강한 편견이 있었다. 지금은 오류임이 밝혀졌지만 많은 논문에서 코카인이 조산, 전치 태반, 신경소화계 이상, 신장 기형, 영아돌연사증후군, 과도하게 우는 증상, 접촉에 대한 과민반응, 주의력결핍과잉행동장애 등과 연관이 있다고 주장하였다. 1989년 언론의 반코카인 캠페인이 최고조에 이르렀을 때, 코카인이 임신에 미치는 영향에 대한 연구가 소아과 학회의 연례회의에 채택될지 여부는 부정적 영향을 찾아냈느냐에 달려있었다고 한 연구자는 언급했다. 코카인이 태아에 미치는 부정적 영향을 발견한 연구들은 채택률이 57퍼센트에 달하는 반면, 코카인이 임신에 미치는 영향을 발견하지 못한 연구들은 더 우수한 연구 설계에, 배제 그룹 비율도 높고 코카인 유무에 따른 마약 노출 여부를 더 많이 비교했는데도 학회 채택률이 11퍼센트에 지나지 않았다.[28]

미국에서 가장 취약하며 빈곤한 일부 임산부들이 어쩌다 국가의 모든 잘못에 대한 상징이 됐는지 실로 의문이다. 이들 중엔 성매매 여성도 많으며, 여러 약물(주로 술과 담배)을 사용하고, 노숙하거나, 임신기간에 폭력에 노출되는 일이 잦으며, 장기적인 건강악화나 높은 정신질병 발생률을 보인다. 이 모든 것으로 인해 **크랙 베이비**들이 제대로 성장하지 못한다는 주장이 설득력 있게 들리기도 한다. 물론 이 아동들이 잘 자라고 있는 것은 아니지만 마약은 엄마들의 고난을 나타내는 하나의 표식일 뿐이며 결코 아동들이 겪는 문제의 원인이 아니다. **크랙 베이비**에 관한 도덕적 공포심의 전체 체계는 두 가지 통계에 근거를 두었었는데, 결국 모두 틀린 것으로 판명되었다. 하나는 새롭고 저렴한 마약의 형태인 코카인의 사용이 **전염병**적으로 증가하고 있음을 확인해 주는 연방재정감사원의 일별 · 주별 마약 사용 통계다.(약간 증가 추세를 보였다.) 이러한 통계들은 샘플의 수가 적어 신뢰도가 낮기로 악명 높았다. 더욱이 통계에 드러난 증가조차도 틀린 것으로 나타났다. 마약을 사용하는 미국 인구의 비율은 1988년과 1994년 사이에 거의 변화가 없었다.[29] 두 번째 통계는 1989년 상반기에 워싱턴 DC에서의 흑인 유아의 사망률이 급격히 증가했다는 것이었다. 그러나 관리들은 이 사망건 중 다수가 실제로는 1988년에 발생했으며 다른 때엔 비교적 안정적으로 유지되었음을 추후 발견하였다.[30]

도시 빈민가에 폭발적인 파괴력을 미치고 한 세대의 유아들을 망친 **마약의 대유행**이 사실 그다지 분명치 않다는 것은 1980년대 후반까지도 그것을 면밀히 관찰한 사람만 알 수 있는 지식이었으며 실제로 그렇게 관찰한 사람은 거의 없었다. **크랙 베이비**들은 마약과의 전쟁을 위한 포스터 모델, 낙태 논쟁에서 풍자의 대상이 됐다. 가장 보수적인 정책 입안자와 검찰관들에게 이들은 왜 잠시 마약을 사용한 사람들이 사회전체에 위협이 되고, 마땅히 수감되어야 하는지를 보여주는 A급 전시물이 되었다.(중독자의 아기들은 병원 재정에 막대한 부담을 주고, 퇴원한 경우 공공비용을 사용하여 값비싼 특수보육을 받아야 하기 때문이었다.) 또한 크라우사머가 언급하였듯 운이 좋은 경우 태내에서 죽임을 당할 태아들을 왜 위험한 생모에게서 보호해야 하는지를 보여주는 증거였다.[31]

레이건과 아버지 부시 행정부가 소수인종 우대 조치를 공격하며 인종을 정치적 불만의 합법적 용어로 사용하고, 도시 내 산업의 쇠

퇴와 일자리 부족으로 유색인종사회가 더 큰 타격을 입었던 바로 그 때, 인종은 다시 한 번 병리학, 특히 생물학적인 병리학으로 특징지어지는 용어가 되었다. 이러한 담론들은 레이건 시대 경제정책이 야기한 흑인 사회 내 노숙자 증가나 유아 사망률 증가 등의 여러 문제를 대신 설명해 주었다. **크랙 베이비** 위기론은 도시거주 청소년과 유색인종 공동체가 마약 거래의 소매 단계에 더 많이 연루되는 경제적 이유에 대해 대중들이 생각하지 않도록 했다. 또한 노동계층 가정을 힘들게 하는, 사회서비스나 정부이체 지원금 삭감에 대해서도 생각할 필요가 없게 하였다. 이는 또한 노동계층의 부모가 생계를 위해 일해야 하는 일수가 지속적으로 늘어남에 따라 청소년들이 받게 되는 영향에 관한 빈곤아동 담론조차 도외시하게 만들었다. 이들을 대신하여 **크랙 베이비** 현상은 바람직하지 않은 양육, 도덕적 태만, 태아에 대한 범죄에 가까운 부주의에 대한 논의를 불러일으켰다. 다시 한 번 빈곤 개념은 재정의되어 아동과 아동기를 설명하는 주요 정책에 사용되었다. 빈곤의 문화가 빈곤과의 전쟁에 적용되어 노동계층의 자녀들을 비정상적이리만치 비관적으로 보는 관점을 생산해 낸 것과 같이, 크랙 베이비 담론은 도심 유색인종 공동체의 빈곤이 심화되는 것에 대하여 생물학적인 설명을 제공했다.

복지개혁과 입양개혁

1990년대 신보수주의적 구원 이야기의 서막을 장식한 것은 「이사야를 잃다」 같은 영웅적인 백인 입양가족 이야기였다. **크랙 베이비**의 혼란 뒤에, 입양에 관심을 가진 가족들의 상당수가 국제입양으로 눈을 돌렸다. 동시에 미국 내 위탁보호 중인 아동을 포함하여 입양 가능 아동의 범위를 확대하려는 다양한 시도가 있었다. 이러한 노력은 부분적으로 인종이 정의되는 방법상의 변화에 근거하고 있었고, 언제나처럼 빈곤 정책의 변화와 관련이 있었다. 필연적으로 복지개혁과 입양개혁은 함께 이루어졌으며, 사실 초기에 이 둘은 의회 보수주의자들의 **미국과의 계약**(Contract with America, 1994년 제104대 의회선거에서 공화당이 내건 선거공약 패키지－옮긴이)의 한 부분이었다.[32)]

1990년대 초까지 신보수주의자들은 AFDC의 폐지를 전방위적으로 밀어붙였는데, 이는 빈곤의 문화에 대한 이들의 특이한 이해에서 비롯되었고, 빈곤의 문화를 종식시키지 않은 채 소득지원만을 통해서는 빈곤을 퇴치할 수 없다는 이 이론의 명백한 주장이 근거가 된 것이다. 또한 그들은 AFDC가 편모 가정에게만 지원을 함으로써 결혼이 오히려 불리한 상황을 만들어 아버지가 없는 가정의 증가를 야기했다고 주장했다. 아버지가 없는 가정은 또한 우리가 알고 있는 모든 공포와 도덕적 해이를 가져오므로 복지가 사회적 질병의 원인이 됐다는 것이다. 보수적 싱크탱크인 카토 연구소(Cato Institute)의 저널에 실린 윌리엄 니스카넨(William Niskanen)의 다음 글은 AFDC에 의한 사회병리를 설명하며 심지어 낙태까지도 언급하고 있다.

> 1992년의 주 자료 분석은 AFDC의 혜택이 한 주의 평균 개인소득 중 1퍼센트로 증가함에 따라 다음과 같은 영향이 나타남을 보여준다: AFDC 수혜자들의 수는 약 3퍼센트 증가한다. 빈곤층의 수는 약 0.8퍼센트 증가한다. 편모들의 출산 수는 약 2.1퍼센트 증가한다. 실업상태인 성인의 수는 약 0.5퍼센트 증가한다. 낙태의 수는 약 1.2퍼센트 증가한다. 폭력범죄의 수는 약 1.1퍼센트 증가한다.[33)]

이러한 빈곤퇴치 프로그램이라면, 소득이 없는 것을 더 선호할 것처럼 보이기까지 한다. 보수주의자들의 AFDC에 대한 혐오는 민주당의 중도자유주의자들에게 묵인, 심지어는 동의까지 얻어냈다. 페미니즘의 선두 주자이자 흑인들에 대한 인종적 정의를 주장한 실비아 앤 휴렛(Sylvia Ann Hewlett)과 코넬 웨스트(Cornel West)는 우익의 복지개혁 노력에 반대하는 입장에 『부모에 대한 전쟁(*The War Against Parents*)』이란 이름을 붙였다. 이 책은 자유주의적인 정부의 소득지원 정책을 지지하면서도, 한편으로 미혼모들에 대한 우익의 공포가 얼마나 지배적 담론이 되었는지를 보여준다. 휴렛과 웨스트는 아버지가 없는 것이 아이들에게는 큰 상처임에 동의하고, 이는 청소년 폭력, 약물 남용, 낮은 SAT 점수, 아동 비만과 같은 다양한 문제를 증가시킨다고 설명하였다. 또한 가장이 여성인 가정은 정부가 조치를 취해야 할 커다란 공공정책상의 문제점이라고 주장했다.[34] 1995년의 백만인 행진(Million Man March)이 부분적으로는 흑인 아버지를 지원하기 위하여 일어났던 것과 같이, 이 책은 1990년대에 노동계층 어머니의 양육을 옹호하고자 하는 사람들이 매우 적었음을 보여주고 있다. 균형을 맞출 아버지가 없는 노동계층 여성가장은 대부분의 사회악의 근원이 되었다.

복지혜택을 받는 어머니들의 자녀를 고아원에 수용시키려 했던 뉴트 깅리치의 목표를 궁극적으로 구체화한 법안은 입양에 대한 세금혜택 및 **인종간 입양을 가로막는 장애물의 제거**를 요구하는 일련의 법안들이었다.(이는 또한 원래 복지개혁법안에 포함되었다.)[35] 이러한 법률들은 인종에 따라 구성되거나, 혹은 많은 아동들이 위탁보호 하에서 강제로 머무르는 원인이 백인 입양부모들을 차별하는 인종일치

정책이었다는 주장에 근거하고 있었다. 패턴patton이 보여준 바와 같이 입양세제 혜택은 원래 1996년의 복지개혁법과 같은 법안의 일부였다.[36] 이 연관성은 이전 논쟁에서 암시되어 있었던 것들을 분명하게 드러냈다. 실제로 AFDC의 수혜를 받은 **복지혜택을 받는 어머니**란 흑인, 라틴계, 인디언(간혹 아시안) 여성을 뜻하며, (아이들이 고아원이나 그룹홈에서 옮겨질 때) 배치할 곳은 백인 가정이라는 점이다.

이러한 신보수주의적 정책 제안은 이전에 있었던 정치적 지원의 한 변형이었다. 1960년대와 70년대에 입양이 인종적으로 이질적인 가족을 만들 수 있다고 주장한 것은 진보적인 시민권 운동의 옹호자들이었다.[37] 비록 그 시기의 인종간 입양은 주로 백인 가정에 의한 혼혈아 입양을 가리키는 용어였지만(인종에 대한 의미가 다른 상황에서는 전혀 인종간 입양이 아닐 수도 있지만), 그럼에도 백인 가정들이 인종분리주의 사회 환경에서 그것을 행하는 것은 상당히 복잡한 일이었다.[38] 수십 년간 입양이 자유주의의 프로젝트였다가 왜 우익인 아메리칸 엔터프라이즈 연구소(the Right-wing American Enterprise Institute)가 그들의 저널에 「입양과 피부색의 장벽(*Adoption and the Color Barrier*)」이라는 비판적인 글을 싣고, 어떻게 자유주의자인 바바라 킹솔버(Barbara Kingsolver)가 섬세하고 감동적으로 ICWA를 인디언의 문화적 생존을 위한 보호막이라 그린 소설을 쓸 수 있게 되었는지를 이해하기 위해서는, 즉 이 꼬인 실타래를 푸는 데는 일정한 작업이 필요하다.[39]

많은 이들이 주장한 바와 같이 1990년대에는 다문화적 지배 계급의 가능성을 예견하는 주류의 인종적 의미에 대한 재편성이 있었다.[40] 인종에 관한 새로운 과학적 연구는 우리의 공통적인 유전적 유산을 주장하였고,[41] 컴퓨터 소프트웨어, 대중잡지, 면도크림, TV 광고는 서로 다른 얼굴들을 병치하는 시각 기술을 통해 인종간 융합을 상상할 수 있게 했다. 도나 해러웨이(Donna Haraway)가 주장한 대로, 마이클 잭슨이 흑인 자부심의 상징이었던 어린이에서 의학적 조치를 통해 **백인** 성인으로 자라난 것은 인종이 나타내는(혹은 나타내지 않는) 의미에 관한 완벽한 상징이 되었다.[42] 그러한 동시에 인구조사청의 데이터가 보여주듯이 이는 순전히(혹은 명백히) 겉치레식 재편성이었다. 스스로를 라틴계, 인디언, 알래스카 원주민, 흑인계 미국인으로 인식하는 사람들의 빈곤율은 백인의 3배를 유지하였고, 아시아계와 태평양 군도 미국인들에 비해서는 1.5배 높았다.[43]

동일 인종 간으로 아동입양을 제한하지 못하도록 하는 1996년의 법률 제정은 표면적인 다문화주의를 통하여 신보수주의와 자유주의자들이 인종문제를 도외시하고, 인종에 대한 틀린 확신은 감춰버리는 담론 유형을 지속시켰다. 동시에 한편에서는 고용과 교육에서의 소수인종 보호정책을 제거하고, 가난한 여성과 아동에 대한 연방 정부의 안전망을 해체하였다. 아동들에 대한 앞선 논쟁이 있었던 지난 30년간의 그 어느 때보다도, 이 시기에는 입양세 감면이 빈곤층에 대해 가지는 동정심에 내재된 멸시를 숨기려 하지 않았다. 심지어 복지개혁으로, 자녀를 양육하는 노동계급 여성에 대한 연방보조금 지급을 거의 폐기하였을 때도, 1996년 입양개혁은 **특별한 필요**를 지닌 아동(장애아동을 의미한다.—옮긴이)들을 입양하는 중산층 가구에게 6,000달러의 감세 혜택을 제공했다. 이 중산층 가정은 대부분 백인이었으며 **특별한 필요**의 정의에는 비백인이라는 하위분류도 있었다. 위탁가정의 아동들을 입양하는 중산층과 상류층 가정에 보조금을 지원하는 1980년의 연방 입양지원 및 아동복지법(Adoption Assistance and Child Welfare Act)과 함께, 입양세 감면은 연방 정부가 빈곤으로 인하여 가정에서 격리된 아동을 입양하는 중산층 백인 가정에게 1만 3,000달러의 보너스를 지급할 것임을 의미했다. 친가족들의 빈곤 경감을 위해서는 사용하지 않을 돈이었다. 노동계급이 돈을 목적으로 위탁보호를 할지 모른다고 엘리자베스 바톨렛이 불평했지만[44] 이제 중산층들은 더 큰 돈을 위해서 입양도 할 수 있게 된 것이다.

잠재적인 미국의 입양부모들이 국내 빈곤층 아동 입양을 생각해 보도록 막대한 경제적 인센티브를 제공하며 설득하려 했던 반면 이 아동들을 구제하려는 노력은 미미했다. 동시에, 미국에서의 민간입양은 점차 대규모, 고비용으로 성장했다. 수십 년 전에는 단 하나의 제도가 있었지만 현재는 뚜렷이 두 개의 제도가 존재한다. 공공제도는 노동자 계급, 장애아동들을 다루며 민간제도는(3만 달러짜리) 백인 아동들을 다룬다. 민간입양과 (난자와 정자 판매와 함께) 점차 상업화되는 출산 시장은 더욱 양질의 저위험 출산의 원천이 될 것이다.

어떤 경우에도 당장 위탁보호 중인 아동을 입양하겠다는 요구가 공공아동복지기관에 밀려들 것으로 보이지는 않는다. 좌파가 주장하든 혹은 우파가 주장하든, 백인이 주장하든 유색인종이 주장하든, 인종적으로 이질적인 가정이 바람직하다는 믿음이 미국에서 인기가 있었던 적은 없었다. 얼마나 많은 사람들이 실제로 **혼혈** 가정에서 살고 있으며, 인종적 순수성이라는 것이(미국이나 혹은 다른 곳에서) 얼마나 드문가 하는 현실에도 불구하고 특히 백인들은 이러한 생각을 좋아하지 않았다. 인종간 입양에 대한 논쟁은 미국의 공공정책에서 늘 관심을 다른 곳으로 돌려놓는 역할을 했다. 1960년대 이래로 많은 백인 가정들이 흑인 아동을 입양하기를 갈망한 시기는 없었으며, 또한 기관의 기준(동성애자가 아닐 것, 충분한 소득 등)을 충족시키는 백인 가정들이 당뇨병과 정신적 외상의 병력을 지닌 10세의 흑인 아동을 입양하지 못할 장벽이 있었던 적도 없었다. 일부 주에서는 흑인 가정들이 **불공평한** 혜택을 누리고 있다는 인식 하에 흑인 아동들을 입양하기 위한 쟁탈전까지 있었다.[45)]

그러나 인종간 입양을 가로막는 장벽으로 인해 많은 아동들이 위탁보호 하에 **발이 묶여있다**는 주장은 항상 국가가 엄청난 수의 유색 빈곤층 아동들을 위탁가정으로 보냈다는 사실로부터 눈을 돌리게 하는 요인이었다. 이 아동들은 학대나 양육소홀 때문이 아니라 그 아동들의 엄마들에게 **복지**를 제공하는 대신으로 만든 정책 때문에 위탁보호 하에 머물게 되었다. 실제로 **인종간 입양에 대한 장벽의 제거**가 언급되기 시작한 1996년 이래로 위탁가정에서의 흑인 아동들은 증가해 왔다.[46)] 경제적 환원주의자처럼 보일 수도 있겠지만, 필자는 인종간 입양을 둘러싼 논쟁은 개인의 삶에는 말할 수 없이 중요한 문제이지만, 정책수준에서는 보다 넓은 의문을 은폐하는 논란 이상이 아니었다고 주장한다. 이것이 바로 자신의 친부모가 조금 더 빈곤하다는 이유로 그토록 많은 아동이 위탁가정에 있는 이유이다. 이들 중 40퍼센트를 차지하는 백인 아동들은 어떤 경우에도 입양이 **허용**되지 않는다.

1960년대 이후 개발되어 온 정책은 더 많은 예산을 필요로 할 뿐 아니라 빈곤층 여성에게서 아이를 빼앗는 잔인한 위탁보호 제도를 지속적으로 성장시켜 왔고, 이와 함께 상대적으로 비용이 덜 드는

AFDC를 **빈곤의 문화**와 **크랙 베이비** 신화를 들먹이며 현재의 입양 개혁으로 대체해왔다.

감사의 글

애나 테레사 오티즈(Ana Teresa Ortiz)와의 공저였던 이 글의 초판은 《소셜텍스트 75(*Social Text 75*)》 2003년 9월호에 발표되었다. 그 글의 개정을 허락해 준 것에 대해 애나와 소셜텍스트 모두에게 감사드린다. 또한 조언과 도움을 준 마리벨 브릭스 오티즈(Maribel Briggs Ortiz), 다나 넬슨(Dana Nelson), 에이미 캐플런(Amy Kaplan)은 물론 미국학 컨퍼런스 참가자들에게도 감사를 드린다.

1) Mary McGrory, "Orphanage Idea Has Many Parents," *Washington Post*, December 13, 1994.

2) Barbara J. Nelson, *Making an Issue of Child Abuse: Political Agenda Setting for Social Problems* (Chicago: University of Chicago Press, 1984), 88-90.

3) 본래 민족 간 배치조항이라는 복지개혁법안의 일부가 1996년 소규모산업고용보호법(Small Business Job Protection Act) 하에서 통과되었다(PL 104-188), 섹션 1807, 1808. http://naic.acf.hhs.gov/general/legal/federal/pl104_188.cfm 참조.

4) Dorothy E. Roberts, *Shattered Bond: The Color of Child Welfare* (New York: Basic Civitas Books, 2002), 202-207.

5) Administration for Children with Families, US Department of Health and Human Services, *Characteristics and Financial Circumstances of AFDC Recipients* (Washington, DC: Government Printing Office, 1997); Shelly Waters Boots and Rob Green, *Kinship Care or Foster Care? How State Policies Affect Kinship Caregivers* (Urban Institute, 1999), http://www.urban.org/url.cfm?ID=309166. AFDC에 비하여 가정 밖에서 아동을 돌보는 데는 훨씬 엄청난 비용이 든다. 연방 정부에 따르면 1996년 한 자녀 가족에 대한 평균 AFDC 지급액은 연간 3,444달러였던 반면, 같은 해 위탁보호 비용은 6,000달러에 달했다.

6) Oscar Lewis, *Children of Sanchez: Autobiography of a Mexican Family* (New York: Random House, 1961).

7) Edward C. Banfield, *The Unheavenly City: The Nature and Future of Our Urban Crisis* (Boston: Little Brown, 1970); Michael B. Katz, *The Undeserving Poor: From the War on Poverty to the War on Welfare* (New York: Pantheon Books, 1989).

8) Oscar Lewis, *La Vida: A Puerto Rican Family in the Culture of Poverty-San Juan and*

New York (New York: Random House, 1966).

9) Victor Groza and Scott D. Ryan, "Pre-Adoption Stress and Its Association with Child Behaviour in Domestic Special Needs and International Adoptions," *Pyschoneuralendocrinology* 27, no. 1-2 (2002). 다른 많은 연구자들도 두 아동 그룹이 비슷한 문제를 겪는다는 걸 확인했다.; 참조: Thais Tepper, Lois Hannon, and Dorothy Sandstrom, eds., *International Adoption: Challenges and Opportunities* (Meadowlands, PA: Parents Network for the Post Institutional Child, 1999).

10) US Department of State, Bureau of Consular Affairs, *Immigrant Visas Issues to Orphans Coming to US,* http://travel.state.gov/family/adoption/stats/stats_451.html.

11) Lynn Duke, "Crack Abuser's Baby Is Born, Doctors Don't Yet Know Cocaine's Effect on Infant," *Washington Post*, December 29, 1989; Lynn Duke, "For Pregnant Addict, Crack Comes First / Drug Use Blamed for DC Infant Deaths," *Washington Post*, December 18, 1989. 참조.

12) 1989년 뉴스 편성에 대한 자세한 리뷰는 *Drew Humphries, Crack Mothers: Pregnancy, Drugs, and the Media, Women and Health* (Columbus: Ohio State University Press, 1999) 참조. 몇몇 특징적인 신문기사로는 Delores Long, "Bennett: Take Infant If Mother Is on Drugs," *Boston Globe*, December 1989; "Pregnant Drug User Glad for Jail," *Chicago Tribune*, December 16, 1989; William Raspberry, "Addicts and Babies," *Washington Post*, December 20, 1989; Abe M. Rosenthal, "How Much Is a Baby Worth?" *New York Times*, December 15, 1989. 등이 있다.

13) Humphries, *Crack Mothers*, 21, 42-47.

14) 사례로서 Duke, "For Pregnant Addict"; Derrick Z. Jackson, "America's Shameful Little Secret," *Boston Globe*, December 24, 1989. 참조.

15 Humphries, *Crack Mothers,*

16)"Pregnant Drug User Glad for Jail," *Chicago Tribune.*

17) Lynn M. Paltrow, David S. Cohen, and Corrine A. Carey, *Year 2000 Overview: Governmental Responses to Pregnant Women Who Use Alcohol or Other Drugs* (Philadelphia: National Advocates for Pregnant Women of the Women's Law Project, 2000); Humphries, *Crack Mothers.*

18) Paltrow, *Year 2000 Overviews*; Dorothy Roberts, *Killing the Black Body* (New York: Random House, 1997), 150-201.

19) "More US Children Using Foster Care," *Boston Globe*, December 12, 1989.

20) 하나의 예로 Martha Shirk, "Foster Parents Struggle with Babies in Pain," *St. Louis Post-Dispatch*, November 19, 1989를 참조할 것.

21) Sandra Patton, *Birthmarks: Transracial Adoption in Contemporary America* (New York: New York University Press, 2001).

22) 영화 *Losing Isaiah*, 스티븐 질렌할(Stephen Gyllenhall) 감독. (Paramount Pictures, 1995).

23) Charles Krauthammer, "Crack Babies Forming Biological Underclass," *St. Louis Post-Dispatch*, July 30, 1989.

24) Jackson, "America's Shameful Little Secret"; Raspberry, "Addicts and Babies."

25) Deborah Frank and others, "Growth, Development and Behavior in Early Childhood Following Prenatal Cocaine Exposure: A Systematic Review," *Journal of the American Medical Association* 285, no. 12 (2001): 1613.

26) Veronica H. Accornero and others, "Behavioral Outcome of Preschoolers Exposed Prenatally to Cocaine: Role of Maternal Behavioral Health," *Journal of Pediatric Psychology* 27, no. 3 (2002); Gideon Koren and others, "Estimation of Fetal Exposure

to Drugs of Abuse, Environmental Tobacco Smoke, and Ethanol," *Therapeutic Drug Monitoring* 1, no. 1 (2002). 부정적 영향을 밝힌 연구로는 Lynn T. Singer and others, "Cognitive and Motor Outcomes of Cocaine-Exposed Infants," *Journal of the American Medical Association* 287, no. 15 (2002)가 있다.

27) Wendy Chavkin, "Cocaine and Pregnancy—Time to Look at the Evidence," *Journal of the American Medical Association* 285, no. 12 (2001): 1626. 프랭크와 동료들의 연구는 반론에 부딪치기도 하였다. 싱어 외 다수(Singer and others) 의 연구, "Cognitive and Motor Outcomes,"에서는 반대의 증거를 제공하였으나, 한 참가자가 이 결과는 연구가 수행된 클리브랜드에서 구할 수 있는 특정한 약물의 종류와 관계가 있을 것이라고 암시하였다. Barry Zuckerman, Deborah A. Frank, and Linda Mayes, "Cocaine-Exposed Infants and Developmental Outcomes: 'Crack Kids' Revisited [Editorials]," *Journal of the American Medical Association* 287, no. 15 (2002) 참조.

28) Gideon Koren and others, "Bias against the Null Hypotheses: The Reproductive Hazards of Cocaine," *Lancet* 2, no. 8677 (1989).

29) Humphries, *Crack Mothers*, 44-45.

30) Lynn Duke, "DC Revises Infant Death Figures: Rate for 6 Months Remains More Than Twice National Average," *Washington Post*, December 16, 1989.

31) Krauthammer, "Crack Babies Forming Biological Underclass."

32) *Welfare Reform Reconciliation Act of 1996*, HR 3829, 104th Cong., 2nd sess., Sec. 4723 (July 17, 1996). http://frwebgate.access.gpo.gov/cgi-bin/getdoc.cgi?dbname=104_cong_bills&docid=f:h3829ih.txt.pdf 참조. 또한 아래의 각주 37 참조.

33) William Niskanen, "Welfare and the Culture of Poverty," *The Cato Journal* 16, no. 1 (1996).

34) Sylvia Ann Hewlett and Cornel West, *The War against Parents: What We Can Do for America's Beleaguered Moms and Dads* (Boston: Houghton Mifflin, 1998).

35) 몇 가지의 다른 법안이 함께 추가되어, 이 조항들은 마침내 *Small Business Job Protection Act of 1996*, Public Law 104-188, 104th Cong., 2nd sess., Sects. 1807 and 1808, (August 20, 1996)라는 이름으로 실행되었다. http://naic.acf.hhs.gov/general/legal/federal/pl104_188.cfm. 참조.

36) Patton, *Birthmarks*, 138; see also *Personal Responsibility and Work Opportunity Reconciliation Act of 1996*, HR 3734, 104th Cong., 2nd sess., Congressional Record 142, no. 114, daily ed. (July 30, 1996): H8829?H8958, http://frwebgate.access.gpo.gov/cgi-bin/getdoc.cgi?dbname=104_cong_bills&docid=f:h3734enr.txt.pdf.

37) "Adopting Black Babies," *Newsweek*, November 3, 1969; Dawn Day, *The Adoption of Black Children: Counteracting Institutional Discrimination* (Lexington, MA: Lexington Books, 1979); Christine Ward Gailey, "Ideologies of Motherhood and Kinship in US Adoption," in *Ideologies and Technologies of Motherhood: Race, Class, Sexuality, Nationalism*, ed. Helena and France Winddance Twine Ragone (New York: Routledge, 2000), 11-55; Patton, Birthmarks; Elisabeth Shepherd, "Adopting Negro Children: White Families Find It Can Be Done," *New Republic*, 1964.

38) 필자가 아는 가장 명확한 증거로, 캘리포니아의 한 백인 목사가 혼혈 유아를 입양하려다 이웃으로부터 십자가 불태우기, 정원에 쓰레기 투하 등의 인종혐오주의적 위협을 1년간 당한 후 입양을 포기한 이야기를 들 수 있다. "Drip, Drip, Drip: Adopted Mulatto Infant," *Newsweek*, April 4, 1966 참조.

39) "Adoption and the Color Barrier," *The American Enterprise*, May/June 1996; Barbara Kingsolver, *Pigs in Heaven* (New York: HarperCollins, 1993).

40) Michael Omi and Howard Winant, *Racial Formation in the United States: From the*

1960s to the 1990s, 2nd ed. (New York: Routledge, 1994) 참조.

41) Evelynn Maxine Hammonds, "New Technologies of Race," in *Processed Lives: Gender and Technology in Everyday Life*, ed. Jennifer Terry and Melodie Calvert (New York: Routledge, 1997), 107-122.

42) Donna Haraway, "Race Universal Donors in a Vampire Culture," in *Modest_Witness@Second_Millennium.Femaleman™_Meetsoncomouse©: Feminism and Technoscience* (New York: Routledge, 1997), 213-266.

43) Joseph Dalaker, *Poverty in the United States: 2000* (Washington, DC: US Census Bureau, 2001), 10.

44) Elizabeth Bartholet, *Nobody's Children: Abuse and Neglect, Foster Drift, and the Adoption Alternative* (Boston: Beacon Press, 1999).

45) Patton, *Birthmarks*.

46) Carla Bradley and Cynthia Hawkins-Leon, "The Transracial Adoption Debate: Counseling and Legal Implications," *Journal of Counseling and Development* 80, no. 4 (2002): 437.

10 국제시장에서의 아동 쇼핑

김 박 넬슨

입양은 하나의 큰 사업이 되었다. 입양에 대한 회의에 처음 가본다면 너무나 많은 수의 광고주들(입양기관, 시설, 잡지발행인들, 보험회사, 축하카드 판매상, 장난감 제조사)이 자신들의 서비스 판매에 열을 올리는 것에 놀랄 것이다.[1)]

국제입양산업

국제입양의 성장은 간단한 수요와 공급의 방정식으로 충분히 이해될 수 있다. 이 방정식은 부유한 국가의 국민들(통상 백인들)이 빈곤국가의 아동들(통상 백인이 아닌 아동)을 입양하는 전 세계에 적용된다. 방정식은 단순해 보일 수 있으나, 사실 입양은 아동, 두 국가의 정부, 두 부모들(친부모와 입양부모), 두 입양기관(대개의 경우), 입양 종사자들, 사회복지사들, 아동보호 제공자들, 변호사들, 그리고 그 사이에 개입될 수도 있는 다른 관련자들 간의 복잡한 교환이다. 일반적으로 그러한 참여자들은 복잡한 경제적 관계를 만들어 내면서 금전적 · 물질적 · 사회적 보상을 받고 있다.

입양부모들은 입양이 자신들에게 가족을 구성할 기회를 줄 뿐더러 부유한 국가에서의 입양에 대한 수요가 엄청나기에, 관련된 서비스를 받으며 기꺼이 그 비용을 지불한다. 이러한 수요는 자녀가 있는 가족과 함께하여야 삶을 완성시킬 수 있다는 거대한 문화적 압력, 부유한 국가에서의 건강한 백인 아동의 상대적 부족, 국내에서의 인종간 입양에 대한 사회적 불안감, 그리고 외국문화에서 온 아동을 양육하며 자신의 삶을 보다 풍요롭게 하려는 백인 부모의 욕망으로 인하여 창출된다. 그리고 이 수요는 건강한 유아를 탄생시킬 능력이 크고 그만큼 이윤 또한 발생시킬 수 있는 전 세계 빈곤 국가들로부터의 공급에 의해 충족된다. 유감스럽게도 그러한 수요는 너무나도 거대하여 유아 인신매매와 같은 불법적인 유아 시장을 발달시켰고, 심지어 합법적인 국제입양 시장에서조차 아동의 조달과 입양 비용의 측면에서 윤리와 비윤리의 경계를 넘나들게 되었다.

본 장에서는 논의를 위해 국제입양 안내서를 원천 자료로 사용할 것이다. 이 안내서는 입양부모들이 입양시장이라는 복잡한 미로를 헤쳐나가는 법을 보여준다. 입양 안내서란 복잡하고 비용이 많이 드는 이 서비스에 대하여 현실적인 조언을 모색하는 부모들이 도움을 얻을 수 있는 출판된 자료를 의미한다. 이러한 안내서들은 입양을 희망하는 부모들에게 매우 가치 있는 자료이기 때문에 필자는 이것들이 중요한 제도적 역할을 수행하고 있다고 본다. 필자의 목적은 이러한 안내서를 통해 부모들에게 전달되는 메시지를 분석하고, 그 한계를 비판하는 것이다. 특히 아직 드러나지 않은 지식의 원천인 성인 인종간 입양인을 상담하는 일에 실패해왔음을 드러내고자 한다.

필자는 생후 7개월이던 1971년에 대한민국으로부터 입양된 국가간 · 인종간 입양인으로서 국제입양을 연구할 수 있는 특수한 입장에 있다.[2)] 국가간 · 인종간 입양에 대한 필자의 관심은 스스로의 삶의 경험에 뿌리를 두고 있다. 지금까지는 나 자신의 경험이 대개 입양부모, 입양담당자, 기타 연구자들의 시각으로 걸러져 표명되어 왔다. 필자는 운좋게도 지난 10여 년간 여러 명의 성인 입양인들과 만났다. 우리 입양인들은 자신의 경험에 대해 우리만의 관점을 가지고 있기 때문에, 더더욱 다른 연구자들이 자신의 관심과 의제를 입양인에 대한 연구에 투사했을 때 생기는 오류를 바로잡고 싶었다. 내가 중립적이라고 주장할 수는 없지만 사실 입양을 연구하는 어떤 연구자도 중립적일 수는 없다. 다른 연구자들처럼 필자 또한 입양 관행과 입양인의 경험에 대한 진실을 파헤치는 데 지대한 관심을 가지고 있다. 개인의 입장을 연구에 밝히지 않는 연구자들에 대해 비판적인 시각을 가지고 있기 때문에, 필자는 개인의 입장을 이 글에 드러낼 것이다. 나는 인종간 · 국가간 입양을 지지하지도 비난하지도 않으나, 부모와 자녀, 제도와 개인, 백인과 유색인종, 부유한 국가와 가난한 국가 간의 힘의 편차가 쉽게 남용될 정도로 크다고 생각한다. 또한 성인 입양인들이 이러한 권력의 남용에 도전하는 데 중요한 역할을 할 수 있다고 보며, 오늘날 국가간 입양의 관행에 대한 객관적 비판이 그 핵심적 첫 단계라고 믿는다.

국제입양에서의 수요 창출

많은 미국 부부에게 있어 2세란 선택의 여지 없이 꼭 있어야 하는 것이며, 부모가 된다는 것이 성인의 필수요소가 되어가고 있다. 아직 아이가 없는 젊은이들은 언제 아이를 가질 것인지(혹은 가지지 않을 것인지)라는 질문에 시달린다. 이전에 부모 노릇을 할 수 없을 거라 생각되던 **비전통적 부모**, 즉 독신자나 동성애자 부부도 아직 차별을 받고 있기는 하지만, 문화적으로나 기술적으로 이전에 비해 유례없이 많은 지원을 받고 있다. 이러한 부모들은 아이를 갖는 것이 **정상이 되는** 하나의 방법이라고 이야기한다.

일레인 타일러 메이(Elaine Tyler May)는 『약속의 땅에서의 불임(*Barren in the Promised Land*)』이라는 책에서 자녀가 없는 상태에 관한 미국 역사에 대해 기술하면서, 1950~60년대 제2차 세계대전 후 베이비 붐[3], 그리고 1980~90년대 **새로운 출산 장려 정책**의 시기[4]를 부모가 되라는 압력이 아주 강력했던 때라고 묘사하고 있다. 이 두 세대는 인구학적으로 연결되어 있는데, 1980년대와 90년의 **두 번째 베이비 붐** 세대가 전쟁 후의 첫 번째 베이비 붐 세대의 자녀 세대라는 점에서 그러하다. 또한 1980~90년대 아이를 갖는(혹은 가질 수 없는) 것에 대한 불안감을 문화적으로 조장한 부분에 대해서도 다음과 같이 기술하고 있다.

> 광고가 갑자기 어린이를 소비주의 및 바람직한 삶과 연결 짓기 시작하였다…(그리고) 부모 되기가 국가의 대중문화로 침투하였다. 영화나 TV프로그램의 줄거리나 유행가들은 아이를 추구하는 데 초점을 맞추었다.[5]

불운한 불임 부모들(싱글이거나 동성애자 부부 등 생식할 수 있는 파트너를 찾는 데 장애가 있는 사람들을 포함)에 대한 해결책으로 대리 출산, 인공수정, 불임치료, 입양 등이 있었다. 1980~90년대의 새로운 출산 장려 정책으로 아이를 가지라는 문화적 압박이 최고조에 이르렀을 때, 부모가 될 사람들은 또한 국내의 동일 인종 및 인종간 입양의 시련과 위험을 깨닫고 있었다.

출산이 가능한 부모들 중에서도 입양을 택하는 사람들이 있다. 직접 출산하는 대신 입양하는 것이 인구 문제 해결에 도움이 되고 가족이 없는 아이들에게 사랑의 가정을 제공한다고 믿기 때문이다. 대상이 되는 아이들은 흔히 유색인이거나 외국 아기들이다.

왜 국가간 입양인가?

국가간 입양은 1950년대 중반부터 미국, 캐나다 및 서유럽 국가 부모들의 실용적 선택이었다. 새로운 가족 계획이 늘어나고 아이를 포기하는 미혼모의 감소로 국내에서 입양할 수 있는 아기들이 적어지면서[6] 많은 베이비 붐 인구가 부모가 되는 나이에 도달하자 입양 대상 아동들에 대한 수요가 늘어났다. 흑인 민권 운동도 이러한 입양의 증가에 기여하였는데, 이 운동이 활동가들을 미국인 삶의 대부분 영역에 통합시키고, 백인들이 더 편하게 다른 인종과 삶을 공유할 수 있도록 해 주었기 때문이다. 동시에, 입양기관들은 입양부모들을 찾는 데 더욱 까다로운 기준을 적용하여, 일정한 수입이나 나이의 기준을 통과하여야 하고, 불임이어야만 하는 경우도 있었다.[7] 이러한 기준은 흑인 부모들이 입양을 기다리는 흑인 아동을 입양하기 어려운 상황을 만들었고, 간접적으로 백인들이 비백인 아이를 입양하는 인종간 입양을 증가시켰다.

미국 내 아동의 인종간 입양, 특히 백인이 흑인이나 미국 원주민 아동을 입양하는 일은 많은 비판을 불러왔으나, 상대적으로 국가간 입양에 대한 비판은 적었다. 1970년대 초 인종간 입양에 대한 반대가 증폭되어, 1975년에 이르자 대부분의 입양기관이 동일 인종 입양 정책을 실행하게 되었다. 1971년 전미흑인사회복지사협회 회의에서는 인종간 입양에 대해 강하게 반대하였다. 그 근거는 인종간 입양인들이 심리적인 적응이나 인종 정체성의 인지에 있어 어려움을 겪을 것이며, 인종차별을 당했을 때 같은 인종의 부모가 없다면 이를 잘 극복하지 못할 것이라는 예견이었다. 그들은 아이들을 보호하고 **문화적 말살**을 막기 위해 입양을 중단하려는 많은 노력을 했다. 같은 해, 미국 인디언 지도자들은 인종간 입양이 **문화적 말살**이라고 선언하였다.[8] 1978년에, 광범위한 아동복지 남용, 즉 미국 인디언 가정에서 아이들이 일상적이고 강제적으로 격리되어 아이들과 그 사회가 지속적으로 피해를 보고 있음을 지적한 활동가들에 대한 응답으로 국회는 ICWA를 통과시켰는데, 이는 사실상 인디언이 아닌 사람들이 인디언을 입양하는 것을 금하는 것이었다. 이러한 활동의 결과로, 1974년부터 1976년까지 미국내 인종간 입양은 크게 줄어들었다.[9]

1980년대에 들어서, 인종간 입양 제한은 백인 입양부모와 미국 자유인권협회(American Civil Liberties Union)에 의해 법정에서 큰 도전을 받게 되었다. 법정은 인종이 입양에 있어서 주된 고려사항이 될 수 없다는 데 만장일치였다. 많은 주들이 인종간 입양을 제한하는 법률을 유지했지만, 1990년대에는 우파와 중도연합이 입양에 있어서 인종의 장벽을 규제하는 연방 법률을 성공적으로 추진하였다.[10] 1994년의 MEPA[다인종 배치법]과 1997년의 ASFA[입양 및 가정안전법]은 인종간 입양이 다른 입양과 같은 방법으로 다루어지도록 하고, 인종에 대한 고려만으로 입양가족의 배치를 연기하지 못하도록 금지했다. 1997년에 제정된 MEPA-IEP[인종간 배치조항]은 입양에 있어서 인종에 대한 고려를 완전히 금했다. 하지만 많은 잠재적 입양부모들은 아직도 국내입양을 하지 않는데, 이는 아이들의 공급이 부모들의 요구를 충족하지 못하기 때문이다. 대부분의 부모들은 건강한 어린 아기를 입양하고자 하나, 위탁중인 미국 아동의 3분의 2는 5살 이상이며, 많은 아이들이 건강상 문제나 장애가 있다.[11]

이러한 10년간의 입양관련 법령 제정 이후, 입양에 관심 있는 사람들은 미국내 인종간 입양의 가능한 함정과 복잡함에 대해서 잘 알게 되었다. 미국내의 인종간 입양이 논쟁의 여지가 있고 비윤리적일 수 있다는, 1991년에 갱신된 전미흑인사회복지사협회의 입장과 더불어 유색인종의 아이들이 입양된 후 그들의 생모에게 되돌려 보내진 몇 건의 유명한 판결은, 이러한 입양이 취소될 수 있고 감정적으로 고통스러울 것이라는 생각을 형성하는 데 기여하였다. 따라서 법률적인 장애물이 제거된 이래로 잠재적 입양부모들은 국내에서 인종간 입양을 꺼려했다. 반대로 국제적으로 이루어지는 인종간 입양에 대한 비판은 매우 적었다. 그 대신, 입양옹호론자 리타 사이먼(Rita Simon)과 하워드 알스타인(Howard Alstein)에 따르면, 부모들은 입양을 **즉각적으로 성인[聖人]됨을 성취하는 것**[12]이라고 보았는데, 이는 "입양부모들은 그들이 아이들을 도와서 그 애들이 도로 끌려갈지도 모르는 세계로 가는 다리를 불태운다고 느끼기 때문이다. 아이들은 새 세상에 적응하는 것 말고 선택의 여지가 없다. 회귀는 없는 것이다."[13)]

문화 상품으로서의 외국 아기들

잠재적인 입양부모들은 또한 국내에서 입양하는 것의 어려움과는 다른 이유로 외국의 아이들을 입양하려고 한다. 대부분의 경우 아이가 없거나 아동에게 가정을 주고 싶어서 입양을 하지만, 많은 사람들은 입양이 주는 문화적 풍요에 관심을 표하기도 한다. 이는 자유주의자 백인 부모들에게는 국제입양의 **보너스**로 인식된다.

벨 훅스(bell hooks)라는 이론가는 그녀의 에세이 「타자 맛보기(*Eating the Other*)」에서 왜 백인들이 90년대 초에 백인 문화가 아닌 문화를 상품화하는지에 대해 설명하며, 백인들이 **이국적인 것**을 소비함으로써 풍요로워진다고 믿기 때문이라고 주장하였다.

> 타자성에 대한 상품화가 그렇게 성공적이었던 이유는 정상적인 방법의 행위와 감정에 비하여 보다 더 강하고 만족스러운 새로운 즐거움을 주기 때문이다. 민족성이 향료와 양념이 되어, 백인주류문화라는 지루한 요리에 활기를 불어넣는 것이다.[14)]

훅스는 또한 상품화는 백인의 특권에 의해 가능했으며, 백인들은 인종의 경계를 넘나들었지만 결코 그 경계 밖에 남겨지지는 않았다고 지적하였다. 그녀는 "인종과 민족성이 즐거움의 자원으로 상품화되었을 때, 특정한 그룹의 문화는 지배적인 인종이 타자에 대한 권력을 확인하는 대안적 놀이터를 형성한다."고 강조한다.[15)] 또 영화와 TV에 나타난 몇 개의 예를 통해서 백인들이 비백인의 문화를 소비함으로써 얻는 이득을 보여준다. 『식인 문화: 예술, 감상, 그리고 차이의 상품화(*Cannibal Culture: Art, Appropriation, and the Commodification of Difference*)』에서, 데보라 루트(Deborah Root)는 동양과 원주민 문화에 대한 서양의 역사 기술이 폭력적이고, 원시적이고, 야만적이고, 절묘하며, 에로틱하지만, 동시에 무엇보다도 진품이라 그리고 있음을 밝혔다.[16] 이러한 진품이라는 성질 때문에 욕구의 대상이 되며, 시장성을 가지게 되는 것이다. 루트는 동시대 서양의 호화스러움과 식민주의 사이의 연관성을 지적하면서, 식민주의적 사고방식이 권력과 자유를 제공하면서 그들이 원하는 것은 무엇이든 하거나 가질 수 있는 호화스러움을 제국주의 서구의 백인들이 누릴 수 있게 한다고 설명하였다.[17] 호화스러움과 **이국적인 것**을 연결하면서 떠오르는 과거 식민지의 요소는 광고에서 자주 나타나고 있다.[18]

진품의 문화에 대한 욕구창출은 국가간 입양에 있어 외국아동으로 확대되었고, 아시안, 라틴 아메리칸, 동부 유럽 아기들이 문화의 대상이 되었다. 훅스와 루트에 따르면 소비자로서의 부모들은 진정으로 이국적인 것을 원하도록 이미 맞춰져 있다. 그렇다면 이 욕구를 충족하기 위해서 진정으로 이국적인 아이를 입양하는 것보다 더 좋은 방법이 있겠는가? 부모들의 진정한 이국적인 것에 대한 이상은, 외국으로 여행을 가서 아이들을 데려오고 그곳에 있을 때 이국적인 물건을 사는 충분한 기회를 갖는 것이다.

부모들이 국가간 입양에 대한 자신들의 태도를 묘사할 때, 많은 경우 가정 내에 외국에서 태어난 누군가와 함께 있는 것의 **풍요로움을 감사**한다고 표현한다. 이 부모들의 기대는 어느 정도 잘못되어 있다고 생각할 수밖에 없다. 왜냐하면 그들의 자녀 대부분은 미국 문화에 완전히 동화되며 성장하여, 그 부모들이 감사할 태어난 곳으로부터 문화적 풍요로움을 가져올 능력이 없을 것이기 때문이다. 그렇지만, 이것은 내가 이 글을 위해 조사하였던 많은 입양 안내서의 저자인 입양부모들이 공통적으로 가진 생각이었다.[19)]

공급측면 시장의 힘

1988년에 성공적 입양 1건당 3.3가족이 입양을 희망하였다. 1995년에, 이 숫자는 6가족으로 늘어났다.[20)] 2000년에는 50만의 미국인들이 아이를 얻기 위해 입양시장에 나섰고, 이는 5년 전보다 150퍼센트 늘어난 수치였다. 미국의 국가간 입양은 매년 18,000건의 비율로 일어나며, 이는 입양 서비스를 **사회서비스 기관과 미혼모 수용시설의 엄격한 자율규제 영역에서 자유로운 시장**으로 변화시키는 가속 요인이 되고 있다. 입양 가능한 아기에 대한 수요가 높아지면서 이론적으로 수요 공급의 법칙에 의해 영향받아서는 안 되는 입양수수료가 급증하고 있으며, 아동에 대한 증가된 수요는 예비 입양부모들에게 그 가격을 기꺼이 지불하게 하였다. 미국, 캐나다, 유럽의 부자 나라들의 입양아동들에 대한 커다란 수요에 입양을 보낼 수 있는 인구를 가진 국가들이 반응하였고, 출생국가와 입양국가의 중간자들이 이득을 볼 수 있는 중개인 역할을 맡게 되었다. 2000년에 입양산업은 입양 소요비용으로 15억 달러를 창출하였는데, 국가간 입양비용은 1970년대 초반 1,000달러에서 15,000~50,000달러로 올랐다.(1971년, 나를 입양하는 데 부모님이 들인 돈은 1,097.50달러였다.) 한 미국 입양기관은 1998년에 410만 달러의 수입과 937,515달러의 순이익을 얻었다고 보고하였다.

입양시장

입양을 원하는 사람들의 수요 증가로 현재 입양산업이 즐기고 있는 높은 수익률 때문에 국제입양 시장에는 경쟁이 고조되고 있다. 2000년 매들린 프로인틀리히(Madelyn Freundlich)는 그의 책 『입양과 윤리: 입양에서 시장의 힘(*Adoption and Ethics: The Market Forces in Adoption*)』에서 수십 개의 입양기관들이 입양인의 출생국에서 활동하며 더 많은 수수료로 더 신속하게 가장 품질이 좋은 아이를 데려오겠다고 약속하고 있다고 설명한다.[21)]

불행하게도 서양 국가들의 수요가 높아진 결과, 중남미 국가들에서는 아이들의 납치와 매매가 행해지고 있다. 주디 잭슨(Judy Jackson)은 그녀의 1995년 작 다큐멘터리영화 「베이비 비즈니스(*Baby Business*)」에서 "심지어 제3세계에서조차도 수요는 공급을 초과한다."라고 하였다.[22)] 미 국무부에서는 미국에 입양된 납치아동 중 가장 큰 숫자를 차지하는 것이 멕시코에서 온 아이들이라고 보고한다.[23)] 매들린 프로인틀리히는 아이들이 5~70달러로 부모들에게서 구매되어, 큰 수익을 올리며 해외로 팔려간 전 세계적 사례들을 열거한다.[24)] 매리 엘린 파이웨거(Mary Ellen Fieweger)는 「도둑맞은 아이들과 국제입양(Stolen Children and International Adoptions)」이라는 기사에서 자녀들이 납치되거나, 아이를 포기하고 입양시키라고 강요 및 위협을 당하는 에콰도르 여성들에 대하여 고발하였다.[25)]

파이웨거는 이러한 불법 입양의 주요 조직자와 수익자가 변호사들이라는 것에 놀라워했다.[26] 잭슨 또한 매년 수십에서 수백 건의 국가간 입양을 조정하는 개인 변호사들도 마찬가지라고 보고하였다. 이러한 에콰도르에서 미국이나 유럽으로의 불법 입양제도는 입양 수요 국가 때문에 촉진되었고, 변호사들이 "보내는 나라나 받는 나라 모두의 법률이 미치지 않는 곳에 존재하기에" 가능했다.[27]

아동에 대한 수요가 크기 때문에 불법 입양은 큰 돈이 된다. 과테말라에서는 입양기관이 입양아동 한 명을 만들어내는 데 드는 비용이 대략 1,000달러이다. 여기에는 출생증명서 위조 비용 25달러, 과테말라 법정소송 수수료, 납치한 아이들을 해외로 보내기 전 입양부모들에게 건강하게 보일 수 있도록 **살찌우는** 불법 양육기관 비용, **살찌우는 집**에서의 시간 등이 포함된다. 미국에서 그러한 아기를 입양하기 위해 드는 돈은 15,000달러이다. 한 아이 당 변호사들이나 다른 중개인들이 가져가는 차익이 14,000달러인 것이다.[28] 다른 보고서들에서는 생모가 건강한 아기를 입양보내고 받는 대가가 100달러이고, 해외로 입양 보내기 위해 임신을 하면 50달러를 받게 된다고 하는데, 이는 미국이나 유럽의 대리모보다 국가간 대리모가 훨씬 싸다는 것을 보여준다. 동시에 이런 아기들의 입양을 위해서는 3,000달러에서 30,000달러의 비용이 든다고 보고서들에 언급하고 있다.[29] 이 돈은 때로 뇌물, 고아원에 대한 **기부**, 혹은 알려지지 않은 수령자에게 가게 된다. 입양부모들은 그 돈이 어디로 가는지 묻지 말라는 지침을 받기도 한다. 프로인틀리히는 암시장(불법)과 회색시장(합법이나 비윤리적으로 영리 추구) 입양을 구별하며, 회색시장의 입양은 합법적이기는 하지만 입양에 관련된 서비스에 지불되는 돈의 연쇄 고리가 의도적으로 불분명하여, 이 거래에 참여하는 개인들이 큰 이익을 남기고 있음을 암시한다고 설명하였다.

전쟁으로 파괴된 나라의 아이들이 불법 입양되기 쉬운 취약성을 이야기하면서, 잭슨은 두 가지 사례를 든다. 엘살바도르의 경우, 엘살바도르 군대가 수천 명의 아이들을 부모에게서 빼앗아 **난민**이라 칭하고, 미국이나 다른 부유한 나라들에 입양시켰다. 사라예보에서는 최근 유고슬라비아를 해체시킨 전쟁에서 50,000명의 아이들이 실종되었다(11장 「사라진 아이들」 참조).

국가간 입양이 일반화되면서 공급 국가들의 상당한 수입원이 되었다. 대한민국이 연간 1,500~2,000만 달러(2001년 GDP 8,650억), 과테말라는 500만 달러(2001년 GDP 483억 달러), 온두라스는 200만 달러(2001년 GDP 170억 달러)를 벌었다.[30] 비록 이 수입이 가난한 국가들에게 요긴하긴 했지만, 사실 국가경제에 도움이 되기보다 **부패와 부정한 관행을 조장하였다**는 증거들이 충분하다.[31]

파이웨거는 1980년대 후반에 입양아동의 주요한 생산지가 아시아에서 중남미 국가로 바뀌었다고 언급하면서, 이는 출산율이 안정화되고 생활환경이 개선된 아시아와 다르게 중남미에서 높은 출산율과 열악한 경제 상황이 지속되었기 때문이라고 설명하였다.[32] 비록 아시아가 다시 주요 생산지가 됐지만, 중남미 국가들은 자국 아동 수출에 계속 적극적으로 참여하고 있다.[33] 파이웨거는 에콰도르의 불법 입양을 식민주의와 연관짓고 다음과 같이 주장하였다.

> 스페인 정복 이래로, 중남미 국가들과 선진국의 관계는 평등하지 않았다. 전통적으로 이 제3세계 국가들은 처음엔 스페인, 다음엔 영국, 그리고 오늘날 미국으로 이어지는 선진국들이 싼 가격으로 구매하는 천연자원들의 공급국이었다. 많은 중남미 사람들이 국제입양에 반대하는

이유는 중남미 아이들 또한 선진국들이 필요로 하는 천연자원 중의 하나가 되어버린다고 생각하기 때문이다.[34)]

잭슨은 또한 멕시코가 오랫동안 값싼 노동력의 공급원이었고, 같은 맥락에서 그 아이들 또한 상품화되어 이러한 착취를 당해 왔다는 것을 언급하며 위의 연관성을 주장하고 있다. 식민지 경제관행을 상기시키는 이러한 유형을 통하여 미국과 유럽의 잠재적 입양부모들은 외국이 제공할 수 있는 최상의 (예쁘고 건강하고 똑똑한) 아이들을 입양하고자 하며, 이러한 자산을 거의 가지고 있지 못한 아이들은 고아원에 머물도록 남겨둔다.[35)]

국제입양 안내서: 당신에게 가장 잘 맞는 아이를 얻는 방법

출생국이 어디든 국제적으로 아이를 입양하는 과정은 복잡한 절차를 요구한다. 입양할 부모들이 해외에서 아이를 데려오기로 결정하면, 먼저 입양을 사적으로 진행할 것인지, 기관을 통할 것인지 결정해야 하고, 기관이나 중개인을 찾아야 하며, 주 정부의 허가를 받아야 하며(입양할 부모가 아이를 양육하기에 적합한지 평가하는 것), 시민권 및 이민국에서 허가를 받아야 하며, 출생국가와 그쪽 입양기관에서 보증서를 확보해야 하고, 아이를 추천받기를 기다려야 하며, 입양을 위한 청원을 하고, 아이를 (보통은 출생국가에 가서) 데려와야 하고, 입양 수속을 마치고, 아이를 위해 여행 서류를 얻고, 마침내 입양국 내에서의 모든 서류 작업을 완료해야 하는 것이다.

이처럼 복잡한 과정이기에 그 과정에 많은 장애물이 있을 수 있다. 달리 말해 이 장애물들은 예비 입양부모들의 시간 및 재정적 손실을 뜻한다. 국제입양의 큰 잠재비용과 수많은 예비부모들의 존재로 인하여 어떻게 하면(혹은 하지 않으면) 이러한 거래를 잘 끝낼 수 있을지 알려주는 시장이 형성된다. 《유에스 뉴스 앤 월드리포트》에 실린 「입양의 미로(The Adoption Maze)」라는 기사는 마치 상품이나 서비스에 대한 소비자 고발과도 같이, 국제입양의 위험에 대한 소비자 보호 및 **구매자주의** 관점을 보여준다.[36] 국제입양에 관한 많은 **방법 안내** 자료들은 온라인이나 인쇄물로 구할 수 있으며, 부모들에게 어떻게 하면 안전하게 입양에 대해 탐색하고, 행동하고, 생각해야 하는지 일러주는 일련의 지침으로 구성되어 있다.

이에 필자는 **입양 방법 안내서** 3종을 검토하기로 하였다. 진 놀(Jean Knoll)과 매리케이트 머피(Mary-Kate Murphy)의 『국제입양: 예비부모들을 위한 섬세한 조언(*International Adoption: Sensitive Advice for Prospective Parents*)』과, 진 넬슨에릭슨(Jean Nelson-Erichsen)과 하이노 에릭슨(Heino R. Erichsen)의 『국제입양 노하우: 기관 입양 및 독립적 입양에 관한 안내(*How to Adopt Internationally: A Guide for Agency-Directed and Independent Adoptions*)』와, 마이라 알퍼슨(Myra Alperson)의 『국제입양 핸드북: 당신을 위한 국제입양(*The International Adoption Handbook: How to Make Foreign Adoption Work for You*)』이 그것이다.[37]

놀과 머피는 모두 자녀를 입양한 어머니들이며, 머피는 결혼을 했고, 놀은 독신이다. 그들은 아이를 입양하기 위해 묵었던 호텔에서 만났다. 이 책은 놀의 관점에서 묘사된 일기 형식의 입양 경험과 머피의 논평, 그리고 몇몇 익명 부모들의 간단한 이야기로 구성되어 있다. 에릭슨 부부는 입양부모로, 국제입양을 전문으로 하는 입양기관의 설립자 및 운영자이다. 그들은 국제입양에 관한 실질적인 접근 방법을 제시하며, 입양의 단계에 따른 조언과 구체적 정보 및 개인적 충고를 덧붙이고 있다. 알퍼슨의 책은 앞의 두 책을 섞어놓은 스타일로 **방법적** 정보와 개인적 일화가 섞여 있다.

이 세 권의 책은 시중에서 쉽게 구입할 수 있고 특별히 외국아동을 입양하고자 하는 부모들에게 초점을 맞춘, 현재로서는 드문 인쇄물들이다. **방법적** 안내서나 인쇄 매체를 찾는 입양부모라면 아마도 이 중 한 권 이상을 사게 될 것이다. 세 권 모두 국제입양을 한 부모들이 쓴 책이며, 저자들 스스로 입양 과정을 거치며 느낀 이러한 안내서에 대한 필요 때문에 썼을 것으로 미루어 짐작할 수 있다.

국제입양에 관한 대부분의 자료들은 입양 경험을 통한 가족 형성의 긍정적 측면을 강조한다. 가족과 육아라는 거의 신성한 제도에 대해 존경을 표하며, 이 자료들은 부모들에게 국제입양의 동기에 대해서는 간단하게만 묻고, 부모들에게 스스로 그렇게 할 것을 요구한다. 대신 좋은 부모가 될 수 있을지에 대한 질문과 판단으로 받게 될 모욕과 입양 과정에서의 다른 어려움을 견뎌야 하는 데 대해 공감하고 있다. 세 책 모두 육아가 아닌 입양 과정에 주목하고 있지만, 새롭게 입양된 아이의 육아에 대한 **출발선상에서의 충고**를 해주고 있다. 이 책들은 또한 모두 입양에 대한 생각부터 육아의 첫걸음까지 입양 과정을 시간 순으로 다룬다.

입양 과정

이 세 책은 국가간 입양 과정에 대하여 대체로 자세하게 기술하고 있다. 첫 번째 과정은 외국 아이를 입양하기로 결정하는 것이다. 알퍼슨은 미국내에서는 입양이 금지된 나이거나 결혼 여부를 비롯해 다른 장애물들이 있는 경우에도 국제적으로는 입양을 할 수 있다고 언급한다(11-12). 그는 특별히 40대의 독신 여성을 독려한다. 국제입양을 통해서 누구나 가족을 가질 수 있다는 것이다.

물론 가족을 만들기 시작하고자 하는 예비부모들에게 이 사실은 국내의 아기 부족 현상을 국제입양이 해소할 수 있기에 좋은 일이다. 이는 입양시장에서 부모와 아이들 간의 계층을 드러낸다. 백인 아기들이 미국내 시장에서 가장 수요가 많듯이, 20대 중반에서 30대 중반인 중산층 이성애자 부부는 미국 국내입양 과정에서 가장 선호된다. 사람들이 같은 인종의 아동을 가장 많이 희망하고 백인 부모들이 가장 많기 때문에, 이러한 성격을 갖지 않은 개인이나 부부들은 외국 아기나 다른 인종을 찾는 길로 몰리게 된다. 다른 한편으로 많은 부모들은 흑인 아동을 양육하기엔 준비가 부족하다고 느끼지만, 중남미나 아시아 아동은 괜찮을 거라고 생각해 국가간 입양을 선택한다(놀과 머피, 32). 여기서 입양 대상 아기들 사이에 인종적 계급이 있다는 점을 주목하게 된다. 유럽계 미국인들이 가장 상위이고, 그 다음이 아시아나 라틴계 국가에서 온 아동이며, 아프리카계 미국인은 최하위다. 이 예들은 입양 당사자와 사회 안에서의 백인 아기와 백인 **중산층 미국인**이 가진 높은 가치를 강조하는 동시에 외국 아동이나 유색인종 아동, 그리고 독신이거나 나이가 많거나 가난하거나 동성애자인 부모가 가진 낮은 가치를 보여준다.

알퍼슨은 부모들에게 잡지, 뉴스, 논문 등을 읽어서 국가간 입양에 대한 정보를 모으고, 부모들의 모임에 참여하거나, 입양에 성공한 부모들과 이야기하거나 입양 컨퍼런스에 가서 다른 부모들로부터 더 많은 것을 얻으라고 권유한다. 또한 온라인 자료를 구하고, 입양 기관에 연락을 해 보고, 정부기관과 접촉해 볼 것을 조언한다(12-17). 국가간 입양 과정에 대해 자신을 교육시키는 이러한 과정은 고비용의 소비재를 구매할 때 정보를 모으는 것과 매우 유사하다.(말하자면 새 차를 뽑는 과정과 비슷한데 새 차 구입 비용은 대체로 국가간 입양 비용과 거의 같다.)

부모들은 어떤 나라에서 입양을 해올지에 대해서도 결정해야 한다. 알퍼슨은 부모들에게 이 문제에 대답할 수 있도록 스스로의 태도를 평가하라고 제안한다(17-19). 이는 지역공동체에 대한 평가를 포함하는데, 특히 **유색인종 아이들에 대한 지원**이라는 측면을 살펴볼 것을 의미한다. 알퍼슨은 이렇게 감추어진 언어를 사용하여 부모들로 하여금 **인종에 대해 생각**하도록 촉구한다. 이것이 내포하는 의미는 만약 부모가 유색인종의 아이가 불편하다면, 중남미나 아시아 대신 동유럽이나 러시아에서 입양을 해야 한다는 것이다. 놀과 머피는 입양될 아이의 국가는 부모들의 기준에 따라 결정될 수 있다고 덧붙이며, 여기에는 입양하는 데 걸리는 시간, 아이를 데리러 갈 때의 방문 기간, 비용, 또는 기타 요소 등이 있다고 한다(22).

세 책 모두 입양 기관이나 중재자를 선택하거나 개별적으로 입양하는 경우(친부모로부터 직접 아기를 찾는 것)에 대해 언급하면서 그 각각의 장단점을 알려준다. 그리고 어떤 방법을 사용하더라도 방대한 서류작업이 필요하다고 상당한 공간을 할애하여 설명하고 있다. 부모들은 이민국에 신청을 하여야 하고, 가정조사를 준비하고, 아동학대 경력이 없음을 밝히고, 출생국에서 필요한 서류를 모아야 한다.

넬슨에릭슨과 에릭슨은 준비해야 할 수십 가지의 서식과 물어보아야 할 질문, 해야 할 결정에 대하여 구체적으로 열거한다. 이 모든 안내서는 어떻게 기다림의 과정을 극복할 것인가에 대해 논의한다. 모든 서류 작업이 완료되고, 모든 결정이 이뤄지고 아이를 찾을 때까지의 기다림은 부모들에게 매우 일반적인 경험인 듯하다.

알퍼슨은 입양할 부모들이 이민국에서 서식을 받기위해 (이민자들과 함께) 줄을 설 필요는 없으며, 대신 전화를 해서 우편으로 보내달라고 하면 된다고 언급한다(39). 이는 알퍼슨이 자신의 아이나 다른 해외에서 입양된 아이들을 이민자라고 생각하지 않음을 나타내며, 이주를 가능하게 하는 사람들인 입양부모가 이주민보다 높은 지위라는 점을 암시한다. 어떻게 입양부모들이 스스로를 국제적 계급의 맨 위에 놓고, 자신의 아이들을 그 아래에, 그리고 이주민이나 **제3세계** 국민을 바닥에 두는지를 보여주는 많은 예 중 하나인 것이다. 알퍼슨의 안내서가 출간된 이래 의회는 아예 이민 수속에 있어서의 열외조항을 통과시켰다. 2000년에 통과되어 2001년부터 실행된 아동시민권법(Child Citizenship Act)이 그것으로, 외국에서 태어난 입양아동의 입양부모 중 1인에게 미국 시민권이 있을 경우 그 아동이 입양을 위해 출국하는 순간 미국 시민이 되도록 하는 법안이다.[38] 이것은 시민권 획득에 있어 국가간 입양아동들을 미국 내에서 최고의 이민 특권층에 두는 것이다.

입양에 있어서 그 다음 단계는 가정조사를 받는 것인데, 육아 능력에 대한 평가와 아동 학대 경력에 대한 검증, 추천서 및 배경 조사를 포함하는, 부모들에게는 두려운 과정이다. 가정조사는 양육에 적합한지 적합하지 않은지를 보여주는 정보를 찾아내도록 고안되어 있다. 예비부모들은 육아와 입양에 대한 자세와 신념, 정신적 · 신체적 병력, 재정 상태, 개인적 이력, 가정 환경 등의 개인정보를 공개하여야만 한다. 물론 이 단계에서 부모들은 (지문을 포함하여) 정부서류를 몇 가지 더 제출하여야 하고, FBI 범죄기록 조회에 응해야 한다. 필자는 국제입양이 일어나기 전 부모에 대한 광범위한 평가를 하는 것에 동의하지만, 현재의 절차는 범죄행위 가능성 배제만 지나치게 강조하고, 타문화 및 미국내 인종문제에 대한 지식의 점검은 최소화하고 있다고 본다. 그러나 국가간 입양이 대부분 인종간 입양이라는 점을 고려할 때 인종문제에 대한 지식은 성공적인 인종간 입양을 위하여 필수적이다.

모든 서류작업이 끝나고 부모들이 허가를 받게 되면, 이제는 **추천**, 즉 입양을 위해 선택할 수 있는 아이를 기다려야 한다. 이 과정이 일어나면, 많은 부모들은 해외에 가서 입양아동을 데려온다. 알퍼슨과 넬슨에릭슨/에릭슨 모두 입양아동을 데려오기 위한 여행 정보와 챙길 물품 목록을 알려준다. 넬슨에릭슨과 에릭슨은 여행시 건강을 위한 조언도 제공하는데, 여행객들은 비위생적인 음식이나 식중독을 피하기 위하여 일급 레스토랑이나 상류 가정의 음식 말고는 모든 음식을 조심하라고 충고한다(116). 이는 부모들이 대부분의 제3세계 국민들보다 자기들이 계급적으로 위에 있다고 여기는 또 하나의 예이다.

또한 알퍼슨과 넬슨에릭슨/에릭슨은 입양된 아이들이 입양부모의 보호를 받게 될 때를 위한 건강에 대한 조언을 해준다. 알퍼슨은 미국에 새로 온 아이들이 검진받아야 할 부분과 검사 및 예방접종 목록을 제시한다(88). 넬슨에릭슨과 에릭슨은 해외 고아들의 건강 문제에 대해 길게 서술하면서, 제1세계와 제3세계 건강 기준의 차이를 크게 강조한다. 그러면서 제3세계는 더럽고, 가난하며 학대가 만연해 있고, 아이들은 영양실조에 병약하거나, 병에 걸려 있는 것처럼 묘사하고 있다. 새로운 아기를 어떻게 길러야 하는지에 대한 충고 중에는 입양아동을 **제1세계 아이들**처럼 다루지 말라는 경고가 있는데, 이러한 아이들은 너무 많은 선택의 여지나 장난감이 있으면 이에 압도되어 버리거나 즐기지 못할 것이라고 설명한다. 이 책들은 또한 음식먹이기에 대해서도 조언하면서, 이 아이들은 질 낮은 음식을 적게 섭취해왔었기 때문에 과식하거나 음식을 비축하는 경향이 일반적이지만, 이는 미국에 오래 체류하면서 없어지게 될 것이라 이야기한다(129).

비용

국가간 입양의 복잡한 과정은 부모들을 마치 시장에서 행동하듯이 하게 만들고, 아이들을 상품처럼 다루게 한다. 부모들은 아이가 태어난 국가, 인종, 성을 선택하며 구매해야만 한다. 선택이 이렇게 광범위하고 어렵기 때문에, 입양업계에는 입양부모들이 이 과정을 잘 겪어낼 수 있도록 지원하는 회사나 개인이 수없이 많다. 놀과 머피는 "무엇이든 했을 것이다. 우린 너무 오래 기다렸다(70)"라고 답답해하는 부모에 대해 언급하며, 부모들이 성공적으로 입양 과정을 마치기 위하여 많은 돈을 지불할 의사가 있다는 것을 암시한다.

다른 좋은 소비자 안내서처럼, 알퍼슨과 넬슨에릭슨/에릭슨의 책들은 세금 공제 및 기타 재정 보조방안을 포함하여 부모들이 필요로 하는 모든 서비스의 가격 목록을 제시한다. 알퍼슨은 신용카드, 은행대출, 담보상환 등 입양 비용을 치르기 위한 정보를 준다. 넬슨에릭슨/에릭슨은 1999년의 국가간 입양 가격을 12,000달러에서 25,000달러로 추정하는데 여기에 위탁 비용과 여행비, 의료비는 포함되지 않은 것이었다. 놀은 그 외에 숨겨진 비용도 있음을 지적하며, 자신이 출산 휴가와 관련하여 회사와 겪은 일을 소개한다. 그녀의 회사는 출산 휴가 비용을 여성 장애기금에서 가져오는데, 그녀의 경우 출산으로 인한 신체적 장애가 없었기 때문에 휴가를 위해 타협하여야 했다는 것이다(86).

넬슨에릭슨/에릭슨은 입양아동의 생모와 친가족들에게 선물을 주거나 이들을 돕지 않아야 한다고 경고한다. 입양부모의 책임은 아이에 대한 것이지 그 부모나 친척에 대한 것이 아니며, 만약 입양부모가 생모에게 무엇인가를 줄 경우 다시 돌아와 더 많은 것을 요구하게 될 것이라는 논리이다(136). 이는 특권을 가진 백인 입양부모들이 스스로를 낮은 계급의 유색인종 생모로부터 분리하고, 생모들은 탐욕스럽거나 게걸스럽기에 입양부모보다 도덕적으로 열등하다고 비난하는 좋은 예이다. 이 거래에서 입양부모들은 친생모의 **아이**만 바랄 뿐이라는 것을 알 수 있다. 다소 아이러니하게도 넬슨에릭슨/에릭슨은 생모들에게 선물 혹은 어떤 종류의 도움을 주면 아기를 구입하는 것으로 보일 수 있다고 경고하며 절대로 하지 말 것을 충고하고 있다.

알퍼슨은 국가간 입양에 있어서 부모들의 소비자주의를 다음과 같이 솔직히 인정하고 있다.

> 입양부모로서 우리는 목적 달성을 위해 적합한 입양 서비스를 찾고 있

> 는 소비자들인 것은 분명하다. 하지만 국제입양에 있어서는 우리가 손님인 나라들에서의 문화와 전통을 존중해주는 것이 중요하다.

알퍼슨은 부모들에게 다른 문화를 상품화하지 않아야 하며, 해외에서 **추악한 미국인들**이 되지 말자고 조언한다. 입양을 위한 서비스에 돈을 내야 한다는 현실을 인지하면서도, 그녀는 또한 입양의 최종 목적은 결국 가족을 만드는 것이라고 강조한다.

인종문제에 대처하기

이러한 저자들이 인종문제 및 자신과 아이의 인종적 차이점을 다루는 주된 방식은 다른 인종과 국가적 배경을 가진 아이와 가정을 이루는 것에 대한 장점만을 부각시키는 방법이다. 알퍼슨은 다음과 같이 이야기한다.

> 다른 문화의 아이를 자신의 삶으로 데려오는 도전에 대해 관심을 갖게 된 사람들은 가족의 다문화적 경험을 위해 국제입양을 한다. 국제입양에 대해 고민하게 되고, 실제로 절차를 시작하면서 나는 이것이 내게 큰 선물이었음을 깨달았다(10).

넬슨에릭슨과 에릭슨도 이 말에 공감한다.

> 이주한 고아들은 두 배의 마법과 같다. 이들은 사회적 변화를 불러일으킨다. 유아와 아이들은 피부색, 문화, 그리고 국적에 의한 사회적 구분에 다리 역할을 한다. 우리 가족은 백인중산층 공동체의 제약으로부터 벗어나 많이 넓어졌다. 어쩌면 만나지 못했을지도 모르는 다른 민족과 국가를 가진 아이와 어른들과의 교제를 통해 우리 가족은 많은

것을 얻고 있다(10).

놀과 머피도 가족에 다른 문화를 들여옴으로써 개인적으로 얻을 수 있는 것에 대해 비슷한 언급을 한다(32).

여기서 볼 수 있는 것은 미국에서 유색인종이 겪는 복합성과 어려움을 거부하는 입양부모들의 자세이다. 저자들은 다양성이 어떻게 이익이 되는지만을 보고 있기 때문에, 어떻게 이 문제가 타인에게 불이익이 될 수 있는지는 무시하게 된다. 넬슨에릭슨과 에릭슨은 여기에서 한 걸음 더 나아가 아이들에게 사회적 변화의 책임을 부여하지만, 입양인의 동화가, 인종불평등의 기저를 이루는 권리의 박탈, 접촉의 결여, 인종적 엘리트주의 등의 문제를 해결할 수는 없다는 사실을 고려하지 않는다.

이 책들에서 언급하고 있는 부모들은 스스로를 인종화하거나 자신의 아이를 비인종화하여 아동과 자신들의 차이를 최소화하는 전략을 사용한다. 알퍼슨은 자녀의 인종적, 민족적 정체성을 받아들이려 할 때 입양부모가 인종화되는 과정에 대해 기술한다. 그녀는 어느 어머니가 다음과 같이 한 말을 인용하였다. "내 딸은 중국에서 태어나서 입양된 미국인이다. 나는 미국에서 태어나 입양된 중국인이다"(106). 알퍼슨은 이를 이상적 태도라고 설명한다. 다른 부모들은 가족 내에서 **피부색을 보지 않는** 태도를 취하거나 아이의 **미국인성**(American-ness)을 강조하며 아동을 비인종화시켜 인종이 드러나지 않도록 한다. 이는 입양을 통해 인종적으로 혼합된 가족 내에서 가족 구성원 모두가 **똑같아지고 싶다는 강한 욕망**이 존재한다는 사실을 이해하지 못한다면 매우 혼란스러운 현상일 것이다. 가상의 동질성은 이러한 가족들이 외면적 차이를 극복하고 보다 **정상적인 가**

족이 될 수 있도록 돕는다.

이 세 권의 책을 쓴 저자들은 모두 인종차별이나 아이들에 대한 놀림에 대해 최소화하며, 이를 극복하기 위한 피상적인 충고를 제시하고 있다. 알퍼슨은 인종차별 사례에 관해서 한 페이지만을 할애하여, 이를 무시하거나 유머로 모면하라고 제안하고(112-113), 어머니의 사랑은 모든 것을 바로잡을 수 있다고 강조한다(110). 넬슨에릭슨과 에릭슨은 아이가 속한 소수민족공동체에서 친구를 찾고, 인종적 편견의 가능한 결과들에 대해 생각해볼 것을 추천한다. 그러나 이마저 자세히 논의하고 있지는 않다(185). 이들은 지속되는 인종적 편견을 한탄하지만, 그럼에도 불구하고 "우리의 삶은 인종간 입양으로 풍요로워졌다."라고 이야기한다(185). 그러나 이러한 부모의 풍요로움이 아이가 상대해야 할 차별과 인종주의를 보상할 수 없음은 깨닫지 못한다. 이러한 책들은 미국 내에서 백인이 아니라는 것이 가진 복잡성과 어려움을 설명하려 하지 않으며, 반대로 아이에 대한 인종주의가 쉽게 치유될 수 있는 표면적 문제라고 말한다. 이 책들을 쓴 부모 중 아무도 인종간 입양에 있어서의 인종 문제는 자신들이 아니라 입양된 아이들의 문제라는 점을 깨닫지 못한 듯하다.

결론

국가간 입양은 미국 내에서 매우 널리 행해지게 되었다. 미국인들에게는 부모가 되라는 엄청난 압박이 있다. 국내에서 입양되기를 기다리는 백인 아기들보다 입양하고자 하는 부모들이 더 많기 때문에, 입양 시장은 국제적으로 넓어졌다. 입양 수수료를 국경 너머의 아동과 교환하는 것은 시장의 공급과 수요라는 관점으로 설명할 수 있다. 고아가 많은 국가들은 이러한 수요에 부응하여 현재 국제적으로 입양아동을 송출하는 나라가 되었다.

국가간 입양시장은 어렵고, 복잡하며 비싸다. 예비 부모들을 위한 **안내서**가 필요할 정도다. 이러한 안내서들은 대개 성공한 입양부모들이 쓴 것이라 입양부모의 경험과 태도에 관한 책이기도 하다.

입양부모들은 가족이 될 아이를 얻기 위해, 국가간 입양산업을 지원하고 입양산업은 점점 성장하고 비용은 비싸진다. 아이들은 미국보다 해외에서 입양되는데 이는 미국의 백인들과 해외의 유색인종, 미국의 유색인종 아기들 사이의 계급적 차이 때문이다. 미국의 부모들은 자신을 빈곤 국가의 부모들보다 우월하다고 보며 이러한 인식하에 쉽게 국가간 입양을 선택한다. 동시에 자신의 입양자녀에 대해선, 가족을 풍성하게 하며 정말 이국적이면서도 자신들과 다를 것이 없는 가족의 일부로 인식한다. 이 관점은 부모들이 국가간 입양을 통해 백인만의 특권을 재생할 수 있게 만든다. 부모들을 위한 국가간 입양 안내서들은 많은 예비 부모들이 입양시장에서 이익을 얻는 방법을 알며, 후진국들의 부모들보다 자신들이 부모로서 더 적합하다고 느낀다는 것을 보여준다. 인종적 · 문화적 지식은 유색인종 아이의 부모 노릇을 하기 위한 필요조건으로 보지 않는데, 그렇게 하면 아동을 국제시장에서 상품처럼 교환하는 데 껄끄럽기 때문이다.

1) Myra Alperson, *The International Adoption Handbook: How to Make an Overseas Adoption Work for You* (New York: Henry Holt, 1997), 5.

2) 필자는 인종간 입양인 이야기에 대한 리뷰, 인종간 입양에 대한 사회사업 및 사회정책을 연구해 왔다. 현재 성인 인종간 입양인의 생애사를 수집하여 그들의 경험에 대한 박사 논문을 완성해 가고 있다.

3) Elaine Tyler May, *Barren in the Promised Land: Childless Americans and the Pursuit of Happiness* (Cambridge, MA: Harvard University Press, 1995), 129.

4) May, *Barren in the Promised Land*, 213.

5) May, *Barren in the Promised Land*, 214.

6) Constance Pohl and Kathy Harris, *Transracial Adoption: Children and Parents Speak* (New York: Franklin Watts, 1992), 29.

7) Pohl and Harris, Transracial Adoption, 30.

8) Charles E. Jones and John F. Else, "Racial and Cultural Issues in Adoption," *Child Welfare United States* 58, no. 6 (1979): 373-82.

9) Jones and Else, "Racial and Cultural Issues," 374.

10) Pohl and Harris, *Transracial Adoption*, 33.

11) Kim Clark and Nancy Shute, "The Adoption Maze," *US News and World Report* 130, no. 10 (2001): 60-66, 69.

12) Rita J. Simon and Howard Altstein, *Transracial Adoption: A Follow-Up* (Lexington, MA: Lexington Books, D. C. Heath and Company, 1981), 106.

13) Simon and Alstein, *Transracial Adoption*, 105.

14) bell hooks, *Black Looks: Race and Representation* (Boston: South End Press, 1992), 21.

15) hooks, *Black Looks*, 23.

16) Deborah Root, *Cannibal Culture: Art, Appropriation, and the Commodification of Difference* (Boulder: Westview Press, 1996), 40.

17) Root, *Cannibal Culture*, 122.

18) Deborah Root는 여행/관광에서 향수, 옷, 예술품에 이르기까지 많은 "이국적이고" 식민주의적인 호화상품과 서비스의 사례를 제공하고 있다.

19) *International Adoption: Sensitive Advice for Prospective Parents* by Jean Knoll and Mary-Kate Murphy (Chicago: Chicago Review Press, 1994); *How to Adopt Internationally: A Guide for Agency-Directed and Independent Adoptions* by Jean Nelson-Erichsen and Heino R. Erichsen (Fort Worth, TX: Mesa House Publishers, 2000); *The International Adoption Handbook: How to Make Foreign Adoption Work for You* by Myra Alperson (New York: Henry Holt and Company, 1997)가 사용된 자료이다. 이 안내서들은 이후 글에서 참조될 것이다.

20) Clark and Shute, "The Adoption Maze," 60-66. 이 문단의 모든 통계는 본 자료에 근거한다.

21) Madelyn Freundlich, *Adoption and Ethics: The Market Forces in Adoption, Adoption and Ethics Series* (Washington, DC: Child Welfare League of America Press, 2000), 43.

22) *Baby Business*, VHS, directed by Judy Jackson (Montreal: National Film Board of Canada, 1995).

23) Francis T. Miko, *Trafficking in Women and Children: The US and International Response* (US Department of State, 2000), http://usinfo.state.gov/topical/global/traffic/crs.0510.html), 8.

24) Freundlich, *Adoption and Ethics*, 46-47.

25) Mary Ellen Fieweger, "Stolen Children and International Adoptions," *Child Welfare* 7

(1991): 285-291.

26) Fieweger, "Stolen Children."

27) Fieweger, "Stolen Children."

28) Jackson, *Baby Business*.

29) Freundlich, *Adoption and Ethics*, 49.

30) Freundlich, *Adoption and Ethics*, 63; GDP information from CIA World Fact Book.

31) Freundlich, *Adoption and Ethics*, 63.

32) Fieweger, "Stolen Children."

33) US Department of State, "Immigrant Visas Issued to Orphans Coming to the US," http://travel.state.gov/family/adoption/stats/stats_451.html.

34) Fieweger, "Stolen Children," 290.

35) Freundlich, *Adoption and Ethics*, 40.

36) Clark and Shute, "The Adoption Maze," 60-66, 69.

37) 각주 19 참조. 이 안내서들에 대한 참조 부분은 본문에 표시되어 있다.

38) "The Child Citizenship Act of 2000" (US Citizenship and Immigration Services, 2000), http://uscis.gov/graphics/publicaffairs/factsheets/adopted.htm.

11 사라진 아이들

패트릭 맥더모트

이주는 항상 내 삶의 일부였다. 엔지니어였던 아버지 오레스트 메이카(Orest Meykar)는 우크라이나에서 온 이민자로, 미국에서 거주하며 일하다 은퇴 후 연금으로 살기 조금 더 쉬운 중앙아메리카로 다시 이주하였다. 내 어머니 루시아 크루즈(Lucia Cruz)는 조금 더 가까운 곳에서 왔다. 동부 엘살바도르의 시골인 모라잔(Morazan) 태생인 어머니는 열여섯 살 때 다른 농장노동자들처럼 가난한 시골을 떠나 일자리를 구하고자 수도로 이주했다. 어머니는 산엘살바도르의 부촌인 콜로니아에스칼론(Colonia Escalon)의 내 아버지 집에서 1970년대 중반부터 1980년대 초반까지 가정부로 일했다. 그리고 나는 1980년 11월에 태어났다.

엘살바도르는 가난한 나라이며, 내가 태어났을 때는 전쟁 직전이기도 했다. 이러한 요소들은 이주뿐만 아니라 범죄를 일으켰고, 이 두 사회 현상이 맞부딪힌 경우가 바로 나였다. 어떤 여자가 생후 3개월 된 나를 어머니에게서 훔쳐 팔아버린 것이다. 생후 8개월에 나는 혼자만의 이주를 떠났다. 1981년 8월, 어떤 미국인 부부가 나를 입양하였고, 그 이후부터 나는 그곳 매사추세츠에서 살았다. 나 혼자만 모국을 떠난 게 아니었다. 1984년 무렵의 전쟁이 약 50만 명의 엘살바도르 사람들을 미국으로 도망치게 만들었다.

전쟁 중 국제입양을 통해 미국으로 오게 된 엘살바도르 사람들은 우리가 미국의 일부인 것처럼 엘살바도르의 일부이기도 하다. 미국에서 엘살바도르 입양인들은 그저 입양인으로 비춰질 뿐 이주자들로 인식되지 않는다. 수천 명의 엘살바도르인들이 자신들의 고향을 버리고 미국으로 이주하게 만든 사회적 요소들은, 동시에 많은 엘살바도르 아이들이 미국으로 입양될 수 있게 했다. 이런 요소들은 계속해서 엘살바도르에 거주하고 있는 엘살바도르 사람들, 미국과 전세계 각지에 살고 있는 엘살바도르 입양인들, 그리고 미국으로 온 엘살바도르 이주민들의 삶에 큰 영향을 끼치고 있다. 미국으로의 입양은 엘살바도르 입양인들을 엘살바도르의 현실에서 분리시키지 않으며, 오히려 그 현실의 일부가 되게 한다.

살아오는 대부분의 시간 동안 내가 두 가지 매우 다른 정체성을 지니고 있다는 것을 인정했던 적은 거의 없었다. 나는 대부분의 엘살바도르 입양인들이나 주변 사람들처럼 나 자신을 외국에서 입양된, 그 외국이 어쩌다 보니 엘살바도르인 미국인으로 생각해왔다. 엘살바도르와는 연관될 일이 별로 없었다. 통념상 우리는 **입양인**이지 **엘**

살바도르 사람은 아니다. **입양인이에요?**라는 질문은 사실상 **그럼 엘살바도르 사람은 아니군요**라는 뜻이었다.

내가 입양되었던 1981년 무렵, 입양기관들은 일반적으로 입양인들의 입양 전 삶과 출생국가에 있는 친어머니의 존재를 무시했다. ODS(Open Door Society, 열린 문 사회)가 발간하는 소식지 1981년 10월호의 **귀향** 광고란에는 내가 엘살바도르에서 **집으로 돌아왔음**을 알리는 공고가 실렸다. 어떻게 보면 엘살바도르 입양인들이 미국에 도착하게 되어 새로운 가정에 가게 되는 것은 사실이다. 그러나 엘살바도르에 있는 그들의 가정을 언급하지 않고 이러한 표현을 사용하는 것은 엘살바도르 입양인들이 여전히 엘살바도르 사람이라는 사실을 무효로 만드는 것이다. 이러한 사실의 거부는 엘살바도르 사람으로서의 정체성을 갖도록 허락하지 않는 것으로 많은 입양인들에게 받아들여진다.

그 공고는 나를 입양부모님의 **8개월 된 아들**[1)]이라고 지칭하면서 생모에 대한 언급은 전혀 하지 않았다. 물론 엘살바도르 입양인들이 입양부모의 자녀인 것은 사실이지만, 동시에 엘살바도르에 있는 친가족들의 자녀인 것도 인정하여야 한다. 이렇게 입양을 한쪽 측면으로만 바라보는 것은 많은 입양인들에게 입양을 완전한 자아를 이루지 못하게 하는 흠이라고 생각하게 한다. 나는 많은 입양인들이 입양되지 않고 원래 입양부모들의 친자녀였으면 좋겠다고 표현하는 것을 들어왔다.

엘살바도르 입양인들의 문화적 미국화는 그들이 엘살바도르 사람이라고 느끼지 못하게 한다. 미르나 프리들랜더(Myrna Friedlander)는 국제입양인들에 대해 다음과 같이 이야기하였다.

젊은이들이 대학 입학 혹은 일자리 때문에 가족의 보호에서 떠나게 될 때, 그들은 자기 자신들이 한편으로는 인종차별, 다른 한편으로는 출생국에서 온 이주자들의 포용력 부족에 맞설 준비가 안 되어 있다는 것을 깨닫는다.[2)]

엘살바도르 입양인들은 다른 엘살바도르인들이나 라틴계 사람들을 만나기도 전부터 자신들은 입양되었고 문화적으로 미국인이기 때문에 엘살바도르와 엘살바도르인의 현실에서 완전히 단절된 것으로 생각한다. 이러한 생각은 부분적으로는 오해이다. 새로운 입양가족이 있거나 친생가족과 연락이 끊긴다 하여 인종간 입양인들에게 모국에 있는 친척이 없어지는 것은 아니다. 친척의 존재는 아무리 엘살바도르 입양인이 새 삶에서 미국화된다 할지라도 사라지지 않는다. 또한 엘살바도르 입양인의 입양 전 삶은 미국에 동화되어도 지워지지 않는다. 입양은 새 미국 가족의 일부인 만큼 아동의 엘살바도르 가족에게도 큰 부분이다. 하지만 엘살바도르와의 단절이라는 오해는 엘살바도르 입양인들이 자신과 다른 엘살바도르인들과의 연관성을 찾지 못할 때, 쉽게 현실이 된다.

엘살바도르 입양인들의 입양 전 삶은 엘살바도르에서 시작되었고 엘살바도르의 이야기 각 부분을 차지한다. 그리고 엘살바도르는 모든 엘살바도르 입양인들의 삶의 일부이다. 미국에 있는 입양인들이 그들을 만들어낸 사회적 맥락과 동떨어진 개인들로 비춰지는 반면, 엘살바도르의 국제입양은 사회적 현상으로 인식된다. 엘살바도르에서 많은 아기들이 입양된 데에는 이유가 있다. 퍼트만(Pertman)은 사회 격변을 겪고 있는 나라들에서 발생하는 국가간 입양에 대해 다음과 같이 이야기하였다. "국가들은 부모들이 자식들을 내놓지 않으려는 것만큼이나 아이들을 입양에 내놓지 않으려 한다. 상황이 좋을 때는 국경 밖으로의 입양이 매우 적게 발생한다. 입양아동의 수가 증가한다는 것은 무언가 잘못되었다는 의미이다."[3] 1980년대에는 서반구 그 어느 나라보다 엘살바도르에서 많은 아이들이 입양되었을 정도로 많은 일들이 잘못되어 있었다.[4]

내가 태어난 해인 1980년은 엘살바도르에 매우 중요한 해였다. 1980년 3월 24일, 엘살바도르의 대주교였던 오스카 아르눌포 로메로(Oscar Arnulfo Romero)가 미사를 드리다가 암살당했다. 로메로 대주교는 1977년에 엘살바도르의 대주교로 선택되어 전 국민에게 사랑을 받았다. 지금은 유명해진 말인, 군의 국민 탄압에 대해 한 말 "그 어떤 군인도 자신의 양심과 반대된다면, 사람을 죽여야 하는 명령에 따를 필요 없다."라고 발언한 이튿날, 그는 엘살바도르의 우익과 연관된 괴한들에게 사살당했다.[5]

엘살바도르로부터 대거 국제적 입양이 이루어지게 되고, 로메로 대주교가 암살되고, 전쟁까지 일어나게 되는 사회적 배경은 스페인 사람들이 엘살바도르의 옛 땅을 점령했던 1500년도까지 거슬러 올라간다. 당시 원주민이던 피필(Pipil) 인디언들에게는 그 지역이 **보석의 땅**을 뜻하는 쿠스카틀란(Cuscatlan)으로 알려져 있었다. 스페인 사람들은 농작물을 재배하던 피필 인디언을 쫓아내고 그 땅에 상업작물인 인디고를 심었다. 피필 인디언과 식용작물들은 언덕 위로 옮겨가야 했다. 인디고가 화학염료들로 대체되자 1879년에 엘살바도르의 과두 정권은 언덕 위에 커피를 심기 위해 또 다시 피필족을 쫓아냈다. 그때부터 지역의 소수 군벌들이 피필 인디언을 값싼 노동력으로 사용하기 시작했다. 엘살바도르의 비옥한 땅은 온통 커피밭이 되었고 엘살바도르 사람들은 음식을 찾으러 딴 곳을 알아봐야 했다. 커피를 따는 일이 특별한 교육을 받을 필요는 없는 일이었기 때문에 학교도 발전하지 않았다. 1932년까지 과두정치 아래에서 커피 경제는 순조롭게 흘러갔다. 그해는 또한 아우구스틴 파라분도 마르티(Agustin Farabundo Marti)가 이끄는 농민들이 손소나테(Sonsonate) 지역에서 봉기한 해였다. 정부는 봉기에 대응하여 3만 명을 무차별적으로 대량학살했다.

2차대전 이후, 소수 군벌들은 작물을 면과 설탕으로 확대했다. 1960년대에 이들은 경공업으로 산업을 확대하여 여전히 나라의 부와 권력을 누렸다. 1970년대에는 개혁을 추진하던 비판적 정치인들과 활동가들이 게릴라군을 형성하기 시작했다. 이들은 부유한 엘살바도르인들을 납치하여 몸값을 받아서 군대 재정을 채웠다.[6] 1980년 10월 10일, 내가 태어나기 한 달 전, 네 그룹의 게릴라군이 연합하여 FMLN(Frente Farabundo Martí para la Liberacion Nacional)을 결성하였다.[7]

4개월 후 1981년 1월 10일, 생후 3개월이었던 내가 아직 엘살바도르에 있을 때, FMLN은 **최후의 공격**이라고 일컫는 총체적인 공격을 개시했다. **최후의 공격**은 압제적인 엘살바도르 정부를 몰락시키기 위한 동시적 군사 공격, 정부군의 게릴라군으로의 대량 전향, 국가 기반을 붕괴시키는 총체적 파업 등 다양한 측면을 시도했다. 하지만 군사 공격은 동시적으로 일어나지 않았고 정부군의 전향은 소규모였으며 파업은 일어나지 않았다. **최후의 공격**이 엘살바도르 정부를 무너뜨리는 데 실패한 것이다. 한편, 레이건의 미국 정부는 엘살바도르의 정부군을 엄청난 규모의 돈으로 지원하기 시작했다.

FMLN은 중앙권력들을 장기간에 걸쳐 무너뜨리는 새로운 전략으로 대응했다. 장기적 민중전쟁이라는 이 전략은 미국을 결국 베트남에서 철군시킨 북부 베트남인들이 사용했던 것이었다.[8] 장기적 민중전쟁과 정부의 반격은 1992년까지 이어졌으며, 많은 엘살바도르 사람들은 난민수용소와 미국으로 보내어졌다. 이 분쟁은 또한 많은 엘살바도르의 아이들을 입양 대상이 되게 하였다.

정부의 대對반군 계획 중 하나는 민간인을 공격하여 게릴라 군대의 민중적 지원을 쓸어버리는 것이었다. 차레테난고(Chaletenango)와 모라잔의 산악 지역은 게릴라군 장악 지역이었기 때문에 정부는 이 두 지역에 힘을 쏟았다.[9] 그 결과 지역의 민간인들은 크게 고통받았다. 이러한 대반군 계획은 벨로소(Belloso)와 아틀락틀(Atlactl) 같은 대대가 수행했는데, 이들은 모두 미국의 지도를 받았다.[10]

이 두 대대가 수행한 대對반란 계획 중 하나는 1982년 5월 차레테난고 지역의 로스아마테스(Los Amates)주에서 일어났다. 로스아마테스는 차레테난고 북부 숨풀 강 근처에 위치해 있었다. 군대가 로스아마테스에 접근하자 주민들은 그 지역을 뜨기 시작했다. 그 주민들 중에는 프란시스카 로메로(Francisca Romero)라는 여자와 그의 남편 마르셀리노(Marcelino), 그리고 그들의 자녀들이 있었다. 라미레즈(Ramirez) 가족이 로스아마테스에서 도망치자 프란시스카는 마르셀리노, 딸 엘시(Elsy)와 헤어졌다. 프란시스카는 그녀의 다른 두 자녀와 주민들과 함께 옥수수 밭에 숨었다. 숨어있던 그곳에서 그녀는 군사들이 도망치는 주민들에게서 빼앗은 아이들을 데리고 지나가는 것을 보았다. 프란시스카는 그 중에서 엘시를 보았지만 되찾을 수가 없었다. 군사들이 그녀를 죽일지도 몰랐고, 돌보아야 할 다른 아이

들도 있었던 것이다.[11)]

마이다(Mayda)라고도 알려진 마그달레나 라모스(Magdalena Ramos)도 로스아마테스에 사는 여성이었다. 그녀에게는 넬슨 아니발(Nelson Anibal)이라는 아들이 있었다. 넬슨의 아버지, 헤오반니(Geovanni)는 게릴라군에 가입했다가 넬슨의 출생 직전 전투에서 죽었다. 마이다와 넬슨은 원래 치칠코(Chichilco) 출신이지만 치칠코에 군사들이 몰려오자 로스아마테스로 도망친 것이었다. 군사들이 로스아마테스로 오자 마이다와 넬슨은 숨풀강을 건너서 도망치려다 그만 붙잡히고 말았다. 그들은 부녀자들, 노인들과 함께 로마파차(Loma Pacha)로 끌려갔다. 거기서 군사들은 모든 여자들에게 아이를 내놓으라고 강요했으며, 그 아이들을 헬리콥터에 태웠다.

엘시와 넬슨 아니발처럼 군대가 부모 혹은 친척들에게서 빼앗은 아이들을 엘살바도르에서는 니뇨스 데사파레시도스(niños desaparecidos), 즉 **사라진 아이들**이라고 부른다. 군대에 의한 구조적인 아동 실종은 엘살바도르에서만 일어난 특수한 상황이 아니다. 아르헨티나에서도 일어난 것으로 알려진 바 있으며, 전쟁 중인 다른 지역에서도 일어났을 것이다. 엘살바도르에서 넬슨 아니발 같은 아이들은 엘살바도르 군대가 부모로부터 강제로 빼앗은 후 실종되었다. 군사들은 또한 대량학살의 생존자들과 대량 군사적 유입시 피난가는 주민들이 남긴 아이들을 잡았다.

엘살바도르 입양인들이 엘살바도르 내전(1980~1992년) 동안 입양된 사례는 두 범주로 나눌 수 있다. 첫째는 전쟁과 직접적으로 관련된 입양이다. 이 아이들은 위에서 설명하였듯 전쟁터나 대반군 임무의 일환으로 군인들에 의해 실종된 아이들이다. 둘째는 비록 전쟁과 직접 관련은 없을지라도 전쟁, 빈곤, 사회적 불평등 같은 사회적 역학 문제와 연관되어 있는 경우다. 이 경우에는 아동이 입양 대상이 될 수밖에 없었던 사회적 배경이 다양하다. 나의 경우에는, 어머니가 나를 돌보라고 고용한 여자에게 납치당했다. 다른 경우들에는 친모들이 스스로 아이들의 양육권을 포기하거나, 부패한 변호사들과 그 수하들 탓에 포기하게 된 경우도 있다.

미국에서 엘살바도르 입양인들은 대부분 성공적인 사례로 여겨진다. 백인들은 일반적으로 엘살바도르 입양인들이 입양을 통해 가까스로 가난을 면했다고 보며, 그들이 친생가족, 모국과 이별해야 했다는 사실은 염두에 두지 않는다. 사람들은 엘살바도르에서 아기 때 입양되었다는 이야기를 들으면 "아, 그럼 기억을 못하겠네."라고 한다. 불행하게도 많은 경우 이 말은 기억하지 못하면 상관없다는 의미를 내포한다. 우리의 과거는 존재하지 않는 것이다. 우리 같은 아이들이 왜 입양되어야 했는지 등의 깊은 생각들은 "네 엄마는 너를 위한 최선을 원했을 거야."라거나 그와 비슷한 생각 없는 상투적인 말로 대수롭지 않게 넘겨버린다. 이렇게 상투적인 말들은 관례화되어 입양기관이 사용하기도 한다. 내 인생 내내 사람들은 물었다. "너는 미국에서 살게 된 것이 행운이라 생각하지 않니?" 하지만 사람들이 이 질문을 통해 사실상 말하고자 하는 것은 "미국에 사는 엘살바도르 사람이어서 기쁘지 않니?"가 아니라 "미국인이 된 것이 기쁘지 않니?"이다.

엘살바도르의 사라진 아이들에 관한 책 『하루를 위한 희망(*El Dia Mas Esperadoor*)』의 편집자인 랠프 스프렌켈스(Ralph Sprenkels)에 의하면, 미국의 부부들이 아이를 입양할 때 엘살바도르의 변호사들에게 높은 가격을 지불하기 때문에, 변호사들은 적극적으로 입양할 수 있는 아이들을 찾아서 고아원들을 돌아다니기 시작했다.[12] 이 변호사들은 입양가능한 아이들 찾기 임무에 나서면서, 고아원 사람들의 신뢰를 얻기 위해 장난감, 옷, 음식 등을 가져갔다. 또 몇몇 부패한 변호사와 그 하수인들은 가난하거나 난민수용소에 있는 생모들을 대상으로 몇 년 안에 자녀를 다시 볼 수 있다거나 미국의 입양부모에게서 돈을 받을 수 있을 거라고 거짓 약속을 했다. 이 생모들 대다수가 자녀들을 다시는 보지 못할 터였고 자녀를 다시 볼 수 있게 될 어머니들도 얼마나 오래 기다려야 할지 알 수 없었다.

넬슨 아니발과 엘시는 실종된 후에도 엘살바도르에 남았지만, 많은 경우 **사라진 아이들**은 미국으로 입양되었다. 엘살바도르에서 온 아이들을 입양한 대부분의 백인들과 입양인들 자신은 **사라진 아이들**이라는 용어를 들어보지도 못했다. 여섯 살인 딸을 입양하기 위하여 엘살바도르에 갔던 리아 마렌(Lea Marenn)은 그녀의 여정을 『엘살바도르의 아이들(*Salvador's Children*)』이라는 책을 통해 전한다. 그녀는 수사적인 질문을 통해 미국과 엘살바도르의 관계 속에 놓인 입양에 대해 말한다.

> 아, 북쪽의 무딘 손가락과 야만적인 배腹여, 북미에 아이들이 없다면, 엘살바도르가 대신해야 하는가?[13]

마렌의 질문은 북미에 값싼 노동력과 물건뿐 아니라 어린이들까지 내주어야 하는, 엘살바도르에 주어진 불편한 임무를 암시한다.

많은 북미 소비자들이 공산품의 원산지에 신경 쓰지 않는 것처럼, 많은 입양부모들은 엘살바도르에서 온 입양 자녀의 태생을 (스프렌

켈스가 설명한 것들과 같이) 잊는다. 내전이 있었다는 것 외에, 입양부모들과 엘살바도르 입양인들은 그 입양이 미국과 엘살바도르의 관계와 어떻게 연관되는지 알지 못한다. 특히 나의 입양부모들은 나를 데리러 엘살바도르에 가지 않았기에 내 입양 전의 삶에 대해 알지 못했다. 입양 당시의 엘살바도르 상황에 대해 입양인들과 입양부모들이 전해들은 말은 서로 달랐다. 내가 아는 한 엘살바도르에서 온 입양인의 입양부모는 아들이 길에서 발견됐다고만 들었다. 이 선량한 입양부모들은 아이가 단순히 버려진 것이라고 추측했다. 그러나 전쟁 상황을 고려한다면 군사 유입으로 주민들이 도망을 가다가 아이가 남겨졌을 가능성이 있다. 물론 입양 기관은 이러한 시나리오에 대해서는 입양부모들에게 전하지 않았다. 그렇게 하면 아이의 친가족이 엘살바도르에서 아이를 찾고 있을 거라는 가능성을 시사하는 것이기 때문이다.

나의 입양부모님이 의뢰했던 입양 기관은 엘살바도르 전쟁 때문에 그들(그들이 누구든지 간에)이 **모든 아이들을 빼내오려 한다**고 말했다. 나의 부모님은 이 말을 전쟁으로 인한 위험 때문에 아이들의 안전을 위해 반드시 피난시켜야 한다는 것으로 받아들였다. 비록 입양 기관의 정확한 의도는 알 수 없으나, 이는 그들이 의도했던 생각일 것이다. 나는 입양 기관으로부터 그러한 이야기를 들은 것이 나의 입양부모뿐만이 아니라고 확신한다. 따라서 입양된 이유가 아동을 위한 인도주의적 구조였다고 믿고 자라온 입양인이 나만은 아닐 것이라 생각한다. 아이러니하게도 스프렌클스가 설명하였던 '이익을 위한 적극적 아동 물색'은 **모든 아이들을 빼내오려 한다**는 개념의 불편한 표현인 것이다.

엘살바도르의 무장 갈등은 1992년 1월 16일, 엘살바도르 정부와 FMLN이 멕시코의 차풀테펙(Chapultepec) 성에서 평화 협정을 체결하며 끝이 났다. 평화협정에 따라 FMLN은 합법정당이 되었고, 군을 반으로 축소한다는 조항도 포함되었다. 아트라틀, 벨로소와 다른 즉각 대응부대도 해산되었다. 폴리시아 나쇼날 시빌(Policia Nacional Civil)이라 불리는 새로운 민간경찰이 만들어졌다. 또한 차풀테펙 협정은 UN 진실위원회로 하여금 전쟁 중에 일어난 인권 침해에 대하여 조사하게 하였다.[14)]

차풀테펙 협정이 체결된 10개월 후, UN 진실위원회는 찰레테난고 지역의 과질라(Guajila)에 대표단을 파견하였다. 엘살바도르에서 수년간 일해 온 스페인 출신 예수회 신부인 혼 코르티나(Jon Cortina)는 대표단과의 협상을 통해 지역 사람들이 그들 앞에서 증언할 수 있도록 하였다. 대표단이 도착했을 때, 증언하려는 사람들은 길게 줄 지어 서 있었다. 그 줄에 프란시스카 로메로와 마그달레나 라모스가 서 있었다. 코르티나는 전쟁 직후 프란시스카를 만나 그녀의 사례를 잘 알고 있었다. 그의 도움으로 그녀와 마그달레나는 진실위원회 앞에서 자녀들의 실종에 대해 증언할 수 있었다.

「광란에서 희망으로」라는 제목의 진실위원회 보고서는 1993년 3월 23일에 출간되었다. 보고서는 전쟁 중에 일어난 수많은 인권 침해를 비난하면서도, 사라진 아이들에 대한 문제에 대해서는 언급하지 않았다. 프란시스카 로메로의 사라진 딸인 엘시에 대한 유일한 언급은 리포트에 부록으로 첨부된 18,000명 이상의 희생자 명단 중에 있는 그녀의 이름이었다.

보고서가 출간된 후 코르티나는 찰레테난고 지역에 작은 인권 단체를 만들어 보고서를 배포하고 보고서에 실린 억압되어 있던 진실을 알리기 위해 활동하였다. 코르티나의 단체는 또한 사라진 아이들에 대한 사례를 조사하기 시작했으며, 프란시스카와 마그달레나의 아이들이 사라진 군사 작전과 같은 기간 동안 아이들을 잃어버린 다른 어머니들을 찾아내었다. 프란시스카, 마그달레나, 그리고 다른 세 가족은 함께 실종된 아이를 찾는 단체를 만들었다. 1993년 4월에 그들은 아이를 찾기 시작했다는 것을 알리기 위해 산엘살바도르에서 기자 회견을 열었다. 이 단체는 잃어버린 아이들에 대한 사건을 법무장관에게 가져가려 했으나 거절당했다.

이는 프란시스카, 마그달레나, 그리고 과질라의 세 가족이 결국 아이들과의 재결합을 이루게 된 기회였다. 프란시스카 라미레즈의 사촌인 산토스(Santos)는 산타 테클라(Santa Tecla)에 있는 고아원인 **아이들의 마을 SOS**(Aldeas Infantiles SOS)에 찰레테난고 출신인 아이들이 가득 차 있다는 소식을 들었다. 1994년 1월에 그 고아원을 지나치다가 산토스는 팔이 하나밖에 없는 소녀를 보았다. 그는 프란시스카의 딸 엘시가 사라지기 전에 폭탄으로 인해 팔 한 쪽을 잃었다는 것을 알고 있었다.

산타 테클라에 있는 **아이들의 마을 SOS**는 SOS 킨더도르프 인터내셔널(SOS-Kinderdorf International)이라는 오스트리아 단체가 운영하는 **아이들의 마을**(Children's Villages) 국제 네트워크의 한 부분이다. 산타 테클라의 SOS가 아이들이 어디에서 왔는지, 또 그들이 알고 있던 것에 기반을 두어 어떤 조취를 취할지에 대해 얼마나 알고 있었는가 판단할 증거는 충분치 않다.

산토스가 **아이들의 마을** 소식을 가지고 찰라테난고로 돌아오자, 과질라에선 스물다섯이 넘는 가족이 그 고아원에 가서 잃어버린 아이들을 찾으려 했다. 그들은 실제로 그곳에서 아이들을 찾았다. 그곳의 책임자는 엘살바도르 적십자사의 여성 자원봉사자들이 아이들을 데려왔다는 것만을 알고 있었다. 가족의 재결합은 10일이 지난 후인 1월 16일에 일어났다. 혼 코르티나도 참석하였다. 총 열한 가족이 그날 자녀들과 재결합하였다. 그 중 한 가족만이 실종 당시 가족을 기억할 만큼 나이가 들었던 딸을 찾았다. 프란시스카와 엘시는 그다음 달에 만날 수 있었는데, 16세가 된 엘시가 임신 6개월이라 과질라까지 여행할 수 없었기 때문이다.

이 열두 가족의 성공적인 재결합으로 많은 가족들이 혼 코르티나를 찾아와 잃어버린 아이들을 찾는 것을 도와달라고 하기 시작했다. 1994년 8월 20일 코르티나와 다른 사람들은 실종아동찾기협회(La Asociacion Pro-Busqueda de Niñas y Niños Desaparecidos)를 만들었다.[15)]

내가 떠난 이후에 엘살바도르에서 일어난 사건들을 알지는 못하지만 그 사건들은 이후 나에게 크게 영향을 주었다. 실종아동찾기협회가 만들어질 때 나는 13살이었다. 당시 나는 매사추세츠 근교에서 전형적인 미국 십대들의 삶을 살고 있었으며, 엘살바도르의 실종아동찾기협회의 설립과 다른 사건에 대해 전혀 알지 못했다. 1994년에 내가 알던 유아기에 미국으로 입양된 다른 엘살바도르인들은 엘살바도르와 그 전쟁에 대해 잊은 지 오래였다. 엘살바도르 입양인과 그 입양부모들은 그 전쟁에 대해 잊어버리는 호사를 누릴 수 있었다. 물론 이는 엘살바도르에 살고 있는 사람들은 누리지 못하는 것이었다.

이주는 엘살바도르 사람들에게 삶의 현실이다. (주로 불법으로) 미국으로 이주한 사람들이 집으로 보내는 돈은 그 작은 중미 국가의 가장 중요한 수입원이다. 그리고 이주가 1980년대에 그랬듯 전쟁의 공포를 벗어나고자 하는 형식이든, 전쟁 이후 가난을 피하고자 했던 것이든, 혹은 국외로의 입양이든 간에 가족간의 이별은 항상 이주의 한 부분이었다.

이러한 이별은 영구적이지 않을 수도 있다. 나의 경우는 실종아동찾기협회를 통하여 결국 가족과 재결합할 수 있었다. 재결합은 2002년 5월 9일에 이루어졌다. 물론 22년 전에 우리가 헤어질 때 나는 아기였기 때문에 재결합시 누가 나의 엄마이고 누나인지 이야기를 들어야만 했다. 가족들과 재결합한 지 4년 동안 나는 거의 매일 전화통화를 하고, 그들을 만나기 위해 엘살바도르에 5번 정도 가기도 했다. 내 가족의 상황은 더 이상 국제적 입양에서 일어나는 전형적인 가족 분리가 아니다. 대신에 이제는 미국으로 이주한 친지를 가진 엘살바도르 가족들의 상황과 같다.

대개 한 사람이 가면 더 많이 따라가기 마련이다. 이는 내게 다른 가족들을 미국으로 데려갈지에 대한 질문을 던진다. 이것은 내가 자란 곳을 같이 방문하거나 보여주는 것 같은 단순한 문제가 아니다. 또한 내 누이들과 엄마로 하여금 여기로 오게 하여 삶을 향상시키거나 미국 사회에 동화시키는 문제도 아니다. 바람직한지 그렇지 않은지를 떠나서, 이것은 단순히 비현실적이다. 내 누이는 대부분의 엘살바도르인처럼 가난하기에 이곳에 오기 위한 관광비자를 얻을 수 없다. 그리고 그녀 또한 원하지 않는다. 만약 그녀가 미국에 온다면 몇 년을 일해 약간의 돈을 저축하고 다시 엘살바도르로 돌아갈 것이다. 그러나 이주 업무가 밀려 있어서, 누이가 비자를 받으려면 적어도 12년이 걸릴 것이다. 심지어 미국 정부가 입국을 거부할 수도 있다.

나는 가족 중 유일하게 미국에 올 수 있고 미국 임금을 벌 수도 있는 사람이다. 그리고 나는 다른 엘살바도르 동포들처럼 애리조나 사막을 건너 밀입국하진 않았지만, 불법 이주노동자들이 가족들을 위해 하는 일과 같은 일을 한다. 즉 내가 도울 수 있을 때 누이를 금전적으로 돕는다. 물론 나는 대학생이기 때문에 중미에서 온 다른 이민자들과는 삶이 다르다. 결국 대학 교육은 내가 아이팟을 살 200달러와 엘살바도르의 조카를 위해 책, 옷, 신발을 살 200달러를 함께 쓸 수 있다는 것을 의미한다. 그러나 지금 나는 엘살바도르에 보낼 돈을 준비하는 것, 가족에게 전화하기 위해 전화카드를 사는 것과 내 책을 사는 것, 수업료를 내는 것 등을 잘 조절해야 한다.

엘살바도르의 무장 갈등은 10년이 넘게 진행되고 있다. 국외 이주는 여전히 많지만 엘살바도르인의 미국으로의 이동 중 국제입양은 더 이상 큰 부분이 아니다. 오늘날 중미 국가들로부터의 이주는 대부분 멕시코와 미국 남부의 국경을 불법적으로 넘는 여정을 통해 일어난다. 도중에 사람들은 강도, 강간, 추방을 당한다. 어떤 이민자들은 북쪽으로 가기 위해, 달리는 기차에서 떨어지는 위험을 감수한다. 게다가 자신이 어디에 있는지 잘 모르거나, 마지막 도착지에 도달할 수 있을지 모르거나, 그 주간 먹거나 잘 수 있을지조차 알 수 없는 위험이 더해질 수도 있다. 이러한 경험들이 미국에서 살며 비교적 특권을 가진 입양인들에게는 대부분 알려지지 않았지만, 자발적 이민자들과 비자발적 입양인들은 결국 같은 사회적 힘으로부터 쫓겨 온 신세이다. 이는 우리들 사이의 연계를 증진하고 인식을 높여야 할 충분한 이유가 될 것이다.

---

1) Open Door Society of Massachusetts, "Welcome Home," *ODS News* 34 (1981): 3.

2) Myrna L. Friedlander, "Ethnic Identity Development of Internationally Adopted Children and Adolescents: Implications for Family Therapists," *Journal of Marital and Family Therapy* 25 (1999): 43-60.

3) Adam Pertman, *Adoption Nation: How the Adoption Revolution is Transforming America* (New York: Basic Books, 2000), 73.

4) Ralph Sprenkels, ed., *El Dia Mas Esperado* (San Salvador: UCA Editores, 2001), 246.

5) Tina Rosenberg, *Children of Cain: Violence and the Violent in Latin America* (New York: William Morrow and Company, 1991), 248.

6) Rosenberg, 240-243.

7) Comision Nacional de Educacion Politica, fmln, *Origen Del FMLN* (September 2002) [FMLN document online]; http://www.fmln.org.sv/ 에도 수록됨.

8) Jose Angel Moroni Bracamonte and David E. Spencer, *Strategy and Tactics of the Salvadoran FMLN Guerrillas: Last Battle of the Cold War, Blueprint for Future Conflicts* (Westport, CT: Praeger, 1995), 15-23.

9) Sprenkels, 61-62.

10) Mark Danner, *The Massacre at El Mozote: A Parable of the Cold War* (New York: Vintage, 1994), 43-52.

11) Sprenkels, 63-82.

12) Sprenkels, 246-247.

13) Lea Marenn, *Salvador's Children: A Song for Survival* (Columbus: Ohio State University Press, 1993), 62.

14) Danner, 158.

15) Sprenkels, 82-96.

제3부

식민주의적 상상, 지구적 이주

12 만약 내가 떠난다면

샨드라 스피어스

미래도 없고 과거도 없다. 단지, 장구하고 고립된 현재만 있을 뿐.
나는 과거의 관계들로 이어지지 않는다.
나는 미래의 세대들과도 이어지지 않는다.
나는 시간의 흐름으로부터 떠나 있다.
한 쌍의 개똥지빠귀가 함께 둥지를 틀고,
알을 낳고 품는다.
이윽고 알이 터지고, 새끼들은 자란다.
어린 새들은 성숙하고, 둥지를 떠난다.
나는 아니다.

마냥 아기 같은 내 얼굴은 비밀을 품고 있다: 나는 서른여섯 살,

결혼도 안했고, 애도 없다. 어쩜 나는 너무 뚱뚱해 싱글일 터.
아니면 나와 데이트할 남자들이 어떤 점에서
　　내가 손상된 존재라는 걸 알아챘을지도 모르지.
아니면 내가 너무 자주 우정관계에 둥지를 틀기 때문일지도 몰라.
아니면 내가 자존감이 부족해서
　　사랑받을 만한 존재가 아니라고 생각하기 때문일지도 몰라.
서른여섯, 이제는 성장할 시간
지금까지 내가 자라온 그 방식이 아닌
배우자를 만나고 아이들을 키우기를 선택하는
그게 바로 다 자란 생물종이 원숙에 이르는 길일 터.[1)]

미래도 없고 과거도 없다, 단지, 장구하고 고립된 현재만 있을 뿐.
나는 과거의 관계들로 이어지지 않는다.
나는 미래의 세대들과도 이어지지 않는다.
나는 시간의 흐름으로부터 떠나 있다.
내 삶의 역사 속에서 나는, 애완동물 혹은 반려로,
사람들의 삶 가운데서 잃어버린 자리를 채워주기 위한,
입양부모의 마음에 난 상처를 싸매는 붕대가 되기 위해 살아야만 했다.

부모님께서 나를 보러 오신다.
그분들이 오는 일이 내게 아주 대단한 일일 거라 여기고
　　수고로운 여행길을 나서서 내게로 오신다.
우린 장터에서 점심을 먹고, 목책을 따라 산책을 나선다.
바닷가 모래밭에 서서 엄마는 사랑 가득한 미소를 지으시며

너는 여전히 작은 소녀 같구나 하고 말씀하신다.

사실 그렇다. 내 안에 있는 아이는 아직 깊이 숨어들지 않았으니.

나는 짐짓 더 귀여운 모습을 하고 엄마를 향해 웃음을 날린다.

엄마가 나와 함께 있을 때 행복하면, 나도 기분이 좋다.

하지만 속으로는 메스꺼움을 느낀다.

영원히 끝나지 않을 듯한 이 순간, 해변에서의 우리 시간은 지속된다.

부모님은 번갈아 가며 나를 물가로 이끄신다.

엄마와는 조약돌을 모으고

아빠와는 조약돌로 수제비를 띄운다.

미소 짓는 동안 내 가슴은 찢어진다.

이것이 우리가 함께 할 수 있는 유일한 방법이기 때문이다.

아기 소녀로서의 나만을

사랑스러운 자녀로 기억하는 그들의 방법.

미래도 없고 과거도 없다, 단지, 장구하고 고립된 현재만 있을 뿐.

나는 과거의 관계들로 이어지지 않는다.

나는 미래의 세대들과도 이어지지 않는다.

나는 시간의 흐름으로부터 떠나 있다.

인간은 모두 자신만의 인간적 삶 이야기 속에 살고 있는 것처럼 보이지만

어떤 점에서 나는 달라. 선택된 아이라는 나의 특별함이 품은 하나의 비밀.

내가 마땅하다고 여긴 그런 세상이 아니듯,

나 또한 마땅히 그러할 거라고 기대했던 존재가 아니다,

발설되지 않은 권력과 지배의 상관관계들

발설되지 않은 진실들 탓에 시체를 파먹는 귀신처럼 반쪼가리 삶.

영원한 현재 안에 있는 한 찰나

2005년의 여름, 내가 잠에서 깨어났을 때

잠자는 공주처럼

오랫동안 외로웠던 시간에서 깨어나 내 여성스러움을 재발견했다.

나는 천천히 내가 아는 유일한 사랑의 길을 발견하면서

내가 아는 유일한 한결같은 사랑

내 삶 가운데 있는 단 하나의 오래 지속되는 관계

내가 사랑을 할 수 있는 유일한 증거는

부모님에 대해 느끼는 그 사랑 안에 있다.

서른여섯 살에 이르도록 내 유일한 발렌타인 선물은 아빠가 주신 것.

엄마는 "이이는 꼭 딸한테 발렌타인데이 선물을 하네."라고 하셨다.

나는 사랑받고 있다고, 축복받았다고 느꼈다.

허나 그건 무언가 단단히 잘못되어 있다는 으뜸 실마리

여태 엄마와 아빠의 작은 소녀로 남아있는 존재라는 것.

미래도 없고 과거도 없다, 단지, 장구하고 고립된 현재만 있을 뿐.

나는 과거의 관계들로 이어지지 않는다.

나는 미래의 세대들과도 이어지지 않는다.

나는 시간의 흐름으로부터 떠나 있다.

창조의 비밀스러운 이야기는 밝히 드러내는 대신 꽁꽁 감춘다.

온통 분리와 단절이다.

내가 백인으로 성장하게 한 방식

내가 백인 남자들과 데이트하도록 배운 방식

내가 백인이 되도록 의도했던 방식
어떤 점에서 나는 그 백인성으로부터 나를 끌어내는 일 가운데서
나는 나를 영속하는 유년기의 감옥에 가두어 왔다.
내가 인디언 원주민이었다는 사실을 망각하며, 혹은 결코 알지 않으려 하며
아니, 나의 원주민성을 재발견하면서, 마냥 어린 소녀로만 머무르려 한다.
나를 당당한 여성으로 위치시키는 일들에 대해서
너무 늦게 배웠거나 아니면 도무지 연결이 안 된다.
나는 이모이자, 친구, 예술가 그리고 교사인데,
내가 도대체 왜 엄마는 되지 못했을까 하는 의혹에 사로잡혀 있다.

그러나 나는 부모님께 성인의 화두인 '데이트와 자녀'에 대해 말한다.
부모님과 **인디언**의 두 세대를 갈라놓는 법률에 대해서도 이야기한다.
그래서 만약 내가 진짜 원주민 남자의 아이들을 갖지 않는다면
내 아이들에게서 **인디언**이 말소되고
그들은 캐나다인으로서 살아가게 될 것이다.
나는 연결을 만든다.
내 조부모가 제거된 길,
내 아버지가 제거된 길,
내가 격리된 길,
이 모든 길들이 바로 그 길로 연결되어 있다.
내 아이들도 제거될 수 있다.
만일 내가 이 문화적 불모지를 그냥 지나친다면,
그것은 생명의 흐름에서 나를 분리시켜 놓을 것이다.
원주민의 조상이자, 후손이 될

그 아이들을 잉태하기 위해

나는 내 부모님께 신화에는 없는, 즉, 나의 현재 순간의 현실에 대해

이야기한다.

미래도 없고 과거도 없다, 단지, 장구하고 고립된 현재만 있을 뿐.

나는 과거의 관계들로 이어지지 않는다.

나는 미래의 세대들과도 이어지지 않는다.

나는 시간의 흐름으로부터 떠나 있다.

한 생명에 관한 이야기에서, 나는 태어난 것이 아니라 선택되었다.

그 선택의 사건에서 나는 내 존재의 순간 안으로 튀어 들어갔는데,

내 아버지의 눈길이 내 큰 갈색 아기 눈과 마주치는 순간

나는 그를 올려다보며 방긋 웃었다.

찬란한 채색과 생명이 머금었던 바로 그 순간을 제외하고는

모든 것이 단절되었고 잿빛으로 남아있다.

현실은 건축되어야 했고, 정체성은 어른이 되어서야 짜깁기 되었다.

재회로부터

가르침과 정치적 각성으로부터

내 삶의 전후맥락을 구성하는 일을 통해서

그러나 내 부모님이 나를 선택한 바로 그 순간의 신화는

나에게 진짜를 느끼게 해주는 떨림을 지니고 있다.

그 아기의 이야기는 나를 진짜로 느끼게 만든다.

내가 어른이 되어 알게 된 출생 이야기가 아닌

내가 어렸을 때 들은 입양 이야기.

그것은 아기의 사랑, 아기의 미소
    진짜 사랑을 느끼게 하는 것
이론적인 차원에서의 원주민 가정, 그러니까
    나 자신은 원주민 아내이자 엄마인
    그리고 원주민 남편과 자식들로 구성되는 그런 가정이 아니라
내가 흠뻑 빠져든 인디언에 관한 신화학이 아니라
거의 사실이 아닌 환상 속의 인디언이 아닌
입양에 관한 한 신화 속에서 나는 산다.
    이 신화는 내 출생에 관한 진실을 은폐하고
또한 나의 미래와 과거에 관한 진실을 은폐하는
    인디언에 관한 한 신화 안에서 나는 산다.

미래도 없고 과거도 없다, 단지, 장구하고 고립된 현재만 있을 뿐.
나는 과거의 관계들로 이어지지 않는다.
나는 미래의 세대들과도 이어지지 않는다.
나는 시간의 흐름으로부터 떠나 있다.
백인 입양부모의 사랑의 신화는
어떻게든 어떤 다른 사랑도 압도해버린다.
이 사랑을 지키기 위해선 있을 법한 다른 사랑은 모두 포기해야 한다.
내가 이 이야기에서 빠져 나간다면 무슨 일이 일어날까?
내가 떠난다면, 사랑의 힘이 깃든 내 가슴에 비수를 꽂아,
언제나 날 사랑해준 내 가족의 가슴에 비수를 꽂아,
선혈이 낭자하도록 내버려두는 것은 아닐까?
아니면 내가 좀 더 진실하고 진정한 인생의 온전함을 찾게 될까?

이것이 바로 사람들이 아기들을 데리고 가서
사회적 위치와 음식, 거처와 사랑 속에 살게 했을 때 일어나는
정체성 위기라는 것이다.
아기들은 재화로 소비되고, 혹은 상품으로 구매된다.
그들은 활기차고 튼튼한 어린이들로 자란다.
그들은 반쪽 진실로 몸부림치는 청소년으로 성장한다.
그들은 성숙을 향한 투쟁 가운데서 어른으로 성장한다.
우리 중 많은 이들이 사랑 품은 사람들로부터 귀여움받았다.
그들은 우리가 생존하기 위해서는
미래에 닿아야 하고 과거와 연결되어야 한다는 사실에 대해서는
아무것도 모르는 사람들이었다.

미래도 없고 과거도 없다, 단지, 장구하고 고립된 현재만 있을 뿐.
나는 과거의 관계들로 이어지지 않는다.
나는 미래의 세대들과도 이어지지 않는다.
나는 시간의 흐름으로부터 떠나 있다.
이것은 어버이날 카드에 쓴 글이 아니다.
개인적이며 동시에 정치적인, 어둡고 심오한 시이다.
이것은 어두운 진실의 상처를 폭로하기 위해
사랑을 얇게 썰어버리는 날카로운 칼날이다.
이것들은 내 다리에 걸린 덫을 물어뜯기 위해 사용하는 이빨들이다.
이건 내 삶의 전부가 아니다, 단지 전환점일 뿐이다.

이것은 입양이야기들에 들어있는 반쪽 인생이다.
반은 툭 튀어나오고 반은 푹 파인 정체성들,
반은 툭 튀어나오고 반은 푹 파인 경력들,
반은 툭 튀어나오고 반은 푹 파인 관계들,
다른 이들이 단단한 땅에서 성인의 삶을 차근차근 세워 나갈 때,
우리는 이야기의 꼭짓점을 향해 힘겹게 자맥질한다.

미래도 없고 과거도 없다. 단지, 장구하고 고립된 현재만 있을 뿐.
나는 과거의 관계들로 이어지지 않는다.
나는 미래의 세대들과도 이어지지 않는다.
나는 시간의 흐름으로부터 떠나 있다.
우리가 직면하는 현실의 의미를 은폐하는
예쁜 사랑이 깃든 이야기들과 중산층의 단정함 속에서 살기 위해
부모님은 결혼하셨고, 백인이시며 유복하시다.
가족들은 교외에 거주한다.
백인인 중산층의 부모는 더 잘 사랑할 수 있다.
애정이 넘치는 사람들은 더 많은 아이들을 키울 자격이 있다.
부유한 사람들은 더 많은 아이들을 기를 자격이 있다.
아이들은 특별하고 선택되었다.
친부모들은 우리를 위해 정말 아무 것도 해줄 수 없었다.
그들이 우리를 백인이라고 하면 우린 백인인 것이다.
그들이 해주는 이야기가 무엇이든 우리는 그들이 말해주는 바를 따라 산다.

허나 이야기들의 밑바닥엔,

친부모들은 만남과 헤어짐이 거듭되는 관계 속에서 몸부림치다가
공황상태 혹은 분노의 정점에서 우리를 포기한다.
우리는 훔쳐졌거나 판매되었고,
친부모는 일생을 고통, 수치와 비탄 속에서 산다.
입양부모는 불임이었지만
입양기관이 요구한 조건을 갖춘 덕에 우리를 입양할 수 있었다.
그들은 자신들의 기능장애와 그로 인한 슬픔에 몸부림치며 아파한다.
입양아동들은 부모님을 가질 자격이 주어지지 않았으며
누군가가 돌보아주지 않았다면 우리는 죽었을 것이다.
버려진 아이들에게 이런 도움이 없었다면 그들은 죽은 것과 다름없다.
인종주의와 계급차별주의 그리고 억압적인 국제 관계는
아기들이 이리저리 옮겨질 수밖에 없는 상황을 만든다.
그리고 그 모든 것은 신화로 덧칠된다.
　　사랑이 풍부하며, 백인이며, 중산층이자 북아메리카에 사는
　　입양부모들
　　그들 스스로도 분투하고 있는,
그리고 우리는 우리 삶을 합리적으로 이해하려고 투쟁하는 동안
진정으로 감사하는 존재가 되라고 요구받는다.

미래도 없고 과거도 없다. 단지, 장구하고 고립된 현재만 있을 뿐.
나는 과거의 관계들로 이어지지 않는다.
나는 미래의 세대들과도 이어지지 않는다.
나는 시간의 흐름으로부터 떠나 있다.
내가 이 시를 쓰기 시작했을 때, 개똥지빠귀 한 쌍이 둥지를 틀고 있었다.

나는 봤다, 새들은 알을 품고, 이윽고 새끼들을 보살피는 모습을.

나는 봤다, 새끼들은 자라고, 이윽고 둥지를 떠나는 모습을.

나는 봤다, 결국 둥지가 땅바닥에 떨어지는 것을.

어떤 시련이 닥쳐도, 이 작은 가족은 견뎌냈고,

비록 보잘것없어 보여도, 현세적인 기적을 이뤄낼 수 있었다.

나 또한 그 기적적인 삶의 일부가 될 수 있다는 믿음에 단단히 매달린다.

특별한 줄거리에 등장하는 대단한 인물로서가 아니라,

장성한 여성으로서, 진득하게 일에 몰두하는 원주민 여성으로서,

나는 거칠게 나를 돌려 세운다, 삼대에 걸친 문화적 대학살의 사나운 힘에

내 인생의 정향이 되고만 백인의 길로부터.

나는 분투한다, 교제하라고 배운 바 없는 남자와 데이트하기 위해.

나는 분투한다, 배운 적은 없지만 한 가정의 아내와 엄마가 되기 위해.

나는 분투한다, 시나브로 스러져가야 했을 원주민 가족의 할머니와 증조할머니가 되기 위해.

나는 알고 이해한다, 삶의 흐름을.

나는 미끄러져 들어간다, 헤엄을 시작하기 위해.

1) 인간과 동물의 차이는 문화적 관점에 따라 달라질 수 있다. 선진국 사람으로서, 나는 내 자신을 네 발 달린, 날개 달린 그리고 다른 종류의 관계로 구성된 공동체의 한 부분이라 여긴다. 인간이 되는 것은 나의 나머지 관계들이 그렇듯이 동물이 되는 것이다. 단지 두 발로 걷는 동물. 나는 그런 동물들로 구성된 **오빠와 언니들**에게 배운다. 오빠, 언니들과 구별되고 우월한 존재인 인간에게서가 아니라 그들에게 의존하고 그들의 모범으로부터 배우는 사람으로서 배운다. 모든 개체가 새끼를 낳지는 않는다. 몇몇 열등한 늑대들은 출산을 하지 않고 우두머리 암컷의 새끼들을 키운다. 이러한 정보는 내 열등하고 **외로운 늑대**로서의 위치에 의문을 던진다. 무엇이 나를 **우두머리 늑대**처럼 자식을 낳는 일에서 배제시키는가? 이것은 생물학적 문제뿐 아니라 사회적 지위에 관한 질문이다. 어째서 난 사회적으로 엄마가 아닌 딸에 가까운가? 이토록 긴 유년기는 나의 입양 · 재결합 경험과 연관이 있을까? 무슨 연관이 있을까? 마찬가지로, 문화적 · 역사적 자리매김은 이론가들이 원숙함과 부모됨을 다른 방식으로 해석하는 원인이 된다. 몇몇 페미니스트 이론은 조직적 억압에서 우리를 보호하기 위해 우리가 인간 존재로서 혹은 여성으로서 지니는 가치로부터 우리의 생물학적 출산 능력을 분리해 버린다. 북미 원주민 부족의 상호연결에 대한 문화적 관점은 구분짓고 분리하는 데에 의존하는 다른 문화권의 가치관과 항상 일치하는 것은 아니다. 나의 문화적 관점에서 보면, 여성으로서의 강점 중 상당한 부분은 우리의 출산 능력에서 비롯된다. 이 정체성은 모성성과 연결되어 있을 뿐 아니라 대가족의 층위에서도 관련이 있다. 이 관점은 원주민이 아닌 이론가들과의 불편한 긴장을 유발한다. 이 시는 내 인생의 각별한 한 순간, 즉 내가 여태껏 자랐던 방법 너머에서 자각한 새로운 성숙성에 대해 표현하고자 하는 것이다. 이모, 친구, 사촌, 손녀, 예술가, 선생님이라는 역할과는 구별되는 나 자신의 각성을 표현한 것이다.

많은 인디언 아동들을 그들이 원래 속한 부족과 가정에서 데려와

기독교와 백인 문화 중심주의 문화로 편입시키고자 했던 인디언 기숙 학교

(사진제공: Minnesota Historical Society)

13 닭장에서 탈출하다

—인디언 아동복지법

하이디 키웨틴피네식 스타크

케켁 제이슨 토드 스타크

자신이 닭이라고 생각한 독수리

제임스 월드람(James Waldram)은 자신의 저서 『파이프의 용도(*The Way of the Pipe*)』에서 스스로를 닭이라고 착각한 한 마리의 독수리에 대해 이야기한다. 어느 날 한 농부가 다친 독수리를 발견하고 회복시키기 위해 독수리를 닭장에 넣어 놓는다. 그 독수리는 새로운 환경에서 살아남기 위해 닭의 행동을 그대로 따라하기 시작한다. 닭처럼 먹고, 닭처럼 자고, 그리고 닭들의 습성을 받아들인다. 그러던 어느 날 한 인디언 사내가 농장에 찾아와 스스로를 닭이라고 생각하는 닭장 속의 독수리를 봤다.

인디언이 물었다. "저 독수리가 닭장에서 뭐하고 있는 거죠?" 농부가 대답하기를 "내가 저 독수리를 도랑에서 발견해서 날개를 고쳐주고 닭장 안에 넣어놨다네. 날개는 다 치유되었고 언제든지 날아갈 수 있을 텐데 내 생각에 저 독수리는 자신이 닭이라고 생각하는 것 같네."[1)]

농부는 인디언 사내가 그 독수리를 닭장에서 꺼내가도록 허락했고 독수리는 여전히 온순하기만 했다. 독수리는 계속 닭처럼 머리를 까딱거렸다. 그 독수리는 더 이상 자신이 누구였는지 알지 못했고, 자신을 독수리로 인식하지 못했으며 닭으로서의 정체성에 그저 만족했다.

그래서 인디언은 새를 산에 데려가서 말했다 "넌 네가 누군지 그리고 네가 어떤 존재로 살아야 하는지 알아야 해." 독수리는 날개를 펴기 시작했다. 그의 날카로운 시선과 본래의 능력이 돌아오기 시작했다. 독수리는 날아올랐고 하늘로 높이 치솟아 올라가면서 자신이 누군지 알게 됐다. 자신이 속했던 자리에 다시 서게 되자 잃었던 모든 것을 되찾았다.[2)]

많은 미국의 인디언 아이들은 이 이야기와 평행한 상황에 놓여있다. 그들은 집에서 적출되어 부족 공동체 밖에 배치되면서 정체성을 잃었다. 그들은 닭처럼 행동하는 독수리가 되는 위험 속에 놓여있다. 부족국가들은 그들의 후손을 떼어 비非인디언 가정, 즉 닭장과 같은 곳에 배치시키려는 주 정부와 그 산하 행정기관들에 맞서 싸웠다. 이처럼 대대적인 적출이 야기할 파괴적 결과를 제한하려는 투쟁은 ICWA(Indian Child Welfare Act. 인디언 아동복지법)를 이끌어냈다.

닭장 짓기: 미국 인디언을 위한 정책 만들기

미국 인구의 1퍼센트미만을 차지하는 미국 인디언들은 종종 소수 인종으로 분류된다. 그러나 미국 인디언들은 다른 소수 민족들은 할 수 없는 주장을 펼 수 있는 위치에 있다. 그들은 북미 원주민들이고 조약을 통해서 미국과 정부 대 정부의 관계를 맺고 있기 때문이다. 럼비족을 탐구하는 학자 데이비드 윌킨스(David Wilkins)는 미국 인디언 정치학을 연구하면서 다음과 같은 말을 했다.

> 미국이라는 국가가 형성되기 훨씬 이전부터, 600개가 넘는 토착 국가들, 부족연합들, 푸에블로족 등이 살고 있었다. 각 공동체들은 경계지어진 영토와 삶의 터전, 적합한 경제적 체계, 정치 시스템, 사회문화적 특이성을 포함한 통권적 특성들을 갖추고 있었다. 이와 같은 원주민들의 존재 그 자체가 원주민들의 주권 관철, 정치적 계약과 조약의 협상을 불가피한 일로 만들었고, 처음에는 유럽 국가들과 나중에는 미국과의 동맹관계에 대한 협상을 강제했다.[3)]

1871년, 조약 체결 과정이 공식적으로 끝났을 때[4)] 미국의 정책 담당자들은 결국 인디언 문제를 다룰 수 있는 직접적인 권한은 개별 주 정부가 아닌 연방의회에 있음을 알고는 미 헌법에 있는 통상 문구를 통해 인디언 부족들과 미국과의 정치적 관계를 재정비하자고 호소했다.[5)] 이 독특한 합법적 관계 덕에 부족국가들은 연방 정부에 주 정부나 개인의 이익 추구로부터 보호해 줄 것을 요청할 수 있었다. 윌킨스에 의하면 이 관계는 다음과 같다.

> 연방 정부는 인디언 부족들의 땅과 자원 그리고 문화적 유산을 광범위

하게 지켜줘야 할 합법적 · 도덕적 의무를 지닌다. 연방 정부는 인디언들의 권리와 자원에 관한 문제를 다룸에 있어 신의와 정직을 최고기준으로 지켜야만 한다.[6)]

하지만 연방의회는 종종 권력을 인디언들의 삶에 불리한 것으로 입증된 정책을 만들고 적용하는 데 이용했다.

닭장 속으로: 인디언 아이들을 집에서 떼어놓기

1880년대에 처음으로 미국은 그 이전까지 시행해온 바, 인디언들을 미국 사회에서 분리시켜 보호지역에 가둬놓는 대신 동화시키고자 하는 의도로 연방 기숙학교 정책을 내놓았다. 이는 보호구역 정책이 소위 말하는 인디언 문제를 해결하는 데 비용이 너무 많이 들고 효과가 없다는 것을 연방 정부가 깨달았기 때문이다. 정책개혁가들은 기숙사에 의무적으로 살게 하는 직업교육이 연방 정부로 하여금 부족국가들을 향한 신뢰의 책임을 덜어주는 방편이자, 인디언들을 미국 사회에 융화시키는 매개 수단으로 보았다. 체스터 A. 아서 대통령은 1881년 국회 연초연설에서 그의 새로운 정책을 밝혔는데 "이 정책이 인디언의 관습 가운데로 소개될 것이며 문명화된 삶을 추구하는 방식이 될 것이며 인디언이 점차적으로 시민사회 집단으로 흡수될 것"이라고 설파했다.[7)] 국회는 이 정책에 따라, 1882년 빈 군부대와 막사 부지를 인디언 산업 훈련 학교를 짓는 데 쓰도록 허가하는 법을 통과시켰다.[8)] 오지브와족을 연구하는 역사학자 브랜다 차일드는 그녀의 20세기 초기 기숙학교에 대한 조사에서 "부족의 환경으로부터 어린이들을 떼어내는 기숙학교 교육이 그들을 문명화시키는 한편 그들에게 실용적인 직업교육을 제공하는 것이 인디언들로 하여금 미국 시민이 되도록 준비시키는 일이 될 거라고 여겨졌다."라고 설명한다.[9)]

그러나 1920년대 중반에 와서는 이 동화정책이 "중요한 부분을 놓친 오산"이었다는 것을 증명하듯 기숙학교들이 문을 닫게 되었다.[10)] 이 중대한 오산은 1928년 정부 연구기관이 흔히 메리엄 보고서라고 불리는 "인디언 행정에 관한 문제"를 출판했을 때 가장 두드러지게 나타났다.[11)] 그 보고서는 연방 정부의 인디언 관련 정책들, 즉 땅 분배와 동화정책 등이 인디언 부족들에 미친 파괴적 결과를 보고하고 있었으며 인디언 정책 개혁을 요구했다. 또 이 보고서는 인디언 아동 기숙학교의 비참한 환경을 기록했는데 이 문제는 《굿하우스키핑(*Good Housekeeping*)》의 많은 기사들을 통해 더욱 자세히 알려졌다. 그 기사들은 미국 여성들에게 과거에 있었던 그리고 현재에도 빈번히 일어나는 인디언에 대한 부당함을 인식하도록 촉구했다. 그 부당한 일 가운데 최악은 아이들을 그들의 가족으로부터 격리시켜, 과로에 시달리는 냉담한 관리들이 학생들을 굶기는 기숙학교로 넣는 것이었다. 그곳은 너무 많은 아이들이 수용된 데다가, 병들기 십상이었다.[12)] 메리엄 보고서는 인디언 교육의 실패에 대해 대중들의 주의를 끌면서, 정책가들로 하여금 인디언을 동화시키려는 목표를 버리고 인디언 교육에 대한 접근방식을 재고하게 했다. 나아가 1940년대에 이르러서는 사회복지기관들이 시설 생활은 아동발달에 유해하다고 인지하게 되었다.[13)] 아동을 시설에 두는 것보다는 입양이 더 낫다고 여겨졌는데 이는 아동에게 보다 **자연스러운** 가족 환경 및 영구적 처소를 제공하기 때문이었다. 그러나 불행하게도 많은 입양기관들이 사회적 소수자의 아이들과 장애아 그리고 연장아를 **배치곤란**으로 여겼다. 1940년대와 1950년대에는 이런 아이들의 수용을 권장하고자 많은 프로그램이 생겨났다. 1950년대 중반에는 인디언 아이들을 입양하기 위한 대중적 관심이 커졌고 BIA(Bureau of Indian Affairs, 인디언 행정국) 본국과 지국에 입양 가능성을 문의하는 편지들이 쇄도하기 시작했다.[14)]

입양관련 연구자 데이비드 팬셀(David Fanshel)은 인디언 아이들에 대한 관심이 증가한 이유로, 인디언 아동을 국제입양한 가족들이 그 결과에 만족하는 걸로 알려진 데다가 1957년 미국기독교협의회(National Council of Protestant Churches)에서 미국 인디언에 대해 조사했던 덕분이라고 주장했다. 이 조사는 아동의 보편적 복지에 대한 대중의 관심을 키우는 결과를 가져왔다. 대중은 비참하게 여겨졌던 인디언 아동을 백인 가정으로 입양하는 것을 적절한 해결책으로 보았다.

미국 인디언 아동들의 외부 배치를 장려하기 위해 1958년 BIA와 CWLA(Child Welfare League of America, 미국아동복지연맹)는 인디언 입양프로젝트를 세웠다.[15)] 1957년 전국적으로 행해진 조사에서는 "입양갈 가정이 없어 위탁기관이나 시설에서 키워지도록 강요된 1,000명 정도의 인디언 아이들이 법적으로 입양가능"한 것으로 나타났다.(팬셀, 35) 인디언 입양프로젝트는 9년이라는 짧은 기간 동안 약 395명의 원주민 아이들을 백인 가정에 보냈다.[16)]

1960년 CWLA는 팬셀에게 인디언 입양프로젝트를 통해 입양된 97명의 아동에 대한 연구를 맡겼다. 이는 아동들이 어떻게 입양에 적응했는지에 대해 결론을 내리고자 함이었고 또한 인종적 배경이 다른 아동을 입양한 가족들의 특성과 배경에 대해 지식을 구축하고

자 함이었다. 그 아동들은 입양되기 전에 사회복지사들에 의해서 위탁가정들이나 기숙학교에서 거듭 살아가는 일이 그들의 운명처럼 여겨질 만큼 중개자들의 주선하는 손길 아래에서 그들의 인생을 보내야 할 그런 존재로 입증되었다.(팬셀,iii) 그 프로젝트에 의해 입양에 적합한 아동이 되기 위해서는, 아동은 적어도 조부모가 인디언이든지 그보다 더 인디언 혈통이어야 하고 육체적으로나 감정적으로 입양될 만한 상태라고 간주되어야 한다. 친생부모와 매우 면밀한 상담 후에 부모가 아이를 포기해야 하고 만일 아이가 **유기**되었거나 **방치**되었다면 사회복지기관은 이 아동을 영구적으로 배치할 필요가 있음을 입증해야 한다. 법원은 이 아동이 **입양돼도 좋은 아이**라고 확증해 줘야 한다. 이 기준을 충족시키는 아이들은 입양기관과 임시양육기관 사이에서 중개자 역할을 하는 프로그램 책임자의 책임 아래 입양되었다.(팬셀, 40)

팬셀의 연구는 일련의 입양부모들과의 인터뷰를 수반하고 있으며, 그가 중요하다고 생각한 두 개의 목표를 중심으로 진행되었다.

> 첫 번째 목표는 아이들을 입양한 부부의 특성에 대해 체계적인 지식을 발전시키기 위한 것이다. 이를 통해 인종적 · 민족적 경계를 넘어서 입양하는 현상에 대한 지식의 증진을 도모했다. 두 번째 목표는 아동이 입양된 후 5년 동안 가족과 아동이 겪은 경험의 실상을 파악하는 것이었다.(iii)

인터뷰에 응한 부모들이 인종간 입양을 긍정적으로 느끼고 있었다면, 또 이 입양이 아동의 성장에 미치는 곤란한 점은 아주 미미한 것이며, 입양 덕에 아동이 영원한 가정으로 배치되었다고 결론 내렸다면 입양기관들은 입양 정책을 펼치는 데 더욱 적극적으로 덤벼들도록 격려가 되었을 것이다.(iii) 하지만 두 살 전에 입양됐던 아이들은 연구를 진행할 무렵 아직 일곱 살 미만이라서 이 연구를 위한 인터뷰를 할 수 없었다. 그러므로 이 연구는 아이들이 관련된, 인종간 입양의 효과를 분석하는 데 제한된 틀을 제공할 뿐이다. 그렇지만 이 연구는 ICWA가 통과되기 전 인디언 아동의 인종 경계를 넘어선 배치에 대한 통찰을 제공한다.

독수리를 바라보는 농부: 인종간 입양을 한 부모

팬셸의 연구는 미국인 아동을 입양한 집안의 배경과 사회적 생활태도에 대한 정보를 모색했다. 이 연구에서 대상이 된 인디언 아동을 입양한 부모들은 부모 역할에 있어서 다양한 단계에 있는 사람들이었다. 어떤 부모들에겐 이 아이들이 그들의 첫 아이였고 또 어떤 부모들에게는 이미 친자식이 있었고, 또 이전에 이미 백인이나 인디언이 아닌 소수인종 아이를 입양해 키운 사람도 있었다. 이 연구는 부모들이 입양기관에서 적극적으로 장려받고, 인디언이 아닌 아이 대신 인디언 아동을 입양한다는 사실을 발견했다. 부모들은 그들이 내린 결정에 관해서 다양한 감정을 표출했다. 한 아버지는 그의 결정이 너무 경솔했다고 시인하며 다음과 같이 말했다.

> 입양기관에서 우리에게 인디언 아이를 입양하고 싶은지 물었을 때 한 번도 인디언 아이를 본 적이 없었는데도 입양 가능성에 대해 의논하려고 했습니다. 돌이켜보면 우리는 사실 그 상황에 대해 충분히 생각하지 않았던 것 같아요. 티나(입양한 아이)를 봤을 때 난 혼란스러웠고

> 심지어 그 애를 데려간 후에도 여전히 혼란스러웠습니다. 나 자신에 대해 정말 진실할 때면 내가 본질적으로 편견을 지닌 사람이라는 사실을 인정해야만 했습니다.(89)

조사에 응한 부모들은 대부분 엄청난 고민 끝에 결정을 내렸다고 말했지만 실상 많은 부모들이 인디언 아동 입양이 몰고올 엄청난 영향은 깊이 생각하지 않았다고 인정했다. 그들의 인종간 입양은 그들로 하여금 인종과 피부색에 대한 자신의 아주 중요한 감정 혹은 다른 사람들의 감정을 인식하도록 강제했다. 한 엄마는 그녀가 느끼는 불편한 감정에 대해 토로했다.

> 우리 부부가 첫 아이를 입양한 기관에서는 장애아동이나 소수인종 아동만을 둘째아이로 입양하도록 제안할 수 있었습니다. 많은 생각과 걱정 끝에 기관에 도착했어요. …그 아기와 함께 입양기관을 나올 때 사람들이 나를 응시하는 게 굉장히 고통스럽게 느껴졌습니다. …그 담당자는 그 아이가 나와 다르다는 것을 내가 그토록 두려워한다는 것을 알지 못했습니다.(103)

이 엄마는 결국 입양한 아이에 대해 느끼는 불편한 감정 때문에 정신과의 도움을 받아야 했다.

어떤 부모들은 자녀들의 인종적 외양이 마음에 걸렸지만 어떤 부모들은 인디언 아동을 입양할 기회를 얻은 것을 기쁘게 생각했다. 팬셀은 인디언들에 대해 부모들이 다양하고도 복잡한 의견들을 갖고 있음을 알아냈다. 그가 인터뷰했던 어떤 부모들은 인디언 아동이야말로 **진정한** 미국인이라는 생각에 즉시 입양 기회를 얻길 원했던 반면, 다른 부모들은 원주민을 불쌍하게 보고 있었다. 한 아버지는 원주민 아이를 입양하는 것이 위로가 된다고 했는데 그 까닭은 "원주민이 이 나라에서 시련에 찬 시간을 보냈기 때문"이라는 것이었다. 그리고 그는 어린 시절에 항상 자신이 카우보이보다는 인디언의 후예라고 생각했다고 말했다.(85) 또 다른 부모들은 피부색이 옅은 인디언 아동이라면 입양하겠지만 아프리카계 미국 흑인 아동은 입양하고 싶지 않다고 명백하게 말했다. 심지어 한 아버지는 다음과 같이 말했다.

> 입양기관이 인디언 아이를 입양할 생각이 있냐고 우리에게 물었을 때 아이의 피부색이 옅다면 상관없다고 했습니다. 나는 남부 출신이기 때문에 흑인 아동들과 다니면 사람들이 우리를 가지고 잘못된 판단을 내릴까 꺼려졌습니다. 우리는 그 아이가 행여나 흑인이라고 여겨지는 게 싫었어요. 그 기관은 우리가 인디언 아이를 입양하면 그 아이가 더 쉽게 받아들여질 거라고 말했습니다.(84)

부모들은 어떤 요인들이 **받아들일 수 있는 아이**를 결정하느냐는 질문을 받았다. 단 15퍼센트의 엄마들만 **딱 봐도 흑인**인 아이를 받아들일 의향이 있었고, 22퍼센트만이 **보기에는 흑인이 아니라도, 흑인**인 아이를 받아들일 의향이 있었으며 71퍼센트가 **동양계** 아이를 쉽게 입양할 의향이 있다고 했다.(119) 대부분의 부모들은 자신들이 개인적으로는 흑인 아동을 입양하는 일에 악감정이 없더라도 사회가 그 아이에게 적대적 태도를 보일 테니 입양이 아동에게 최선이 아니라고 자신들의 입장을 정당화했다. 이 연구의 응답은 많은 부모들이 아시아계 아동에 대해 가지고 있는 태도와 비슷한 태도를 인디언 아동에게 가지고 있음을 드러낸다. 사람들이 종종 길에서 그

들의 아이가 인디언 아이인지 한국 아이인지 질문하곤 한다는 것이다.(119)

팬셸의 연구는 1950년대 후반과 1960년대 초반의 인종간 입양 관행에 대한 복잡하고도 상반된 관점을 보여주는 창이 되었다. 팬셸은 인종을 초월해서 인디언 아이를 입양하는 것이 괜찮은가에 대한 판단을 백인 입양부모와의 인터뷰만으로는 판단할 수 없다고 인정하며 다음과 같이 경고했다.

> 앞으로 많은 인디언 아이들이 백인 가정에 입양될 수 있을지 여부는 인디언 부족의 태도에 달렸다…. 인종간 입양을 둘러싼 분위기가 바뀌고 있는데 사회적 소수 집단들은 입양을 자신들에게 상처와 타격을 안기는 궁극적 수치로 여기는 경향이 있다. 대부분의 인디언들의 운명은 미국 안에서의 그들의 생존과 사회적인 정의를 위한 사투와 깊이 묶여 있음은 분명하다. 그들의 궁극적인 구원은 투쟁에서의 성공에 달려있다. 오직 인디언들에게만 그들 부족의 아동들이 백인 가정에 입양될지 여부를 결정할 권리가 있다.(341)

1970년대에 그의 연구를 출판했을 당시, 많은 족장들은 CWLA와 BIA가 인디언 입양프로젝트를 실시한 후 엄청난 비율로 증가한 인디언 아동의 적출에 오랫동안 저항해오고 있었다.

닭처럼 쪼아 먹기: 거주지 이전율과 그 효과

1950년대와 60년대에는 전체 아동 인구중 1퍼센트 미만의 아이들이 태어난 가정 밖에서 양육됐던 반면 인디언 아동은 그들 중 3.1퍼

센트가 가정 외부로 배치되었다. 이는 비인디언 가정의 아동에 비해 3.6배나 높은 수치였다.[17)]

기숙학교가 성행하던 시절이 한참 지나간 후에도 미국 인디언 가족이 자신의 아이들을 키울 능력이 있냐는 의문이 계속 제기되었다. 주[州] 기관들은 아이들을 이주시키는 것이 미국 인디언 아이들에게 가장 좋은 방법이라고 주장했고, 이는 1978년 ICWA가 통과되기 전까지 적게는 25퍼센트에서 많게는 35퍼센트의 미국 인디언 아이들이 자신들의 가정을 떠나 주 법정, 복지기관, 사설 입양기관에 의해서 비[非]인디언 가정으로 입양된 결과를 초래했다.[18)] 연방의회는 전국적으로는 인디언 아동들이 다른 아동들보다 5배 많이 위탁시설이나 입양가정에 배치된다는 것을 발견했다. 또 몬태나 주에서는 인디언 아동을 위탁보호시설에 배치하는 비율이 비인디언 아동에 비해 최소 13배 높은 것으로 드러났고, 주 정부 공공복지부가 밝힌 바에 따르면 사우스다코타 주에서는 1967년부터 1978년까지 주 전체 아동 청소년 인구 중 인디언 아동의 비율은 7퍼센트였는데도 주 전체 입양 아동 인구 중에선 40퍼센트가 인디언 아동이었다. 워싱턴 주에서는 인디언 아동의 입양 건이 비인디언 아동의 입양 건보다 19배 많았고, 위탁 배치는 10배가 많았다. 위스콘신 주의 경우 인디언 아동이 그 친부모와 결별하게 될 비율은 비인디언 아동에 비해 16배나 높았다.[19)]

ICWA가 채택된 의회 청문회 도중에 제공된 정보에 의하면, 1971년 BIA에서 실시한 인구조사에서 34,538명의 인디언 아동이 가정 대신 일종의 시설기관에서 생활했다. 이는 총 인디언 학령기 아동의 17퍼센트를 넘는 수였으며, BIA가 운영하는 학교 학생들의 60퍼센트에 달하는 수였다. 이 조사에 따르면, "나바호족 지정 거류지에서 2만 명의 어린이 혹은 90퍼센트의 학생들이 BIA가 운영하는 기숙학교에서 생활하고 있다."[20]

인디언 아동의 거주지 이전은 입양기관과 지방 기관이 예상했던 것보다 훨씬 심각한 문제들을 안고 있었다. 즉, 지방과 주 기관은 인디언 아동을 강제로 이주시켰고, 이 강제적 이주가 빚어낼 정신적 외상의 영향을 무시했다. 의회는 1978년 청문회에서 미국 인디언 행동가들과 지도자들이 제기한 우려를 인식했다. 인디언 사무에 관한 소위원회는 이렇게 선언했다.

> 인디언 아동을 그들의 친부모에게서 격리하는 일, 특히 그들의 특별한 필요를 채워줄 수 없는 시설이나 가정에 배치하는 일은 사회적으로나 문화적으로 바람직하지 않다. 아동에게 있어서 이런 분리는 정체성과 자긍심을 상실시키고, 인디언 아동들의 유례없이 높은 자퇴율, 알코올 중독, 마약 중독, 자살과 범죄를 불러일으킨다.[21]

또 연방의회는 인디언 아동들의 적출이 이미 진행되고 있던 가족 붕괴를 악화시키며, 이것이 가난과 절망의 악순환을 끊을 수 없게 만든다고 주장했다.[22]

이러한 문제들은 우울증 · 자살 · 알코올중독과 같은 사회적 문제를 줄이려고 노력하는 인디언 아동복지 옹호자들에게 고민거리였다. ICWA에 관한 1990년대의 한 회의에서 이블린 블랜차드(Evelyn Blanchard)와 어빙 벌린(Irving Berlin)은 가정 외부에 배치돼 있는 10만 명의 인디언 아동에 대한 연구 결과를 토대로 거주 이전 문제의 장기적 효과에 대해 토론했다. 유타 대학교의 톰 핼버슨(Tom

Halverson)이 실행한 그 연구는 18세에서 20세 사이의 인디언들이 전국 평균에 비해 6배에서 10배 정도 높은 충격적인 자살률을 보인다는 걸 발견했다.[23] 여기에 핼버슨은 영국계 가정에서 양육되었던 남녀 젊은이들의 40퍼센트가 우울증을 겪었을 뿐 아니라 자살을 시도한 적이 있음을 발견했다.[24] 이처럼 인종간 배치가 인디언 아동들에게 유해한 영향을 끼쳤음이 입증되었다.

독수리, 날 준비를 하다: ICWA의 통과

동화정책이 거듭되고, 주州가 개입하여 인디언 아동들을 가정 밖으로 배치하는 일이 급속히 늘자 이는 많은 인디언들의 걱정거리가 되었다. 족장들은 부족 아동들의 미래에 경각심을 품고 주류 사회의 관행에 부족이 처벌당하고 있는 것으로 느꼈으며 많은 사람들 역시 이러한 정책들이 부족의 주권을 침해하는 것이라며 걱정하기 시작했다. 주와 지방 기관들은 이런 배치가 인디언 아동에게 최선이라고 했으며 종종 인디언 아동들의 문화적 요구를 묵살했다. 주 정부와 지방기관의 정책 집행을 유예시키기 위해 활동가들이 연방 정부를 찾아갔고, 이는 ICWA의 통과로 이어졌다.

1968년에 노스다코타의 데빌스레이크시옥스(Devil's Lake Sioux)부족은 그들이 직면한 문화 말살의 정도가 걱정되어, 1923년 미국 인디언과 알래스카 원주민의 권리를 보호하고 사회적 · 경제적 시민의 평등을 장려하기 위해서 만들어진 AAIA(The Association of American Indian Affairs, 미국 인디언 사무 협회)로 향했다.[25] AAIA는 국민들에게 관심을 불러일으키고 연방 정부에 제시할 객관적인 자료나 증언을 수집하면서 공적이며 전문적인 경로로 이 문제를 인식시키고 정보를 제공하는 등 진지하게 접근하기 시작했다.[26] 1974년 4월 8일과 9일에 걸친 93번째 의회에서, 상원의 감독 아래 인디언 아동들의 거주 이전에 대한 청문회가 드디어 진행되었다. 상원의원인 동시에 인디언 사무에 관한 소위원회(Indian Affairs Subcommittee)의 위원장인 제임스 아보레즈크(James Abourezk)는 청문회를 진행하며 증언을 내놓았다. 1977년에 상원에서 이 문제에 관해 청문회를 하면서 아보레즈크는 이렇게 말했다. "지금까지 … 공적이고 사적인 복지 기관들 모두 인디언 아동이 비非인디언 아동으로 성장하는 것이 낫다는 전제로 운영된 것 같다."[27]

미국 인디언 아이들을 위한 아동복지 관행을 검토한 결과, 하원의 대륙 및 도서 소위원회(Committee on Interior and Insular Affairs in the House of Representatives)에서는 인디언 아동들이 가정으로부터 강제로 격리된 상황이 다음과 같음을 발견했다.

1. 친부모는 문서들의 성격이나 이 문서가 개입하고 있는 절차들을 이해하지 못한다.
2. 아이나 친부모 모두 법정변호사에 의해 보호받지 못하고 그들의 권리 또한 통지되지 않는다.
3. 기관의 공무원들은 인디언 문화와 사회에 익숙하지 않을 뿐더러, 대부분 이들을 경멸한다.
4. 가족과 아이를 분리시키는 사유가 된 상황이 명확하게 위험하지도 않고, 또 위험하더라도 고칠 수 있거나 일시적인 상황이다.
5. 부족의 권위를 대표하는 사람들에게 부족이 아닌 정부의 행동에 대

해 어떤 설명도 하지 않았다.[28)]

위 문제들과 더불어, 연방의회는 부족들이 자신들의 아이를 양육할 수 있는 권리를 빼앗기고, 그들의 종족과 관련된 사항들을 일방적으로 통지받고 있음을 발견했다. 이리하여, ICWA에 관한 청문회 도중에 인디언에 관한 정책이 선언되었다. 이는 다음과 같다.

> 의회는 여기 이 나라의 정책을 선언한다. 미국 인디언들을 위한 사회적 책임과 법적 의무를 다하기 위하여, 인디언 아동을 위탁가정이나 입양가정으로 배치하는 기준을 제정할 때, 이 기준은 고유한 인디언 문화의 가치를 반영할 것이며, 교육적 이유가 아닌 사회적 이유로 인디언 아동들을 불필요하게 기숙학교로 배치하는 것을 제지시키며, 인디언 부족들에게 '부족 가족의 발전을 위한 프로그램'이 운영되는 방법을 알려주고, 점차적으로 인디언 가족들의 안정과 보호를 증진시키고자 한다.[29)]

이 법은 1978년 11월 8일에 법적인 효력을 갖게 됐다. 의회는 "연방 정부와 인디언 부족들 간의 관계가 명확히 정의되어 있는 바, 연방 정부는 인디언 부족들과 그들의 자원을 보호하고 보존할 책임"이 있음을 명확히 하고 있다. 의회는 다음과 같은 사실을 발견했다.

> 1. 인디언 부족들의 지속적인 생존과 보전을 위해서 그들의 아이들보다 중요한 자원은 없으며 미국은 피신탁자로서 인디언 부족들 사이에서 구성원이거나, 혹은 구성원 자격이 있는 인디언 아동을 보호하는데 직접적 관심이 있다.
> 2. 인디언 부족이 아닌 공공기관과 사설 기관이 부당하게 인디언 아동

을 강제로 이전시킴으로써 놀라울 정도로 많은 인디언 가정이 파괴되고 있으며 인디언 아동들이 비인디언 위탁가정이나 입양가정으로 배치되는 비율은 충격적으로 높다.

3. 주 행정당국이나 사법당국은 인디언 아동의 배치 과정에 관한 법적 결정을 시행함에 있어, 인디언들의 본질적인 부족적 관계들과 인디언 공동체 및 가족에게 보편적인 문화적 · 사회적 기준을 파악하는 일에 실패했다.[30]

그 법안은 두 가지 구체적 목표를 갖고 통과되었다. 인디언 아동들을 그들의 문화적 자리로부터 분리시키는 것은 부족의 장기적 생존 여부는 물론 다수의 개별 인디언 아동들에게 사회적 · 심리적으로 유해한 영향[31]을 끼치기 때문에, 주권적 실체로서의 인디언 부족의 미래를 보호하는 한편 개별적 인디언 아동과 그 가족의 유지를 보호하도록 의도되었다.[32]

ICWA에 대한 청문회에서는 인디언 아동이 백인 환경에서 양육되면서 청소년 시기에 겪은 발달문제가 재발함을 보여주는 연구에 기초한 우려들을 크게 다루었다.[33] 의회는 인디언 아동이 비非인디언 가정, 즉 아동 자신의 고유 문화 바깥으로 배치되어 해로운 영향을 받았다는 증거를 인지했다.(아이들을 잃은 부족들과는 다른 각도에서 말이다.)[34] 더 일반적으로 말하자면, 아동을 비인디언 가정으로 배치시키는 것은 "인디언 부족 아동의 부족 문화유산 상속을 막는 것"으로 보인다는 것이다.[35]

ICWA에 관한 의원 보고서에는 위네바고 부족 족장인 루이즈 라로즈(Louis La Rose)의 진술이 포함되어 있었다.

> 내가 보기에 백인이 인디언 아동에게 저지른 가장 잔인한 속임수는 그들을 입양 법원에 데리고 가서 그들의 기록을 다 지우고 가치관이 완전히 다른 불완전한 가족으로 보내는 것이다. 그 아이는 커서 16살이나 17살이 될 것이고 백인 지역에 거주하는 작은 체구의 갈색 피부를 가진 청소년으로 자라날 것이다. 그러다가 그의 고향으로 다시 돌아갈 것이고 그의 친척이 누군지 전혀 알지 못할 것이다. 이것은 매우 비인간적인 처사임이 틀림없다. 나는 이것이 한 인간을 파괴시키는 일이라 생각한다.[36]

이 법률은 근본적으로, 인디언 아이들의 복지가 **백인 중산층**에 기초해 결정되는 것을 방지하기 위해 생겨났다.[37] ICWA와 관련하여 의회는 주와 주 법원에서 아이를 강제 배치시킬 때, 기준을 명백하게 **백인 중산층**에 두고 있다는 것을 알게 됐다.[38]

연방의회는 "만약에 부족을 세습할 수 있는 유일한 후예인 아이들이 비인디언 가정에서 길러지고 인디언 부족의 환경에 노출되는 것이 금지된다면 부족의 생존은 굉장히 위험해질 것"이라고 인식했다.[39] 인디언 아이들에 대한 격리 조치는 공동체의 자치권을 실천할 부족의 능력을 약화시키는 것이며, 아이들이 없는 것은 부족들에게 있어 정치적 미래를 구성할 핵심이 없어지는 것과 같기 때문이다. "가족관계가 사회적 · 문화적으로 결정적 요인이 되는 공동체만큼 종족의 자주권이 중요한 공동체는 없다."[40] ICWA에서 의회는 이 자주권의 측면을 인지했고 최소한, 인디언 아이들을 인디언 문화의 유일무이한 가치관을 반영한 곳에서 지내도록 하는 정책을 수립했다.[41] 연방의회의 조치는 기념비적이었다. 왜냐하면 부족 문화는 부족 생존의 중핵이고 인디언 아동이 부족의 문화를 학습하게 하는 것은 부족의 지속적 생존을 위해 필수불가결한 것이기 때문이다.

독수리의 비상: ICWA의 소송 절차적 요소들

사법조항들은 이 법령의 핵심이었다. 왜냐하면, 이 복지법은 "부족 법원 판사들이 주 법원 판사들보다 인디언 고유의 양육 관습을 많이 알고 있다."라는 것을 인지한 가운데 수립됐기 때문이다.[42] 따라서 ICWA는 만약 아동이 인디언 거주지에 살거나 부족 법원이 아동의 후견인이면 부족 법원에게 사법권을 전적으로 준다. 만약 아동이 보호구역 거주지 밖에서 살면 아이가 속한 부족과 주 법원 모두 사법권을 갖는다. 예외 경우는 아동의 부모가 반대할 때나, 부족 법원이 소송 절차에 참여하는 것을 거부할 때나, 주 법원 혹은 시 법원에서 소송 절차를 밟지 않아도 되는 좋은 이유를 찾아냈을 때이다.[43] 더 나아가, 법원은 주에서건 연방에서건, 인디언 보호자나 부모에게 적용할 수 있는 한 가장 높은 법적 보호기준을 제공하도록 되어 있다. 따라서 ICWA는 상충되는 주 법에 대한 우선권을 갖는다.[44]

ICWA는 네 개의 중요한 절차적 요소를 가지고 있는데, 통지, 상담할 수 있는 권리, 전문적인 증인의 증언 요구권과 실효있는 조치 등이다. 이 법은 우선 등기우편을 보내 소송을 통지하는데, 부모나 인디언 보호자와 아동이 속한 부족이 통지받았음을 확인하는 수령증을 받아오도록 요구한다.[45] 이 법은 또한 "위탁보호 배치나 부모의 권리 종결 조치는 부모 혹은 인디언 후견인과 아동의 부족이 통지서를 받은 후 최소 10일이 지나야 한다."라고 명시한다.[46] 또 부모와 부족에게 연락이 닿지 않은 채로 주 정부나 시 정부 혹은 사회봉사기관이 아동 구치 문제를 두고 청문회를 해선 안 된다.

일반적으로 아동 구치 소송 절차에서, 부모의 거처가 분명하지 않은 경우에 통지는 공표로 대신한다. 보통 경우에, 통지의 공표는 시의 신문이나 인디언 신문이 아니라 주의 재정·통상 신문에 나온다. 의회는 이 방법이 사건에 연루된 부모에게 불리하다고 판단하고, 우편으로 보내는 것을 규정으로 하였다. 더 나아가, 주나 군郡이나 시의 사회기관은 그 부모의 마지막 주소, 가족관계, 이웃들과 부족들을 통해 부모의 거처를 찾는 등 부지런히 노력하여 아이의 구치 절차가 빨리 진행되도록 해야 한다.

ICWA는 추가적으로 아동의 친부모에게 아동 구치 소송 절차에서 스스로를 변호할 수 있는 권리를 부여한다.[47] 이는 매우 중요하다. 보통은 주 법원에서 부모에게 이러한 권리를 부여하지 않기 때문이다.[48] 나아가 이 법은 자격이 있는 전문가 증인에게 아동이 가정 외부로 배치되어야 할 합당한 증거를 제시하도록 요구한다.[49] 그 목적은 "법원이 인디언 사회의 사회적·문화적 관점에 대한 지식을 얻고, 문화적 선입관을 최소한으로 줄이기 위함"이다.[50] 자격이 있는 전문가 증인이란 '인디언 문화와 전통을 알고 있기 때문에 특정한 아이가 정서적·육체적으로 고통을 받을지 아닐지에 대해 의견을 피력할 수 있는 사람'을 포함한다.[51] 그러나, 몇몇 주에서는 이 정의에 더 엄격한 법률을 제정했다. 미네소타 주에서는 이 전문가 증인을 부족이 지명하는데 그들 부족의 문화에 익숙하고, 잘 알고 있는 사람이어야 하고, 이를 주나 군, 다른 사회서비스기관이 변경할 수 없다.[52]

인디언 문화와 전통에 대한 지식을 갖춘 전문가 증언은 인디언 아동 개개인을 위한 것이다. 이 전문 지식은 문제가 되는 가족의 아동 양육 내용이 해당 부족의 기준에 부합하는지 아니면 배치되는지를 검증해준다. 전문가 증언은 긴급 거주지 이전 이후 90일 내에 제출되어야 하고, 법원이 부모의 권리를 소멸시키기 전에 제출되어야 한다.[53] 이 증언은 아동이 계속 그 부모나 인디언 후견인의 보호 아래 있을 경우 정서적 · 신체적으로 심각하게 해를 입을 것이라는 점에 대해 명확하고도 신뢰성 있는 증거를 통해 법원이 반드시 설득될 수준의 것이어야 한다.[54]

이 조항은 왜 필요한가. 예를 들어, 많은 인디언 부족들에게 아이들을 외딴 곳에 데려다 놓고 단식시키며 그들의 인생 목적과 미래에 대해 기도하는 통과의례가 있다. 만약 인디언 공동체의 구성원이 아닌 사회복지사가 이를 봤다면, 부모가 아이에게 하루 이상 음식과 물을 주지 않으면서 외딴 곳에 버려놨으니 아동 학대나 아동 방치라고 생각할 것이다. 여기서 전문가 증인은 이런 금식과 격리가 학대나 방치가 아니라, 인디언 사회에서 유효한 아동 양육 관행이며 제례임을 법원에서 증명할 것이다. 반면 만약에 부모가 술을 마시러 나가느라 장시간 아동을 방치한다면, 전문가는 이것이 인디언 사회의 아동 양육 관행에서도 받아들여질 수 없는 것이며 법원이 아동을 격리 조치해도 된다고 할 것이다.

마지막으로, ICWA는 군郡 기관에게 "가정의 파탄을 막기 위한 구제 서비스와 프로그램 제공에 실효성 있게 노력할 것"을 요구한다.[55] 실효성 있는 노력이란, "지역 복지 기관이 그 의무를 다해 적극적이고, 철저하게, 문화적으로 적합한 방법으로 아동의 가족 외부 배치를 예방하고 불가피하게 외부로 배치해야 한다면 가능한 한

빠른 시일 내에 아동을 본래 인디언 가정으로 돌려보내는 것"을 의미한다.[56] 이런 노력을 요구하는 것은 인디언 확대가족과 부족, 인디언 사회복지기관, 개별적 위탁 인디언 양육인들이 제공하는 자원을 될 수 있는 한 모두 이용하고 개입시키는 한편, 복지기관들이 인디언 부족의 타당성 있는 지배적 관습을, 책임지고 고려하도록 하는 것이다.[57]

독수리, 정체성을 되찾다

오늘날 인디언 부족들은 움츠렸던 날개를 펴면서 인디언 아동의 복지에 대한 사법권을 되찾고 있다. 또한 인디언 아동을 위한 복지 시스템에 관해 시, 군, 주와 파트너 관계를 맺고 있다. 이런 이야기가 알려지고 ICWA가 이행되면서 인디언 아동들은 자신들이 닭이 아니라 독수리인 것을 기억하는 가운데 세대를 거듭해 잃어왔던 것을 회복하면서 닭장을 벗어나 날아오를 것이다.

1) James B. Waldram, *The Way of the Pipe: Aboriginal Spirituality and Symbolic Healing in Canadian Prisons* (Orchard Park NY: Broadview Press, 1997), 2.

2) Waldram, *The Way of the Pipe*, 3.

3) David E. Wilkins, *American Indian Politics and the American Politics System* (New York: Rowman and Littlefield, 2002), 42.

4) 16 US Stat 566.

5) Vine Deloria, Jr., *Behind the Trail of Broken Treaties, An Indian Declaration of Independence* (Austin: University of Texas Press, 1985), 142. The commerce clause is at Art. 1, sect. 8, clause 3.

6) Wilkins, *American Indian Politics*, 47.

7) Vine Deloria, Jr., and Clifford M. Lytle, *American Indians: American Justice* (Austin: University of Texas Press, 1983), 8.

8) Deloria and Lytle, *American Indians: American Justice*, 11.

9) Brenda Child, *Boarding School Seasons: American Indian Families, 1900-1940* (Lincoln: University of Nebraska Press, 1998), 13.

10) Deloria and Lytle, *American Indians: American Justice*, 12.

11) Frederick E. Hoxie, *A Final Promise: The Campaign to Assimilate the Indians, 1880-1920* (New York: Cambridge University Press, 1989), 242.

12) Child, *Boarding School Seasons*, 33.

13) David Fanshel, *Far from the Reservation: The Transracial Adoption of American Indian Children* (Metuchen, NJ: The Scarecrow Press, 1972).

14) Fanshel, *Far from the Reservation*, 37. All subsequent citations appear in the text.

15) Marc Mannes, "Factors and Events Leading to the Passage of the Indian Child Welfare

Act," *Child Welfare* 74, no. 1 (1995): 266-267.

16) Marc Mannes, "Factors and Events," 267.

17) Marc Mannes, "Seeking the Balance Between Child Protection and Family Preservation in Indian Child Welfare," *Child Welfare* 72, no. 2 (1993): 144.

18) B. J. Jones, "The Indian Child Welfare Act: Protecting the Integrity of Indian Tribes and Ensuring Future," *ABA [American Bar Association] News*, October 1995, 1.

19) House Committee on Interior and Insular Affairs, *Indian Child Welfare Act of 1978 [ICWA]: Hearings on S. 1214*, 95th Cong., 2d sess. (February 9, March 9, 1978). (Hereinafter House Hearings on ICWA.)

20) House Hearings on ICWA, 30.

21) House Hearings on ICWA, 4.

22) House Hearings on ICWA, 4.

23) Irving Berlin and Evelyn Blanchard, "Long-Term Effects of Out-of-Home Placement of Indian Children," (paper, "The Indian Child Welfare Act: Indian Homes for Indian Children Conference," University of California, Los Angeles, CA, August 22-24, 1990).

24) Berlin and Blanchard, "Long-Term Effects."

25) Marc Mannes, "Factors and Events," 265.

26) Marc Mannes, "Factors and Events," 269.

27) Senate Select Committee on Indian Affairs, *Indian Child Welfare Act of 1977: Hearings on S. 1214*, 95th Cong., 2d sess. (August 4, 1977).

28) House Committee on Interior and Insular Affairs, *Indian Child Welfare Act of 1978*, 95th Cong., 2d sess., 1978, H. Rep. 96-42. (Hereinafter House Report.)

29) ICWA, US Code 25 § 1902.

30) ICWA, US Code 25 § 1901, 3-5

31) *Mississippi Band of Choctaw Indians v.* Holyfield, 490 US 30, (1988).

32) Senate Select Committee on Indian Affairs, *Indian Child Welfare Act of 1977*, 95th Cong., 2d sess., 1977, S. Rep. 95-597, 52. (Hereinafter Senate Report.)

33) Senate Report, 43.

34) *Holyfield*, 490 US at 30.

35) *Holyfield*, 490 US at 45.

36) Senate Report, 43.

37) *Holyfield*, 490 US at 37.

38) *Holyfield*, 490 US at 44-45.

39) House Hearings on ICWA, 193.

40) *Holyfield*, 490 US at 45.

41) ICWA, US Code 25 § 1902.

42) B. J. Jones, *The Indian Child Welfare Handbook: A Legal Guide to the Custody and Adoption of Native American Children*, (Chicago: American Bar Association, 1995), 29. See also: Holyfield, 490 US at 30.

43) ICWA, US Code 25 § 1911, b.

44) ICWA, US Code 25 § 1921.

45) ICWA, US Code 25 § 1912, a

46) ICWA, US Code 25 § 1912, a.

47) ICWA, US Code 25 § 1912, b.

48) Jones, *Indian Child Welfare Handbook*, 55-56.

49) ICWA, US Code 25 § 1912, e-f.

50) Jones, *Indian Child Welfare Handbook*, 55-56.

51) Jones, *Indian Child Welfare Handbook*, 59.

52) *Minnesota Indian Child Welfare Tribal-State Agreement*, sec. Part II.G & Part I.E.32 (1998).

53) Jones, *Indian Child Welfare Handbook*, 59. See also: ICWA, US Code 25 § 1912, e.

54) Jones, *Indian Child Welfare Handbook*, 59. See also: ICWA, US Code 25 § 1912, e.

55) ICWA, US Code 25 § 1912, d.

56) Mary Jo Brooks Hunter, "Active Efforts, or Reasonable Efforts Disguised as Active Efforts," (paper, Indian Law Conference, University of North Dakota School of Law, April 2005), 2.

57) Hunter, "Active Efforts," 2-3.

인디언 기숙학교에서 추수감사절 기념 연극을 위한 복장을 입은 인디언 아동들

(사진제공: Minnesota Historical Society)

14 고아 열차에서 아동 공수까지

—식민지 무역과 제국 건설 그리고 사회공학

토비아스 휘비네트

식민지 지배를 막 벗어난 소위 제3세계의 유색인종 아동을 북미, 북유럽, 서유럽, 호주, 뉴질랜드의 백인 입양가정에 보내는 움직임을 국제입양 또는 국가간 입양이라고 하는데 이는 한국전쟁 직후인 1950년대 중반에 출현했다.[1] 이 대대적 아동 이주는 현재 매년 거의 3만 명에 이르고 있고 지금까지 50만 아동을 이주시킨 것으로 추정되며, 그 3분의 1은 한국 아동이다.

이러한 관행은 입양 수령 국가들의 기독교 냄새가 물씬 풍기는 구제선교의 일환으로 시작되었고 1960년대와 70년대에 이르러서는 연대를 위한 진보적 행동으로 간주되었다. 오늘날 북미와 서유럽, 오세아니아 국가들이 입양 수령을 주도하고 있는데 다문화주의 담론이 국제입양인을 문화적 교량이요, 인종간 조화의 상징이며, 지구적이고 포스트모던한 세계주의의 체화라고 경축하는 동안 국제입양은 온갖 불임의 고통에 대한 최후 수단으로 개발되었다. 다른 한편 입양 송출 국가들에게는 국제입양이 가족계획의 한 방략이자 아동복지의 한 부분으로 고려되었다. 국제입양에 관련하여 입양 송출 국가의 반대론자들이 종종 제기하는 비판에도 불구하고, 대부분의 정부는 국제입양을 필요악으로 처리한다. 이 정부들은 국제입양을 불명예스럽고 굴욕적인 사업이라고 여기면서도 사회복지 비용 지출을 절감시켜주고 이익이 남는 입양산업으로 엄청난 돈을 벌 수 있다는 것을 명확하게 인지하고 있다.

학술적으로, 국제입양에 대한 연구는 종종 의학과 정신의학, 또는 사회복지와 심리학의 영역을 넘지 못했다. 나는 국제입양 연구에 있어서 이런 지배적 연구 방법을 따라 주류 관점의 단순한 재생산을 시도하는 대신 다른 관점, 즉 인류학과 이주의 역사, 아메리카 제국 건설과 국제관계, 한국역사의 군사 권위주의와 가부장적 현대성을 통해 입양에 대해 연구하고 분석한다. 특히 한국의 입양 송출 사례를 중심 사례로 사용했다. 한국이 가장 큰 국제입양아동 공급국가이고, 그 입양 자체가 한국전쟁과 연루되기 때문이다. 국제입양은 입양에 대한 서구세계의 특수한 방식과 관련이 있다. 또한 과거와 현재의 아동 강제 이주와도 연관이 있다. 나아가 2차대전 이후에 등장한 미국의 세계지배 맥락 안에 위치하고 있다. 다른 한편으로, 국제입양은 한국의 근대화 과정과 연관이 있고 또한 사회공학과 개발의 이름 아래 여성의 몸과 재생산을 규제했던 방법으로 보인다. 국제입양의 역사와 현 상황을 정확히 이해하고 싶으면, 국제입양을 여러 가지 다른 각도와 시선으로 봐야 한다.

서구적 입양 방식

국제입양은 서구의 특수한 입양 방식을 반영한다. 1851년 메사추세츠에서 처음 실행된 미국 입양법에 뿌리를 두고 있다. 사실상 강압이나 다름 없는 국제 협력에 의해 전세계로 확산되었고 이는 확장된 친족체계를 통해 아동을 기르던 비서구적 전통을 파괴하고 국제입양으로 대체시켰다.

입양은 모든 문화권에서 사회적 관행으로든 합법적 제도로서든 언제나 존재해왔다. 그러나 현대 서구적 입양 관행은 여타의 세계적 관행들에 비추어 매우 일탈적이다. 과도하게 가족체계 외적이며, 입양 이전에 친생가족과 입양가족 사이에 아무런 생물학적 혹은 그밖의 관계가 전혀 없다. 더군다나 친생가족과 입양가족이 서로 전혀 알지 못한 채 분절되어 입양가족이 아동에게 전적으로 새로운 정체성을 부여한다.

미국의 여성해방론자인 메리 캐서린 베넷(Mary Kathleen Benet)은 이 유별나고 특이한 서구적 입양 방식을 근대화로 인한 대가족 붕괴에 대한 보상과 핵가족 시대로의 진입에 상응하는 것으로 보자고 제안한다.[2)] 이와 병행하여 몇몇 연구자들이 지적하는 점은, '유기'와 '버려진 아이들'에 대한 서구 중산층의 개념을, 입양 그 자체보다 친척들이 양육하고 돌보는 일이 훨씬 더 보편적인 비서구사회의 개념과 어떻게 구별해낼 것인가이다. 결국 그 구별점은 국가간 아동 입양에 관한 헤이그 회의에서 헤게모니를 장악한 이들에 의해 협정문의 형태로 만들어졌다.[3] 서구적 입양 방식이 점진적으로 변해 왔다는 걸 말해두겠다. 많은 서구 국가에서 1968년 혁명 이전에 자녀를 입양 보낸 친생모들이 커밍아웃해서 목소리를 내기 시작했다는 점이다.

친생모들은 자신의 경험을 책으로 쓰고, 하나같이 그들이 가족과 사회복지사들, 입양기관, 종교단체로부터 자식을 포기하라고 얼마나 압력을 받았는지 말하고 있다. 그들은 봉인된 기록들을 볼 수 있게 해달라고 도전하며 자녀들과의 재회를 시도하고 친생가족과 입양인, 입양가족의 연결이 단절되지 않는 공개입양을 옹호한다.

아동 강제이주의 비교

고전적 의미의 식민지 시대에도 서구 선교사들과 식민지 개척자들, 무역상인들은 소위 입양을 위한 원주민 아동을 보유하고 있곤 했지만 비서구 국가의 아동들을 서구의 입양부모에게로 이동시키는 국제입양은 한국전쟁과 더불어 대대적으로 시작되었다. 한국의 경우와 유사한 대규모의 인종간 입양 예들은 많이 있다. 19세기 오스트리아 제국에서 집시 아동 18,000명을 납치하여 가톨릭 가정에서 양육함으로써 집시 혈통을 희석시키려 했던 일, 1990년대 중반까지 소위 **잃어버린 새들**(lost birds)이라고 불린 캐나다와 미국의 미국 인디언 아동들 약 5만 명을 백인 가정에 배치시킨 일, 1900년부터 1970년 사이 호주에서 소위 문명화 계획의 일환으로 25,000명의 아동을 부모로부터 적출하여 영국계 가정에 배치한 일명 **도둑맞은 세대**(stolen generations) 등이다.[4] 국제입양과는 달리 이렇게 원주민 혹은 소수집단 아동을 백인 가정에 입양시키는 국가 내의 인종간 입양 사례들은 때에 따라 인종말살 또는 문화적 대량학살로 불리며 거칠게 비난받고 논쟁거리가 되어 왔다.

전지구적 아동 이주의 역사에서 국제입양과 가장 근접한 경우는, 1618년부터 1967년에 이르는 동안 영국으로부터 영연방 곳곳에 배편으로 이송된 13만 아동의 경우와 1854년부터 1929년까지 미국 중서부 부모들의 노동력을 대체하도록 미국 동부에서 중서부로 일명 '고아 열차(orphan train)'로 이송된 10만 명의 미국 고아들 사례가 있다.[5] 린다 고든(Linda Gordon)은 고아 열차 프로그램이 진행된 시기에 인종이 결정적 역할을 했던 매우 흥미로운 사건에 대해 서술했다.[6] 1904년 뉴욕 출신의 아일랜드 고아 40명이 애리조나의 한 가톨릭 가정에서 살도록 보내졌다. 그 가톨릭 가정이 멕시코계 미국인으로 밝혀지자 이 사건을 지켜본 그 지역 영국계 미국인들은 이 인종간 경계를 침범한 사건에 대해 격분했고 결국 이 아이들을 모두 납치하도록 선동하고 총격전까지 벌였다. 개신교 다수집단이 흔히 아일랜드인들을 '부패하고 야만적인 켈트족'이라고 경멸해온 일에 비추어보면 아일랜드 출신 고아들에 대한 우스꽝스럽기 짝이 없는 벼락치기 백인화(whitening)였다.

이 즉각적 행동을 통해서 인종간 입양은 백인들의 특권으로 단호하게 복권되었고 이 특권은 현대까지 지속되고 있다. 이 같은 백인의 대응은 한국에 살거나 해외에 사는 한국인 중산층 부부가 느닷없이 백인 아동을 입양한다거나 한국 아동이 라틴아메리카나 아프리카 나라로 국제입양 보내지는 일이 일어나야 비로소 상상할 수 있을 것이다.

시민권 운동 이전의 미국 몇몇 주들은 인종간 입양을 금지하거나 백인이 아닌 사람들이 백인 아동을 양육하는 일을 법으로 금지시키기까지 했다. 결국 1990년대 후반에 이르러 디트로이트의 한 흑인 여성이 백인 소녀를 입양하고자 했을 때 광범위한 언론지면 논쟁이 폭발적으로 불거졌다.[7)]

에버렛 레셀러(Everett Resseler), 닐 부트비(Neil Boothby), 대니얼 스타인벅(Daniel Steinbock)은 난민 아동에 대한 저명한 연구에서 현대 국제입양의 선구적인 기원을 오스만 제국의 대량학살로부터 살아난 아르메니아 아동들이 그리스와 러시아로 이주한 1차대전 이전으로 추적했다.[8)] 또한 국제적십자사와 세이브더칠드런의 감독 하에, 오스트리아-헝가리 제국과 러시아와 독일에서 잘 적응하지 못한 수십만의 아동들이 '임시 위탁 아동'이라는 이름으로 영국과 스위스, 네덜란드, 북유럽 국가들로 이송됐다.[9)] 두 차례의 세계대전 사이에 벌어진 스페인 내전 도중에는, 2만 명의 스페인 아동들이 시설들로 강제 배치되어 프랑스, 중남미, 북유럽 국가, 소련의 대리부모에게 보내졌다. 이중 2,000~3,000명은 죽을 때까지 그곳에서 살았다.

이와 유사한 과정이 2차대전 이전과 전쟁 중에 반복되었는데 나치 통치 아래 중부 유럽 출신의 유대인 아동 2만 명을 영국과 여러 서유럽 국가로 보낸 '아동수송기차(Kindertransport)'가 있었고, 핀란드 전쟁아동(sotalapset) 7만 명이 임시로 스웨덴으로 보내졌는데 그중 1만 명은 입양되거나 위탁아동으로서 거기에 살았다.[10)] 게다가 나치 독일의 레벤스본(Lebensborn) 프로그램은 최소한 20만 명의 동유럽 남자아이들을 외모에 근거해 인종적으로 받아들여질 만하고 독일인이 될 만하다고 여겨 독일 가정으로 입양시켰다.[11)] 끝으로 2차대전 이후부터 1953년에 이르기까지 미군 아버지를 가진 중국, 대만, 동유럽, 그리스, 독일, 이탈리아, 일본 출신의 아동 약 5,000명이 입양을 위해 미국으로 '동행이 없는 난민'으로 분류돼 이동되었다. 또한 퇴각하던 일본제국 군대가 만주에 버린 일본 아동 2,500명이 중국 가정으로 입양되었다.[12)]

현대적 국제입양의 성수기에 앞서는 또 다른 사례로, 콜럼버스가 1493년에 첫 항해에서 돌아오자마자 스페인 왕에게 선물한 타이노족 인디언 여섯 명이 있는데, 그 가운데 넷은 도착하자마자 죽었다. 또 알곤킨족 출신 **인디언 공주**(Indian princess) 포카혼타스(Pocahontas)는 1617년 영국에서 죽었고, 1897년에 로버트 피어리(Robert Peary) 장군은 이누이트 소년 미닉(Minik)을 데리고 온 적이 있다. 한때 유럽 군주들에게 인기 있었던 '코트 니그로(Court Negroes)'에서 한니발이라고 불렸던 자는 러시아 황제 피터 대제에게 입양되어 러시아 국민시인 알렉산드르 푸시킨(Aleksandr Pushkin)의 증조부가 되었다.

지난 50년 동안 약 50만 명의 아동을 서구 국가로 유입시킨 현대적 국제입양은 1510년부터 1876년 사이에 아프리카로부터 신대륙으로 선박운송된 1,100만 명의 대서양 노예무역, 1834년부터 1941년 사이에 1,200만 명의 인도인과 중국인을 거대한 유럽제국의 노예적 노동을 위해 급파한 일, 오늘날 국제결혼과 성적 착취를 위해 여성과 아동을 대량으로 인신매매하는 일과 병치된다. 꼬리를 물고 이어지는 이런 강제 이주들에 대한 비교 연구는 비[非] 백인 인구를 대륙 너머로 이송하는 장구한 서구의 전통으로 개념화하고 있는 바, 이주와 국제입양 분야 양쪽에서 추가 연구가 이뤄지기를 바란다.

노예와 입양인들을 강제로 이주시킨 데는 매우 다양한 많은 목적이 있었겠지만 대서양 연안 노예무역과 국제입양을 비교해보면 거기엔 몇 가지 두드러진 공통점이 있다. 두 관행 모두 만족을 모르는 소비 수요에 의해 생겨났고, 사설 시장의 인기와 냉소적인 이윤 창출에 의해 견인됐으며, 젊고 건강하고 피부색이 덜 검은 사람을 가장 비싸게 매기는 매우 인종주의적인 가격결정 방식을 쓰고 있다. 둘 다 노예사냥꾼과 입양 알선소라는 형태의 현지 중개인이 존재하며, 선박 운송항로라는 믿을 만하고 효율적인 전지구적 운송 체계에 의존한다. 노예와 입양인 둘 다 어린 나이에 그들의 부모와 형제자매, 친척, 그밖의 중요한 관계에 놓인 사람들과 헤어져야 하며, 그들 본래의 문화와 언어를 빼앗기고 항구와 공항에서 다른 사람으로 다시 태어난다. 기독교인으로 개종되어 다시 세례를 받으며 주인에 따른 이름을 새로 받는다. 그리고 끝내 낙인이 찍히거나 번호가 매겨져 백인이 아닌, 인종차별을 받게 될 몸만 남게 된다. 흔히 회자되는 집노예 혹은 하인 노예(말콤 엑스는 노예를 집노예와 들노예로 구분지었는데, 집노예는 주인에게 물질적 혜택을 받아누리는 대신 철저한 복종의 길을 걷고 들노예는 노예 노릇에 저항함을 통해 물질적 기반을 기꺼이 상실한다—옮긴이)와 입양인은 둘 다 그들의 주인과 영원히 살고 주인의 가솔 혹은 가족 구성원에 속하게 된다. 나아가 두 가지 경우 모두 새 가정으로 옮겨졌을 때 물질적 풍요, 의문의 여지 없이 훨씬 나은 서구 문명의 혜택을 입는다는 피상적 논리로 합법화된다. 마지막으로 결국 두 그룹은 물질적 풍요를 추구하는 자들의 필요와 욕망을 만족시키기 위해 이송될 뿐이다.

문화인류학자 이고르 코피토프(Igor Kopytoff) 또한 그의 **상품의 문**

화적 전기傳記에 관한 연구에서 노예와 입양아동의 상품화를 병치해 논하고 있다.[13] 적어도 고전적인 관점에 의하면 노예와 노예적 계약 노동은 당연히 하나의 역사에 불과하지만 현대의 여성 인신매매는 불법이며 전세계적으로 비난받는 것이 마땅하다는 것이다. 그런데 오직 국제입양만이 논쟁의 여지가 없는 것으로 남아 있고, 서구적 입양의 개념에 특권을 부여하는 많은 **서구중심적 국제** 협약들에 의해 합법화되었다. 사실상 국제입양은 오히려 냉전시대 이후 계속 증가했다. 약탈적인 신자유주의 자본주의가 전지구화되고 최근에 일어난 국제적 노동 분할의 변형과 다문화주의 담론의 대중화, 개별 서구 국가들에서 중산층의 출생률이 급락하는 것 등이 그 까닭이다.[14]

미국제국 건설

한국전쟁 직후 일종의 구제선교로 국제입양이 시작되었다. 서구 세계의 개인들과 봉사단체들 덕에 국제입양이 체계를 잡게 됐는데, 당시 대규모 성적 착취와 군사매춘의 결과로 미군과 유엔군을 아버지로 둔 아동이 발생했고, 이 아동들을 미국과 유럽의 가정에 입양시키는 것이 구제선교 단체의 의도였다. 1950년대 초반 혼혈 아동과 전쟁고아 문제 및 그들이 한국에서 처한 어려운 형편은 서구 언론에서 공개적으로 토론되었고 종종 그 아동들의 숫자는 과장됐다.[15] 이처럼 전후戰後 한국 혼혈아동들에 대한 대중적 관심과 강박관념은, 프랑스와 네덜란드 식민지였던 동남아권 나라에서 비공식적 내연관계나 강간 혹은 매춘의 결과로 태어난 아동들, 즉 유럽계 혼혈 아시아 아동들이 고전적인 제국주의 시대에 어떻게 보여지고 취급되었는지에 대해 매우 강력한 회상을 불러일으킨다. **혼혈 문제**와 식민지 환경에 대한 폭력적 관계들에 대해 연구한 앤 로라 스톨러(Ann Laura Stoler)에 따르면 이 아동들은 유럽 본국의 국민들, 특히 기독교 박애주의자들과 인본주의자들과 여성단체들에게 구원 판타지와 해방 프로젝트의 대상이었다. 사실상 신체적 강압에 의해 원주민 친생모로부터 격리된 이 혼혈 아동들은 버림받은 고아들로 간주됐고, 여기저기서 끌어모아져서 특별 고아원이나 기숙학교로 보내졌다. 이렇게 했던 것은 그들의 백인적 특권을 향상시키고 그들이 지니고 있는 감지가능한 유럽인성(European-ness) 보호, 즉 문화적 · 언어적 · 도덕적으로 원주민화되지 않고, 서양 아버지를 혐오하거나 심지어 성인이 되어 서양 아버지를 살해하는 정치적 위험 인물이 되지 않게 하기 위해서였다.[16)]

이 혼혈 아동들은 식민지배자와 피식민지인 사이를 갈라놓는 신체적 영역 표지의 축소판인 동시에 그들의 존재 자체가 서구적 양육 관념이 어떤지를 도전적으로 드러내 주는 완충계급이었다. 이와 동일한 경우를 호주 애보리진 원주민 여성과 백인 사이에 태어난 혼혈 아동들인 '도둑맞은 세대'에서 볼 수 있다. 이들은 원주민 어머니들로부터 합법적으로 적출되어 백인 호주인인 양 신분이 상승되고 문명화되고 양육되며 교육받도록 기획됐다. 결국 확대가족 구성원들이 기르고 돌보는 비서구적 아동 양육 개념이 서구적 입양 개념에 정복당하고 파괴된 것이다. 그런데도 1950년대의 아시아 혼혈아동에 대한 미국인 대다수의 우려가, 2차대전 이전의 유럽계 정착민을 아버지로 둔 식민지의 혼혈 아동 문제에 프랑스나 네덜란드, 대영제국이 대응한 방식과 근본적으로 구별된다는 점을 기억하는 것이 매우 중요하다. 이 시기의 혼혈아동 중 그 누구도 유럽 가정으로 입양되거나 유럽 대도시로 이주하지 않았으며, 대신 이들은 식민지가 해체된 이후에도 영국계 인도인 혹은 유럽계 아시아 혼혈인들로 그 땅에 방치돼 있었을 뿐이다.

한국전쟁은 냉전이 막 시작되고 미국이 전지구적 패권을 쥐기 시작한 초기에 일어났다. 노벨문학상 수상자이자, 중국, 일본, 독일 출신의 적어도 일곱 혼혈아동의 입양엄마인 작가 펄 벅(Pearl S. Buck)은 1950년대와 1960년대에 한국 아동들을 입양하라고 미국인과 서유럽인들에게 강하게 호소했다. 로라 브릭스(Laura Briggs)는 펄 벅이 아시아계 아동들의 입양을 위해 아동 구제활동과 반공주의, 그리고 이에 대한 미국 온정주의자의 책임을 얼마나 유려한 필치로 표현했는지에 대해 기술하고 있다.[17] 펄 벅은 마침내 1949년 중국과 일본 그리고 한국의 혼혈아동을 입양하기 위해 '웰컴 하우스'라는 입양기관을 설립했다. 크리스티나 클라인(Christina Klein)은 국제입양의 발단에 대한 미국의 깊숙한 개입과 아시아계 아동에 대한 초기의 관심을 다음과 같이 표현했다. 아시아인들은 초기 발달단계에 머물러 있는 미성숙한 민족이고, 여성화되어 그들의 자식을 돌볼 수 없다고 묘사하면서 아시아계 아동들의 입양 혹은 후원을 통해서 아시아인들에게 가족과 같은 끈을 만들어 자비로운 **백인 엄마**를 연기하려 하는 냉전정신의 표현이자 가족 사랑에 대한 담론으로 해석했다.[18] 클라인은 이렇게 하여 국제입양은 미국의 대외정책 중 필수요소가 되고 정치적 관계를 촉진하는 일과 지역에 대한 반공주의적 개입을 합법화하는 데 이용됐다고 주장한다.

같은 방식의 일이 여러 나라에서 연달아 일어났다. 특히 동아시아에서 국제입양을 위한 공급 기지가 시작됐을 때 한국이 선례가 되었다. 베트남, 태국 같은 나라를 미국이 침략하자 이 나라로부터의 국제입양이 발생했다. 미국의 영향력 아래 놓인 거의 모든 나라들, 미국 군대의 개입, 주둔, 지배에 노출된 나라들, 심지어 내전과 소수 집단에 대한 인종청소와 부패한 독재 권력이 일어난 나라들이, 국제입양으로 자국 아동을 서구(특히 미국)로 가장 많이 보낸 나라들이 된 것은 우연이 아니다. 결국 이 나라들이 왜 이런 국제입양 관행에 있어 가장 먼저 공급국가가 되었는지 설명해준다. 비록 수단이나 시에라리온, 아프가니스탄, 이라크 같은 아프리카 및 무슬림 국가들은 미국 영향권의 입양아동 수출국 명단에서 제외될지라도 그 명단에는 한국, 베트남, 태국, 캄보디아, 필리핀, 대만, 인도네시아, 인도, 스리랑카 등의 아시아 국가와 콜롬비아, 칠레, 브라질, 페루, 온두라스, 아이티, 멕시코, 엘살바도르 그리고 과테말라 등 많은 라틴아메리카 국가가 있다. 서구 우월주의자들의 편견이 강력하게 작동하고 있는 대륙으로서는 아시아 대륙이 으뜸이었던 바, 아시아 아동이 서구 여러 나라에서는 유순하고 복종적이며 영특하고 부지런하고 친절하고 조용하며 까다롭지 않고 거기에 귀엽기까지하고 유아적이고 예쁘장하다는 편견이 광범위하게 퍼진 점은 분명한 사실이었다.

한국 현대화 프로젝트

1960년 4·19 학생의거는 한국 초대 대통령 이승만의 독재 통치에 종지부를 찍었고, 짧게나마 민주주의가 이어졌다. 1961년 박정희의 군사 쿠데타는 민주주의를 단숨에 말살하고, 잔혹한 반공주의와 개발주의, 근대화 이론에 입각해 학생과 노동자를 무참히 억압하는 군사 독재 정권을 전개했다.[19] 쿠데타 당시, 한국은 여전히 심각한 가난을 겪는 농경사회이고 전형적인 후진국이었다. 이런 문제들을 타파하는 것이 무엇보다 핵심이었다. 첫 경제개발5개년계획을 시행한 1962년 이후 30년 동안, 한국의 개발독재는 놀라울 정도로 빠르게 그리고 지독히 효율적으로 한국을 농경사회에서 현대 공업국가로 변모시켰다. 인구과잉이 감지되자 인구를 줄이기 위해 이행된 주요한 2개 조치가 바로 가족계획과 해외이주였다. '해외입양'은 그 둘을 섞은 것으로 볼 수 있다. 이리하여 1961년부터 1979년까지 박정희 대통령 독재시대와 1981년부터 1987년까지의 전두환 대통령의 독재시대에 해외입양이 그 절정에 달했다. 전체 해외입양 건의 4분의 3이 이 시기에 이루어졌다.

박정희 군사정권은 신속하게 1961년 9월 30일 한국 최초의 현대 입양법인 고아입양특례법을 제정했고 바로 뒤이어 아동복지법을 통과시켰다. 이 두 법이 통과된 것은 시설을 통한 고비용 아동보호의 대안으로 해외입양을 활용하게 된 것을 의미했다.[20] 이 법령들은 한국 아동 국제입양의 법적근거가 되었고 효율적인 입양기관과 빠른 처리 과정 그리고 안전한 수송이 특징인, 세상에서 가장 효율적인 입양산업의 토대를 설립했다.[21] 1967년의 개정 이후, 이 법은 모든 입양이 한국법을 따라 시행되도록 했고 서구 나라들의 입양기관과 가깝게 일하는, 정부가 공인한 입양기관을 통해 이루어지도록 규정했는데 양국의 입양기관들은 입양을 원하는 부모에게 대금을 요구했다.[22] 해외입양 권한을 부여받은 입양기관들은 고아원을 운영하기 위해 전문사회복지사, 의사, 간호사를 고용해야 했고, 장단기 위탁양육과 국내입양을 시행하도록 요청되었다. 입양법이 통과되고 해외입양의 기구적 토대가 설립되자 한국의 사회사업은 전문화되고 사회복지는 관료화되었다. 그 이후로, 한국은 전통사회로부터 현대화에 이르는 자갈밭을 걷기 시작했는데 해외입양은 재생산 영역에서 자율규제를 통해 스스로 통제하고 정화하는 가장 성공적 관례 중 하나가 되었다.

1979년 박정희 대통령이 측근 손에 죽고 잠시 동안의 민주주의 기간이 지난 후 강경한 새 군부 독재자 전두환이 쿠데타를 통해 권력을 잡았다. 1980년 새 정권은 해외입양에 대한 새 윤곽을 잡았는데 그것은 이주 프로그램을 확장하고 서구 동맹국가들과 우의를 진작시키기 위해 소위 비정부간 외교 정책으로 통합시키는 것이었다.[23] 정부 조례를 폐지함으로써 할당제도(입양기관 별로 국내입양 실적에 따라 해외입양 아동 수를 배정하던 제도—옮긴이)는 무효화되었고 입양 가능한 아동을 무제한적으로 찾아내도록 허용함으로써 4대 입양기관들이 경쟁하는 체제를 도입했다. 결과적으로 입양산업은 번영을 구가했고 10년 사이 전례가 없을 만큼 많은 아동이 입양 보내졌는데 그 수는 거의 7만 명에 달했다. 입양기관들은 이윤이 창출되는 사업들과 부동산 투자에 뛰어들었고, 입양만을 위한 산부인과 병원들, 위탁가정들, 아동일시보호소, 그리고 가장 중요한 시설인 임산부 시설들을 운영했다. 어릴 뿐 아니라 미혼인 여성들을 위한 이 시설들은 건강한 영아들의 지속적인 공급을 보장해 주었다.

1990년대 이후 해외입양 건수가 줄어들고 있지만 아직도 매년 2,000여 명에 이르는 한국 아동이 입양되고 있다.(2000년에 2,360명이던 해외입양 아동 수는 2010년에는 1,013명으로 줄어들었다—옮긴이) 동시에 아이를 포기하는 엄마들은 현재 대부분 10대이거나 적어도 25세 이하인데, 그들 중 많은 이들이 임신 기간 중에 입양기관들의 격리된 임산부 시설에서 지낸다. 이들 중 대다수는 혼전성관계가 부모와 자식 모두에게 낙인이 되어 앞으로의 사회적 생활을 파괴할 가능성이 있는 중산층 출신이다. 그리하여 한국에서 반세기가 넘도록 국제입양은 입양기관들에게 경제적으로 이익이 남는 사업이었고, 한국 정부에게는 사회복지비용 지출을 쉽게 벗어날 수 있는 출구였으며, 무엇보다 총체적으로 한국사회의 강고한 가부장제를 지탱하기 위한 잔혹한 방법이었다. 바꿔 말해, 국제입양은 한국 현대화 프로젝트 중 가장 오랫동안 지속된 권력 장치의 하나로서, **순결하지 않고 매각 가능한** 유기된 계층을 사회공학과 우생학의 이름으로 숙청하면서 나라를 정결하게 하는 데 이용됐다.

식민주의와 현대성 사이에서

너무나 깊이 관여되어 있어 서로 분리가 불가능한 식민지적 양식과 현대적 양식 사이의 관계에 기초해, 나는 국제입양을 식민지적 양식과 현대적 양식의 혼합으로 개념화했다. 국제입양을 통해서 식민지적 양식은 식민지 발전, 문명화, 비서구 아동의 서구화를 추구했고, 현대적 서비스는 가족에 개입하고 전문화와 기관화를 통해 여성의 재생산을 규율 · 통제 · 훈육했으며 궁극적으로는 아동 출생국의 가부장제를 지탱시켰다. 바로 이런 점에서 국제입양은 우리로 하여금 서구 세계에 연루된 권력의 모순적 복합성을 이해하도록 할 뿐 아니라, 입양 가능한 아동을 추적하고 이송하는 일에 관여한 입양

알선자 한국인들로부터도 이 권력의 모순적 복합성을 이해할 수 있게 해준다. 나는 의식적으로 나 자신을 서양 인종주의를 무조건 비난하는 입양아동 공급 국가의 민족주의자와, 전통가치를 비난하고 입양아동을 수령하는 서구 국가의 국제입양에 대한 비판자들 모두로부터 거리를 두고 있다.

대신에 나는 어떻게 국제입양이 식민주의와 현대성이라는 쌍둥이 프로젝트의 이중 속박, 그 복합적 역학 사이에서 발전해왔고 현존하고 있는지를 이해하기 위해 노력하고 있다.

1) 미국 인디언 아동들을 북미 가족에게로 입양하는 소위 국내입양을 일종의 국제입양으로 인식하는 것이 중요한데 이것이 국가 대 국가의 양도와 마찬가지이기 때문이다.

2) Mary Kathleen Benet, *The Politics of Adoption* (New York: The Free Press, 1976), 14.

3) Claudia Fonseca, "The Politics of Adoption: Child Rights in the Brazilian Setting," *Law & Policy* 24, no. 3 (2002): 199-227; Catherine Panter-Brick, "Nobody's Children? A Reconsideration of Child Abandonment," in *Abandoned Children*, ed. Catherine Panter-Brick and Malcolm T. Smith (Cambridge: Cambridge University Press, 2000), 1-26.

4) Zoltan Barany, *The East European Gypsies: Regime Change, Marginality, and Ethnopolitics* (Cambridge: Cambridge University Press, 2002), 93; Wesley Crichlow, "Western Colonization as Disease: Native Adoption and Cultural Genocide," *Critical Social Work* 2, no. 2 (2002): 104-127; Robert Van Krieken, "The 'Stolen Generations' and Cultural Genocide: The Forced Removal of Australian Indigenous Children from Their Families and Its Implications for the Sociology of Childhood," *Childhood* 6, no. 3 (1999): 297-312; Pauline Turner Strong, "To Forget Their Tongue, Their Name, and Their Whole Relation: Captivity, Extra-Tribal Adoption, and the Indian Child Welfare Act," in *Relative Values: Reconfiguring Kinship Studies*, ed. Sarah Franklin and Susan McKinnon (Durham, NC: Duke University Press, 2001), 468-493.

5) Philip Bean and Joy Melville, *Lost Children of the Empire: The Untold Story of Britain's Child Migrants* (London: Unwin, 1989); Marilyn Irvin Holt, *The Orphan Trains: Placing Out in America* (Lincoln: University of Nebraska Press, 1992).

6) Linda Gordon, *The Great Arizona Orphan Abduction* (Cambridge: Harvard University Press, 1999).

7) Randall Kennedy, *Interracial Intimacies: Sex, Marriage, Identity, and Adoption* (New York: Vintage Books, 2003), 389-392. 라빈드라나드 타고르의 1924년 작 『고라(*Gora*)』와 러디야드 키플링의 1901년 작 『킴(*Kim*)』은 이와 같이 희귀하게도 백인 고아가 유색인 슬하에서 성장하는 정반대의 이야기를 다루고 있다. 두 작가 모두 영국령 인도에서 성장하였으며 노벨 문학상 수상자라는 공통점이 있다. 『킴』의 경우엔 아일랜드계 혼혈 소년이 티벳 라마승과의 여행에서 성장하는 이야기를 다루었다.

8) Everett M. Ressler, Neil Boothby, and Daniel J. Steinbock, *Unaccompanied Children: Care and Protection in Wars, Natural Disasters, and Refugee Movements* (Oxford: Oxford University Press, 1988), 9-12.

9) Monika Janfelt, *Stormakter i manniskokarlek: Svensk och dansk krigsbarnshjalp 1917-1924* [Great Powers in Human Love: Swedish and Danish Support to Children of War 1917-1924] (Abo: Abo Akademi University Press, 1988).

10) Pertti Kaven, *70.000 små öden* [70,000 Small Destinies] (Otalampi: Sahlgren, 1994); Ingrid Lomfors, *Förlorad barndom, återvunnet liv: De judiska flyktingbarnen från Nazityskland* [Lost Childhood, Regained Life: The Jewish Refugee Children From Nazi Germany] (Gothenburg University, Department of History, 1996).

11) Catrine Clay and Michael Leapman, *Master Race: The Lebensborn Experiment in Nazi Germany* (London: Hodder & Stoughton, 1995).

12) Yara-Colette Lemke Muniz de Faria, " 'Germany's "Brown Babies" Must Be Helped! Will You' US Adoption Plans for Afro-German Children, 1950-1955" *Callaloo* 26, no. 2 (2003): 342-362; Daniel P. Quinn, "The Placement of Refugee Children in the United States," *Catholic Charities Review* 45, no. 7 (1961): 13-18; Wen-Shing Tseng and others, "Transethnic Adoption and Personality Traits: A Lesson from Japanese Orphans Returned

from China to Japan," *American Journal of Psychiatry* 147, no. 3 (1990): 330-335.

13) Igor Kopytoff, "The Cultural Biography of Things: Commoditization as Process," in *The Social Life of Things: Commodities in Cultural Perspective*, ed. Arjun Appadurai (Cambridge: Cambridge University Press, 1986), 64-91.

14) Susan Bibler Coutin, Bill Maurer, and Barbara Yngvesson, "In the Mirror: The Legitimation Work of Globalisation," *Law & Social Inquiry* 27, no. 4 (2002): 801-843; Esben Leifsen, "Person, Relation and Value: The Economy of Circulating Ecuadorian Children in International Adoption," in *Cross-Cultural Approaches to Adoption*, ed. Fiona Bowie (London: Routledge, 2004), 182-196; Steven L. Varnis, "Regulating the Global Adoption of Children," *Society* 38, no. 2 (2001): 39-46.

15) Charles G. Chakerian, *Concerns, Responsibility, Opportunity: First Report on Korea* (New York: Church World Service, 1962); Helen Miller, "Korea's International Children," *Lutheran Social Welfare* 13 (Summer 1971): 12-23.

16) Ann Laura Stoler, *Carnal Knowledge and Imperial Power: Race and the Intimate in Colonial Rule* (Berkeley: University of California Press, 2002).

17) Laura Briggs, "Mother, Child, Race, Nation: The Visual Iconography of Rescue and the Politics of Transnational and Transracial Adoption," *Gender & History* 15, no. 2 (2003): 179-199.

18) Christina Klein, *Cold War Orientalism: Asia in the Middlebrow Imagination, 1945-1961* (Berkeley: University of California Press, 2003), 143-190.

19) Chungmoo Choi, "Transnational Capitalism, National Imaginary, and the Protest Theater in South Korea," *Boundary* 2 33, no. 1 (1995): 235-261; Gi-Wook Shin, "Nation, History and Politics: South Korea," in *Nationalism and the Construction of Korean Identity*, ed. Hyung Il Pai and Timothy R. Tangherlini (Berkeley: University of California,

Center for Korean Studies, 1998), 148-165.

20) Pilwha Chang, "A Feminist View of Social Policy in Some East Asian Countries," *Asian Journal of Women's Studies* 2, no. 1 (1996): 7-37; Chin Kim and Timothy G. Carroll, "Intercountry Adoption of South Korean Orphans: A Lawyer's Guide," *Journal of Family Law* 14, no. 2 (1975): 223-253.

21) Erica E. Penner, *Comparative Analysis of International Child Adoption Practices and Policies in Korea and China* (Toronto: McGill University, School of Social Work, 1996), 35-36.

22) Youn-Taek Tahk, "Intercountry Adoption Program in Korea: Policy, Law and Service" in *Adoption in Worldwide Perspective: A Review of Programs, Policies and Legislation in 14 Countries*, ed. R. A. C. Hoksbergen (Lisse: Swets & Zeitlinger, 1986), 79-91.

23) Rosemary C. Sarri, Yeonoak Baik, and Marti Bombyk, "Goal Displacement and Dependency in South Korean–United States Intercountry Adoption," *Children and Youth Services Review* 20, no. 1-2 (1998): 87-114.

15 흩뿌려진 씨앗들

—기독교가 한국인 입양에 미친 영향

재란 김

예수님께서는 아이들을 사랑하신다.
이 세상의 모든 아이들
홍인, 황인, 흑인, 백인 아이들 모두
그에게는 정말 소중하다.
예수님께서는 세상의 아이들을 사랑하신다.
—C. 허버트 울스톤(C. Herbert Woolston)

내가 너와 함께 하여 네 자손을 동방에서부터 오게 하며 서방에서부터 너를 모을 것이며, 내가 북방에게 이르기를 놓으라 남방에게 이르기를 구류하지 말라 내 아들들을 원방에서 이끌며 내 딸들을 땅 끝에서 오게 하라. —이사야 43장 5-6절

성모 마리아의 동상은 바닥에서부터 솟아 있었다. 손바닥은 하늘로 향한 채 팔을 뻗어 기도하고 있었다. 깊이 주름진 회색 가운은 죽어 가는 정원의 나뭇잎들 속에 묻혀 있었다. 3월이 거의 끝나가는데도 날은 몹시 차다. 주변 풍경은 오징어 먹물로 씻어낸 듯 거무스름하다. 하늘과 성모상은 차가운 회색을 띠고, 지난 가을에 떨어진 부석부석한 낙엽들이 성모상의 발치를 덮고 있고 바짝 마른 갈색 잔디가 정원 경계석들을 핥고 있다. 교회는 나를 반원으로 둘러싸고 있다. 성모상 바로 뒤에는 '백합 어린이집'이 보인다. 한때 이곳은 고아원이었다. 내가 있던 고아원. 생후 14개월된 아기였을 때, 나는 눈 먼 성모상 아래를 지나 이곳에 도착했다. 그날 버려진 여섯 아이 중 하나로 발견되어 대구 시청 공무원의 손을 거쳐 기다리고 있던 한 수녀의 품으로 넘겨졌다. 백합 고아원의 문을 통해 들어온 대구의 모든 영유아들과 마찬가지로 나는 당시 가톨릭 신자였다. 거룩한 눈물로 스스로에게 세례를 베풀었고 하느님의 어린 양, 미국 입양가정의 희생제물이 되었다.

비록 부산 특유의 남부 연안 매력과 서울의 코스모폴리탄적 에너지는 없지만, 대구는 이 나라 한가운데 위치한 큰 도시다. 남한에서 세 번째로 큰 이 도시는 교외로까지 뻗어 있기도 하다. 저번에 내가 언덕을 오르며 대구 탐방에 나섰을 때, 나는 기업 건물들과 아파트 뒤로 펼쳐진 산자락도 볼 수 있었지만 대구는 여전히 내겐 넓은 평원에 건설된 고도로 산업화된 도시이다.

터져나오는 분노를 견딜 수 없어 성모상이 있는 정원으로 나와야 했다. 나는 수녀에게 내 파일을 부탁했을 뿐이었다. 수녀는 컴퓨터에서 내 정보를 찾아 프린트했다. 그것은 내가 이미 갖고 있는 것과

별반 차이가 없는 거의 백지 상태의 종이였다. 수녀가 말했다. "죄송합니다. 정보가 이것뿐이에요. 제가 더 해드릴 게 없네요." 우리는 가지런히 놓인 작고 빨간 운동화들과 벽에 걸린 흑인 마리아 제인의 걸개그림 곁을 지나 나왔다. 나는 꽃이 만발한 정원을 머릿속에 그리며 흰 백합이 다른 꽃들과 함께 성모상의 겉옷을 봄과 여름 내내 수놓지 않을까 생각해본다.

한恨

한국어엔 한국적 경험에 있어서 아주 중요한 단어가 있다. 한. 이것은 일종의 정서인데, 의식의 상태인 동시에 생리학적 상태이기도 하다. 한을 정의하는 것은 마치 내 손 바로 밖에 있는 연의 줄을 잡으려고 노력하는 것과 같다. 모양과 크기는 볼 수 있지만, 내 손에 완전히 잡혔다고 느끼는 순간에 항상 빠져나간다. 한은 전쟁에 의해 피폐해진 나라의 거름이자 산이자 식량이다. 한은 식민당하고, 정복당하고, 분단되고, 강간당하고, 폭행당한 사람들의 공동의 정서이다. 한은 한국인 개개인의 피와 숨과 꿈에 들어있다. 그리고 또, 한은 북미나 유럽이나 호주 등의 다른 나라로 문화의 경계를 넘어 입양된 수많은 입양인의 경험에도 유산처럼 깊이 묻혀 있다.

앤드류 승 박(Andrew Sung Park, 한국 이름 박승호)은 한을 "정신적 · 대인적 · 사회적 · 정치적 · 경제적 · 문화적 억압이나 침체로 인한 마음속 깊은 상처"라 정의하고 있다.[1] 기독교적 측면에서, 한은 서로를 향해 죄를 지은 개인적 집단적 후과인 것이다. 앤드류 승 박은 지구적 자본주의, 가부장주의, 인종 및 문화적 차별을 한의 공통적인 원인으로 꼽고 있는데, 이것 모두가 외국인에게 입양된 한국아동에게 나타나는 현상에 종합적으로 기능하고 있다.[2)]

한국계 입양인들이 어떻게 한을 겪는지 이해하기 위해선, 6.25전쟁, 한국과 미국의 기독교, 지구적 자본주의, 문화와 기독교가 공히 연루된 여성 지위 절하와 가부장제, 아시아계 아이들과 혼혈아동에 대한 인종차별 같이 국가간 입양을 조장한 여러 가지 요소들을 찬찬히 눈 여겨 봐야 한다. 이 모든 요소들은 한국이 대표적인 입양 공급 국가가 되는 데 커다란 역할을 했다. 여기에 어느 누구도 예상치 못한 요소 하나를 더 추가하자면, 오리건 주의 농부인 해리 홀트를 들 수 있다.

해리 홀트

여러 면에서 해리 홀트는 미국의 이상을 잘 체화해냈다. 문헌들은 1950년대의 전형적인 인물인 해리와 그의 아내 버사를 소개하고 있다. 해리는 통상 부성적이고 부지런하며 근육질인 남성, 즉 땅의 사람이자 의문의 여지가 없는 영적이며 권위 있는 가장으로 그려진다. 그는 건강 문제로 인해 종종 침대에서 지시를 내리곤 했다. 버사는 친자식 여섯과 입양자녀 여덟의 어머니 노릇과 함께 해리의 병 간호까지 하는 이상적인 사람으로 그려진다. 해리가 수없이 한국을 오가는 동안, 가족의 살림은 물론 '홀트 입양기관'의 행정을 감당한 것은 버사였다.

홀트는 오랫동안 언론이나 홀트 협회로부터 지극히 **평범하고 겸손한 농부**로 신비화됐는데 이는 기독교의 진작을 위한 그의 야망에 찬

교조적 태도를 감추기 위함이었다. 버사 홀트는 자서전인 『내 자녀를 먼 곳에서 데려오라(*Bring My Sons from Afar*)』에서 이렇게 썼다.

> 하나님께서 태초에 한국의 분쟁 가운데 있는 아시아계 미국인 아이들을 구할 계획을 세우셨음이 확실하다 …… 그들은 전쟁의 희생자인 동시에 사회에서 소외된 자들이었지만 …… 하나님은 그들을 끝내 버리시지 않았다. 하나님은 오랫동안 심장병을 앓고 있어 쇠약해진 50세 남성을 골랐다.[3)]

사실 홀트는 아주 성공한 사업가였다. 오리건 주에서 제재소를 운영한 그는, 남미에 그의 사업을 확장하려고까지 했었다. 그러나 1950년에 심장마비로 고통을 겪은 후, 그는 사업체를 팔고 농지를 샀다. 그가 기독교에 열광하게 된 것도 이쯤이었다.

1955년 여름, 해리 홀트는 그의 가족이 기독교구호기구 월드비전을 통해 후원하던 한국 고아들을 입양하러 한국에 갔다. 도쿄의 호텔에 잠시 머무르게 된 그는 불면증에 시달린 나머지 호텔방 침대맡에 놓인 기드온 성서를 꺼내 들었다. 버사는 그 이야기를 다음과 같이 적었다.

> 어둠 속에서 그는 성서를 뒤적거리며 불을 켰다. 그의 손가락은 이사야 43:5에 놓여있었다. "두려워 말라. 내가 너와 함께 하여" 그 순간 그는 전쟁고아를 입양하러 온 건 해리 홀트 자신이 아니라 주님 자신이라는 것을 확신했다. 홀트는 너무 기쁜 나머지 울었고 두 절을 더 읽어 내려갔다. 네 자손을 동쪽에서부터 오게 하며 서쪽에서부터 너를 모을 것이며 내가 북쪽에게 이르기를 내놓으라 남쪽에게 이르기를 가두어 두지 말라 내 아들들을 먼 곳에서 이끌며 내 딸들을 땅 끝에서 오게 하며

그는 그것이 분명 미국 부모들과 모든 고아들의 입양을 성사시키기 위한 하나님의 부르심일 것이라고 믿었다. 홀트는 그의 사업에 대한 열정을 새로운 지평을 향해서, 즉 냉혹하고 비참하고 어두운 한국에서 아이들을 데리고 나가 따뜻함과 사랑이 넘치는 가정으로 이끄는 일로 방향을 틀었다.[5] 하지만 홀트가 그가 돕고 있던 한국 고아들을 입양시키려 할 때쯤, 미국은 난민구호법이라는 명목 하에 이주시킬 수 있는 외국 아이 숫자를 제한했고, 나아가 미국 가정 한 곳이 최대 두 아이만 데려올 수 있게 하였다. 반면 홀트는 둘에다 여섯을 더 입양하고 싶어 했다. 운좋게도 상원의원 리처드 뉴버거(Richard Neuberger)가 도와서 1955년 7월 31일 HR7043 법안이 통과됐고, 1955년 10월 14일 홀트는 한국 아동 여덟 명을 오리건주로 데리고 올 수 있었다. 뒤이어 홀트 입양기관이 설립됐다.[6]

처음부터, 미국의 기존 사회복지기관들은 두 가지 이유로 홀트를 반대했다. 첫째, 기관들은 해외에서 입양되어온 아이들은 같은 피부색의 가정에 맡겨져야 마땅하다고 믿었다. 둘째, 홀트는 법의 허점을 이용해 가정조사 평가를 포함한 주 정부 및 연방 정부의 절차들을 회피했다. 사실 미국 사회기관의 사회복지사들은 홀트에 반대하는 입법 활동을 했다. 이에 대해 버사는 "하나님께서 미국 사회기관의 방해를 피해갈 수 있도록 도우셨다."라고 했다.[7]

사회복지기관의 허를 찔러 성공한 일, 언론의 관심, 입양을 원하는 수요가 꾸준한 것에 고무된 홀트는, 마치 구세주가 된 기분이었다. 그들은 멕시코의 테케트(Tecate)라는 도시의 땅을 샀고, 고아원 건물을 짓기 시작했다. 홀트는 「홀트 뉴스레터」에 이렇게 썼다.

> 멕시코정부는 원래 선교사가 거주하는 것을 허용하지 않지만, 하나님

께서 멕시코 고아원 사역의 문을 열어주셨으니, 우리는 "우리 손과 발로" 복음을 설교하고자 합니다 …… 아이들을 통해 하나님의 사랑을 보일 것입니다.……이 아이들이 넉넉하고 안정되며 거듭난 기독교 가정에 가기를 간절히 바랍니다 …… 우리는 이 아이들이 커서 가족과 공동체에 기여할 수 있었으면 합니다.[8)]

사회복지기관이 가장 문제 삼았던 점은 홀트가 대리입양을 하고 있다는 점이었다. 즉, 입양부모들은 아동을 보지도 못한 채 입양했고, 비자를 얻는 일 등 법적 절차도 대리인이 했는데, 홀트가 그 역할을 하고 있었다. 대리입양이 법을 무시하고 미국에서 손쉽게 입양을 할 수 있는 방법이었던 것이다. 미국 기관들의 조건에 맞지 않는 부모들도 홀트의 대리입양을 통해서라면 아동을 입양할 수 있었다. 홀트는 **믿음의 진술**만이 유일한 자격조건이라 믿었기 때문에, 기관들은 홀트가 가정조사 평가를 무시하는 점이나 어린이들의 복지를 위협하고 있는 점들을 비난했다.

그 당시 미국아동복지협회의 지도자였던 조지프 로드(Joseph Rod)는, 한국 공무원에게 아이 한 명당 50달러를 준 홀트를 비난했다. 또, 홀트의 아이들이 학대당하고 있다고 지적했고 예비 입양부모들이 보건복지나 교육을 담당하는 당국으로부터 허가를 받아야만 한다고 주장했다.[9)] 1957년 6월, 홀트는 그의 도움을 받아 입양을 한 입양모가 한국 입양아동을 살해한 것을 알게 됐다. 그 입양모는 기독교인이었다. 홀트는 미국 사회기관이 이 살해 사건 수사를 계기로 홀트 기관의 프로그램을 망치려 할 거라고 생각했다.[10)]

그렇지만 입양모는 결국 무죄로 풀려났다. 버사는 이에 "신께서는 우리에게 승리를 안겨다 줘 적으로 하여금 새로운 공격 방법을 생각해내야 하게끔 하셨다. '신은 우리들의 싸움을 돕기 위해 항상 우리 곁에 있다' 역대하 32:8."라고 적었다. 2년 반이 지난 뒤, 홀트는 그 입양모에게 한 달 된 쌍둥이를 양도해줬다.[11)]

홀트가 받은 또 하나의 비난은 미국에 아픈 아이들을 입양시켰다는 것이었다. 그 당시 신문과 잡지기사들은 홀트가 의도적으로 환아들, 특히 결핵 환아들을 보냈다고 비난했다. 1958년에 버사가 쓴 글에 의하면, "우리가 데려온 아이들 중 9명이 죽고, 결핵환자는 1명, 심각하게 아픈 아이가 3명 있다는 사실이 TV에 방영되면서, 우리는 조사를 받아야 했다."[12)] 다행히도 미국복음주의자들의 자선이 멀리 퍼져, 간호사들과 병원들이 결핵을 앓고 있는 아이를 기꺼이 치료했다. 홀트는 계속해서 아픈 아이들을 미국으로 보냈지만, 많은 수가 비행기나 차 안, 입양부모의 집에서 결국에는 죽음을 맞이했다.

조지프 로드는 보건과 복지, 교육을 담당한 부서들에게 홀트의 프로그램을 제대로 감독해야 한다고 충고했지만 홀트는 이에 동의하지 않았다. 사회복지기관들에 대한 그의 깊은 증오 때문에 그가 죽은 후인 1964년(그가 한국 아이들을 입양하기 시작한 지 9년 후)에야 그의 기관은 오리건 주 복지국의 허가를 신청했고, 이에는 자격을 갖춘 사회복지사들이 입양부모에 대한 가정조사를 한다는 게 포함되었다.

경제와 기독교

절반이 넘는 한국인들은 현재 개신교나 천주교를 믿고 있다.[13)] 개신교는 1960년대부터 1980년대 말에 이르기까지 가파른 상승세를 보였다.[14] 이 성장세는 남한의 전후 경제와 산업 부흥과 상당히 관련 있으며, 이 시기는 국제입양이 가장 많이 일어난 때이기도 하다. 1960년대부터 1989년까지 국제입양 건수가 기하급수적으로 늘었는데, 1950년대에는 3,000명이 채 안 됐던 것이 1960년대만 6,100명을 넘었다. 1970년대에는 4만 6,000명을 넘었고 1980년대에는 무려 6만 6,500명이 해외로 입양되었다.[15]

앤드류 E. 김의 기사 「한국 종교문화와 기독교의 유사성」에 따르면, 한국 기독교는 엄청나게 성장했는데, 그 이유는 부분적으로 서구 선교사들이 샤머니즘에 기초한 한국인의 믿음을 기독교에 혼합시킨 능력 덕이라는 것이다. 그것은 영적 사역에 대한 물질적 보상이라는 개념이었다.[16] '돈을 사랑하는 것은 만악의 뿌리'라고 믿었기에, 종종 기독교는 부의 축적과 대비되는 개념으로 생각되어 왔다. 그러나 막스 베버는 '하나님의 뜻을 마음에 새기면 풍부한 보상을 얻는다'라는 프로테스탄트 관점이 부에 대한 추구를 정당화한다고 말한다.[17] 앤드류 승 박은 주장하기를, "프로테스탄트 윤리는 기독교 복음서의 실체를 모순적으로 왜곡해 놓았다 …… 이는 기독교인들이 자본주의를 통해 부를 추구하는 것을 지지하는데 이러한 부를 신이 축복한 결과로 여기고 있다."[18] 전후 부흥운동에 힘쓰고 있는 나라로서는 신성한 보상이라는 개념, 풍요, 국가적 자부심과 권력 모두 탐날 수밖에 없다. 그래서 그런지 요즘 남한의 개신교인들은 풍요와 부에 너무 집착한 나머지 그들의 교회 이름을 "풍요의 교회"라고 하기도 한다.[19]

한국 개신교인들의 금전적 풍요에 대한 강조는 국제입양 존속의 또 다른 근본적 이유이기도 하다. 한국에서 아이를 입양하기 위해 미국 부부는 1만 달러를 넘게 써야 할 수도 있다. 실제로 입양산업은 1년 동안 남한에 거금 1,500만 달러가 넘는 수익을 안겨주기도 했다.[20] 더욱이 이 산업은 버려진 아이들과 미혼모들 문제를 해결해줘 남한이 1조 원에 달하는 돈을 사회복지 프로그램에 쓰지 않아도 되게 했다.

사업수단으로서의 입양

박은 미국에서의 지구적 자본주의가 한恨을 창조해낸 여러 가지 방법을 설명하며, 이것들과 입양사업 간의 관계를 설명하고 있다. 그가 말하기를 선진국과 후진국의 교역에서 절대 후진국은 이득을 볼 수 없다. 또, "후진국 상품들은 선진 자본주의 국가들에 수입돼 가격인하 경쟁에 쓰이는데, 이것은 곧 그 지역 기업가 정신의 추가적인 파괴를 초래한다."[21]

홀트는 이미 이 관습에 대해 알고 있었고 홀트의 기관이 국내의 다른 기관들과는 달리 아이들을 **팔고** 있지 않다는 점에 대해 특별한 자부심을 느끼고 있었다. 월드비전의 지도자 어브 레츠(Erv Raetz)에게 보낸 편지에서 해리는 다음과 같이 썼다.

> 문제의 핵심은 돈에 있는 것처럼 보입니다. 누구나 3,000달러면 건강한 미국 아이를 살 수 있다고 들었습니다. 우리가 만약 아이들을 더 많이 데려온다면, 우리는 독점현상을 약화시켜 아기들의 가격을 낮출 수 있습니다. 나는 신이 어린아이를 파는 자들이 갈 특별한 지옥을 만들었으리라 생각합니다.[22]

홀트는 그의 입양 프로그램과 연관되는 수요와 공급관계를 이해하고 있었다. 그는 훗날 미국 부부들에게 아이를 양도하려는 그의 야심이 그동안 고수해온 입장(입양하는 부부가 돈을 내게끔 한다)에 영향을 줄 것을 알았지만, 어차피 그건 아이들에 대한 수요를 만족시키려는 그의 궁극적인 목적에 비하면 아무것도 아니었다.

전도의 방법, 입양

나는 때때로 부모님이 그들의 신성한 득점표에 보너스 점수를 추가하기 위해 나를 입양했을 것이라고 믿었다. 한국 아이들을 입양해줄 가족들을 가장 적극적으로 모집한 기관들은 홀트가 운영하는 곳과 같이 신앙을 중시하는 곳이다. "이 아이들이 기독교 가정에서 자라도록 하는 게 우리들의 개인적인 소망입니다. 우리는 이 아이들이 예수님을 알 수 있으면 좋겠습니다."라고 홀트의 입양 안내서에는 적혀있다.[23]

홀트는 예비 입양부모의 유일한 조건은 예수에 대한 개인적 믿음이라고 생각했다. 『입양 역사 프로젝트(*Adoption History Project*)』라는 책의 저자인 엘렌 허먼(Ellen Herman)에 따르면, "홀트는 기존 입양기관에 거절당한 여러 부부들을 기쁘게 맞이했다."[24] 홀트가 예비부모들에게 보낸 편지에도 이렇게 적혀 있다. "지원서에 당신의 신앙은 무엇이며, 예수님이 당신에게 개인적으로 어떤 존재인지를 서술하시오."[25] 그의 오랜 친구인 상원의원 리처드 뉴버거는 의회에서 홀트를 현대의 **선한 사마리아인**이라고 일컫기까지 했다.[26]

입양분야에 종사하는 많은 사람들은 기독교를 강조하는 홀트의 기관이나 홀트 한국지회에 불편함을 느꼈다. 1980년대에 서울에 있는 미대사관 이민귀화국에서 입양 업무를 맡았던 로버트 아커만(Robert Ackerman)은, 어떤 극단적 종교단체의 입양기관이 입양을 복음 전파의 가장 빠른 수단이자 기독교 개종의 출발점으로 이용한다며 걱정을 표했다.[27)]

사실 아커만이 걱정할 만했다. 홀트의 예를 본보기로 해서 종교에 관련된 기관들이 뻔뻔스럽게 줄지어 출현하기 시작했고, 현재도 계속 활동하고 있다. 인터넷에서 '기독교'와 '입양'을 검색창에 치면 '기독교인의 세계적 입양기관(Christian World Adoption Agency)'[28)]이나 '신의 아이들 입양기관(All God's Children Adoption Agency)'[29)]과 같은 기관들이 수천 개씩 검색된다. 요즘은 홀트 인터내셔널(Holt International)로 이름이 바뀐 '홀트 입양기관'은 아직도 복음주의를 고수하고 있다. 그 임무를 보면 "홀트 인터내셔널의 서비스는 모든 아이들이 평생 행복한 가정을 누릴 수 있도록 하나님의 계획을 이행해 나가는 데에 있다."[30)]

사립입양기관은 공립입양기관처럼 정부의 제약을 엄격하게 받지 않아도 되기 때문에, 홀트 기관이 초기에 범했던 비윤리적 행동들을 할 여지가 있다. 이와 같은 기관들은, 홀트가 그랬던 것처럼, 그들의 임무가 자연에서의 인도주의, 즉 **아이들을 위한 최선의 복지**라고 말한다. 하지만 좀 더 깊숙이 살펴보면 실상은 그렇지 않다. 이러한 기관들은 아이들을 위해 가족을 찾는 것이 아니라, 가족을 위해 아이를 찾는다. 미국세계입양협회(America World Adoption Association)의 창립자 브라이언 루위스(Brian Luwis)는 아래와 같이 말한다.

> 우리는 입양이나 고아들에 대해서 실질적으로 아무것도 알지 못했다.

> 우리는 단지 정해진 수단 내에서 아이를 빨리 찾길 원했다. 우리 신앙은 하나님은 한 엄마와 한 아빠에게 어떤 아이에 대한 막중한 책임감을 준다는 것이었다. 그래서 공개입양은 몇몇 국내입양으로 제한시켰고, 시간적 · 금전적 한계 탓에 나머지를 제외시켰다. 우리는 첫아이로 신생아를 원했지만 국내입양은 불가능했고 신생아를 기다리려면 적어도 2년은 기다려야 했다. 우리는 어느 국적이든지 상관하지 않고, 돈과 시간에 부합하는 모든 나라들을 탐색했다.[31)]

루위스의 이 한마디는 희한하게도 입양산업이 부모의 욕구를 충족시키기 위해 기독교를 자주 사용한다는 점을 더욱 확증해준다. 홀트는 아메라시안의 입양이 너무나 성공적이어서 오히려 공급이 수요에 못 미친다고 믿었다. 버사는 이렇게 썼다. "아이들을 원하는 가족들이 입양가능한 아메라시안 아이들의 수를 훌쩍 뛰어넘기 때문에, 해리는 포먼 씨(Mr. Foreman)에게 순수 한국 어린이들을 입양을 원하는 가족에게 허락하라고 말했다."[32)]

이타주의로 위장한 인종차별주의

유색인종 아동을 위한 복지에 있어서 프로테스탄트 철학이 가장 강조하는 주제는 토착문화의 삶의 방식인 **어둠 또는 야만**으로부터 **이방인을 구원**하는 것이었다. 이것은 미국 인디언 어린이들을 그들의 가정으로부터 격리해서 기숙학교로 보낸 것[33)]을 정당화한 방식이었는데 그것은 결국 **인디언은 없애고 사람을 구원**[34)]하는 일로 여겨졌다. 홀트는 친구에게 쓴 편지에 이렇게 썼다. "우리는 모든 기독교인들에게 부탁합니다. 하나님께서 한국의 냉혹하고 비참한 어둠에 빠져 있는 어린이들에게 지혜와 강함과 힘을 주시라고 기도해 주세요."[35]

홀트의 편지는 '한국은 비참한 암흑의 나라이며 유색인들은 그들의 자식을 돌보려고 하지 않는 사람들'이라는 미국인들의 유색인에 대한 인식을 드러내준다. 박은 이 편지를 통해 종교는 본래 인종차별을 전제로 한다는 점을 확신하게 됐다. 박이 쓰기를, "교회는 항상 기독교인(특히 백인)들이 다른 종교의 구성원에 비해 우월하다고 말하곤 했다. 그리고 이것은 종종 인종적 우월로 이어지기도 했다."[36]

인종간 입양에서 주로 어린 유색인들이 백인 부모들에게 입양된다는 핵심적 사실을 절대 잊지 말아야 한다. 백인 부모들은 자신들이 인종차별주의자가 되는 일에서 면제됐다고 생각할지 모르지만 그들은 그들과 다른 인종을 입양한 것이다. **우리는 모두 하나님의 자녀들**이라는 정신을 진작시키면서 기독교는 결국 인종색맹적 가르침을 장려한다. 이는 종종 공공연한 인종주의만큼이나 유색인종 아동에게 위험한 것이다. 이런 정신은 예를 들면 나는 내 아이를 한국인으로 보지 않고 단순히 그냥 내 딸로 생각할 뿐이라는 언행으로 인도한다.

한국 교회들은 대개 입양 문제에 대해 나름의 입장을 표명하지 않았다. 어쨌든 입양인이 언급되어야 할 경우엔 한국계 미국교포인 김진△(Jin S. Kim) 목사가 그의 설교 '입양인 예수'에서 펼친 허황된 논리인 "나는 입양인들이 입양인들 중에서도 가장 뛰어난, 입양인이자 입양인의 원형으로 이 세상에 태어나신 예수님의 마음에 관한 가장 독특하고 본성에 어울리는 통찰력을 가지고 있다고 확신합니다."와 유사할 뿐이다.

김 목사는 입양인들에게 "당신들의 진짜 아버지는 하나님이라는 사실을 깨달으십시오."라고 충고하며, 하나님의 아들인 예수님이 인간에게 입양된 것이 최초의 이문화간 입양이었다고 주장한다. 또 한국계 미국인 공동체에 공감할 것을 충고하면서도, 한국계 미국인이나 한국인들이 입양하는 것을 격려하진 않는다. 대신 그가 내어놓은 해답은, 미네소타 한인장로교회의 입양인 후원 그룹인 KAM(Korean Adoptees Ministry, 한국입양인목회)의 입양인과 입양가족을 향한 봉사 정신을 담은 선전 문구 "피는 물보다 진하다! 예수님의 사랑은 피보다 진하다."였다. 여기서 역설적인 점은 입양의 아픔을 **치료**하는 유일한 길이 **하나님의 자녀**로 다시 한 번 입양되는 것이라 주장한다는 점이다.[38)]

한편 한국입양홍보회(Mission to Promote Adoption in Korea)는 한국인들에 의한 입양을 활발히 장려해왔다. 이 단체의 창립자이자 회장인 스티븐 모리슨(Stephen C. Morrison)은 14살에 입양되었다. 그는 한국 교회들을 순회하면서 성경에 입각해서 입양의 복음을 설파했다. 이 단체는 몇몇 한국 아동의 입양을 추진했는데, 아이들은 대부분 미국에 살고 있는 한국계 미국인 가족들한테로 보내졌다.

"나는 이제 한국인들이 집을 잃은 한국 아이들의 입양에 마음을 열어야 할 때가 왔다고 확신한다." 모리슨이 그의 웹사이트에 올린 글이다. "기독교인으로서, 나는 한국 기독교인들이 그리스도께서 그들에게 느끼셨던 그 동정에 주목하도록 특히 노력했다. 나는 언젠가 한국 가정들이 한국 고아들을 입양하고자 하는 날이 올 거라고 진심으로 믿는다."[39)]

✦ ✦ ✦

애란원을 향한 오랜 운전의 마지막 코스는 좁고 구불구불한 길이었다. 기사가 가파른 경사에 차를 주차시키자 대부분 아이를 입양 보내려고 하는 임산부들을 보호하고 있는 건물로 들어섰다. 원장이 우리를 보고 따뜻하게 맞으며 작은 사무실로 우릴 이끌었다. 우리는 애란원의 프로그램에 대해 이야기를 나누었다. 애란원은 기독교 단체로 어린 임산부들을 훈련시키고 보호하는 곳이다. 담당자인 김영숙 씨는 2000년도에 애란원에 온 250명이 넘는 임산부 중 불과 10퍼센트만이 아기를 입양 보내지 않았다고 말해주었다. ASK(Adoptee Solidarity Korea, 국외입양인연대)에 따르면, 애란원에 입소한 여성의 70퍼센트가 양육을 원하지만 이들이 **상담**을 받은 후엔 겨우 30퍼센트의 여성들만 아이를 포기하지 않으려 한다.[40)]

김영숙 씨가 설명했다. "우리는 친아빠가 없는 건 아이에게 그다지 좋은 방법이 아니라고 충고합니다. 만약에 미혼모와 미혼부가 너무 어리거나 경제적으로 힘들다면, 우리는 그들에게 아이를 그냥 입양시킬 것을 추천합니다. 강요는 할 수 없지만, 조언은 해보는 거지요."[41)] 생모가 애란원에 머무르면서 하는 일 중 하나가 아이에게 편지를 쓰는 일이다. 몇몇 편지들은 『네 삶이 행복하기를: 애란원의 친모들이 아이에게 쓴 편지(*I Wish for You a Beautiful Life: Letters from the Korean Birth Mothers of Ae Ran Won to Their Children*)』이라는 책에 실리기도 했다.[42)] 대부분 친모들은 자기가 포기한 아이가 기독교 가정에서 자라기를 바란다.

공평하고 진보적이라고 생각되는 미국을 포함한 대부분의 다른 사회와 마찬가지로, 한국 사회는 여성을 잠재적 출산 가능성을 지닌 아내로서만 그 가치를 부여한다. 달리 말해 여성의 가치는 그녀의 경제력, 지성, 또는 기술보다, **남편을 위해** 아이를 낳아줄 능력에 좌우된다. 이에 많은 미혼모들이 자기 아이를 포기하고 미국, 유럽, 호주 등의 백인 부부들에게 입양 보낸 후, 아이가 딸리지 않은 처녀로 미래의 남편을 만날 기회를 가지고 그에게 친자식을 낳아 주려고 한다. 이는 또 불임인 백인 부부가 **번성하라**는 신의 계명에 따라 아이를 입양하는 이유이기도 하다. 결국 국가간 입양은 두 세트의 부모들을 구원한다.

한국정부에게도 이혼하거나 폭행당한 여성과 그녀의 자녀, 남성 약물중독자들, 정신병자들, 심지어는 가난하거나 무직의 사람들을 위해 정부 예산을 들여 사회안전망을 구축하는 것보다 아이들을 해외로 입양보내 버리는 것이 훨씬 쉬운 일이다. 박에 의하면, 한국여성은 남자에게 버려지거나 폭행당한 경우 한을 품게 된다고 한다. 그는 "가부장적 사회가 그들의 아픔을 더욱 깊게 만들고, 이런 마음과 영혼의 상처로 인해 한이 더 깊어진다"고 말한다.[43] 하지만 박이 언급하지 않은 게 있는데, 많은 여성들이 아비 없는 자식을 기르기 벅차서 아이를 포기하고 그래서 한이 그 자녀들에게 대물림된다는 것이다.

애란원에 기거하는 어린 임산부들을 만날 순 없었지만, 입양인과 그 가족들에게는 미혼모들을 만나는 일이 모국 여행의 한 표준절차가 되었다. 이런 고국 관광은 미국과 한국의 입양기관 간의 제휴 덕분인데, 특히 주로 십대의 어린 입양인들과 입양을 보낸 친생부모들 간의 제한된 만남이 포함된다.

입양인들은 이런 방문들을 힘들어한다. "많은 경우 입양인들과 이들 미혼모들은 비슷한 나이"라고 2005년 방문에서 한 통역가가 말했다. 어떤 미혼모들은 14살, 15살에 불과했고 어떤 입양인들은 이 미혼모들을 보고 싶어 하지 않았다. 미혼모들은 비통해하면서도 자기 아이가 미래에 훌륭한 삶을 살게 될 거라고 행복해했다.[44] 이런 만남들은 때론 절절한 아픔을 줄 텐데 이것이 누구의 이익을 위한 것인지 생각할 필요가 있다. 입양가족과 입양아동이 이런 미혼모들의 정황, 즉 아이가 포기되고 입양보내진 근간을 이해하면 유익할 거라서 입양기관들이 이런 만남을 주선하는 걸까? 이 방문을 통해 입양부모들이 자신은 아이와 더불어 생모도 **구원**했다고 느끼게 하려는 걸까? 아니면 친생모의 죄책감을 덜어주려고? 혹은 아직 나오지도 않은 아이를 포기할 것을 장려하려고? 그러니까 봉고차를 타고 들이닥친, 뚱뚱하고 미국 디자이너의 옷을 입고 전자기기를 손에 든 아직 앳된 청소년들과의 이 기획된 만남은 얼마나 유익한 걸까? 지구 반대편에서 가족 휴가를 얻어 한국에 온, 한국의 생모가 포기한 자식을 기를 능력이 있는 사람들이 미혼모의 자식 포기 계획에 대해 애정 어린 마음을 갖는 것, 포기를 정당하게 여겨주는 이 만남은 어떻게 유익한 걸까?

입양기관의 승합차에 올라 가파른 경사를 지나고 다시 교통이 복잡한 서울 시내로 내려가고 있을 때, 나는 차마 돌아볼 수가 없었다. 수많은 다른 사람들처럼, 나는 아이를 포기하는 것이 기독교적인 행동이라고 믿는 그 여성들에게서 등을 돌렸다. 어떤 면에서는 그 엄마들이 그것을 진정으로 믿고 세월 가운데서 유일하게나마 위안으로 삼기를 바랄 뿐이다.

✦ ✦ ✦

나는 한 번도 푹 잔 적이 없다. 아주 어릴 적에도 밤에 잠을 잘 수 없어 깨어 있곤 했기 때문에 아버지는 내가 여전히 한국시간으로 살고 있다고 농담을 하곤 하셨다. 한국에서 집으로 돌아오는 비행기에서도 마찬가지였다. 대한항공은 내가 타 보았던 어느 미국 항공기보다 훨씬 더 편안했다. 식사는 훨씬 더 맛있었고 승무원들은 절대 승객을 무시하지 않았다. 그런데도 시차와 건조한 내부 공기, 그리고 완전히 지쳤지만 잘 수는 없는 몸 상태 등 복합적 요인 때문에 거의 쇼크 상태에 빠져버렸다. 평소에 날 편하게 해 주는 독서조차 할 수 없었다. 전날도 거의 못 잔 상태였다. 눈은 감았지만 잠은 아니었다. 비행기 자체의 낮은 소음과 대화 소리 그리고 승무원들이 지나다니는 소리를 뚫고 아기 우는 소리가 들렸다. 나는 목을 돌려 그 소리가 들리는 곳을 찾아보았다. 한 여성이 6개월쯤 되는 여아를 어깨에 안고 흔들면서 통로를 오가고 있었다. 백인 여성, 한국 아기. 그녀는 내가 살고 있는 곳에서 20마일쯤 떨어진 미네소타에 살고 있었다. 한국에서만 두 번째로 입양하는 아이였다.

내 친구는 그 통통하고 작은 아기에게 푹 빠져, 아기를 안아도 되는지 묻고는 두 눈이 촉촉한 여인에게 말했다.

"당신을 만나다니 행운아네요."

여인이 말했다.

"하나님이 우리에게 좋은 일을 하신 거죠. 이 아이가 오다니 우리에게 행운이지요."

1) Andrew Sung Park, *The Wounded Heart of God: The Asian Concept of Han and the Christian Doctrine of Sing* (Nashville: Abingdon Press, 1993), 16.

2) Park, *Wounded Heart of God*, 45.

3) Bertha Holt, *Bring My Sons from Afar* (Eugene, OR: Holt International Children's Services, 1986), 1.

4) Holt, *Bring My Sons*, 4.

5) Harry Holt, "Harry Holt's Dear Friends Letter, 1955," *Adoption History Project*, http://darkwing.uoregon.edu/~adoption/archive/HoltDearFriendsltr.htm.

6) 홀트 입양기관(현재 홀트인터내셔널)은 1956년에 사업을 시작했는데, 1962년까지 모든 미국 주 정부의 인허가 요구에 협조하지 않았다.

7) Holt, *Bring My Sons*, 9.

8) Holt, *Bring My Sons*, 3.

9) Holt, *Bring My Sons*, 68.

10) Holt, *Bring My Sons*, 44.

11) Holt, *Bring My Sons*, 49, 57.

12) Holt, *Bring My Sons*, 66.

13) Korean National Statistical Office (KNSO), International Statistical Cooperation Division, "Table: Participation of Religions Action," 2003,http://www.nso.go.kr/eng/qna/data/participation%20of%20religious%20action.xls.

14) Andrew E. Kim, "Korean Religious Culture and Its Affinity to Christianity: The Rise of Protestant Christianity in South Korea," *Sociology of Religion* 61, no. 2 (2000): 117.

15) South Korean Ministry of Health and Welfare, Global Adoption Information and Post Service Center, "Statistics, 1953-2004," http://www.gaips.or.kr/adoption/adoption.php.

16) Kim, "Korean Religious Culture."

17) Max Weber, "Asceticism and the Spirit of Capitalism," in *The Protestant Ethic and the Spirit of Capitalism*, trans. Talcott Parsons and Anthony Giddens (London: G. Allen & Unwin Hyman, 1930), 102-125.

18) Park, *Wounded Heart of God*, 50.

19) Kim, "Korean Religious Culture," 120.

20) Mathew Rothschild, "Babies for Sale: South Koreans Make Them, Americans Buy Them," *The Progressive* 52, no. 1 (1988), available at "Babies for Sale," *ModelMinority.com: A Guide to Asian American Empowerment*, July 30, 2005, http://modelminority.com/modules.php?name=News&file=article&sid=478.

21) Park, *Wounded Heart of God*, 46-47.

22) Holt, *Bring My Sons*, 10.

23) Rothschild, "Babies for Sale."

24) Ellen Herman, "Bertha and Harry Holt," *Adoption History Project* at http://darkwing.uoregon.edu/~adoption/people/holt.htm.

25) Herman, "Bertha and Harry Holt."

26) Herman, "Bertha and Harry Holt."

27) Rothschild, "Babies for Sale."

28) "A Christian International Adoption Agency," Christian World Adoption, http://www.cwa.org.

29) "Adoption and Relief Services," All God's Children International, http://www.allgodschildren.org.

30) Holt International Children's Services, "Introduction to Holt," Holt International, http://www.holtintl.org/intro.shtml.

31) Brian Luwis, "The Spirit of Adoption," America World Adoption Association,http://awaa.org/stories/spiritofadoption.aspx.(지금 사이트의 글은 약간 다르다.)

32) Holt, *Bring My Sons*, 33.

33) David Wallace Adams, *Education for Extinction: American Indians and the Boarding School Experience 1875-1928* (Lawrence: University of Kansas Press, 1995); Andrea Smith, "Soul Wound: The Legacy of Native American Schools," *Amnesty Magazine*, Amnesty International USA, http://www.amnestyusa.org/amnestynow/soulwound.html.

34) Official Report of the Nineteenth Annual Conference of Charities and Correction (1892), 46-59. Reprinted in Richard H. Pratt, "The Advantages of Mingling Indians with Whites," *Americanizing the American Indians: Writings by the "Friends of the Indian" 1880-1900* (Cambridge, MA: Harvard University Press, 1973), 260-271, http://socrates.bmcc.cuny.edu/bfriedheim/pratt.htm.

35) Herman, "Harry Holt's Dear Friends Letter."

36) Park, *Wounded Heart of God*, 65.

37) Jin S. Kim, "Jesus the Adoptee: A Contextual Theology of Liberation for the Adoptive Community," Church of All Nations Discipling for Outreach (Cando.org), January 16, 2003, http://www.cando.org/resources/sermon.asp?contentid=61.

38) Korean Adoptees Ministry home page, http://www.kam3000.org.

39) Stephen C. Morrison, "Adoption... Isn't It Our Responsibility?" Mission to Promote Adoption in Korea (MPAK), http://www.mpak.com/HomeEnglish.htm.

40) ASK는 어린 시절 한국에서 입양됐다가 한국으로 다시 돌아온 성인 입양인의 조직이다. 이 단체의 목적은 남한 사회의 여성과 어린이들의 권익을 옹호하며 국내입양을 촉진하는 일이다.

41) Rothschild, "Babies for Sale."

42) Sara Dorow, ed. *I Wish for You a Beautiful Life: Letters from the Korean Birth Mothers of Ae Ran Won to Their Children* (St. Paul, MN: Yeong and Yeong Book Company, 1999).

43) Park, *Wounded Heart of God*, 20.

44) Interview with K. S. on August 14, 2005.

©J. A. Dare

J.A. 데어, 「'입양불가'한 아이들」, 페루, 컬러사진

J. A. 데어는 1974년 12월경 부산에서 태어나 1980년에 미국으로 입양되었다. 입양부모는 입양 6개월 뒤 이혼했고 이후 데어와 입양부 사이에는 아무 관계도 남지 않았다. 데어는 1998년에 버지니아 공대에서 학사학위 두 개를 취득하고 2004년에는 캘리포니아 주립대학교 산호세 대학에서 과학 석사학위를 취득했다. 현재는 독일계 다국적기업에서 엔지니어로 일하며 독일에서 살고 있다.

제4부

고통을 통한 성장

16 굶주림

새넌 기브니

남동생 벤은 싸우고 있었다. 그 아이는 백인이었다. 벤은 익힌 아스파라거스와 마늘이 들어간 으깬 감자를 먹으려 안간힘을 쓰고 있었다. 아무도 남동생의 후두 속에 뭔가 자라고 있는 것을 알지 못했지만 벤의 목구멍 안에는 분명 뭔가가 있었다. 모두가 기도하는 동안 벤은 고개를 숙이고 식탁에 앉아 있었다. 목에 뭔가 걸려 그 아이는 아무것도 먹을 수 없었다. 누나인 나는 흑인, 동생인 벤은 백인. 벤은 한번은 내게 입 닥치라면서 벽에 발길질을 해대기도 했다.

최근 나는 아침에 깨어나 침대에 누운 채로 부어 있는 빨간 목구멍 속 모양을 상상해 보곤 했다. 벤은 자기 목구멍이 부었다고 말한 적이 눈곱만치도 없지만 나는 그 아이가 삼킬 때 구역질하는 것을 지켜봤고, 내가 더 이상 부모님과 살 수 없다고 하자 내게 등을 돌렸던 모습도 봤다.

이게 내가 말하려는 총체적 비밀이다. 즉 내 부모는 백인이고 나를 방에 가뒀다. 난 흑인인 데다 무분별하고 그게 바뀌지도 않을 것이기 때문이었다. 그날 밤 벤은 문 밖에서 그저 떨며 앉아 있었다. 어떤 것도 바뀌지 않았기에. 내 울부짖음을 들었을 때 그는 뭔가를 삼키면서도 배고파했다.

둔탁한 엉덩이로 문을 가로막으며 아버지가 말했다.

"분명히 해둬라. 넌 우리 가족이야. 몇 마디 말 때문에 너랑 네 오빠가 말도 않고 지내다니 말도 안 돼."

존 이야기였다. 존은 원하는 것은 뭐든 다 먹을 수 있었고, 백인 여성과 결혼해 다섯 살 된 백인 아이를 키우고 있었다. 그는 1년에 12만 달러를 벌었고, 나더러 내가 흑인이며 어떻게 입양되었는지 자기 아들한테 그만 좀 얘기하라고 했다.

내가 여섯 살 때, 존 오빠는 내가 원하면 어떤 책이든 다 읽어 줬고, 내가 미간을 찡그리며 책 속의 글자를 이해하려 애쓸 때도 인내심 있게 앉아 있곤 했다. 오빠는 말하곤 했다.

"아니야. 그건 '굶주림'이야. 어떤 소리가 나는지 들어봐. 말로 하기 전에 입 안에서 들어봐."

최초로 내게 말의 무게를 가르친 게 존이라는 걸 아버지에게 말하고 싶었다. 또한 그 말들이 어떻게 침묵을 왜곡시키는지, 말이 어떻게 모호한 상황을 잘못된 방향으로 비틀어버릴 수 있는지 가르친 사람이 존이라고 그렇게 말하고 싶었다.

대신 나는 "내 방에서 꺼져요."라고 말했다. 아버지는 얼굴이 빨개졌고 나에게 비난을 퍼부었다. 분명 나는 잘못된 말을 선택했고, 침묵할 생각을 하지 못했다. 어떻든 28년간 참아 오느라 폭발 직전이었던 것이다. 나는 생각했다.

'침묵도 말이 필요해요. 침묵도 내뱉을 필요가 있어요.'

하지만 항상 그렇듯 아버지는 침묵의 소리를 들으려고 하지 않았다. 대개 그렇듯 아버지도 입 밖에 나온 말에만 지나치게 신경 쓰는 사람이었다.

문밖에서는 벤의 후두가 목구멍 속에서 점점 커졌다. 동생은 금방 울렁거림이 멈추고 다시 먹을 수 있기를 바랐다. 어머니는 그에게 밀크셰이크를 만들어 주고 내 방에 오셨다. 어머니는 내가 언젠가 가족을 떠날까 봐 항상 두려웠다고 말했다. 그때까지 난 존과 다섯 달 동안 말을 하지 않고 지내고 있었다.

그날 밤, 부모님은 나를 보내주려 하지 않았다. 나는 그들에게 나가라고 말하고 가방에 물건들을 던져 넣기 시작했다. 나는 그 순간 10시간 정도 거리에 있는 미니애폴리스로 돌아가겠다고 말했다. 아버지는 내 팔을 잡고 가지 못하게 했고 어머니는 문을 몸으로 막고 서서 서로 대화를 해야 한다고 말했다. 그들은 내가 28살에 편집 일을 하고 있으며 매일 오후 조깅으로 3마일을 뛴다는 것을 잊고 있었다. 그들은 또 내가 머리를 빗을 때마다 결국은 정돈되기까지 얼마나 머리카락이 빗에 엉키는지 그 모든 것을 모르고 있었다.

결국 위경련이 시작됐고 나는 구석에 앉아 심호흡을 했다. 벽에 금이 가 있었고 나는 그것 또한 나름의 투쟁을 하고 있다는 사실을 깨달았다. 이미 일어난 일은 돌이킬 수 없으며 그 자체로 교훈이 된다는 사실도 깨달았다. 부모님은 우리 사이에 내가 만들어 놓은 틈을

좁혀야 할 필요가 있다고 말하고 있었다.

나는 생각했다. '태어났을 때부터 이미 나는 두 분과 거리가 있었죠. 그리고 그 이후로 두 분이 더 멀리 더 빨리 멀어져 간 것뿐이에요.' 나는 그들에게 이게 내 방식이라고 말하고 싶었다. 나는 그들에게 날 자세히 좀 봐달라고 말하고 싶었다. 그리고 머지않아 그들이 자신을 직시할 수 있을 때 나 또한 있는 그대로 받아들일 수 있게 되리라 희망했다.

문 저쪽 편에서 결국 벤은 밀크셰이크를 마시지 못했다. 목에 걸려 화장실로 뛰어가 뱉어내고 말았다.

몇 시간 후, 부모님은 볼 일을 마치자 나를 놓아주었다. 그들은 고개를 숙이고 눈물을 글썽이며 내 방을 나갔다. 그들은 자신들이 한 일을 알고 있었다. 어쩔 수 없이 해야 될 일을 했을 뿐이다. 침대에 배를 깔고 눕자, 잠이 말라리아처럼 마디마디에 퍼져 움직일 수가 없었다. '이것이 사랑이야.' 난 생각했다.

마침내 벽난로 때는 소리 말고는 온 집이 고요해졌다. 그리고 나는 문 옆에서 비난하듯 서 있는 남동생을 볼 수 있었다. 내 위는 가라앉았지만, 그의 위는 여전히 요동치고 있었다. 그는 모든 것을 다 들었다고 말하고 싶어 했다. 그 아이는 여전히 먹을 수 없었고 또 언제 다시 먹을 수 있게 될지 모른다고 말하려 했다.

난 거기서 그를 보았고, 굶주림이 뭔지 깨닫게 되었다.

17 한국인의 심리

—한국인 입양에 연루된 화병의 개념

베스 경 로

사진과 서류들

나는 이민자다. 나는 특유의 강한 억양이 없는, 아니 아예 억양이 없는 1세대 이민자다. 나는 모국어를 쓰지 않는다. 베트남전이 끝나고 미국으로 건너온 내 남편과 마찬가지로 나는 이민자다. 공산주의에 반대해 미국편을 돕던 흐몽족인 그의 가족들에겐 그때 라오스 산간 지방을 탈출하는 것만이 현명한 선택이었을 것이다. 어린 시절 내가 미국 노래를 좋아했지만 그 뜻은 하나도 이해할 수 없었다든지, 세서미스트리트(Sesame Street)와 텔레비전 광고를 통해 영어를 배웠다든지 하는 내 오래된 어린 시절 이야기를 여기서 언급하지는 않을 것이다. 내가 아시아인이란 이유로 못살게 굴던 백인 아이들에 대해서도, 그리고 말로는 싸울 수 없어서 그들을 두들겨 패곤 했던 나의 어린 시절에 대해서도 말하지 않을 것이다. 형제랑 같이 물소 타던 시절, 물소를 움직이게 하느라 오빠가 소의 음낭을 물어뜯어야 했던 시절에 대한 이야기는 없다. 또한 학교를 빼먹고 물고기 잡으러 연못에 갔다가 엄마에게 들켰을 때 겉으로는 환하게 웃으시며 등 뒤로는 회초리를 들고 계셨던 이야기도 내게는 없다. 나는 교실 바닥으로 떨어진 연필 한 자루를 찾느라 학교 바닥을 기어 다닌 기억도, 그러다 전갈에게 물린 기억도 없다. 나는 전쟁의 와중에 살지 않았다. 내 이주는 시끄럽지 않았고 백인답게 조용히 이루어졌다. 이민 1세대인 나는 이민 3세대에 해당하는 것처럼 산다.

나의 존재에 관한 내 첫 영상은 내가 한국인이었을 때이다. 한국계 미국인도 한국인 입양아도 아닌 그냥 한국인이던 시절, 나는 흰 잠옷을 입고 한 여성의 무릎에 앉아 있었다. 그 여인이 누구인진 모르겠다. 얼굴은 기억나지 않고 턱과 짧은 머리카락만이 나를 응시하고 있었다. 이 의문의 여인은 몸집이 작았고 무릎에 앉은 나를 가냘픈 팔로 안고 있었다. 나는 그녀를 올려다보았다. 웃음도 없고, 무표정했다. 두려움이나 경외심 때문인지, 그 여인의 자상한 모성애 때문에 놀라서였는지 내 입이 약간 벌어졌다. 내가 처음으로 접한 언어가 한국어였다는 것을 생각하면 기분이 좀 이상하다. 내가 무릎에 앉아 있을 때, 그녀가 부드럽게 물 흐르듯이 내게 말해주던, 그 언어 말이다. 지금도 나는 한국인들이 서로 대화하는 소리를 듣는 것을 아주 좋아한다. 눈을 감고 마치 내가 그 말을 모두 이해하고, 내가 고향에 있는 척하며 엿듣는다.

아이- 긴 얼굴에 중간 크기의 코, (약간 큰) 검은 눈.

예쁜 귀, 검은머리, 매끄러운 이마와 좋은 피부.

사랑스러움, 소화에 문제가 없고 먹성이 좋아 아주 건강함.

같은 나이 또래에 비해 먹성이 더 좋고 하루 종일 잠.

기저귀가 더럽거나 젖으면 칭얼거림. 목욕을 좋아함.

위탁모의 진술에 의하면 아무런 문제없이 잘 크고 있음.

사회복지 기록에 의하면, 복지담당자가 정보도 얻고, 새 부모에게 줄 사진도 찍으려고, 1975년 8월 27일 내 위탁모를 방문했다. 생후 1개월 때였다. 담당자는 나를 아주 귀엽고 사랑스러운 아이로 봤고, 밝고 행복한 미래를 꿈꿀 수 있는 가정에 입양될 수 있기를 희망했다. 어린 시절에 대한 이런 서류를 볼 때, 내 마음엔 분노가 인다.

성스러운 마음, 성스러운 약, 성스러운 병원

아름답고 건강함. 올리브색 피부와 커다랗고 검은 촉촉한 눈을 가진 긴 얼굴.

정상, 정상, 좋음, 정상, 음성, 정상.

생후 1개월 건강함, 나이에 비해 훨씬 더 건강함.

한강성심병원.

9.9 파운드, 1975년 8월 19일.

전설

내가 아홉 살쯤 되었을 때, 부모님은 나에게 심리치료를 받게 했다. 처음엔 심리학자로 시작했지만, 12살이 되자 정신과 의사를 만나야 했다. 내 **증상** 기록은 매우 길고 다양했다. 공황장애, 죽음에 대한 공포, 복통 그리고 편두통. 나는 주기적으로 학교에 안 갔고, 친구 집에서는 잘 수도 없었다. 섭식장애가 있었으며 무딘 부엌칼을 들고 집에서 엄마와 아빠를 쫓아 다녔다. 그들이 내 **친부모**가 아니라는 이유로. 이런 일련의 문제들로 인해 나는 대학 신입생이 될 때까지 치료를 받아야 했다. 내 차트에 여러 병명들이 더해졌다. 반항성장애, 분리불안, 우울증, 조울증, 제한적 식이습관, 주의력결핍과잉행동장애(ADHD). 이런 병명들을 보면 마치 내가 얼마나 기형적 인간이었는지, 또한 내 무엇이 잘못되었는지 아무도 알 수 없다고 소리치는 것 같다.

하지만 난 무엇이 문제인지 알고 있었다.

내 이름은 김혜경이었다. 나는 1975년 7월 23일에 태어났다. 물론 추측일 뿐이다. 그날 '옆집 여자'가 나를 경찰에 넘겼다. 그 여인은 노란 담요에 싸인 나를 현관 계단에서 발견했다고 한다. 미군 부대가 있는 서울 용산 이태원에서 발견됐기 때문에, 나는 내가 혼혈이리라고 추측한다. 내 외모도 이런 가정을 뒷받침해 준다. 내가 어디에서 발견됐는지 한국 교환 학생들에게 말하자 눈이 휘둥그레지며, "거기 진짜 별론데. 행실 바른 여자가 밤에 나다닐 동네가 못 돼요."라고 말한다. 1세대부터 4세대까지의 한국계 미국인들과 다른 한국계 입양인들은 내가 완벽한 한국인이라고 할 수 없다고 말한다. 내가 순수 한국인처럼 보이지 않기 때문이다. 한국인들이 내게 그렇게 얘기한다면 이미 예상했기에 받아들일 수 있지만, 다른 한국계 입양인들에게 같은 말을 들을 때는 내가 정말 소외된 것 같은 느낌이 든다. 어디에도 속할 수 없다는 것은 비가시화되는 것이며 비가시화는 깊은 분노를 야기한다. 아시아계 미국인들은 이 나라에서 자신들의 낮은 위상에 대해 분개한다. 하지만 우습게도 내가 만난 그들 대부분은 나 역시 제외시키려 애쓰는 것처럼 보인다.

뼛속부터 분노가 일어 내 뱃속 깊숙한 곳으로부터 폭발하려 몸부림친다. 오랜 세월 너무도 많은 다른 가면을 써온 탓에 내 피부는 회색빛으로 느껴지고 내 용모는 희미해졌다. 마치 유령처럼, 나는 내가 이 세상에 영원히 방황해야만 하는 운명인 것처럼 느껴지며, 이 세계에 존재하지 않고 단절된 것 같은 느낌마저 든다.

한국계 입양인의 역사와 상황에 대한 과잉지식에 기초해서, 내가 자신에 대해 잘 알고 있다고 자기최면을 걸기도 한다. 하지만 나를 품에서 떠나보낸 '그 여인'을 생각할 때, 나는 스스로에 대해 아는 게 아무것도 없다는 사실을 깨닫는다. 미워하는 일은 내게 얼마나 쉬운지!

Hwa-byung/화병火病

화병은 'fire disease'라고 번역되는 문화에 기반한 한국인의 민간 질병 증후군이다. 『정신장애 진단 통계편람(*Diagnostic and Statistical Manual of Mental Disorders*)』 제4판에 등재되어 있기도 하다. 동양의학에서, 화火는 건강한 마음과 신체를 가꾸기 위해 일반적으로 요구되는 오행의 하나다. 만일 불의 기운이 넘치면 균형이 무너지게 되고, 심신에 질병이 생긴다. 상호 의견 충돌이나 분노 억제, 또는 분을 속으로 삭히는 것, 상실에 대한 방어기제로 자책하는 것 때문에 환자들이 겪는 여러 신체적 · 정신적 증상들로 나타난다. 화병은 한恨 때문에 발생한다고 알려져 있다.[1)]

한은 원한, 한탄, 후회, 분개, 슬픔, 염려를 내포한다. 한은 정신과 감정에 걸친 마음이나 가슴에 드는 병, 또는 위로 불가능한 감정 상태라고 여겨진다. 황용훈은 집단적 한은 사회문화적 압박(예를 들면 가부장제도, 식민주의, 고전주의 같은 것)에 의해 생겨난 공동체적 감정이고, 개인적 한은 개인별 원인으로 비롯된 정신적 고통을 중심으로 생겨난 것이라고 기술했다. 또한 "한 맺힌 경험은 대물림되고 한국인의 정신 기저에 집단무의식으로 남아 있다가 또 다른 한 맺힌 경험이 생기면 쉽게 분출하게 된다."고도 적었다.[2)] 그녀는 또한 한을 "무의미함, 분리불안, 존재 불안감처럼 개인이나 해로운 체제로 인해 받은 상처" 등으로 설명했으며, 한국 밖에서도 존재할 수 있다고 말했다.

한은 긍정적 에너지로 바뀔 수 있고, 또 억압적인 체제에 대항해 행동을 취하게 하는 원동력이 될 수도 있다. 하지만, 절망감과 무력감 같은 특정 감정이 지속되면 정신질환으로 발전될 수 있다.[3)] 그렇게 해서 공황, 죽음이 임박한 것 같은 공포감, 소화불량, 식욕부진, 원인불명의 명치 통증, 불면, 두통, 신경과민, 우울, 무력감, 순간적 분노 표출, 과도한 경계심 등의 형태로 화병이 시작된다. 우울증, 신체화장애(정신적 고통 때문에 기인된 신체적, 감각적 장애를 포함하는 정신질환), 불안장애의 모든 증세를 보이는 것이다. 화병은 우울증에 비교될 만큼 자주는 아니지만, 가끔 외상후스트레스장애와 비교되기도 한다.

화병 또는 울화鬱火는 스트레스가 누적된 상태에서 사회지원은 열악하고 화를 표출할 기회는 제한적일 때 나타나는 현상이다. 한국의 정신과 의사들은 화병을 문화 · 심리 · 생물학적 요소의 복합체로 보고 있다. 화병을 순전히 한국 문화와 연계된 것으로만 생각하는 사람들이 있는가 하면, 일반적으로 우울증이라고 알려진 증상이 문화적으로 표출된 것이라고 믿는 이들도 있다. 또한, 화병이 생활환경과 인간관계로 인해 비롯된 마음의 응어리를 찾아내어 풀어주는 한 방법이라고 주장하는 이들도 있다.[4)]

화병은 주로 가정불화, 특히 부부 갈등을 겪으며 살고 있는 한국의 저소득층 저학력 중년여성들에게 흔히 나타나는 것으로 알려져 있다. 이런 여성들은 보편적으로 전통적인 가부장적 사고방식에 매여 살고 있으며 성미가 급하고 힘들고 불행한 삶을 살고 있다.[5)]

하지만 화병에 걸린 사람들에 대한 통상적인 가설들은 미국에 있는 사람들을 간과하고 있다. 한국에 거주하는 한국인들에게 나타나는 화병 발병률(4.3퍼센트)보다 한국계 미국인들에게서 더 높은 발병률(11.9퍼센트)이 성별과 계층, 교육 수준을 막론하고 전반에 걸쳐 나타나는데도 말이다. 한국계 미국인에 대한 화병 연구는 단 한 건이며, 다른 한국 내 연구는 한국인의 화병 발생률이 7.3퍼센트라고 주장하기도 한다.[6)] 이 연구에서는 화병이 생활환경과 대인관계에서 겪는 정서적 좌절감을 찾아내 표출할 수 있게 도와주는 식으로 적응방식을 설명하는지, 아니면 화병이 정말 정신병리와 관련이 있는지 밝히려고 했다.[7)] 그 결과 화병이 정신병리와 관련이 있다고 밝혀졌다. 학자들은 화병이 종종 정신장애, 특히 주요 우울장애와 동시에 나타난다는 사실을 발견했다. 그러므로 화병은 정신장애의 문화적 표현으로 봐야 한다는 것이다.

불안감은 위험을 겪으며 야기된다고 여겨지고, 우울증은 상실, 특히 삶의 목표를 가로막는 상실에 의한 것이라고 설명된다. 이처럼 파괴력이 강한 상실감은 개인의 자아상과 삶의 토대를 무너뜨릴 수도 있다. 개인별 감정반응의 정도 차는 있지만, 상실이나 위험을 따로 또는 동시에 겪은 사람들은 우울증과 불안증 상태로 발전할 가능성이 있다. 물론 개인이 겪는 사건이나 개인이 안고 있는 취약한 요소들, 즉 이전의 부정적 경험, 부정적 관념, 슬픔과 두려움 그리고 인격 형성에 영향을 주는 유전적 요인, 중압적인 일상사, 문화, 사회적 지원들과 같은 요인들이 끼치는 영향에 따라 정도 차이는 있을 수 있다. 따라서 일상적 스트레스 요인과 취약성 요인들을 살펴보면 누가 화병에 걸리기 쉬운지 알 수 있다. 한 맺힌 한국인들이 모두 화병에 걸리는 것은 아니니까.

이분법적 사고의 문제점

미네소타에만 1만 5,000명에 달하는 한국 입양인들이 거주한다는 사실과, 최근 이런 입양인들의 삶을 표현한 문학작품들 『고요한 나무의 씨앗(*Seeds from a Silent Tree*)』, 『피의 언어(*The Language of Blood*)』, 『그림 한 점(*A Single Square Picture*)』, 『거리의 먼지: 잊히지 않은 전쟁(*Dust of the Streets: The Unforgotten War*)』 등의 문학 작품들이 인기를 끌면서, 한국 입양인의 심리적 문제가 전국적으로 주목을 받기 시작했다.

한국 고아들은 시골이나 교외 지역에 거주하는 백인 기독교 가정에 입양되었고, 입양가정에 성공적으로 잘 동화된다고 여겨졌다. 이러한 동화는 한국계 입양아동들이 다시 위탁보호시설로 돌아가지 않으려는 방편이었다. 혹시나 한국계 입양아동이 반항하거나 자신의 문화적 뿌리를 되찾고 싶어 하는 기미를 보이면 백인 가정에서는 인종색맹주의를 들고 나오거나, 구제해 줬으니 고마워해야 한다는 식의 죄의식 논리를 들먹였다. 2003년 발행된 연구 조사에 따르면, 한국이 국제입양을 시작한 지 반세기가 지났어도 백인 입양부모들은 여전히 한국계 입양자녀들의 과거 뿌리를 무시하고 스스로도 다인종이나 다문화가정이 아닌 **한국계 입양아가 있는 백인 가정**으로 간주하고 있음을 알 수 있다.[8)]

실제로 미국 사회에서는 한국계 입양아가 적응력이 뛰어나다는 인식이 있지만, 많은 한국 입양인들이 10년 전까지만 하더라도 자신의 곤경에 대해 목소리를 내지 않았던 게 사실이다. 어쩌면 다들 훌쩍 성숙해져 신뢰할 만한 사고와 감정을 갖게 되어서일 수도 있고, 또 지금은 입양인들이 사회적으로 안정을 확보했고 더 이상 입양부모와 살지 않기 때문에 훨씬 자유로워진 까닭일 수도 있다. 재차 말하지만 많은 입양인들은 버려질지도 모른다는 억압적 우울증과 불안감을 누른 채 백인 세상에서 양육되었다. 그런 양육 환경에서 다시 버림받지 않고 생존하기 위해서는 우리가 동화되는 일이 필수였던 것이다.

그러므로 우리는 '뛰어난 적응력' 같은 용어를 경계해야 한다. 매우 오만하고 자기 파괴적인 방식으로 이 개념을 내재화시킬 위험이 있기 때문이다. 연구 결과에 의하면 국가간 입양이 유아기에 이루어졌을 경우 순탄하게 사회에 적응하는 것으로 나타난다.[9)] 일단 입양이 되면, 입양아동은 입양가정에 긍정적으로 적응하며 대체적으로 안정감을 갖게 된다. 그러나 문제는 청소년기와 청장년기에 이르러선 순탄치 않다는 점이다. 청소년기의 입양인들은 극심한 우울증, 마약, 자살 충동 및 기타 적응 문제들을 드러내게 된다.[10)]

또한 '뛰어난 적응력' 같은 발상은 잘못하면 치명적 모멸감을 불러일으킬 수 있다. 입양인 성공 사례들을 치켜세우며 "뛰어나고", "떨어지고" 등의 틀에 박힌 꼬리표를 붙여 입양인들을 서로 경쟁상대로 몰아부칠 수 있고 성공 사례의 입양부모를 더 칭찬받게 할 수 있기 때문이다. 흔히들 이러한 적응력과 관련된 발상은 순진한 백인 입양부모가 입양에서 비롯된 어려움에서 벗어나거나 심리적으로 위로를 원할 경우 나타난다. 부인(Denial)은 견디기 힘든 부정적인 경험이 주는 압도적인 감정으로부터 스스로를 보호하는 방어 기제이다. 부인을 통해 우리는 삶이 상상했던 방향으로 흘러가고 있다며 스스로를 위로한다. 또한 부인 가운데 있는 입양부모는 다른 부모들이 혼란과 분노가 낳은 문제를 겪을 때 그런 문제들이 '나에겐 일어나지 않을 거야.'라고 생각하며 자기 아이는 잘 적응하고 있다는 것에(물론 입양아가 아직 어릴 때는 그렇지만) 자못 흡족해하는 경향이 있다.

그러나 입양아는 자라서 성인이 되고 입양가정의 보호 없이 인종차별을 경험하게 된다. **아시아문화권에서 완전히 뿌리 뽑혔기 때문에**[11)] 한국의 지원을 받을 길이 없고 백인 입양가족의 존재마저 사라지면 더 이상 백인 주류사회에서 미국인이란 인정을 받을 수 없게 되며, 그 결과 한국 입양인은 좌절감과 심리적 곤경에 처하게 된다.

입양인이 개인적으로 겪는 문제를 전부 입양부모 탓으로 돌리자는 이야기가 아니다. 그러나 입양부모의 우월적 태도나 수직적 사고체계(입양아보다 입양부모의 경험과 생각을 우선시하는 태도)가 입양아동에게 바람직하지가 않다는 것이다. 내가 만난 입양인 대다수는—어떤 사람은 매우 은밀하게—살면서 한 번씩은 우울증과 불안 상태를 경험했다고 한다. 비탄을 억누른 상태를 가지고 '뛰어난 적응력'이라고 할 수는 없다. 분노와 슬픔, 상실감을 부정하면 상처가 곪게 되고 화병처럼 심각한 고통을 얻게 된다.

여섯으로 충분해—
아버지(54), 어머니(44), 아들 둘에 딸 둘
평화롭게 사는 완벽한 가족, 따뜻하고 인정 넘치는,
건강한 사람들.

어머니

바지런하고 친절한 어머니 날 온종일 안고 계시네.
팔에 안겨 내 머리가 납작해질 때까지, 그리고 내 목소리 사라지네.
난 울 필요가 전혀 없으니까.
아, 이리도 날 사랑할 수가.

화병과 입양인

나는 화병 진단을 받지 않았다. 그렇지만 임상학자들에게 우리 입양인들의 증상이 서양의 진단 기준과 분류로 가늠하기에는 그 뿌리가 훨씬 깊다는 사실을 밝히고 싶다. 행복, 슬픔, 두려움, 분노 같은 기본 감정은 모든 문화권에서 공통적으로 느끼지만, 각 사회마다 바람직한 감정 표현 기준은 다 다르다. 예를 들어, 동양권에서는 부정적인 감정 표시를 꺼리는데 이는 나약함(자기절제의 결여)이나 혹은 반사회성(자기중심적, 단합심 결여)으로 비춰지기 때문이다. 다시 말해, 동양인은 자신의 감정표현이 다른 사람에게 어떻게 미칠까 하고 많은 주의를 기울이는 경향이 있다.[12] 집단주의자들 쪽에서는 감정이 "상대적 현상이며, 타인과의 관계 속에서 형성되고 그러한 관계들의 상태를 반영한다고 간주되는" 입장을 취하는 반면, 개인주의자들(서양)은 주관적 경험에 중점을 둔 방식으로 감정을 바라본다.[13]

그렇다고 집단중심의 사회에서 마음의 응어리로 인한 병이 발생하지 않는다는 것은 아니다. 만성두통, 전신통 및 병명을 알 수 없는 다른 증상들의 경우처럼 심신전반에 걸쳐 우울증이 나타날 수 있다. 동양과 중동 문화권은 정신 문제를 신체에 투영시키는 경향이 있다.[14] 여기서 바로 문화가 감정 표현은 물론 정신병리적 상태까지 결정짓는 역할을 하는 게 아닌가 하는 의구심이 생긴다. 화병 환자들은 스스로 신체적 · 정신적 질병을 동시에 앓고 있다고 생각한다. 전통적인 동양의학은 건강 문제가 음양의 조화에 달려 있다는 신념에 매우 커다란 영향을 주었다. 건강과 질병에 관한 한 음양 문제가 근본이라고 여겨졌다. 화병은 신체의 균형이 심각하게 깨진 것으로 보기 때문에 한국인들은 전통적으로 육체 및 정신 상태에 대한 치료와 상담을 약초를 다루는 한의사에게 구했다. 하지만 최근에는 양의에게 치료를 많이 받고 있는데, 이제 한국인들이 심리적 증상보다 신체적 증상에 관심을 기울이기 시작했기 때문이다.

서양식 치료방법은 진단 시에 주변 여건보다는 개별 증상에 더 초점을 두는 경향이 있다.[15] 사실 환자의 문화적 패턴이나 정체성, 대인관계를 규명해 파악하는 일은 중요하다. 이러한 요인들이 슬픔이나 트라우마와 연관되어 있기 때문이다.[16] 문화와 트라우마 분야에 대한 연구가 아직은 초기단계지만, 문헌들은 대부분 정신병리학적 요인들을 치유하는 데 개인의 문화가 유용하다는 점에 동의한다. 이는 문화를 소외감을 줄이는 지원 체계로 인식하기 때문이다. 한편 오직 '미국' 문화만을 한국 입양아동이 그들의 새로운 삶에 적응하고 동화하는 데 도움이 되는 실체로 보기 때문에 결국 입양아동들의 뿌리가 갖는 중요성을 부인하게 되고 이는 결국 입양아동들을 훨씬 더 소외시키는 일이 되고 만다. 그 결과 자아 분열이 야기되고 훗날 정신건강 문제로 표출될 소지가 있는 것이다.

임상기술, 발달연구 및 문화사회학적 연구가 결합된 초문화적 아동심리학(transcultural child psychiatry)이 문화, 아동발달 및 가족 체계에 대한 재해석에 있어 유용한 중재 도구를 제공한다.[17] 연구자들에 따르면 문화적 가족 모델(Cultural Family Model)이 국가간 입양아동들에게 도움을 줄 수 있는데, 심리치료사가 문화통역자 역할을 맡아 문화적 차이를 인정하는 동시에 격차를 좁히고 나아가 편견과 고정관념을 해소시킬 수 있다는 사실 때문이다. 이처럼 문화적으로 민감한 뼈대를 가지고 있는 모델들은 환자 치료는 물론 그동안의 전통적 심리 접근법이 얼마나 인종중심적 편견을 내포하고 있었는지 깨닫게 하는 일에 매우 효과적이다.[18]

가능한 치료대안 모색

물론 나만의 개인적인 생각일 수도 있지만, 많은 성인 한국 입양인들이 스스로의 정체성을 회복하려는 움직임이 점차 확산되고 있다는 느낌을 받는다. 다른 한국 입양인들과 이야기해 보면, 한국에서 태어났을 때의 원래 이름으로 바꾼 입양인도 있고 또 한국에서 살려고 돌아간 경우도 상당수다. 거기서 그들은 한국어를 배우고 한국 음식을 먹고 한국 문화를 호흡한다. 친생가족을 찾기도 하고 한국 연인을 찾기도 하는데 문학 · 영화 · 음악 · 요리 · 책 등 한국어로 된 것은 무엇이든지 다 접하고 싶어 한다. 이들은 자신들의 이야기나 상처까지도 공유하는 그룹이나 공동체를 형성하기도 한다.

한국적 심리학이 문화, 고국, 가족 및 정체성과의 결별에 대한 잘못된 조치로 인해 야기된 우리의 상실감을 만족시킬 수 있으리라고 보는 것은 그럴듯해 보인다. 내가 화병에 관심을 갖게 된 것 역시 수많은 서양식 진단명을 안고 살아가는 한국 입양인에게 대안적인 치유법을 제시하기 위해서다. 한국 입양인들은 스스로의 운명과 입양가족, 친생부모 및 한국인들에 대해 (자신들을 한국 내에서 수용해 입양시키지 못한 데 대해) 치미는 분노를 억제하려 애쓰지만, 그 과정에서 우울증, 불안증, 대인관계 문제, 섭식장애 및 기타 정신적 문제를 겪게 된다. 비록 미국에서 자라긴 했지만, 우린 여전히 타지에서 온 이민자일 뿐이며 따라서 재미 한국교포와도 비슷하기는 하나 다른 차원의 적응 문제를 안고 있다.

따라서 한국 입양인들이 다 화병을 경험하는 것은 아니지만, 우울증과 불안 문제를 문화적 범주에서 해석함으로써 소외감을 해소하고 결속감을 느끼게 할 수 있다는 것이 개인적인 생각이다. 그러므로 한국 입양인 사회에서 화병의 개념을 간과해서는 안 되는 두 가지 이유는 다음과 같다.

1)단순히 장애에 대한 서양적 이해와 약물치료에 국한하는 대

신에, 입양인의 문화, 고향 및 가족의 상실과 관련한 입양인의 과거사와 관념을 다루는 것이 훨씬 효과적일 수 있다. 이러한 일련의 상실은 사회적 소외감을 야기하고 나아가 억압된 정서로 인해 우울증과 기타 다른 정서적 질병을 초래할 수 있다. 여러 입양가정의 어려운 사례나 내 개인적인 경우를 보더라도 입양, 특히 인종간 · 국가간 입양 문제를 다루는 심리학자는 별로 없다. 심리학분야에서 애착과 정신역학 논리에 대해 그렇게 강조하면서도 이처럼 입양에 관련된 연구가 미비하다는 사실은 참으로 납득이 가지 않는다.

2)화병은 서양의학에서 여러 가지로 진단한 증상들을 하나의 증후군으로 통합할 수 있고 또한 사람들에게 진단명 꼬리표 다발을 붙이는 수고를 덜 수 있다. 길을 잘못 들어선 애착과 결별이라는 관점에서 입양인의 경험을 이해함으로써 수치에 기반을 둔 신념들로부터 그들을 자유롭게 해주는 것이 도움을 주게 될 것이다.

화병은 심각한 우울증과 불안증 같은 정신과적 진단이 문화적으로 표현될 수 있다는 착상에서 출발한 흥미로운 개념이다. 한국 입양인 뿐 아니라 재미교포를 대상으로 할 때는 일상적 스트레스의 신체화장애, 정신과적 취약점, 정체성, 상처입은 운명 등의 요소를 함께 고려하는 것이 중요하다. 본질적으로 화병은 삶과 운명에 대한 고통과 트라우마, 결별 및 분노라는 관점에서 이해될 수 있다. 한국 이민사에서 입양인은 잊히곤 하는데 우리 역시 이민자이며 성인이 되어서도 사회적응 문제를 안고 사는 사람들이라는 인식이 필요하다.

억압과 격리를 자행한 한국 사람들이 바로 이 고통의 개념을 이름지었고, 억압의 감정을 겪은 이들과 격리된 삶을 살게 된 이들도 한국 사람이지만 사실 이러한 개념은 다른 문화권에서도 나타나며 따라서 다른 문화간 · 인종간 입양인을 치유하는 데 이용할 수 있다.

여담

어머니가 나에게 남겨둔 육아 노트를 넘기고 있자니 지하실 먼지가 내 폐 깊숙이 스며든다. 숨을 쉴 수가 없다. 알레르기 때문이 아니다. 나에 관한 모든 설명들, 모든 거짓들을 보고 쓴 웃음을 짓는다. 입양제도 자체의 부도덕성 때문일까, 아니면 진실을 거부하는 사회복지사 개인의 문제일까? 유아의 **건강**에 대한 평가가 어느 나라의 기준으로 보더라도 이토록 엉터리인 경우 도대체 누구에게 이득이 돌아간단 말인가? 4개월 동안 체중이 170그램밖에 늘지 않았는데 어떻게 우량아라는 것인가? 생후 5개월에 내 체중은 약 5킬로그램이었다. 어떻게 그들이 나의 밝고 행복한 미래에 대해 언급할 수 있단 말인가? 연약한 아기였던 내가 겪은 무시 때문에 지금의 내가 분노와 애착 문제로 고통받는 게 아닌가 싶기까지 하다. 미국 의사들이 양어머니에게 내가 자폐증 전 단계라고 이야기했다고 한다. 게다가 내 만성 위통과 두통은 또 어떤가? 평생 계속된 섭식 문제는? 저체중을 유발시킨 그 지독한 애증관계는?

이 기록은 적개심, 분노, 폭력을 자극한다. 이 모든 감정을 고스란히 느끼고 인식해야만 개인적인 용서와 일보 전진이 가능해진다. 불행하게도, 지금껏 어떤 심리치료사도 내가 모국 땅과 문화, 그리고 모국 동포를 상실한 것에 대해 이야기한 적이 없으며, 또한 **혼혈**일 거라는 추측만으로 버림받고 무시된 개인사에 대해 말한 적이 없었다. 그 임상가들 중 누구도 내가 인종간 입양인이라는 것에 어떻게 적응할 지 사려깊게 고려하지 않았다. 나는 지금껏 스토킹을 당하다 살해되는 악몽에 시달리며, **그녀**의 자궁 안 말고는 그녀에 대해 아무것도 알지 못하는 여인에 대한 그리움으로 위통에 시달린다. 일종의 성취감을 위해 계속 아이를 낳았으나 (아이 여섯을 출산하고 두 번은 유산했다) 아직도 정확히 빈 자리를 꼭 집어 말할 수는 없다. 한국인들과 있을 때는 내가 반은 한국인이라는 사실을 눈치 못 채게 일부러 유치한 흐몽어로 말한다. 그렇지 않으면 그들은 금방 "순수 한국인은 아니죠."라는 식의 뻔한 반응을 보일 테니까. 나는 끊임없이 남편 쪽 혈연인 흐몽족과 동화되려고 노력하지만, 결국에는 그쪽에서도 나는 진정한 일원이 아니라는 사실만 확인할 뿐이다.

하지만 글쓰기를 통해, 내 과거를 인정하고 운명을 받아들이면서, 혹은 내가 태어난 데는 나름의 이유가 있다는 식으로, 다른 한국 입양인들로부터 스스로를 소외시키지 않으려 노력하고 (아무리 그들 옆에서 불안하고 편집병적인 느낌을 받는다 해도 상관하지 않고) 또 모성과 가족의 심연 속으로 스스로를 내던지는 과정을 겪으며 나는 약간은 진전된 마음의 평정을 찾았다.

어떤 한국 입양인이 진정으로 트라우마를 극복할 수 있을지는 예측하기 어렵다. 우리는 항상 우울증, 불안증과 씨름할 것이라고 입양인들은 말한다. 그러나 이러한 정신적 어려움이 생길 때마다 대처해 나가는 것만 해도 성공이라 할 수 있다. 우리의 과거를 받아들이고 현 상태를 유지하는 것이다. 지나치게 비관적인가? 그럴지도 모른다. 하지만 이것은 고도로 복잡미묘한 문제를 인정하고 이해하기 위한 큰 걸음이다.

---

1) Chang Hee Son, *Haan of Minjung Theology and Han of Han Philosophy* (Lanham, MD: University Press of America, 2000).

2) Yong Hoon Hwang, "A Study of Hwa-Byung in Korean Society," *Dissertation Abstracts International: Humanistic and Social Sciences* (1995): 11.

3) Hwang, "A Study of Hwa-Byung"

4) Keh-Ming Lin, "Hwa-Byung: A Culture Bound Syndrome?" *American Journal of Psychiatry* 140, no. 1 (1983): 105-107.

5) Young-Joo Park and others, "The Conceptual Structure of Hwa-Byung in Middle-Aged Women," *Health Care for Women International* 23, no. 4 (2002): 389-397.

6) Keh-Ming Lin and others, "Hwa-Byung: A Community Study," *The Journal of Nervous*

and Mental Disease 180, no. 6 (1992): 386-391.

7) Lin and others, "Hwa-Byung."

8) Kathleen Ja Sook Bergquist and others, "Caucasian Parents and Korean Adoptees: A Survey of Parents' Perceptions," *Adoption Quarterly* 6, no. 1 (2003): 56.

9) Herma J. Versluis-den Bieman and Frank C. Verhulst, "Self-Reported and Parent Reported Problems in Adolescent International Adoptees," *Journal of Child Psychology and Psychiatry* 36 (1995): 1411-1428.

10) Anders Hjern and others, "Suicide, Psychiatric Illness, and Social Maladjustment in Intercountry Adoptees in Sweden: A Cohort Study," *Lancet* 360 (2002):443-448.

11) Luke Kim, "Psychiatric Care of Korean Americans," in *Culture, Ethnicity, and Mental Illness* ed. Albert C. Gaw (Washington, DC: American Psychiatric Press, 1993), 347-375

12) Jeanne Tsai and others, "Emotional Expression and Physiology in European Americans and Hmong Americans," *Emotion* 2, no. 4 (2002): 380-397; Hwang, "A Study of Hwa-Byung."

13) Batja Mesquita, "Emotions in Collectivist and Individualist Contexts," *Journal of Personality and Social Psychology* 80, no. 1 (2001): 68-74.

14) Keith Oatley and Jennifer M. Jenkins, *Understanding Emotions* (Cambridge, MA: Blackwell Publishers, 1996).

15) Judith Zur. "From PTSD to Voices in Context: From an Experience-Far to an Experience-Near Understanding of Responses to War and Atrocity Across Cultures," *The International Journal of Social Psychiatry* 42, no.4(1996):305-317

16) Marten DeVries, "Trauma in Cultural Perspective," in *Traumatic Stress: The Effects of Overwhelming Experience on Mind, Body, and Society*, ed. Bessel A. van der Kolk, Lars Weisaeth, and Alexander C. McFarlane (New York: Guilford Press, 1996), 398-413

17) Vincenzo DiNicola, “Ethnocultural Aspects of PTSD and Related Disorders Among Children and Adolescencts,” in *Ethnocultural Aspects of Post-Traumatic Stress Disorders: Issues, Research, and Clinical Applications*, ed. Anthony J. Marsella and others (Washington, DC: American Psychological Association, 1996), 389-414.

18) Fred Gusman and others, “A Multicultural Developmental Approach for Treating Trauma,” in *Ethnocultural Aspects*, 439-457

18 그대 전진하라

브라이언 타오 워라

아버지, 알면 기쁘실 텐데요.
프랑스에서는 더 이상 단두대가 머리위로 떨어지지 않는답니다.
내가 태어난 바로 그 해부터,

이름도 죄목도 알 수 없는
바로 그 인간이
마지막이었답니다.

솔직히 나는
그 문제를 심각하게

들여다보지 않았습니다.
궁금증과
도에 넘치는 관심은 다릅죠.

아버지, 나는 내 거울의 그림자에서 당신을 봤습니다.
오직 어머니의 기록만을 통해 알 수 있는 희미한 기억입죠.
마치 한 마리 종이새처럼 나를
미국인에게 입양 보내려 작성한 서류 위
"__________의 미망인"이라고 쓴 어머니의 사인 속에
당신이 묘사되어 있습니다.

그리고 나는 미망인이란 말을 싸고도는 숲 가운데서 당신을 알 뿐,
나와는 상관없는 일입죠.
그 숲은 멀리서 내 정체성을 사살하는 자객들입니다.

나는 그 마지막 나무의 이파리들을 떼낼 수 없습니다.
그 나무는 당신을 붙잡고 저주합니다. 수목들을 윤택하게 하지 못했다고.
그러나 그 저주는 아무것도 바꾸지 못합니다.

비난은 헛수고일 뿐.
당신의 마지막 말은 이제 잊혔어요, 내 아버지.
그리고 어쨌든 나는 그 말들을 결코 이해할 수도 없습니다.

나는 당신이 안식하도록 둘 수 없어요.
나는 내 가문의 이름조차 발음할 수 없어요.

당신은 많은 뼈들 중에 일어날 수조차 없는 뼈.
당신은 촛농처럼 녹아내리는 하얀
희미한 미소일 뿐,

흩어지며 먼지가 된
우리 조상들의 산들

당신의 자취 안에서, 나는 일어납니다. 가장
신중하게 다루어야 하는 자유에 기대어……

19 평생 가는 충격, 지속적 필요

존 레이블

나는 인종간 입양으로 알려진 지속적인 사회적 실험 대상인 기니피그 중 한 사람이 바로 나라고 종종 생각해 왔다. 나는 1970년대 미국의 인종간 입양이 정점에 달하기 훨씬 전인 1960년대 초반에 입양되었다. 흑인과 백인 부모 사이에 태어나 백인 가정에 입양된 첫 경우 중 하나이다. 나는 종종 인종간 입양에 찬성을 하기도 하고, 또 때로는 반대하는 입장의 대변인 역할을 하곤 했다. 시간이 흐르면서, 부모들과 사회복지사는 여러 가지 다양한 방식으로 우리 기니피그가 어떻게 성장했는지 알고 싶어 했다. 나는 많은 입양아동 중 한 명으로, 오직 나에 대해, 항상 내가 할 수 있는 만큼 성실하게 답하려 하였다.

1970년대 중반 청소년이었을 때부터, 나는 공개석상에 초대받아 내 경험에 대해 이야기했다. 그때부터, 나는 인종간 입양에 대한 많은 찬반논쟁과 토론에 참여하였다. 한때는 백인 입양부모들의 인기를 독차지하기도 했는데, 이유인 즉, 입양회의에 참석해 내가 자란 백인 거주 지역에서 겪었던 편협한 고집불통들의 편견을 이겨낸 감동스토리를 전해 주었기 때문이다. 20대에는 전미흑인사회복지사협회의 투쟁적인 노선에 지적으로나 감정적으로 끌리기도 했는데, 그들은 아동복지 분야에 만연한 인종주의를 비난했다. 당시 나로서는 인종간 입양인이라는 신분으로 인종문제를 이해하는 등 스스로 겪어야 했던 삶을 공감해주는 입양전문가 그룹이 존재한다는 사실 자체가 고마웠던 것이다.

1980년대에 인종간 입양에 대한 논란이 한창 격렬해졌을 때, 나는 쉽게 텔레비전 제작자들의 희생양이 되곤 했는데, 그들은 토크쇼에서 나에 대해 "은혜를 모르고 분노로만 가득 찬 철모르는 입양인"이라고 즐겨 묘사했다. 이런저런 공개석상 중에, 입양 논쟁에 대한 각기 다른 견해를 가진 언론인들이 나를 인터뷰하기도 하고 나에 대한 글을 쓰기도 했다. 심지어는 인종간 입양에 대한 영화에도 출연하기도 했다. 가끔씩 입양회의에 가면 낯선 사람들이 나를 알아보기도 했는데, 다양한 배경의 입양인 여섯 명에 관한 다큐멘터리인 「정체성을 위한 투쟁: 인종간 입양에 대한 논쟁(*Struggle for Identity: Issues in Transracial Adoption*)」에도 출연했기 때문이다. 그 영화에서 나는 여섯 입양인 중 가장 나이가 많았고, 나 자신이 입양인이자 입양부모로서 발언했다. 공개 강연 외에도, 현재 나는 입양부모로서 온라인 공동체에서도 활발하게 활동하고 있다. 나는 인종간 입양에 관한 웹사이트를 운영하고 '아동을 위한 뉴욕주 시민 연대'를 통해 인종간 입양에 관심을 가지고 있는 부모, 대학생, 그리고 여러 다른 사람들의 질문에 답해주고 있다. 이 모든 활동은 내가 지난 25년간 입양에 관한 다양한 논쟁에 공개적으로 개입해 왔다는 것을 드러낸다.

인종간 입양을 화두로 살아 온 지 40년에 다다른 이 시점에서, 나는 더 이상 백인 부모의 인종간 입양 자체의 정당성 문제에 대해 왈가왈부하거나 이들이 유색인종 아동을 양육할 수 있는지 따위의 질문을 던지지 않는다. 이제는 많은 가정에 인종간 입양이 현실이라는 사실을 인정한다. 나를 비롯해, 흑인사회복지사들이나, 미국 인디언 활동가들, 성인 입양인, 혹은 경험 많고 솔직한 입양부모들이 입양 문제에 대해 어떠한 찬반 입장을 피력한다 해도, 타인종 아이들을 입양하고 싶어 하는 사람들은 항상 있을 것이다. 상대적으로 불행한 아이들의 삶에 정치적으로 중립적인 개입이나 자비를 베푸는 게 입양이라는 현재의 인식이 궁극적으로 변화하지 않는 한, 이러한 현상은 지속될 것이다. 개인적으로 나는 이런 입양에 대한 대중의 인식이 곧 바뀔 것이라고 생각한다. 예를 들어, 가난하고 전쟁으로 폐허가 된 나라에서 아이들을 모집한 후 이어지는 잔혹한 입양 상인들의 학대는 곧 반발을 사게 될 것이다. 이들의 극악무도한 행태는 종종 뉴스헤드라인을 장식하곤 하는데, 위기에 처한 가족과 아이들의 복지보다는 아이들 매매로부터 생기는 이익에 더 관심을 가지고 있는 사람들의 의도가 뻔히 드러난다.

이러한 급진적 변화가 일어나기 전에는, 여전히 입양부모가 되고자 하는 이들은 극빈국의 아이를 자기 아이로 입양해 가기 위해 수천 마일을 마다않고 날아와 거액의 돈을 지불할 것이다. 나아가 이 아이들 대부분이 유색인종일 것이고, 또 입양부모는 대부분이 백인일 것이다. 또한, 많은 부모들이 이미 정원을 넘긴 위탁보호시설의 보살핌을 받는 아이들에게 가정을 개방할 것인데, 이 아동들 대부분이 미국 내 가난한 가정 출신의 유색인종일 것이다.

인종간 입양에 대한 연구조사의 한계점

인종간 입양에 대한 수많은 보고와 연구에도 불구하고, 연구자들이 답하기 어려운 문제들이 있다. 많은 연구가들이 아동과 청소년에게 초점을 맞춘 반면, 나는 인종간 입양이 성인 입양인의 가족에게 끼칠 영향에 대해 더 관심을 가지고 있다. 성인이 되고서 나는 입양인으로서, 입양부모로서, 그리고 최근에는 연구자로서 인종간 입양 경험을 이해해 보려고 애써왔다.

다문화교육에 관심을 가지고 있는 교육연구가의 입장에서 바라본 인종간 입양의 역사라는 틀에 기초해 던지는 질문은 다음과 같다.

- 인종간 입양이 입양인 개인과 성인 입양인을 둔 가족에게 끼치는 장기적 의미는 무엇인가?
- 장기간의 인종간 입양은 다른 입양보다 더 쉽게 붕괴되는가?
- 가족해체를 막기 위해 가족들은 어떤 지원과 교육을 받아야 하는가?
- 인종간 입양가족 구성원은 타인종 아동을 입양하며 자연스럽게 다문화 의식을 키우게 되는가?
- 그러한 의식이 입양가정에서 있을 수 있는 인종과 입양 문제에

관한 열린 소통에 얼마나 중요한가?

- 핵심적인 입양 문제에 관한 높은 인식과 민감도 사이엔 어떤 관련이 있는가?

어떤 사람들을 불편하게 할 문제들을 언급하는 이 질문들의 근저에는 지나간 시대의 사회공학적 기획에 깃든 인종간 입양의 원인에 관한 인식이 있다. 인종간 입양의 의도가 특히 부모들이 믿도록 유도된 것처럼 순수하지만은 않았기 때문에 인종간 입양 관행이 여전히 문제로 남게 되었다는 게 내 개인적인 생각이다. 인종간 입양은 미국 아동복지 정책의 부산물로서 사회복지 분야에서는 비교적 새로운 시도이다. 이러한 이유로 인해서, 인종간 입양이 성인 입양인과 성인 입양인 가정에 평생 쌓을 영향은 아직 보고된 바가 없다. 많은 연구가들이 인종간 입양아동과 청소년에 관해 연구하고 있지만, 입양인들이 30대, 40대, 50대 혹은 그 이상의 긴 시간을 보내며 겪게 될 가족 역학 구조의 전개, 인종 정체성 변화, 혹은 살면서 주어지는 선택과 기회 같은 요인들에 있어, 인종과 입양이 동시에 어떤 영향을 미치는가에 대해서는 연구가 이루어지지 않고 있는 실정이다.[1)]

인종간 입양에 관한 논쟁에 관심을 가진 사람이라면 거의 대부분의 연구가 인종간 입양이 어린이 혹은 청소년기의 입양아동을 둔 입양부모와 입양아동에게 미치는 영향에 초점을 두었음을 알 수 있다. 그 예로, 어떤 연구가들은 자녀의 사회적응도와 자의식에 관해 입양부모를 상대로 인터뷰 혹은 설문조사를 실시하였다.[2)] 그런가 하면 입양아동의 인종 정체성과 입양에 대한 생각에 관해 조사하기 위해 입양아동의 선생님과 부모님 그리고 간혹 입양인에게 직접 질문을 한 연구자도 있었다.[3] 이러한 연구들은 모두 마치 입양아동이 유년기를 겪고 나면 바로 인종간 입양의 영향이 한 눈에 보이고 평가되어 요약될 수 있는 것처럼 인식함으로써, 오로지 결과에만 초점을 두는 단점이 있다. 편협하고 결과에만 중점을 둔 연구는 입양인과 입양가정에게 일생 동안 계속해서 미치는 영향들을 무시한다. 또한 이런 연구 대부분이 삶이 전개되는 과정에서 나타나는 유동적인 인종 정체성이 계속 어떻게 발현되고 타협 과정을 거치게 되는지에 관해서는 파악하지 못하고 있다. 이러한 부분은 입양아동이 유년기의 보호완충지였던 핵가족 형태에서 벗어나 다른 사회적 배경을 경험하게 되면서 더욱 중요한 연구 영역이 되고 있다.

이런 인종간 입양 연구 실태는 이 분야의 생소함에 기인한다. 인종간 입양이라는 개념 자체가 상대적으로 최근에 만들어졌는데, 예를 들어, 많은 사람들이 1950년대 미국인에 의한 한국 전쟁고아의 입양이 인종간 입양의 시초라 생각한다. 이러한 관점에서 본다면 20세기 연구자들이 1960년대 초부터 시작해서, 어린 입양아동과 입양부모에게만 초점을 둔 연구를 한 것이 어찌 보면 당연하다고도 여겨진다. 사실상 인종간 입양에 관한 연구는 1960년대부터 시작되었다.[4] 1950년대와 60년대에는 인종간 입양아동들이 성숙기에 들어서지 않았기 때문에 1970년대에는 어린아이들 그리고 십대와 사춘기 직전 아동을 자녀로 둔 입양가정에 중점을 둔 연구가 이루진 것은 당연한 결과다. 인종간 입양에 있어 전 생애에 걸친 보다 완전한 평가가 이루어지기 위해 연구자들은 2차대전 이후의 인종간 입양 첫 세대가 스스로의 삶과 가정을 형성하고 독립된 성인으로 삶의 도전을 헤쳐 나갈 때까지 기다려야 할 것이다.

성인이 된 입양인과 가족 구성원들의 의견이 포함되지 않는다면 인종간 입양에 관한 연구는 미완으로 남을 수밖에 없다는 게 내 개인적인 생각이다. 21세기에 들어선 지금, 사회실험 초창기이던 1950년대, 60년대 그리고 70년대에 입양되었던 이들은 이미 성인기에 접어들었다. 나는 우리가 이들 입양인들과 그들의 백인 형제자매들로부터, 무엇보다도 자신들의 목소리를 발견한 입양인들로부터, 나아가 그들의 어린 시절이나 청소년기의 날들에 대해 거리를 두고 보다 객관적인 시선으로 바라볼 줄 아는 성숙한 성인 입양인들로부터, 또한 자신들의 경험에 대해 명쾌하게 말하기 시작한 입양인들로부터 더 많은 것을 들을 수 있기를 기대한다. 성인이 된 입양인들의 발언들을 신뢰하는 바, 그들의 발언은 입양인이라는 집단을 지속적으로 아동화시키는 자들에게 도전하는 나의 긴 싸움에 도움이 될 것이다. 이것이 바로 내가 바라는 것이다. 우리의 집합적 발언들은 인종간 입양 관련 연구나 공개토론에서 종종 보여졌던 것처럼, 우리가 영원한 아이가 아니라는 것을 실감나게 드러낼 것이다.

어떻게 입양인이 계속 아동으로만 여겨지는가. 나는 종종 영화 「정체성을 위한 투쟁」이 여섯 **청소년**에 관한 이야기라고 소개되는 것을 들었다. 그러나 우리 여섯 사람은 성인이지 청소년이 아니었다. 나는 그 영화를 찍을 때 35살이었다! 바라건대 점점 커지는 성인 입양인들의 목소리를 통해, 우리가 성장하고 있으며 또한 입양인으로서 우리 대부분이 성년기에 들어섰다는 사실을 상기하게 됐으면 한다. 더불어 인종간 입양가정에서 '보이지 않는 아이들'이라 불리는 이들, 즉 입양으로 인해 인종이 다른 형제나 자매와 함께 성장한 백인 아이들의 목소리가 보태져, 현재 진행 중인 사회 실험에 대한 학술문헌에 한층 더 깊이가 쌓이기를 바란다.

21세기 인종간 입양가정을 위한 지원

다문화주의 교육자이자 인종간 입양 연구가로서 백인 부모들이 다른 인종의 아이를 입양하려 할 때 거칠 수 있는(반드시 거쳐야만 하는) 단계가 있다고 믿는다. 흑인을 비롯한 유색인종 자녀를 정서적으로 건강하고, 여러 문화를 이해하고, 자신감 있게 키우고자 하는 입양부모들은 입양전문가로부터 도움을 받을 수 있고 보다 나은 대비를 할 수 있다. 나는 인종간 입양 자체를 반대하지는 않는다. 나는 단지 이러한 입양이 책임감 있고 윤리적으로, 적절하고 조심스럽게 선택된 가정에 올바른 의도로 이루어져야 한다고 생각한다. 무엇보다 입양인 전 생애에 걸친 곤경 때문이다. 이 곤경이 논쟁의 핵심이 되어야 할 것이다.

입양가정들과 일을 하다 보면 인종간 입양아동 양육이 효과적으로 이루어지기 위해 종종 간과되기는 하지만 입양아동이 영원히 어린 아이로 머무르지 않는다는 분명한 사실을 인식하고 동의하는 것이 중요하다는 생각을 하게 된다. 이러한 인식은 보통 자녀가 취학연령이 될 때쯤 생기게 된다. 이 시기에 입양부모들은 그들의 아이들과 애착관계 안에서 아이들을 기르고 그들이 마치 친생자녀인 것처럼 진심으로 사랑한다. 자녀들이 학교에 다니고 성장해갈 때 복합적인 다문화 분석을 통해 의식이 깬 부모들은 인종간 입양아동 대부분이 인종의식을 지니고 있고 때로는 사회에 대해 적대적 태도를 지닌 유색인으로 자기를 정의하는 사람들이 되리라는 사실을 수용하는 법을 배운다.

부모만이 인종의 중요성과 인종차별의 지속성에 대해 깨닫게 되는 것은 아니다. 타인종을 형제, 자매로 둔 백인 친자녀와 인터뷰를 하다 보면 이들 역시 부모의 인종간 입양결정으로 인해 복잡한 감정과 문제점들을 경험한 것을 알 수 있다. 예상할 수 있듯이, 백인인 형제 자매의 의견을 들어보면 이상적이고 전폭적인 입양 지지 입장을 보이는 경우가 있는가 하면 그와는 전혀 반대의 보수적 입장을 보이는 경우도 있는데 이는 인종간 입양 문제로 인해 가정에서 야기된 어려운 상황과 또 때로는 비극적 상황을 경험한 배경과 연관이 있다. 이들이 제기한 불만 중에는 인종 역학에 대한 이해부족, 거의 전무하다시피 한 친부모의 준비 부족, 그리고 공개적으로 다문화가정에 속한 개인으로 인종적 낙인이 찍혔을 때 느꼈던 불편함이 가장 많다. 이들 중 성인이 되어서도 부모처럼 입양을 선택한 사람이 있는데, 그 중 인종간 입양은 드문 반면, 절대 인종간 입양을 하지 않겠다는 이유를 솔직하게 털어놓는 사람도 있었다. 자신의 의지와는 무관하게 인종간 입양의 당사자가 된 형제, 자매들은 이제 성인이 된 지금, 다문화가정에 대한 타인들의 반응이나 인종주의를 직접 경험해야 했기에, 인종차별이 갖고 있는 함정과 노골적이진 않으나 모순적인 대중의 성향을 너무도 잘 알고 있었다.

다행히도 보다 긍정적 측면을 이야기한 경우도 있는데, 이러한 경우에는 부모가 입양자녀와 친생자녀 모두와 부모 스스로에게 인종차별에 반대하는 운동을 하고 입양 문제를 이해하는 것의 중요성 등 여러 문화적 차이에 대해 교육시키는 노력을 한 덕분으로 보인다. 이처럼 현명한 부모들은 입양아동들이 학교 안팎에서 겪을 인종차별뿐만 아니라 입양되었다는 사실 자체에 얽힌 복잡한 감정들을 해결해야 한다는 사실을 알고 있다. 이처럼 뒤엉킨 문제들과, 이 문제들이 제대로 해결되지 않았을 경우 뒤따르게 되는 심리적 · 정서적인 상처를 감안하면, 인종간 입양가정으로서 살아간다는 것은 상당히 위험한 일이다.

입양은 가족에게 일생의 영향을 미치는, 그 자체로도 극적이고, 총체적인 변화를 내포한 일이다. 인종간 입양에는 입양 자체만의 문제 이외에도 차이와 차별과 관련된 복잡한 문제들이 더해지기 때문에, 인종간 입양가정에게 있어 지속적 지원과 교육은 행복을 위한 필수 조건이다. 이러한 이유로 인해, 나는 부모, 입양아동들, 그리고 그들의 형제 자매가 입양 후에도 지속적이고 장기적인 도움을 받아야 한다고 생각한다.

다행히도 점점 더 많은 입양기관에서 입양 후 서비스를 제공하고 있다. 어떤 기관들은 입양아동과 입양부모에게 꼭 필요한 일이라고 보고 상담을 제공한다. 어떤 기관은 '열린 입양' 제도를 통해서 입양가정과 입양인의 친부모 혹은 친형제자매 간의 소통이 지속되도록 조치하고 있다. 또 입양인이 성인이 되어 친부모에 관한 정보를 구할 때 도움을 제공한다. 몇몇 기관들은 심지어 가족들이 다문화적 생활 양식을 받아들이도록 설계된 자녀와 부모를 위한 문화 캠프를 열기도 한다.

이 모든 일들은 인종간 입양이 이루어지기 위해 필요한 희망적 변화의 징표라고 생각한다. 아직은 이러한 입양 후 서비스를 제공하는 기관들이 일반적이지는 않다. 또한 독립적인 입양 주선자들이 등장하고 친생모와 고아원 및 입양부모들을 사적으로 중재하는 일이 늘어나면서 인생에 걸친 입양의 여정 가운데 있는 가정들을 지원하는 잘 조직된 기구들은 줄고 있다. 아직도 많은 부모들이 인종정체성 개발, 인종차별반대 대처법 및 문화적 인식과 같은 문제들에 대해 자녀와 대화할 준비가 되어있지 않다. 인종에 민감한 사회에서 유색인종인 아이를 기르는 것에 대한 특별한 고려가 깃든 상담을 받는 경우도 극소수에 불과하다. 게다가 너무도 많은 부모들이 입양의 핵심적인 문제들에 대하여, 혹은 어떻게 그것들을 가정에서 다룰 수 있는지에 관련해 훈련을 받지 못하고 있다. 나는 이렇게 부모들이 적절한 도움을 받지 못하고 도무지 준비가 되지 않으면 입양인들, 특히 성인 입양인들은 불필요한 고통을 받을 것이라고 생각한다.

성인이 된 인종간 입양인을 자녀로 둔 가정이 점증하고 있다. 이 가정들이 직면할 인종 및 입양 문제가 뒤엉킨 사례를 소개하는 것으로 이 글을 마치고자 한다. 이 사례가 드러내고 있듯이 전문적 지원과 교육이 없는 경우 많은 가정들이 상황을 스스로 알아서 헤쳐나가기 위해 고군분투하도록 방치될 것이다.

가정에서 인종과 입양을 다뤄야 할 필요성

몇 달 전, 나는 낯선 여성에게서 이메일을 받았는데, 그녀는 인터넷을 통해 나를 알았다고 했다. 에밀리(가명)는 1990년 발표한 내 연설문을 읽고 메일을 보내왔다.[5] 그 연설문에서 나는 비록 내가 어떤 이들의 눈에는 '반쪽 흑인으로' 보이겠지만, 흑인과 흑인 문화에 동질성을 느끼는 이유를 말하려 했었다. 에밀리는 나와 세대도 다르고 국적과 가정환경도 다르지만 그럼에도 그 연설이 자신의 상황과 똑같이 일치한다는 사실을 말하고 싶었다고 했다.

비록 나는 에밀리와 한 번도 만난 적이 없었지만, 성인이 된 입양인으로서 그녀가 느끼고 있는 혼란과 갈망에 대한 표현을 읽으면서 본능적인 친밀감을 느꼈다. 그녀는 자신을 아시아계와 유럽계의 혼혈여성이라고 했다. 20대 후반에 들어선 그녀는 마음 좋은 백인 입양부모와의 사이가 소원해졌다고 했다. 그리고 그녀의 가족분위기가 "악화되었다"라고 씌어진 것을 읽었을 때 나는 참 슬펐다. 나는 가족 간의 소통이 단절되었다고 해석했다. 그런 단절로 인해 에밀리는 물론 아마 그녀의 입양부모와 형제 또한 낙담하고, 상처받고, 혼란스러운 상태일 거라고 생각했기 때문이다.

에밀리는 자신이 온통 백인으로 둘러싸인 사회에서 오직 한 명뿐인 유색인종으로 살며 해를 거듭할수록 얼마나 힘들었는지 글에 썼다. 나는 그녀가 얼마나 인종차별이 없는 세계동포주의적 환경으로 옮기고 싶어 했을지, 그리하여 마침내 딱 들어맞는 자신만의 세상을 갖고 싶어 했을지 충분히 상상이 갔다. 나는 또한 유색 입양인 성인 여성으로서 그녀가 성인의 현실 가운데 있고 성인의 욕구를 가지고 있다는 사실을 전혀 이해하지 못하는 입양부모와 점점 멀어진다고 느끼게 되면서 품었을 좌절과 가슴아픔도 공감할 수 있었다. 흥미롭게도, 나는 내가 살아오며 그랬듯이, 에밀리 역시 그녀의 친부모에 대해 아무 언급이 없다는 것을 알아챘다.

나는 에밀리의 메일을 읽으며 여러 가지 이유로 낙담했다. 첫째로 나와 에밀리는 20살 이상 나이 차이가 나는데도, 에밀리가 내가 10대와 20대에 겪었던 것들을 똑같이 경험하고 있다는 사실에 좌절감을 느꼈다. 인종간 입양 실험이 시작된 지 반세기가 넘었지만 아직까지도 인종과 입양에 관한 복잡한 문제들을 효과적으로 해결할 준비가 안 된 가족이 존재한다는 사실이 안타까웠던 것이다. 에밀리의 경우처럼, 너무도 많은 입양인들이 인종정치의 수렁에 내동댕이쳐져서 충만한 내면적 삶을 일궈가는 일에 치명적 걸림돌인 입양 문제의 소용돌이 속에서 홀로 싸우고 있다는 사실에 분노를 느꼈다.

요즘 들어 입양전문가와 교육자가 입양 문제와 다문화주의에 관해 상당히 많이 알긴 해도, 많은 백인 부모들은 문화적으로 다른, 다시 말하자면, 성인 유색인의 삶에 대해 배울 기회가 매우 적다. 이로 인해 백인 입양부모들은 인종차별을 직접 경험하지 못하는 것은 물론이고, 다양한 관점에 노출되지도 못하게 된다. 이는 유색인 입양인들에게 있어서는 그들이 직면할 수밖에 없는 냉혹한 현실에 심리적 · 정서적인 준비도 없이 성인을 맞이해야 한다는 의미다. 입양인이 귀여운 유아기를 지나 성장하면, 예견된 대로 그들이 만나는 여러 사람들과 많은 단체, 집단들로부터 인종차별을 경험하게 된다. 에밀리처럼 이렇게 준비되지 않은 입양인들은 자라면서 외롭다고 느끼고, 정서적으로 황폐해지고, 이해받지 못하고, 결국 유색인종 사회든 백인 사회든 어느 곳에도 안정적으로 귀속되지 못하게 된다.

에밀리의 경우와 그 외 알려지지 않은 수많은 다른 사례들을 보고, 나는 인종간 입양을 권하는 많은 전문가에게는, 봉사수수료를 받는 경우에는 더더욱 그렇지만, 그들의 의뢰인들, 즉 입양부모와 입양아동 모두가 겪게 될 험난한 여정을 준비시킬 도덕적 책임이 있다는 결론을 내렸다. 거친 땅의 언덕과 틈새, 깊은 구멍을 평생 잘 헤쳐 나가기 위해서는 준비가 필요한 법이다. 이런 땅은 인종 · 문화 · 정서 차원 모두에 걸쳐 있기에 더더욱 험난하다. 그렇기 때문에 나는 최초의 입양배치가 이루어진 후 오래도록 기관과 입양전문가들은 이 전 생애에 걸쳐 상담이나 다문화교육, 그리고 다른 형태의 입양 후 지원을 제공하도록 지속적 조치를 취해야 한다고 생각한다.

에밀리의 편지를 다시 읽으며 나는 내가 인종간 입양의 여정에서 느꼈던 양가적 감정을 떠올렸다. 인종간 입양은 일반화되어서도 안 되고 정치적으로 올바른 것으로 받아들여져서도 안 된다. 근본적으로 입양이 내겐 이미 일어나 버린 일이라는 점이 유감이다. 그렇다고 오해는 하지 않았으면 한다. 친모의 포기에 대한 솔직한 심정은 입양부모와 가족에게 느끼는 사랑과 감사의 마음하고는 별개의 문제다. 논쟁의 여지가 있지만 삶에서 새로운 출발을 선사 받은 모든 입양인들이 느끼는 모순은 원초적 상실의 경험이라는 정반대의 현실 때문이다. 에밀리의 메일을 보며 나는 어릴 때 내가 경험한 여러 가지 상실들, 특히 친부모와 형제자매들 그리고 나의 성장에 있어 가장 결정적이었던 3년 동안 날 돌보아 준 입양부모와의 잃어버린 연결에 대해 아직 애도하지 않았다는 사실을 깨달았다.

격동적인 청소년기와 청년기를 보낸 우리 인종간 입양인들에게는 (나는 인종간 입양인들이 자살 등 자기파괴에 이르는 이야기를 너무 많이 들었다.) 이제 어엿한 성인으로서 입양부모를 가족으로 **택할**(adopt) 수 있는 감정적 여유를 길러야 할 과제가 남아 있다. 가족들은 이러한 정서적 여정에 수십 년이 걸릴 수도 있다는 사실을 이해해야 한다.

마지막으로 에밀리의 메일을 다시 읽으면서, 수많은 인종간 입양아동들이 상실감이나 인종차별 경험에 대한 마음을 터놓지 못한 채 고독하게 싸우고 있으리라는 마음 아픈 현실이 떠올랐다. 우리사회에서는 불편한 주제에 대해 드러내놓고 솔직하게 대화하는 법을 배우지 않았기 때문에 이러한 고독감을 떨쳐내는 것은 상당히 어려운 일이다. 그저 침묵하는 것이 더 쉬울 때도 있다. 한 식구라 하더라도 다른 인종적 지위를 가진 개개인들 사이의 틈이 커다란 장벽으로 작용하기도 한다. 나는 입양부모와 입양인 사이의 이 틈이 입양의 붕괴에 결정적 타격을 준다고 생각한다.

많은 입양인 사회를 두루 접하는 동안, 아직도 인종간 입양인에게 각별한 것이 무엇인지 제대로 알지 못하는 준비 안 된 입양가족들을 매우 많이 만났다. 그런가 하면 동시에 점점 더 많은 입양인들과 입양부모들이 인종과 입양에 관해 절실하게 이야기하고 싶어 한다는 사실을 발견한다. 더 많은 부모들이 그들의 입양아동이 아직 어린 아이이건, 독립을 해 따로 살건 관계없이 인종간 입양인이 대화를 필요로 하고 있으며 또 좀 불편하더라도 부모 역시 대화에 응할 준비가 되어 있어야 한다는 사실을 깨닫고 있다.

나는 대화를 통해 입양 붕괴 문제를 미리 예방할 수 있다고 믿는다. 매리 애덤스의 말대로,[6] 나는 입양으로 인한 법적관계가 상실되지 않아도 입양부모와 입양인 사이에 감정적 반목이 생기면 이를 '입양 붕괴'라고 정의한다. 부모와 입양인에게 있어 감정적 불화는 심각한 관계 소원을 야기한다. 입양을 하고자 하는 예비부모는 예측할 수 있는 문제들을 사전에 예방하기 위해 포괄적인 입양계획을 세워야 한다. 예를 들어, 인종역학과 인종차별뿐 아니라 입양 및 상실과 같은 핵심문제를 두고 필수적으로 받는 상담을 포함해서, 삶의 매 단계마다 지속적으로 교육받을 수 있어야 한다. 입양전문가들은 부모들이 입양 자녀의 아동기는 물론 성인기에도 부모 노릇을 잘 할 수 있도록 도움을 줄 의무가 있다. 이러한 장기적인 계획은 인종간 입양의 경우에 특히 긴요하다.

나는 답장에서 에밀리에게 어떻게든 입양부모와 계속 소통할 것을 권유했다. 결국 대화라는 것은 인종과 지위에 관계없이 쌍방통행이니까. 내가 살아오면서 배운 것이 있다면 그것은 누군가를 탓한다고 치유나 행복을 얻을 수 있는 게 아니라는 사실이다. 또한 나는 소원해지거나 끊어진, 혹은 잃어버린 가족관계를—입양부모든 위탁부모든 친부모든 간에—다시 회복하는 것이 노력해볼 만한 가치가 있는 일이라는 것을 알았다. 언젠가 에밀리도 다른 성인 입양인처럼 그녀 스스로의 방식으로 가족들을 심리적으로 입양하고 정서적 관계를 맺는 방법을 찾아야 할 것이다.

나는 이 장에서 다문화 교육과 진실한 소통에 관해 이야기했다. 이러한 이상적 정신이야말로 인종간 입양이 가지고 있는 고통스러운 역사 및 정서적 유산을 치유할 수 있는 해독제가 될 수 있다고 믿는다. 또한 보다 성숙한 관점에서 내 목소리를 거듭 낼 것이다. 다른 입양인들이 내 글을 통해 위로와 공감을 얻기를 바란다. 그리고 입양전문가들이 입양인과 입양가정에 대한 지속적 책임에 대해 다시 한 번 생각하게 되기를 바란다. 나아가 인종간 입양인의 백인 형제자매들이 스스로의 생각을 표현하는 일에도 보탬이 됐으면 좋겠다. 또한 많은 인종간 입양 연구가들이 연구를 통해 판에 박힌 기존의 입장을 되풀이하는 것이 아니라, 합당한 질문을 제기하고 개방적 정신으로 연구를 지속했으면 한다. 마지막으로 내가 바라는 것은 어렵겠지만 불가능하지는 않다. 입양부모들이 위험하지만 궁극적으로는 가치가 있는 평생의 여정에 한 발 더 나아가는 일에 동참했으면 하는 것이다. 모든 가족 개개인이 가족관계 안팎에서 다양한 인종적·

문화적 배경을 지닌 개인들과의 관계를 돌보는 데에 기초한 반인종주의적 삶을 살도록 배우고 진심으로 인종차별을 하지 않는 삶을 살게 되는 것, 다시 말해 다른 곳에서 이미 설명한 바 있는 **탈인종화**가 내 비밀스러운 바람이기도 하다.[7] 나는 입양부모들이 인종간 입양부모의 경험을 출발점으로 삼아 다문화여행길에 오르고, 아직도 갈라진 사회의 통합이라는 미완의 프로젝트를 완수하는 일에 흥미와 목적을 가지고 투신하기를 희망한다.

---

1) 이와는 별개로 최근 주목할 만한 연구가 매리 애덤스(Marie Adams)에 의해 이루어졌다. 그녀는 *Our Son, A Stranger: Adoption Breakdown and Its Effects on Parents* (Montreal: McGill-Queen's University Press, 2002)의 저자로, 입양 해체가 백인 입양부모에게 끼치는 영향에 대해 기록한 바 있다.

2) Joyce Ladner, *Mixed Families,* (Garden City, NY: Anchor Press/Doubleday, 1977); R. McRoy, L. Zurcher, M. Lauderdale, and R. Anderson, "Self-Esteem and Racial Identity in Transracial and Inracial Adoptees," *Social Work* 27, no. 6 (1982): 522-526; Rita Simon and Howard Altstein, *Adoption, Race, and Identity: From Infancy Through Adolescence* (New York: Praeger, 1992); K. M. DeBerry, S. Scarr, and R. Weinberg, "Family Racial Socialization and Ecological Competence: Longitudinal Assessments of African American

Transracial Adoptees," *Child Development* 67, no. 5 (1996): 2375-2399.

3) Helen Noh Ahn, *Identity Development in Korean Adolescent Adoptees: Eriksonian Ego Identity and Racially Ethnic Identity* (Berkeley: University of California School of Social Welfare, 1989); Lucille J. Grow and Deborah Shapiro, *Transracial Adoption Today* (New York: Child Welfare League of America, 1974); Ruth G. McRoy and Louis A. Zurcher, Jr., Transracial and Inracial Adoptees (Springfield, IL: Charles C. Thomas, 1983); Rita Simon, Howard Alstein, and Marygold Melli, *The Case for Transracial Adoption* (Washington, DC: American University Press, 1994).

4) M. Sellers, "Transracial Adoption," *Child Welfare* 58, no. 6 (1969): 355-356; E. Shepherd, "Adopting Negro Children: White Families Find It Can Be Done," *New Republic*, June 1964; Rita Simon and Howard Alstein, *Transracial Adoptees and Their Families: A Study of Identity and Commitment* (New York: Praeger, 1987); Ahn, *Identity Development*; DeBerry, Scarr, and Weinberg, "Family Racial Socialization"; Ladner, *Mixed Families.*

5) John Raible, "The Significance of Racial Identity in Transracially Adopted Young Adults" (Conference of the North American Council on Adoptable Children, Washington, DC, 1990, http://www.nysccc.org).

6) 매리 애덤스는 입양불화(adoption disruptions)와 입양파양 (adoption dissolutions)을 구분지어 정의한다. 여기서 불화는 입양아동이 갑자기 독립해 나가거나 도망이나 투옥 같은 이유로 입양부모와 법적이 아닌 감정적인 틈이 생긴 걸 의미한다. 애덤스의 *Our Son*을 참조.

7) See John Raible, "Sharing the Spotlight: The Non-Adopted Siblings of Transracial Adoptees,"(doctoral dissertation, University of Massachusetts at Amherst, 2005)

20 희생자에서 생존자로

론 M.

내 여행의 시작

나는 1961년 12월 9일 아침 10시 40분, 스코틀랜드 페이즐리 지방의 로스 병원에서 태어났다. 백인 스코틀랜드인 어머니는 기혼이었고 이미 남편과의 사이에 아들이 하나 있었다. 그녀는 19살이었다. 유색인종으로 태어난 내 모습은 어머니의 남편에겐 큰 충격으로 다가왔다. 그 당시 사회복지사는 **진술서**에 이렇게 서술했다.

> 분명 아이의 어머니는 같은 셋집에 사는 파키스탄인에게 강간당했다고 주장했다. 이 사건은 경찰에 신고되지 않았으며 남편인 티 씨(Mr. T) 역시 유색인종 아이가 태어나고 나서야 이 사실을 알게 되었다. 아이

가 유색인종으로 태어났기 때문에 남편은 부인이 아이를 데려오지 않는 조건으로 부인을 다시 받아주겠다고 했다.

진술서에는 **아이는 지금 별로 검지 않은 것처럼 아마 많이 검지는 않을 것 같다**고도 씌어 있었다. 내 고통스러운 여정은 그렇게 시작되었다.

아버지의 이름과 어머니의 성을 따서 지은 이름으로 나는 생후 5일 만에 크로슬릿 보육원에 보내지게 되었다. 그리고 6개월쯤 되었을 때 나는 스코틀랜드의 백인 부부에게 입양되었다. 나의 양어머니는 고아원에서 보모로 일했다고 한다. 어머니는 입양 당시 나와 한 여자아이 둘 중 하나를 선택할 수 있었는데 내가 너무 잘생겨서 나를 선택했다고 말해주곤 했다. 어머니는 모든 보모들이 나를 좋아했고 나는 특별한 아이였다고 이야기해 주었다. 내가 18개월이 되었을 무렵, 어머니는 첫 친아들을 낳았다. 그리고 9살 생일이 얼마 남지 않았을 무렵, 우리 가족은 호주로 이민을 갔다. 고든공립학교 등교 첫날 나는 처음으로 인종차별을 경험했다.

아이들은 나에게 욕을 해댔고 며칠 후에는 구타까지 했다. 나는 부모님께 아이들이 놀린다고 일렀고 그때마다 아버지는 이렇게 말했다. "막대와 돌은 뼈를 부러뜨리겠지만 욕으로는 절대 다치지 않아." 아버지는 이 주문 같은 말을 몇 년 동안 수도 없이 반복했다. 내가 학교에서 도망쳤던 날 양아버지에게 잡혀 돌아오기도 했다. 나는 아버지께 아이들이 날 싫어하고 괴롭히니 제발 다시 학교로 보내지 말아 달라고 울며 애원했지만 아버지는 날 다시 학교로 보냈다.

몇 년 동안 학교에 다니면서 나와 같은 유색인종은 나 혼자이거나, 혹은 극소수 중 하나였다. 호주 학교에서 내가 인종차별을 받지 않았던 날은 단 하루도 없었다. 나는 밤에 홀로 울며 남들처럼 금발에 흰 피부 그리고 푸른 눈을 가질 수 있게 해달라고 기도하곤 했다. 나는 12살까지 이불에 오줌을 쌌다. 의사는 어머니에게 입양으로 인한 불안 때문에 내가 오줌을 싼다고 말했다고 한다.

사람들은 내 외모에 대해 궁금해하곤 했다. 그러나 나는 혼혈이었기 때문에 가끔씩 모순된 대답을 했다. 나는 항상 내 출생에 대해 알고 싶었다. 그렇지만 누군가 물으면 마치 아무런 관심도 없는 양 그런 것은 중요하지 않다고 대답하곤 했다. 너무 자주 말하다 보니 어느새 스스로도 오랫동안 그렇게 믿을 정도였다. 새로운 사람을 만날 때마다 나는 실제로 스코틀랜드인이라는 것을 말하는 게 부끄럽고 고통스러웠다. 내가 스코틀랜드인이라고 말할 때마다 사람들은 믿지 못하겠다는 듯 날 쳐다보았고 나는 내 출생에 관해 그들에게 설명해야 할 의무감을 느꼈다.

입양으로 인한 고통 말고도 나는 두 번이나 외삼촌에게 성폭행을 당했다. 내가 그 일을 일러바치자 입양부모님은 전에 학교에서 인종차별을 당한다고 말했을 때처럼 그저 못들은 척 했다. 그들은 감당할 자신이 없었던 것이다.

결국 나는 15번째 생일 직전에 가출을 했다. 다시 집에 돌아가보니 가족들은 생일케이크를 다 먹어치웠고, 생일카드도 버리고, 선물은 모두 형제들이 나눠 가졌다. 그때 나는 태어나 처음으로 술을 마셔보았고 또 처음으로 취해보았다. 브랜디를 병째로 단숨에 마셨는데, 오직 상황에서 **벗어나겠다**는 일념밖에 없었다. 그 후 25년 동안 단 한 가지 목적, 즉 나 자신으로부터 벗어나기 위해 술과 마약에 의존해 살았다.

십대 시절, 나는 외로웠고 반항적이었다. 그래서 나는 특히 늘 어머니와 충돌하곤 했다. 한번은 어머니가 나와 싸우다 스트레스로 신경쇠약에 걸리기도 했다. 어머니는 커다란 나무 수저를 던지며 말했다. "넌 악마가 씌었어. 널 입양하지 말았어야 했는데!" 아버지는 평정심을 지키려 애쓰셨다. 아버지는 평생 동안 나를 사랑으로 대하셨다. 아버지와 어머니는 나로 인해 자주 싸웠다. 아버지가 그렇게 사랑해주지 않았다면 지금 나는 어땠을지 상상도 가지 않는다.

친밀한 관계

처음 여성과 육체적인 관계를 맺었을 때부터 같은 행동 패턴을 반복했다. 처음 관계를 시작하고 나면 엉뚱한 짓을 하기 시작하고 일부러 파트너를 화나게 할 만한 말과 행동들을 했다. 그리고 나는 신체 접촉에 집착했다. 파트너가 계속해서 껴안고, 머리를 쓰다듬어주고, 등을 긁어주는 등의 접촉을 계속 해주길 원했다. 나에게 있어 섹스는 사랑과 거부의 맹세였다.

그렇게 여러 사람과의 관계를 거친 뒤, 나는 결혼을 했다. 나는 당시 결혼을 하는 것이 실수라는 걸 알았지만 내가 누군가와 함께할 수 있는 마지막 기회라고 믿었다. 신혼여행은 악몽과도 같았다. 결혼식 날 밤, 나와 같이 자기 싫다는 아내의 말에 화가 난 나는 호텔 냉장고에 있는 술이란 술은 다 꺼내 마시고 바닥에서 잤다. 그리고는 결혼 생활 내내 아내에게 같이 자 달라고 애걸해야 했다. 나는 완전히 거부당했다고 느꼈고, 결국 결혼은 네 달 반 만에 깨졌다. 결혼 막바지쯤 돼서는 하루가 멀다 하고 술을 들이켰다. 나는 살아갈 이유가 없었고, 나 자신이 증오스럽기까지 했다. 애초에 태어나지 말았어야 했다는 생각도 했다. 차라리 내가 유산됐더라면 좋았겠다는 생각까지 했다.

결국 부모님 집에 돌아와 마취제 한 통을 먹고 술을 진탕 마셨다. 그리고는 부모님 집의 뒤뜰 관목 숲에서 칼로 손목을 그었다. 나는 병원에서 깨어났다. 의사들이 달려들어 위를 세척했고 손목을 30바늘 이상 꿰맸다. 얼마 후, 나는 정신병동에서 퇴원했고 항상 나를 많이 사랑하며 가장 아끼신 아버지께서 몇 달 동안 극진히 간호하셨다. 회복하는 데는 몇 달이 걸렸다.

여전한 인종차별과 새로운 시작

나는 철도역장이 되기 위해 공부했고, 그 뒤에는 노스 쇼어 역에서 일하기 시작했다. 어느 날, 휴가 간 직원 대신 표를 팔고 있을 때였다. 옷을 잘 차려 입은 노부인이 창구로 오더니 왕복표를 달라고 했다. 카운터에 익숙지 못한 내가 한참 표를 찾자 노부인은 내 뒤에 있던 여자에게 말하기 시작했다. "난 말도 못하는 인도네시아 사람을 받아들이는 게 말도 안 되는 거 같아. 거기다 일자리까지 주고 말이지. 그리고 제일 싫은 건 내 남편이 저런 사람들을 상대로 전쟁터에서 싸웠다는 거야." 언젠가는 상사가 다른 직원들 앞에서 나를 **흑진주**라고 부르기도 했다. 겉으로는 절대 불평하지는 않았지만 마음속으로는 큰 상처를 입었다. 인종차별은 도처에 있었다.

나는 정말 좋은 여자를 다시 만났고 재혼했지만, 딸이 태어난 후 또 다시 고독감과 허망함이 엄습했다. 외도가 시작됐고, 이 여자 저

여자 만나기 시작했다. 한 여자를 만나는 동안 또 다른 여자를 만나기도 했다. 아내와는 18개월 동안 별거했다. 다시 결합하기는 했지만 같이 지낸 6년 동안 계속 싸워야 했다. 아내는 내가 통제가 심하고 너무 위협적이라고 말했다. 생일이 되면 가장 힘들었는데, 내 행동은 매우 이상했고, 심지어 괴팍하다는 소리까지 들었다. 사실 나 스스로도 왜 내가 그런 말을 하고 그런 행동을 했는지 이해할 수 없었다.

나는 결혼이 깨지지 않길 바랐고, 잘해보려고 했지만 결국 실패했다. 아내와는 공식적으로 별거에 들어갔고, 나는 집에서 나와 혼자 살아야 했다.

바닥을 치고 회복으로

주량은 매일같이 늘어났다. 매일 술을 마셨고, 주말 내내 취해 있었다. 감정과 성격이 갈수록 격해졌고, 상사와 싸우기 시작했다. 하루는 너무 상황이 힘들어서 상사와 싸우는 대신 두 손을 들며 말했다. "더는 못하겠어요. 사직하겠습니다." 그러고선 직장을 떠났고 그 길로 닷새간 술판을 벌였다.

슬롯머신에 3,000달러 넘게 쏟아붓기도 했고 가진 돈이 다 떨어질 때까지 버번위스키와 백포도주를 병째 마셨다. 그러고는 식칼을 들고 손목을 그었다. 자살할 용기가 있다면 얼마나 좋을까 바라면서. 나 자신을 죽이고 싶다는 일념 외엔 아무 생각이 없었다. 내 삶은 완전히 재앙 그 자체였다. 친구도 없다고 느꼈고, 더 이상 살아갈 이유도 느끼지 못했다. 아는 사람들에게 내 물건들을 나누어 가지라고 말했고, 모든 사람이 나를 거부했으니, 나도 스스로를 거부할 것이라고 말했다.

5일째 되던 날, 정신을 차려 보니 주위에 빈병이 잔뜩 쌓여 있었다. 그리고 식칼도. 지금도 이해가 되진 않지만, 그때 난 울며 신에게 도움을 청했다. 그리고는 가서 친구에게 전화를 걸었다. 그는 나를 병원으로 데려갔고, 그 병원에서는 나를 알코올중독 치료재활병원으로 보냈다.

내가 병동 정원에서 걸어 다니고 있을 때였다. 어디선가 목소리가 들려왔다. "너는 지금껏 자청해서 피해자인 양 살아왔다. 하지만 너의 삶을 나에게 맡긴다면 모든 게 바뀔 것이다." 나는 그 목소리가 신의 목소리라고 믿었다. 마치 전율과 같은 행복감과 사랑의 기분을 느꼈다. 이제는 직장으로 되돌아가 알코올중독 치료병원에 있었다고 당당히 말할 수 있을 것 같았고, 더 이상 해고되는 것이 두렵지 않았다. 나는 하느님이 나를 돌보고 있다고 믿었다. 의료기록에 '알코올중독'이라고 적힌 것을 보는 건 마치 평생 처음으로 진실의 거울에 내 모습을 비춰 보는 것과도 같았다.

병원에서 중독자들은 ID, 즉 자신에 대한 고백을 해야 했다. "안녕하세요, 내 이름은 론이고 알코올중독자입니다……." 처음으로 내 소개를 했을 때에는 내가 처했던 상황을 말했고, 또한 내가 **누구 때문에 이렇게 술을 마시게 됐는지** 늘어놓았다. 하지만 조지 윌슨 박사(Dr. George Wilson)가 쓴 『알코올중독과 가정(*Alcoholism and the Family*)』이라는 책을 읽고서야 내가 스스로를 기만하고 있었다는 것을 발견했다. 나는 알코올에 빠져 속수무책이었고, 내 인생은 엉망진창이었던 것이다. 현실을 깨닫고 난 후, 내 마음은 달라지기 시작했다.

그 후, 내 소개는 달라졌다. 더 이상 왜 술을 마셨는지에 대해 긴 시간을 들여 이야기하지 않았고, 그 대신, 알코올중독자로서 내 경험만을 말했다. 그 뒤로 나는 무엇이 먼저인지 생각해 보았다. 내가 처한 상황과 문제들이 먼저인지 아니면 알코올이 이유였는지에 대해서 말이다. 물론 내가 술을 마시기 시작한 건 입양 후이지만, 무엇이 원인이었는지 이해가 되지 않았다. 내가 선천적으로 알코올중독자로 태어났다는 것이 가장 간단한 해답이었겠지만, 입양 역시 내 인생에 치명적인 상처를 남긴 것도 사실이었다. 게다가 선천적인 알코올중독자라고 믿는다면 이 중독증에서 다시는 헤어나오지 못할 것 같았다.

치료센터를 다니는 동안, 나는 처음으로 4단계 모임을 끝내고 일주일에 여덟 번 정도 되는 12단계 모임에 다녔다. 그리고 좋은 사람들과 좋은 교회를 다니며 입양에 관한 많은 책을 읽었다. 책을 읽으며, 나는 입양되며 느꼈던 감정을 되돌아보며 고통스러웠던 감정을 표현하기 시작했다. 심지어 전처에게 입양 문제에 관해 이야기하면서 눈물도 흘렸다. 아마도 내가 술이 안 취한 멀쩡한 상태에서 운 건 참 오랜만의 일이었을 것이다. 나는 여전히 자신감이 없었고 나를 진심으로 좋아하는 사람이 없다고 생각하며 항상 회의에 빠져 있었다.

그때, 낸시 베리어의 『원초적 상처(*Primal Wound*)』를 읽었는데, 그 책은 페이지마다 딱 내 이야기 같았다. 그 책에서 내가 가장 공감할 수 있었던 부분은 입양아동들이 **스위스 치즈**같은 성격을 띤다는 것이었다. 내 성격은 더 이상 상처받지 않기 위해 나를 보호하는 표면막을 가지고 있다는 것이었다. 나는 학창시절 유머감각이 좋아서 반에서 광대 짓을 많이 했는데, 그걸 통해 나는 나를 유머가 풍부한 사람으로 개발했다. 공개적인 자리에선 많이 웃었지만 혼자 있는 자리에서는 고통스럽게 울었다. 나는 사람들의 도움을 구하느라고 울었을 때 누구도 나를 믿지 않는다고 느꼈다. 내가 숨기고 있었기 때문에 사람들은 내 고통을 알지 못했던 것이다.

친모를 만나서

나는 항상 친부모에 대해 궁금했다. 하지만, 묻는 사람들에게는 친부모를 만나는 데 별 관심이 없다고 말했다. 나는 생모에 대해 한편으로는 이상화하면서 다른 한편으로는 증오하는 변덕 가운데 있었다. 친모에 대한 증오는 양어머니에게 옮겨졌고, 그 결과, 모든 다른 여자들과의 관계 역시 뒤틀리고 말았다.

때때로, 나는 친아버지에 대해 궁금해했고, 여러 차례 나의 이 **어두운 면**을 찾아보고 싶다고 말하곤 했다. 친아버지의 인종에 빗대 내가 "가족의 검은 양"이라고 종종 농을 하곤 했다.

30살이 되었을 때(알코올중독 치료를 받기 전), 영국 글래스고 비어스덴에 내가 참 좋아했던 고모와 함께 잠시 머물고 있을 때였다. 호주로 돌아가기 바로 전, 고모에게 생모를 찾고 싶다고 말씀드렸다. 내가 아는 것은 친어머니의 이름과 Lal. S. T.라는 내 출생 시 이름뿐이었다. 그래서 에든버러 행 기차를 타고, 등록관청으로 달려갔다. 돈을 내고, 기록들을 조사하는 동안 나는 매우 흥분되었고 머릿속에 수많은 생각들이 맴돌았다.

결국 친어머니의 출생 신고 증명서를 발견하였고, 가계 기록을 찾기 시작했다. 그리하여 사촌의 결혼 증명서를 찾아내고, 전화번호부에서 그의 번호를 찾아 흥분 상태에서 전화를 걸었다.

전화를 받은 사람은 사촌의 아내였다. 나는 내가 누군지 설명한 후, 생모에게 연락할 수 있게 정보를 알려 달라고 말했다. 그녀는 내 이부異父 형의 전화번호를 가지고 있다며, 연락을 취하게 하겠다고 말했다. 몇 분 뒤 이부 형이 연락해 왔다. 그는 매우 흥분해 있었다. 분명 그는 나에 대해 알고 있었다. 그에게 우리 어머니에 대해서 물으려니 참 어색했다. 그는 조심스러웠다. 가족 중 누구도 지난 4년 간 어머니랑 연락을 하지 않는 상태였다. 어머니가 알코올중독이었던 것이다. 형은 자신과 다른 형제들이 겪은 곤경과 학대에 대해 간략하게 말했다. 나에겐, 아버지가 다른 누이와 형제가 둘 더 있었다. 한 명은 죽었다고 했다.

그의 이야기가 끝나자 나는 어머니를 찾는 데 도움이 될 정보는 모두 달라고 부탁했다. 그는 어머니가 글래스고에 있는 어떤 술집에 존 M.이라는 사람과 자주 간다고 말해주었다. 저녁 6시 반 경, 택시를 잡아 글래스고로 출발하였고, 도착한 즉시 술집으로 들어갔다. 많은 사람들에게 어머니나 존 M.의 행방을 물었지만 아무도 아는 사람이 없었다. 저녁 내내 술집을 돌아다니며 그들의 행방을 물었지만 의심의 눈초리만 받았다.

저녁은 지나가고 있었고, 나는 낙담하기 시작했다. 내일 호주행 비행기를 타기 위해 잉글랜드로 돌아가려면 기차를 타야 했다. 포기해야겠다 생각하며 택시를 잡았다. 택시 운전사가 말을 걸었다.

“여기 출신이 아니시죠? 무슨 일로 여기까지 오셨어요?”

그냥 여기 출신이라는 말이 목구멍까지 올라왔지만, 그 말을 간신히 참고 호주 출신이며 어머니를 찾고 있다고 말했다. 기사는 어머니의 성함을 물어보았고, 나는 아는 대로 대답하였다.

"이런, 제가 모르는 이름이네요."

기사의 대답을 듣고 뒤늦게 떠오른 생각에 존 M.을 알고 있냐고 묻자 기사는 안다고 대답하였다.

"존에게 좀 데려다 주세요. 내일이면 저는 호주로 떠나야 하고 다시는 이런 기회가 없을 거예요."

그는 존이 살고 있다는 전세아파트로 나를 데려다 줬다. 나는 문을 여러 번 두드렸다. 새벽 1시 30분이었다. 결국 존이 문을 열고 나왔다. 밤새 술을 마신 분위기였다. 나는 그에게 이름을 말했고, 내 상황을 설명했다. 그는 내 말이 끝나기도 전에 말했다. "너에 대해 잘 알아. 네 엄마가 근 20년 동안 네 이야기만 했거든. 만일 내가 널 그 사람한테 데려가지 않으면 난리가 날 거야!"

우리는 다른 아파트로 걸어갔다. 거의 새벽 2시였다.

집주인은 우리를 안으로 들여보내 주었고, 우리는 내 생모의 집 문을 두드렸다. 그녀는 잠옷을 입은 채 나왔고, 나는 손을 내밀며 말했다. "안녕하세요. 전 론이라고 합니다. 물론 어머니는 저를 랄 에스(Lal S)로 더 잘 알고 계시겠지만." 어머니는 덜덜 떨기 시작하더니, 곧 내 발치에 주저앉아 내 발을 붙잡고 비통하게 우셨다.

"부디 용서해다오."라고 말하고 또 말하는 그녀의 눈물이 내 신발 위로 방울방울 흘렀다. 지금 생각해 보면 꿈과 같은 시간이었다. 굳이 말하자면 유체이탈과 비슷했다고 할까?

어머니께서는 나를 꼭 안으시며 말씀하셨다. 나를 빼앗겼다고, 병원 간호사가 나를 포기하라고 강요했다고, 나를 한시도 잊은 적이 없다고, 그리고 길가에서 본 한 아이가 난 줄 알고 따라가 본 적이 있다고 말씀하셨다.

나는 어머니에게 어떻게 내 친아버지를 만나게 되었는지, 어떠한 분이셨는지 물어보았다. 그리고 어머니가 강간당했다고 적힌 입양 기록지를 보이며 사실이냐고 물었다. 어머니께서는 강간이 아니라 하룻밤 정사였다고 말했다. 어머니는 아이가 남편과의 사이에서 생긴 아이이길 바랐다고 했다. 내가 태어났을 때 어머니는 큰 충격을 받았고, 아이를 낳고 며칠 후 집으로 돌아갔을 때 두 오빠에게 흠씬 맞았다고 말했다. 30년이 지난 지금도 외삼촌 다섯 중 오직 한 분과 이모 한 분만이 나를 만나러 오셨다.

2년 후, 나는 아내와 딸과 함께 어머니를 뵈러 다시 들렀다. 친어머니께서는 아내와 딸, 특히 손녀딸을 예뻐하셔서 값비싼 선물을 사 주시기도 했다. 하지만 불행하게도 세 번째 날, 어머니는 술을 마시고서 아내에게 거칠게 대했다. 아내와 딸은 떠났다. 내가 남아서 수습하는 동안 어머니는 다시 안정을 찾았다. 몇 년 간은 어머니와 연락하며 지냈지만, 이후 더 이상 연락하지 않았다.

정서적 안정과 입양인 공동체

술을 끊은 후, 나는 정서적 안정을 찾기 위해 애썼다. 생각해보니 내가 살면서 누구를 진심으로 사랑했던 적이 없다는 것을 알았다. 그 당시 나는 사랑과 신뢰를 감당할 능력이 없었다. 나에게 사랑이라는 것은 고작 잃어버린 생모를 대신할 누군가를 찾는 일이었고 그것은 매우 유치하고 미성숙한 사랑 개념이었다.

감정의 안정을 위해 노력하던 중, 나는 지난 삶을 되돌아보고 모든 문제를 해결해 보고 싶은 욕심이 생겼다. 나는 완전해지고 싶었다. 나도 멋지고 보람찬 삶을 살 수 있다는 생각에 매우 열중했다. 내가 겪었던 입양과 성추행 문제에 대해 좀 더 알아보고 싶었다. 안타깝게도 심리치료사나 심리학자, 상담사의 조언은 대부분 실망감만 안겨 주었다. 하지만 한 상담자를 통해 지금은 진정한 친구가 된 한 여성의 번호를 알게 되었다. ICASN(Inter Country Adoption Support Network, 국제입양지원연대)라는 단체를 만든 여자였다. 그녀가 식당에서 입양인 모임을 갖자, 나는 그 모임에 참여해, 입양과 고독이라는 황무지로부터 빠져나오는 회복의 여정을 시작했다.

아마도 입양인으로서 가장 힘들었던 점은 외로움이었을 것이다. 이해해주려는 사람들과 입양인으로서의 내 경험에 신뢰를 보여주는 사람들이 없었다. 살아오면서 내 고통을 설명해 보려 했지만 이해해주는 사람을 찾지 못했다. 하지만, ICASN에 가입하고 창립자의 이야기를 들으며 다른 입양인들과 대화하자 나는 더 이상 혼자가 아니라는 느낌을 받았다. 지난 39년 동안 입양에 관해 다른 입양인과 이야기해 본 적이 없었다. 이제 나는 갑자기 내 이야기에 흥미를 보이는 다른 입양인들과 함께 있다. 불가능하다고 생각해온 치유의 여정을 이 여성을 통해 시작할 수 있게 된 것이다.

대인관계를 회복하며

정신을 차린 후 처음 몇 달은 왜 내가 직장동료들과 툭하면 싸우는지 이해가 가지 않았다. 나는 항상 내가 옳아야 한다는 강박증이 있었다. 그것은 나의 존재를 정당화시켜야 한다는 오랜 강박증이었다.

만일 내가 말다툼에서 진다거나 다른 사람이 나보다 뛰어나다고 하면 그건 나에게 죽음과 같았다. 또한 나는 극단적인 태도를 견지했다. 지나치게 친절하거나 지나치게 공격적이거나 지나치게 방어적으로 행동했던 것이다. 중간이 없었다. 나의 대인관계에서는 도대체 평균 상태란 게 없었다.

새로운 사랑법

정신을 차린 후 두 번째 해에 나는 『가지 않은 길(*The Road Less Traveled*)』이라는 책을 읽었다. 책에서 작가는 사랑이란 다른 사람의 영적 성장과 그 사람의 생의 목적에 헌신하는 것이라고 말했다. 나는 이것이야말로 진정한 사랑의 정의라고 생각했고, 이로 인해 내 사랑 방식이 완전히 바뀌었다. 두 번째 아내가 자주 "사랑은 헌신"이라는 말을 내게 했던 것이 기억난다. 하지만 그 당시엔 전혀 이해할 수 없었다. 말은 들었지만 그녀의 말뜻을 이해할 수 없었던 것이다. 하지만 이제는 그 사랑을 실천하고 있다.

작년에 친아버지를 찾고, 친어머니와 머물고, 그리고 모계 쪽 사람들을 처음으로 만나기 위해 스코틀랜드와 잉글랜드를 방문했다. 어머니와 지내면서 우리는 서로를 알아가기 시작했다. 쉬운 일은 아니었다. 많이 힘들었고, 종종 신경이 곤두서기도 했으며, 어떤 문제를 놓고 대립하기도 했다. 그래도 엿새 동안은 큰 문제 없이 함께 생활했다. 이레째 되던 날, 어머니는 내가 목욕 후에 머리카락을 안 치운다, 식사 후 접시를 바로 세척기에 넣지 않는다, 인종차별을 한다 등 많은 이유로 나를 죄인 취급했다. 어머니와의 시간은 갑자기 끝나버렸다. 당시 나는 극심한 고통을 느꼈다. 두 번째로 거절당했다는 생각이 스쳤기 때문이다.

친어머니는 내 직장을 방문해서 "평생 다시는 보지 말자."라는 쪽지를 남겨놓고 가셨다. 어머니는 그 쪽지를 남긴 후, 나에게 세 번 더 이메일을 보내셨다. 이메일은 크게 상처가 되는 내용은 아니었다. 이러한 일련의 사건들로 나는 이런 결론을 내렸다. 나는 어머니의 행동에서 원초적 상처로 아파하는 모습을 본다. 폭력적이고 알코올중독인 집에서 자라고 자신 또한 알코올중독자인 어머니에게서 반발적으로 행동하는 어떤 사람의 모습을 볼 수 있었다. 어머니와 나는 너무나도 비슷했다. 나 또한 낯선 세계에서 그런 방어본능을 가지고 대항했다. 하지만 나는 인간관계를 지속시키는 쪽을 택했다. 어머니가 바뀔 수 없다는 사실을 받아들인다. 그분은 내 친어머니고 그 누구도 그 자리를 대신할 수 없다. 어머니는 매우 힘든 삶을 사셨고, 아마도 나를 포기하면서 가장 고통스러우셨을 것이다.

어머니와 함께 아버지를 찾기 위해 영국의 입양 후 지원센터를 방문하면서 어머니도 바뀌고 싶어 한다는 것을 알았다. 어머니가 원하면 상담도 받을 수 있다는 말도 들었다. 어머니는 감정이 북받치는 듯, 지금껏 한 번도 살아 온 일들에 대해 이야기할 기회가 없었다고 말하셨다.

많은 면에서 내가 너무 나서서 친어머니에게 부담을 주었던 것 같다. 나는 내 회복의 여정길에 어머니도 함께 동참하게 하고 싶었다. 나는 양어머니에게도 똑같이 했고, 결국 둘 다 실패하고 말았다. 나와 양어머니는 그렇게 사이가 좋다고는 말할 수 없지만 그래도 다시 가까워지는 노력을 하는 게 내 숙제라고 생각하고 있다. 더 자주 어머니에게 연락해야 한다는 책임감을 느끼고 있지만, 내 회복 방식을 다른 이에게 강요할 수는 없다.

통합과 수용

참 신기하게도 지금껏 받은 양육 때문인지 나는 **백인의 사고방식**을 갖고 있다. 그래서 백인이 아닌데도 백인처럼 생각했다. 처음으로 호주 학교에서 인종차별을 경험한 9살 무렵부터 나는 파키스탄 혼혈인인 게 부끄러웠다. 물론 내가 인종차별에 매우 예민한 건 분명한 이유가 있지만, 동시에 나와 비슷하게 생긴 사람들을 보며 인종차별적 사고를 했다는 것은 참 부끄러운 일이다. 나는 친구들에게 내가 백인우월주의자가 되고 싶었지만 색깔을 잘못 타고났다고 농담하곤 했다.

하지만 최근 영국을 방문했을 때, 중부 지방의 알코올중독 12단계 모임에 참석했다가 인디언과 파키스탄인을 만나게 되었다. 그 순간 여기서 놀라운 일이 벌어졌다. 내가 더 이상 혼자가 아니라고 느낀 것이다. 버밍엄과 울버햄프턴 지역을 돌아다닐 때, 나는 항상 인도인들과 파키스탄인들이 사는 지역을 다녔고, 나도 저들 중 하나라고 느꼈다. 또 한 가지 흥미로운 일은 인도와 파키스탄 여성들이 너무나 아름답다고 느낀 것이다. 나는 기회가 닿을 때마다 인도와 파키스탄 음식을 많이 먹으려고 노력하고 있고, 이 식당에서 식사할 때는 전통의상도 자주 입는다.

모순처럼 들릴지는 모르겠지만 나는 내가 반만 스코틀랜드 혈통이라는 것도 부끄러웠다. 특히 누군가 내 조상을 물어보았을 때, 더 그랬다. 내가 스코틀랜드 출신이라고 말하면 상대방은 믿기 어렵다는 표정을 지었다. 하지만 외삼촌 중 한 분이 내 스코틀랜드 혈통을 자랑스럽게 만들어 주려고 애쓰셨다. 스코틀랜드 고원지대를 여행하며 스카이 섬에 있는 외가 혈족 또한 방문했다. 그곳에서 내 스코틀랜드 조상들이 바이킹의 후예라는 사실도 알게 되었다. 십대인 내 딸은 그 이야기를 듣고 매우 좋아했다!

나는 치유를 위해 여러 가지 일들을 했다. 예를 들어 내 파키스탄 성, 스코틀랜드 가문명, 고아원에서 보모들이 불렀던 이름, 그리고 입양 후 주어진 이름을 적어놓은 팔찌를 차고 다니는 등, 내 과거 전부를 끌어안으려 노력했다. 최근에는 파키스탄 코르다 파자마 의상과 스코틀랜드 전통의상, 평상복, 가죽옷, 그리고 셔츠를 벗은 내 모습을 찍어 사진을 완성했다. 이 차림들은 각각 다른 혈통과 호주인 됨, 나의 탐구적 성품과 자연스러운 상태를 대변한다. 이 사진 다섯 장을 한 액자에 넣고, 액자 밑에 '화해와 수긍'이라고 새길 것이다. 또한 나는 내 원래 이름을 어떻게 포용할지 생각 중이며 옷 입는 방식에도 자부심을 가질 것이다. 순전히 자기만족을 위해서. 사실 술을 끊기 전에는 거울 속 내 모습조차 바라볼 수 없었었다.

진정한 나 자신인 론을 비추고 격려하는 시도에는 다른 사람들을 돕는 일도 포함되었다. 나는 입양아동과 입양부모를 돕는 위원회에 가입했다. 또한 봉사활동에 참여해 12단계 프로그램에 참가하여, 알코올중독자들을 방문하고 이야기를 나누고 있다. 프로그램에는 많은 입양인들이 있고, 나는 항상 될 수 있으면 그들과 솔직하게 이야기하려고 노력한다. 최근 모임에서는 세 명의 입양인들이 내 이야기를 들은 후 찾아왔다. 우리 입양인은 대부분 남모르는 **원초적 상**

처라는 떨칠 수 없는 무거운 짐을 지고 다닌다. 그래서 할 수만 있다면 그런 사람들을 도와주고 있다. 이 프로그램에 참가한 한 친구는 진정한 겸손이란 자신을 낮추어 생각하는 것이 아니라 자신을 덜 생각하는 것이라고 말했다.

최근 나는 친아버지를 찾기 시작했다. 오래 전부터 찾고 싶었지만 가능성이 매우 적다는 말을 들어왔던 일이다. 하지만, 적어도 노력은 해봐야겠다는 생각이 들었다. 최소한 내 인종적 배경을 확인할 수 있다면 그 문화를 찾아서 조금이라도 흡수할 수 있을 테니까. 이 과정은 내 정신적 성장과 미래의 행복을 위해서 꼭 필요한 조치라고 생각한다.

자 이제 모든 것을 안 지금 내가 필요한 게 무엇일까 하는 질문을 해 본다. 우선 마음의 평화를 얻고 싶다. 그리고 나 자신을 받아들이고 사랑함으로써 이웃도 사랑할 수 있기를 원한다. 인생이여 전진하라! 인생이 선사하는 그 어떤 것도 당당히 감내할 것이다.

21 부인하는 경향

하이디 린 아델스만

내 동생 마이클은 원래 제롬이란 이름이었다가 제이미로 바뀌었다. 어머니는 육아일기에 동생을 입양하면서 이름을 마이클로 바꾸었다고 적으셨다. 부모님은 마이클의 입양을 늦어도 크리스마스까진 마치려고 했지만, 크리스마스가 지나고 넉 달 후, 아이가 18개월이 될 때까지 기다려야 했다. 어머니는 첫달이 가장 힘들 거란 말을 들었다. 마이클은 먹성이 좋았지만 먹은 음식을 그대로 싸버려서, 매일같이 기저귀가 넘쳐흘렀다. 젖을 줄 수 없는 어머니는 밤마다 마이클을 안고 달래며 자장가를 불러주셨다. 두 돌도 되지 않았는데 마이클에겐 우리집이 다섯 번째 집이었다. 나는 그때 다섯 살이었다.

"왜 너네 부모님은 (인종이 다른) 아이를 입양했니?"

사람들이 자주 묻곤 했다. 세인트폴 법원의 직원이었던 어머니는 1960년대 중반에, 시 당국의 입양 대상자 목록에 흑인 아이들이 지나치게 많은 것을 보고는 아버지와 상의 후 흑인 아이를 입양하기로 하셨다. 그 뒤 3년도 지나지 않아 두 분은 이혼했다.

1969년, 미니애폴리스 공립학교는 분리주의 폐지와 버스 통학에 대해 토론을 벌이고 있었다. 공립학교 이사회에서는 우리 지역에 있는 학교들을 둘씩 짝지은 다음 두 학교의 아이들을 무작위로 반씩 묶어 통학버스를 운영한다는 결정을 내렸다. 미니애폴리스의 분리된 거주 형태 때문에 미니애폴리스 공립학교의 유색인종 비율이 10퍼센트도 채 되지 않았는데도, 거의 백인만 다니던 우리 학교에서 열다섯 블록 떨어진 곳에는 흑인이 54퍼센트나 차지하는 학교가 있었다. 두 학교가 짝이 되었고 자연히 우리 동네에서는 이 결정에 반대했다. 하지만 어머니께서는 찬성하셨고, 그 후 사람들이 우리 가족을 괴롭히기 시작했다.

헤일 학교의 단상 위에서 어머니는 미네소타 주가 처음으로 시도하는 공동 통학 버스 제도안에 찬성하는 연설을 했다. 관중석의 사람들은 야유를 퍼부었다. "저 여자가 깜둥이 아이를 데리고 있는 여자야."

어린 두 동생과 내가 등교할 때면 "네 깜둥이 동생이 버스정류장에 있던데?"라는 식으로 말을 거는 스토커가 한둘이 아니었다. 어머니가 집에 돌아왔을 때, 또 다른 스토커가 어머니가 어디서 무엇을 했는지 적은 쪽지를 보내기도 했다. 어머니가 경찰에 신고했지만 경찰에서는 누가 보낸 건지 알 수 없다고 했다고 요즘도 말씀하신다. 어렸을 때 겪은 일이라 많이 생각나지는 않지만, 한 통의 전화만큼은 잊을 수 없다. 어머니는 우리를 보호하려고 애쓰셨다.

✦ ✦ ✦

새벽 4시, 전화벨이 시끄럽게 울려 깼다. 어머니가 일어나시자 침대가 삐걱거리는 소리가 들렸다. 어머니가 다이얼식 전화기가 놓인 계단 위 선반 쪽으로 걸어갈 때 마루에서 삐걱거리는 소리가 났다. 어머니는 숨죽인 목소리로 "여보세요."라고 말했다. 나는 2층 침대 아래에 혼자 누워 따뜻하게 이불을 감싸고 있었다. 아래 현관 쪽 화장실에서 희미한 빛이 새어 나왔다. 나는 숨을 죽였다. 어머니는 전화한 사람에게 상관 말라고 소리 지르는 대신 내가 듣지 못할 정도로 조용히 대답하신 후, 전화를 끊고 긴 한숨을 내쉬었다. 나는 여전히 침대에 누워 편안한 마음으로 잠들고 싶었고 어머니가 다시 침대에 드시길 바랐다.

하지만 침대 대신 옷장 문이 열리더니 어머니가 어두운 데서 가운을 꺼내 입으셨다. 가운이 옷장 문에 가지런히 걸려 있던 벨트와 스카프에 스치는 소리가 들렸다. 어머니는 조용히 내 방 앞을 지나갔고, 나는 어머니가 계단 난간을 잡고 기대고는 담배를 피우러 아래층으로 가시는 것을 볼 수 있었다. 잠시나마 아련한 연기 속 휴식을 취하기 위해서.

✦ ✦ ✦

나는 그 악몽 같은 전화 한 통을 기억한다. 보통 우리는 악몽에 대해 두고두고 말하지 않는다. 내가 어릴 때 이런 전화 중에 딱 하나, 어머니랑 이야기했던 게 있다. 한밤중에 우리집에 쳐들어오겠다는 남자의 전화였다. 어머니가 내게 말씀해주실 수밖에 없었던 그 말이 평생 잊히지 않았다. 그 남자가 말했다. "당신 지하실 창으로 쳐들어 갈 거야."

"지옥에나 가버려, 이 나쁜 놈아."라고 대꾸하며 어머니는 전화를 끊었다. 어머니는 전혀 걱정이 되지 않는다는 듯 용감히 말했다. 하지만 아무리 어머니가 용감한 척해도, 여덟 살밖에 안 된 나도 어머니가 느끼는 공포를 느낄 수 있었다. 지하실에서 들리는 소리에 귀를 기울이며, 터질 듯 뛰는 심장을 부여잡고 침대에 누워 있을 어머니 모습이 떠올랐다. 이튿날 아침, 우리 가족은 아무 일도 없었다는 듯 각각 학교와 직장에 갔다. 다시 일상으로 돌아와서 안도하면서.

심지어는 어머니와 사귀던 남자도 전화를 받았다. 그는 "지금 당장 병원에 오세요. 당신 여자친구가 좀 심하게 다쳤어요."라는 전화를 받았다고 했다. 물론 장난전화였다. 어떤 때는 그가 아파트에 도착하자마자 전화벨이 울리기도 했다. 어느 날 어머니와 함께 저녁을 먹고 왔는데, 누군가 전화를 걸어 말했단다. "창밖으로 주차장 좀 보시지." 그의 차가 불타고 있었다. 누군가 폭탄을 던져 불을 낸 것이었다.

✦ ✦ ✦

내 동생의 친아버지는 흑인이었고 어머니는 백인이었다. 부모님이 바라던 대로였다. 어머니는 마이클의 뿌리를 존중해 주려고 노력했다. 그에게는 흑인과 백인 혈통이 다 섞여 있다고 하셨다. 동생의 출생기록에는 친어머니가 아일랜드와 스코틀랜드계라고 적혀 있었다. 마이클의 친어머니는 그의 생부의 이름을 모르지만 그를 사랑했다고 말했다.

> 백인들의 인종간 입양은 흑인 아동을 위한 이타적인 인간애의 발로가 아니라, 단지 백인을 위한 편법에 지나지 않는다고 생각한다. 공급 가능한 백인아이들이 씨가 말라 버리자 항상 백인 중상류층을 대변해 온 입양기관에서는 흑인 아동 입양을 생각해보도록 동기를 부여함으로써 백인들의 욕구에 걸맞는 해답을 찾았을 뿐이다. 이러한 일련의 상황으로 흑인 아동에 대한 재정의가 불가피해졌다. 이제 수세기 동안 흑인으로 여겨져 온 흑백 혼혈 아동들은 더 이상 법적으로나 사회관습적으로나 흑인으로 간주되지 않는다. 그들은 흑백인, 혼종인, 혼혈인 등으로 불리는데, 입양 가능한 백인성을 갖고 있다고 강조되었다. 이는, 흑인은 평가절하하고 백인성을 부각시키는 아주 미묘하고 뻔뻔스런 계책에 지나지 않는다. 따라서 우리는 이러한 독단적인 교만에 분노를 표하며, 되풀이되는 흑인 노예화 사태에 모욕감을 느낀다.
>
> —전미흑인사회복지사협회, 1972

물론 마이클이 처음으로 입양됐을 때, 우리는 당연히 인종에 대해서도 이야기했다. 아이들이 궁금한 걸 묻는 것은 당연하니 말이다. 인종차별에 대한 구체적인 대화는 기억나지 않는다. 나의 부모님 모두 미네소타에 있는 시골마을에서 자라셨다. 그래서 그런지 두 분 모두 인종차별에 대해서 순진한 구석이 있었다고 고백하신 적이 있다. 어렸을 때 우리에게는 일관되게 세상에 대해 말해줄 어른, 유색의 성인이 주위에 없었다.

우리 사회에서는 흑인 아동이 자라면서 필요한 것이 백인 아동과 크게 다르다. 흑인 아동들은 어려서부터 개인적 · 제도적으로 자행되는 인종차별에 대해 정교한 대처능력을 가르침받는다. 이렇게 훈련된 대처능력은 자아 기능과 성공적으로 통합되어 자신을 주위의 훌륭한 흑인과 동일시하는 긍정적인 발달 과정과 조화를 이루게 된다.

– 전미흑인사회복지사협회, 1972

나의 부모님이 1964년 처음으로 집을 장만했을 때, 백인종 이외의 인종이 집을 소유하는 것을 금지한다는 인종차별적 내용이 계약서에 있었다고 한다. 이러한 차별적 계약은 1948년에 법으로 금지되었지만, 우리가 살던 동네에는 남아있었다. 때로는 드러내놓고 또 때로는 은근히 가했던 인종차별과 특별대우를 상대로 우리 가족은 형언할 수 없는 감정적 싸움을 벌여야 했다. 우리 집 안에서, 동네에서, 또 제도적으로 마이클은 대다수 백인들에게는 어안이 벙벙할 인종차별을 겪어야 했다. 나중에야 알아차리고 "우리는 정말 꿈에도 생각 못했어."라고 말했을 정도다.

학교 교과서에는 유색인들의 업적에 대해서는 아무런 언급이 없는 역사만 소개되었고, 가게에서는 백인들만 사용할 수 있는 축하카드와 **살색** 밴드가 진열되어 있었다. 백인들만이 좋은 학교에 갈 수 있는 특혜를 누렸고 직업을 가질 수 있는 네트워크가 있었으며, 개인상속유산을 받을 수 있었다. 이 모든 게 인종차별계약법과 자영농지법(미국 서부의 공유지를 백인 개척 입주자에게만 무상으로 준, 1862년에 제정한 법률—옮긴이)의 유산이었다.

마이클은 사람들과 **색다르고 귀엽다**고 많은 관심을 받았다. 물론 다른 혼혈 입양아동들도 있었지만, 우리가 자라는 동안 어른들 중에서 계속 볼 수 있는 유색인은 없었고 더구나 흑인은 찾아볼 수가 없었다. 마이클은 그의 인종적 정체성에 대해 참고할 만한 사람이 없었다. 그리고 우리 가족이 아무리 잘해 주려고 애써도 그때뿐이고 그는 주변의 제도적 인종차별과 부딪쳐야 했다.

✦ ✦ ✦

어려서부터, 오빠들은 매우 친하게 지냈다. 어머니가 못 찾게 욕조 안에서 잠이 들곤 해서 어머니를 놀래키곤 했다. 오빠들은 승합차의 맨 뒷좌석에 앉아 종종 싸웠고, 나는 중간 좌석에 앉아 엄마에게 고자질을 했다. 한동안은 어머니가 우리를 다 잘 보살필 수가 있었다. 어머니는 입양을 통해 한 아이의 삶을 변화시킬 수 있을 것이라 생각했다. 그게 그녀가 원하던 것이었다. 하지만 그런 어머니의 바람은 뜻대로 되지 않았다. 오죽했으면 "너네 어렸을 때 세 명 중 두 명은 어떻게 컸는지 잘 기억도 나지 않는다."라고 했을까.

아스팔트가 깔려 자전거도로와 보도가 되기 전까지 미니애폴리스 미네하하(Minnehaha)강둑을 따라 조성된 놀이터는 우리가 자주 놀던 곳이었다. 우리는 골목에서 깡통차기 놀이를 했고 어머니가 저녁이 다 됐다고 부르면 집에 돌아갔다. 그러던 어느 날 마이클이 돌아오지 않았다. 저녁은 엉망이었다. 나는 방과후 식사를 해서 배가 고프지 않았다. 따돌림과 괴롭힘 후 마이클이 학교를 빠지기 시작한 뒤부터 나는 우리 가족이 서서히 무너지는 걸 느꼈다. 하지만 마이클을 탓할 수도 없는 일이었다. 그는 자신이 소외된 것 같다고 말하곤 했다. 그는 더 이상 우리가 살고 있는 백인 이웃들이랑 어울리지 않았다. 나는 남동생을 무척 그리워했다. 마이클과 같이 지내며 자전거도 타고 노코미스 호수에서 수영도 다시 하고 냇가에서 함께 놀고 싶었다.

이혼 후 아버지는 토요일마다 오래된 세인트폴 과학박물관이나 미네소타대학의 마리우치 아이스하키 경기장에 우리를 데려가셨다. 천장이 높았던 스포츠경기장에서는 음악이 울려 퍼졌다. 우리는 오래된 링크에서 스케이트를 타면서 옛날에 팬들이 열띠게 응원을 하던 모습을 상상할 수 있었다. 우리는 따뜻한 곳에서 끈적끈적한 벤치에 앉아 빌린 스케이트의 끈을 맸다. 링크 안에는 우리가 넘어지지 않게 도와주는 가드레일이 우리 어깨 높이만큼 설치되어 있었다.

마이클은 도움을 주려는 한 여대생과 친해졌다. 그들은 손잡고 웃으며 계속 스케이트를 탔다. 나는 관중석에 앉아 그들을 지켜보았다. 마이클은 스케이트를 탈 줄 알았지만 그 여대생의 도움을 받았다. 과연 여대생에게 도움을 준 걸까, 그 여대생이 도움을 준 걸까?

마이클은 항상 낯선 사람들에게서 관심을 받았는데, 어쩐지 어색하고 혼란스러웠다. 마이클은 사람들과 매우 빠른 속도로 친해졌다. 너무 빠른 속도로. 마이클을 모르는 이웃은 없었다. 한 이웃은 내게 또 다른 형제들이 있다는 것조차 모를 정도였다. 마이클은 다섯 살도 되기 전부터 집 밖으로 멀리 달려 나가곤 해서 부모님의 간담을 서늘하게 했다. 그래서 뒷마당에 묶어 놓기까지 했다고 아버지가 말하곤 하셨다.

시험 성적은 좋았지만 마이클은 좀처럼 집중하려 들지 않았다. 그는 수없이 많은 진단을 받았다. ADD(주의력결핍장애), EBD(정서행동장애), FAS(태아알코올증후군), RAD(반응성애착장애) 등등. 열두 살부터는 한 번 집을 나가면 며칠씩 가출하기도 했다. 그게 시작이었다. 우리는 이제 더 이상 한 가족으로 같이 살 수 없었다. 어머니는 언제 한밤중에 일어나 마이클을 데리러 가야 할지 몰랐다. 경찰, 병원 그 외에도 여러 사람한테서, 그가 절도나 상해 및 그 밖에 자타에 모두 위협이 되는 비행을 저지르고 다닌다고 전화가 왔다. 마이클은 어머니한테 거짓말도 했다. 점점 나이가 들어가면서 그는 자신의 정체성을 가지고 협상하는 기술을 터득했다. 그의 정체성은 위태로웠다.

어머니는 주무시기 전 술을 마실 때가 종종 있었다. 나는 어머니께 뭐가 고민인지 묻지 않았다. "그 아이가 도망가지만 않았어도 이 지경이 되지 않게 상담을 받을 수 있었을 텐데……." 어머니는 안타까워하셨다. 그녀는 혹시나 하는 마음에 항상 전화나 문의 노크 소리에 귀 기울이고 사셨다. 어떤 카운슬러는 "아들을 포기하세요. 마이클은 생모에게서 받은 상처 때문에 여자들을 혐오해요. 그래서 여자들에게 폭력적이잖아요."라고 충고했다. 또 어떤 정신과의사는 그가 어머니를 받아들이지 못했으니 그를 잊고 어머니의 갈 길을 가라고까지 말했다.

학교에서, 치료 과정에서, 그리고 감옥에서도, 마이클은 적어도 처음에는 매력남으로 유명했다. 그다음에는 칼날이 숨겨진 칼처럼 이상한 행동과 가학행위가 되풀이되었다. "집에 가고 싶어요. 돈이 필요해요." 그가 반복적으로 했던 말이다. 그는 어머니 지갑 속에 있던 돈과 신용카드를 가지고 달아났다. 어머니의 차를 훔치고 집이 비었을 때 우리 집에 몰래 들어와서는 칼이나 온갖 개인 소지품들을 다 가져갔다. 그래서 그의 성장기 대부분은 전화통화와 행방불명, 심지어는 살았는지 죽었는지조차 모르는 상태로 흘러가 버렸다.

✦ ✦ ✦

1987년 리즌스 병원의 케이트 헨리 박사가 어머니께 전화로 마이클이 에이즈에 걸렸다고 알려 주었다. 마이클이 감옥에서 폐렴에 걸려서 병원에 입원했는데 에이즈가 발견됐다는 것이다. 어머니가 그를 보러 병원에 갔을 때, 마이클은 감시인 없이 혼자 독방에 갇혀 있었다. 어머니는 그의 곁에서 위로해주고 대화를 나눌 수가 없었다. 하지만 그곳에는 창문이 있었다. 어머니와 그는 서로를 쳐다보며 눈물을 흘렸다. 상황이 너무나 익숙했다. 그 창문과 벽은 낯설지 않았다. 우리 삶 속에 언제나 있던 것이나 마찬가지였으니까.

마이클과 함께하면서, 나는 서서히 죽어가고 있는 그의 모습을 지켜보았다. 그가 어떻게 상처받았고 또 어떻게 되갚았는지. 그가 어떻게 박탈당했고 또 어떻게 박탈했는지 모두 다. 죽기 얼마전 어느 날 밤, 같이 소파에 앉아 뮤직비디오를 보며 마이클은 중얼거렸다.
"난 지금껏 그 어느 누구도 날 사랑하지 못하게 했어……."

✦ ✦ ✦

이제 28살, 마이클은 더 이상 그 긴 손톱에 가느다란 손가락으로 담배를 피울 수 없게 되었다. 입술이 뒤틀려 담배를 물고 있기 힘들었다. 그의 입술 주변에는 임파종 중의 하나인 종양도 생겼다. 조그마한 행복이라도 느껴볼 요량으로 담배를 한 모금 깊이 빨아보아도 담배보다 공기를 더 많이 빨아들였다. 우리는 흡연실의 희미한 연기 속에 같이 앉아 있었다. 밖에는 진눈깨비가 내리고 있었고 매우 어두웠다. 다행히도, 나는 햇빛에 반사되어 더 크게 보이는 담배 연기를 볼 수 없었다. 그 초록색 비닐의자엔 아주 좋은 팔걸이가 있었다. 깨끗이 잘 닦이는 그런 의자들이었다. 벽 타일은 일부러 노란색으로 붙여져 있었다. 퇴역군인, 정신지체자, 말기 환자들이 이 모든 게 노란색으로 보이는 요양원에 있었다. 그들은 우리 주위 의자에 앉아 담배를 피우며 허공을 응시하고 있었다. 과거의 고비와 건강 악화로 이곳에서 죽음을 기다리고 있는 것이었다.

"요즘 무슨 노래 들어?" 마이클이 물었다. 우린 음악 취향이 비슷했다. 내가 오늘밤 여기 왔을 때 그는 담배를 피우며 워크맨을 듣고 있었다. 내가 들어가자 그는 이어폰을 뺐다. "누나를 위해서 만들었어." 마이클은 라디오 방송를 녹음한 카세트테이프를 하나 줬다.

"고마워." 나는 그의 볼에 키스했다.

종양은 그의 좌측 입술부터 코까지 퍼지고는 이제 두 겹 세 겹으로 눈 쪽에 퍼지고 있었다.

겉으로라도 정상적으로 보이기 위해, 우리는 시내에 있는 큰 신발 가게로 신발을 사러갔다. 하지만 실수였다. "사람들 앞에 나가는 게 싫어. 다들 쳐다본단 말이야." 신발을 사러 갔던 날 마이클이 말했다. 우리는 남들의 시선을 느꼈다. 종양은 너무 끔찍해서 쳐다보기 싫을 정도였다. "나도 알아." 나는 그의 손을 잡아주며 말했다. "그래도 너는 언제나 내 눈에는 멋있어 보여."

군중 가운데 그와 함께 있으니 어렸을 때의 기억이 되살아났다.

1960년쯤 이름도 알지 못하는 친척이나 어른들이 우리들을 에워싸면서, "어쩜 이렇게 귀엽니." 하고 말하던 것이 생각났다. 나는 그때 우리가 백인들에게서 그토록 많은 주목을 받은 이유가 여러가지라고 생각한다. 우선 마이클의 피부색이 나보다 짙었고, 우리 집은 그들과 좀 다른 가정이었고, 그리고 아마, 나의 어머니가 남편 없이 혼자 사는 여자였기 때문이었을 것이다. 나는 그들의 시선에 넌덜머리가 났다. 아마 나는 당시 어른들이 마치 요즘에도 말하듯 "저 불쌍한 아이들 좀 봐, 결손가정에 혼혈까지 쯧쯧……." 하며 동정하는 걸 느꼈던 모양이다.

마이클은 방사선을 너무 많이 쬐서 이빨과 턱뼈가 녹기 시작했다. 의사는 더 이상 아무 말도 하지 않았다. 1993년 10월 말이었다.

다행히 마이클은 크리스마스와 새해를 무사히 넘겼다. 어머니와 나는 번갈아서 마이클을 보러 요양원으로 갔다. "여기 있었구나." 나는 그의 침대에 앉으며 테빈 캠벨의 CD를 주었다. 하지만 그는 그 CD를 열 힘조차 남아있지 않았다. 우리는 미소지으려 애썼다.

일주일 후, 그는 눈을 뜨지 못했다. "이제 가도 돼." 나는 그의 손을 잡아주며 말했다. 그는 눈을 뜨지 않았지만 울고 있었다. 우리는 같이 울었다. 하루 만에 그는 세상을 떠나버렸다. 죽기 전날 밤, 그는 종양이 없어진 사랑스럽고 멋진 얼굴로 내 꿈속에 나타났다.

22 위장

레이첼 키 콜리어

나는 인류학자 미라 블루본드라그너(Myra Bluebond-Lagner)가 1978년에 발표한 민족학지 연구에 대한 응답으로 이 글을 쓴다. 『죽어가는 어린이의 내밀한 세계(*The Private Worlds of Dying Children*)』는 백혈병으로 죽어가는 어린이의 최후 몇 개월을 추적하며 부모와의 관계에서 보여준 강렬한 한 단면을 집중분석한 글인데, 나의 개인적인 입양 경험과 일맥상통하는 부분이 많다.

> 상호위장(mutual pretense)은 … 말기 환자와 보호자 사이에 지배적인 상호작용 방식이었다. 상호위장을 통해 개인이 사회에서 요구받는 역할을 수행할 수 있기 때문이다. 또한 이를 통해 계속해서 구성원으로 남기 힘든 여건 속에서도 사회구성원 자격유지에 필수적인 여러 가

지 사회적 역할과 책임을 다 할 수 있었다. … 이 같은 상호위장은 특히 말기 환자인 어린이가 마치 미래가 있는 것처럼 행동할 수 있는 여지를 주었다. 상호위장 상태를 지속시키는 데 필요한 규칙들을 따름으로써, 아이들은 다른 타인들의 바람에도 부합할 수 있었다. 그러한 행동에 대한 보상은 컸다. 아이들은 스스로 또 보호자(부모와 병원 의료진)의 시선에서 볼 때 상당한 성취감과 만족감 및 자존감을 얻었다. 어른들의 희망을 재확인시켜줌으로써 아이들은 어른들의 지속적 존재를 확보했다. 그들은 혼자 남겨진 게 아니었다.

아이들의 상호위장은 보호자로 하여금 그에 상응하는 역할을 수행할 수 있도록 했다.

실제로 상호위장은 사회적 정돈상태를 유지하기 위한 개인의 노력이다… 여기서 사회적 정돈상태는 도덕적 정돈상태를 의미한다. 개인은 이 사회적 정돈을 유지하기 위해 안간힘을 쓴다. 왜냐하면 유지를 위해 필요한 규범을 위반할 때 **죽음보다 더한 운명**, 즉 배제와 유기에 직면해야 하기 때문이다. 따라서 상호위장술은 터부를 깨는 두려움보다 더 근원적인 인간의 딜레마를 반영한다.—바로 실존적 딜레마다.[1)]

블루본드라그너의 연구는 특히 나에게 더 의미심장한 비극을 상징한다. 아이들은 보이지는 않지만 질기디질긴 부인과 배척의 그물에 걸려 죽어가고 있으면서도, 심지어 그들의 남은 날이 짧다고 하더라도, 남은 시간 동안 자신들이 의존해야 할 보호자들이 기쁨 가운데 보호자 역할을 행사할 수 있도록 위장 행동을 한다. 그들이 자신을 내버려둘 수도 있다는 원초적 두려움은 아이들을 마치 감옥에 갇힌 것처럼 만든다. 거부에 대한 두려움 때문에 아이들은 자신이 죽어가고 있다는 사실, 즉 진실을 말하지 못하게 된다. 아동기의 희생적 경향은 너무나도 여실하다. 아이들은 부모나 의사 및 다른 보호자들이 양육자, 보호자, 은인의 역할을 수행하도록 돕기 위해 존재한다. 하지만 여기 모순적 상황이 발생하는데, 아이들이 부모나 다른 보호자에게 자기 존재가 얼마나 중요한지 깨닫고 위장행동을 유지하기로 결정하는 순간, 아이는 오히려 보호자가 되고 모순적 역할전도가 일어난다. 이제 보호의 대상과 주체가 누구인가? 블루본드라그너의 연구에 따르면 부모와 의사는 신체적인 면을 우선해서 아이를 돌보기 때문에 아이의 심리적 · 정서적 행복에는 무지하거나 심지어는 태만한 경향이 있다고 한다. 이와 반대로, 아이들은 부모와 의사의 정서적 · 심리적 요구사항을 섬뜩하리만큼 잘 파악한다. 아이들은 살아남기 위해 의존해야만 하는 어른들에게 내팽개쳐질 수도 있다는 두려움 때문에 자신에게 닥쳐올 불가피한 죽음을 부인하는 암묵적 동의에 묶여 있다. 어른들의 나약함과 절실함이 오히려 아동을 얽어매는 것이다.

아이들은 **자신만의 세계를 창조해 낼 수 있는 고집 세고 단호한 존재**이지만, 피부양자라는 처지 때문에 **타인들이 스스로를 위해 만들어 놓은 세계**에서(7) 행동하도록 강제당한다. 이는 특히 블루본드라그너의 연구에 나오는 말기환자처럼, 어른이 될 때까지 살 수 없기 때문에 자율성이나 독립성을 가질 수 없는 아이들의 경우 더 두드러진다. 하지만 이는 모든 아이들에게 적용되는 현상이기도 하다. 전혀 다른 환경으로 입양된 아이들의 경우, 말 그대로 타인이 만들어 놓은 세계에 들어가 생존하고 자라야만 한다는 사실이 특히 유사점을 띄고 있다. **제3세계**에서 태어나, 전쟁, 가난 및 기타 사회적으로 바람직하지 않은 상황에서 생부모나 조부모, 이웃과 같이 의지할 수밖에 없는 개인이나 개인들에게 **포기된** 뒤 입양되는 경우, 블루본 드라그너가 묘사한 대로 버려질까 봐 두려운 마음에—입양의 경우에는 실제로 버려지긴 했지만—원래의 보호자를 대신하는 사람에게 두 번째로 거부당하는 고통을 피하려고 같은 방식으로 행동할 수밖에 없게 된다.(성인이 된 입양인이 나중에 원래 보호자가 온갖 요인들로 인해 자신을 **포기할** 수밖에 없었고 고의적으로 거부한 건 아니었다는 사실을 머리로는 인정하게 될 수도 있지만, 마음과 가슴으로 납득하려면 많은 어려움을 겪어야 한다.)

> 사랑이 포기를 의미한다는 고백에는 입양의 이중성이 담겨 있다. 입양을 고려하는 여성들은 진심으로 자식을 사랑한다면 입양시키라는 말을 듣는다. 마찬가지로 입양인들은 생모가 그들을 너무 사랑한 나머지 어쩔 수 없이 입양시켰다는 말을 듣기도 한다. 하지만, 만일 누군가를 너무 사랑한다면 관계를 끊으라는 것은 논리적으로 앞뒤가 맞지 않는다. 어쩌면 입양을 시키는 데 필요한 감정적 자기합리화인지도 모른다. 따라서 이는 입양인 · 친생부모 · 입양부모라는 입양삼자에게 사랑과 포기가 왜 긴밀하게 관련이 있는지 드러내고 있다.[2)]

그 누구도 임신과 출산 그리고 일련의 사회화과정을 통제할 수는 없다. 입양아동에게는 통제의 결핍이 더더욱 극명하게 나타나는데, 타고난 생물학적 운명이 입양 후의 운명과 판이하게 다르기 때문이다. 국제입양이라면 더욱 그렇다. 소위 입양신화라는 논리 속에는 경제면에서나 건강, 교육, 문화, 정신, 종교 외 여타 많은 측면에서 볼 때 입양 후의 삶이 원래 삶의 질보다 훨씬 낫다는 인식이 저변에 깔려 있다. 사실 이와 같은 치명적 견해에 대한 믿음이 없었다면 애초에 입양 과정에 뛰어들지도 않았겠지만 보호자들의 이런 가설 때문에 입양아동 역시 입양의 모든 단계에서 일종의 상호위장에 직면하며, 상실 또는 박탈당한 것의 중요성을 부인하게 된다. 블루본드라그너의 연구에 나오는 어린이처럼 입양아동은 입양부모나 새로운 사회의 호의에 결정적으로 의존할 수밖에 없는 존재이다. 이미 한번 버림받았기 때문에 입양부모가 아무리 사랑해주고 안심시켜준다 해도, 보장되어 있고 영원히 지속될 안전을 즐기지 못하는 것이다. 어쩌면 입양부모가 부정적이라고 판단하는 행동으로 인해 영원히 추방당할 수 있다고 느낄지도 모른다. 아이를 기를 때, 부모는 종종 아이의 **나쁜** 행동을 벌하는 방법으로 일시적인 격리나 체벌 또는 꾸지람, 금지와 같은 행동을 취하는데, 이러한 벌은 최악의 상황, 즉 영원한 추방을 상상하고 두려워하게 한다. 무엇보다도 아이는 자신이 이해할 수 없는 여러 다양한 이유로 인해 입양부모에게 **선택받았다**는 말을 들었을지도 모른다. 또한 올바른 행동으로 긍정적 보상을 받음과 동시에 자신이 원래 타고난 **나쁜** 그 무엇 때문에 생부모에게 **버림**받고 또 반대로 똑같이 알 수 없는 **좋은** 이유(성별이나 입양이 가능했던 나이 및 외모, 건강과 같이 통제불가한 표면적 요인들) 때문에 입양부모에게 선택받은 게 아닌가 하는 추측을 하게 된다. 입양아동을 둘러싼 포기와 입양이 사실은 입양아동의 행동이나 존재 자체보다는 오히려 생부모나 입양가정의 필요 및 사회적 상황을 더 반영하고 있다는 사실을 잘 이해하지 못할 수도 있다.

블루본드라그너의 연구는 가정에서 말기 환자 어린이의 병을 대하는 여러 가지 방법들을 조명한다. 메리의 집에서는 메리에게 병명도 숨기고, 같은 병을 앓는 아이들과도 지내게 하지 않았으며, 메리가 죽게 된다는 사실 또한 말하지 않았다. 그런가 하면 아이에게 **백혈병**이라는 말은 하고 다른 백혈병 환아들과 지내게 하면서도 아이의 죽음 가능성에 대해서는 완전히 인정하지 않는 가정도 있었다. 이와 같이 입양가정들도 입양아동의 고통과 아이를 재차 포기해야 하는 상황에서 겪게될 입양부모의 고통을 인정하거나 부인하는 정도가 매우 다양하다. 그들은 이 고통을 입양의 기쁨 아래에 숨겨둔다.

입양산업이나 입양부모 입장에서 볼 때 입양은 절박한 상황에 처한 모두에게 긍정적 해결책으로 간주되고 있다. 가난이나 전쟁 혹은 기타 다른 이유로 인해 아이를 양육할 수 없는 부모는 아이에게 신체적으로 안전하고 경제적으로 안락한 따뜻한 가정을 찾는다. 반면 아이를 기를 수 있는 신체적, 정서적 자원을 갖춘 부모는 이제 풍족한 삶을 선사할 아이를 입양한다.(그리고 부모라는 인식에서 오는 자존감과 사회적 정당성을 만끽할 수 있다.) 물론 입양아동은 가정을 갖게 된다. 입양아동은 슬픔이나 비탄 혹은 자신에게 내려진 결정에 대한 반대를 표현할 수 있도록 격려되지도 허락되지도 않는다. 나아가 입양 전의 보호자, 즉 의료진과 사회복지사, 인도주의적 구호단체의 직원들과 입양부모(특히 불임인 경우)의 정체성 형성 및 유지에 자신이 중요한 역할을 담당함을 깨닫게 될 것이다. 사실, 이들은 보호자로서, 양육자로서, 제공자, 은인, 심지어 구원자로서의 역할을 수행하면서 나름의 의미와 존재가치를 느낀다. 입양아동은 또한 입양가정의 친척이나 이웃, 가족의 친구들, 학교 선생님에게도 정도는 낮으나 의미를 주는 존재이다. 이 모든 이들이 아이의 보호와 교육 및 사회화라고 하는 개인적 정체성 형성에 나름의 시간과 에너지를 투자하기 때문이다. 나아가, 만일 입양된 나라가 입양아동의 출생국보다 정치 · 경제 · 문화적으로 우월하다면, 입양아동은 입양된 나라의 우월성을 드러내는 상징 역할을 하게 된다.

내 경우에는 내가 포기된 순간부터 내가 의도했든 아니든 여러 종류의 사람들과 관계 속에서 행동해야 했다. 우선 간호사, 의사, 사회복지사, 비행기 승무원과 입양부모를 비롯해, 흥미진진한 인간의 이야기를 찾아 입양아동인 나를 인터뷰하고 싶어 했던 기자들, 입양 문제에 대해 상담을 해준 심리학자들, 입양 연구에 내 자료를 쓰고 싶어 했던 연구자들, 처음 베트남 방문시 입양인인 나와 가족을 안내하며 상당한 봉사료를 요구했던 가이드, 그리고 나를 미국과 베트남의 화해의 상징으로 간주하며 두 나라의 관계 증진에 앞장섰던 비영리단체 임원들 등이다.

나는 나와 다른 동료 입양아동들을 기억하는 이전 보호자들이 주최한 가족 재회 모임에 참석하기 위해 모국으로 돌아가 "만일 입양되지 않았다면" 내가 처했을 가난과 불행을 눈으로 직접 확인하면서 감사해야 한다는 말을 수시로 들었다. 한 입양인의 말을 빌자면 "입양은 마치 가족이 다 죽고 새 가족을 얻는 것과 마찬가지다. 가족이 다 죽었는데 새 가족이 생겼으니 얼마나 행운이냐는 말을 듣는 것이다."[3] 새로운 삶을 선사받고 물질적, 정신적, 문화적 은총을 입은데 감사의 마음을 갖는 것이야말로 지금껏 내가 살아오며 익숙해진 주된 정서이며, 여기에 덧붙여 빚, 책임, 의무 등의 언급이 항상 따라 다녔다. 나는 나를 위해 투자하고 희생한 사람들에게 "은혜를 갚아야 한다."는 말을 들어왔고 또 그렇게 믿었다. 또한 내가 그렇게 살 수밖에 없었을지도 모르는 나와 비슷한 운명에 처했었던 사람에게 무엇인가를 제공해야 한다고 들었고 또 그렇게 믿었다. 몇 년 전에는 한 입양산업 종사자로부터 베트남 성인 입양인이 아프가니스탄 고아들에게 명예로운 **책임**을 다해야 할 거라고 권고받아야 했다.

지금 당장에는 나의 친부모와 친척들, 마을, 모국어, 음식, 관습, 흙, 나무, 벌판, 강, 시내, 바다, 조상들의 무덤, 그리고 나의 탯줄을 자르고 태반을 묻은 곳을 잃었다는 상실감을 깊이 느끼기로 단단히 마음먹는다. 물론 동시에 입양부모와 형제들, 친구, 건강, 교육, 그리고 여타 수많은 다른 기회들도 만끽하면서 말이다.

이렇게 항상 존재하는 상실감, 즉, 혀끝으로 느끼는 맛, 피부를 스치는 미풍, 복통, 숨막힘, 구역질, 향수병, 갑자기 그릇들이 사라진 식탁처럼 실재하다 사라지는 것들을 절대로 무시하거나 부인하지 않을 것이며, 또한 이러한 상실감을 표현하는 것이 내가 살아남을 기회를 누린 것에 대해 감사히 여기지 않거나 귀히 여기지 않는다는 건 아니라는 점을 말해두고 싶다.

내 입양부모님이 이러한 사실을 알고 또 동시에 내가 그들을 여전히 사랑한다는 사실을 알기를 바란다. 더 이상 나의 필요, 두려움, 의존 같은 이유 때문이 아니라 과거에도 그래 왔고 현재도 그러하고 앞으로도 쭉 계속될 그분들의 존재 그 자체에 대한 감사의 마음, 단순히 보호자나 양육자로서만 소중한 분이 아니라 나와 내 형제와는 독립된 한 개인으로서 사랑한다는 사실을 알아주셨으면 하는 바람이다. 나에게 있어서 입양부모는 더 이상 창조했기에 빼앗을 수 있는 조물주의 모습이 아니다. 그들은 전지전능한 존재가 아니다. 그들은 나에게 멋진 선물을 주었지만 나 역시 그들에게 아이를 양육하고 보호하며 사랑할 수 있는 기회를 준 것이다. 나와 양육자와의 관계는 마치 블루본드라그너의 연구에서 다루는 아동과 양육자의 관계 같다. 성인 입양부모가 나에게 해주었듯이, 아동이었던 나 역시 여러 사람에게 많은 기회를 주었다. 입양부모에게는 부모가 되게 해주었고, 고아원 종사자에게는 고아원 종사자로 일할 수 있게 해 주었으며, 마찬가지로 심리치료사와 여행 가이드 그리고 연구자들 역시 그들 나름의 일을 할 수 있는 기회를 주었다. 또한「식스티미니츠」나 저녁 뉴스의 2분짜리 심층보도를 통해 미국의 시청자들이 베트남 입양인의 모국 방문을 지켜보며 그 끔찍했던 베트남전에서도 뭔가 좋은 결실을 얻었다는 흐뭇함도 느끼게 해주었다. 물론 블루본드라그너의 연구에 나오는 아이들과 대부분의 입양아동들 사이에는 차이점이 있다. 백혈병 환아들은 성장할 기회가 없었다. 두려움에 기반을 둔 의존과, 은혜를 알고 행동이 반듯한 아이가 되도록 강요하는 사회의 성원이 되고자 하는 참여의지는 때가 되면, 즉 아이가 어른으로 자라면 퇴색한다.

블루본드라그너는 연구의 결론을 아래와 같이 요약하고 사회가 그 사회 구성원들에게 할당한 역할에 따라 행동하도록 요구하는 방식에 대해 집중 조명했다.

> 개개인이 자신의 의무와 책임을 다하고 사회정돈 상태를 흐트러뜨리지 않는 한, 그들은 계속해서 사회 구성원으로서의 자격과 그로부터 오는 모든 권리, 즉 두려움과 버려짐에서 자유로울 권리를 부여받는다. 어린 말기 환자보다 이 사실을 더 잘 아는 사람은 없다. 죽을 때까지 그들은 상호위장을 계속한다.
>
> 하지만 여기서 이런 아이들이 다른 사람들을 지원하는 것을 자기 생의

임무로 여기는 모순적 상황이 발생한다. 그들은 부모의 요구에 민감하게 반응했다.…그러나 성인으로 자랄 수 있는 보통 아이의 경우에는 사회 체제에 보탬이 되기 위해 보다 구체적 방법을 쓴다. 막대한 부를 쌓기도 하고, 전문직에서 성공을 거두기도 하고 또 자기 자녀를 **훌륭하게** 키우기도 한다. 이런 방법들은 말기 환아에게는 실현불가능하다. 그래서 스스로 가장 익숙한 방식으로 반응한 것이다. 이 아이들은 근원적 차원에서 사회와 사회 체제에 공헌했고 또한 살아남은 자들이 여러 역할을 수행하게 함으로써 정체성과 자존감을 키울 수 있게 해 주었다.(232-233)

아이는 아이다워야 한다. 부모도 부모다워야 한다. 의사 역시 마찬가지다. 또한 사회의 성인 구성원은 **성공적** 삶을 영위하며 물질적으로나 경제적으로나 측정 가능한 방식으로 세상에 기여하고 또 세상으로부터 도움을 받아야 한다. 많은 입양인들은 자신들을 위해 입양부모나 보호자 및 사회 전체가 애쓴 수고에 **보답**하기 위한 방편으로 성공한 성인이 되어야 한다는 이중 부담을 안고 산다. 어른이 되며 나에게 던져진 과제는 바로 이러한 나의 과거에 대한 책무에서 벗어나는 동시에 내가 받은 도움 역시 결코 완전히 이타적이거나 비이기적인 동기에서 비롯된 것은 아니라는 사실을 깨닫는 것이었다. 한때 인도적 구호단체에서 일하기도 했는데, 이때 고아나 극빈계층 아동을 도운 경험으로 인해 사실 내가 준 것보다 얻은 게 더 많았다는 걸 알게 되었다. 적어도 내가 그들에게 준 것과 그들이 내게 준 것은 비교가 불가능하다. 양측 모두 주고받았지만, 주고받은 선물은 근본적으로 다른 것이었다.

사회에는 분명 의무가 있기 마련이고 이로부터 우리 모두는 결코 자유로울 수 없다. 블루본드라그너는 이렇게 말한다 "장례식은 산 자를 위한 것이다. 그리고 죽어가는 사람도 산 자를 위해 존재한다. 우리에게 허용되는 죽음의 방식이나 우리가 타인에게 허용하는 죽음의 방식들은 살아남은 자들이 계속 생을 유지할 수 있게 도와주는 방편에 지나지 않는다."(233) "인간은 다른 개인들(부모나 보호자 및 의료진)과 연결되어 있는 사회 구성원의 한 사람으로서 죽는다. 다른 개인들의 요구는 종종 상반되기도 한다"(235) 또한 사회 구성원들은 반드시 의식에 참여해야 한다. 살아남은 자들은 장례식을 통해 사랑했던 사람의 죽음을 받아들이도록 애도하는 일을 허용하지만 이것이 죽은 자에게 도움이 되는 것은 아니다. 이와 마찬가지로 결혼식 또한 이를 통해 공동체의 두 구성원이 사랑과 헌신의 약속을 했다는 사실을 지역사회에 인지시킨다. 예를 들어 내게 가장 내밀한 사적인 경험을 공개해야만 하는, 다가오는 내 결혼식에서처럼, 내가 공적 의식에 참여하도록 요구받을 때, 나는 마음 깊은 곳으로부터 분열되고 걱정에 사로잡힌 감정을 느낀다. 아마도 내가 여태까지 애도하는데도[4)] 돌아가신 내 친부모의 자식으로서 애통해할 기회를 박탈당했기 때문인지도 모른다. 또한 이제야 비로소 나 자신이 남들의 기대를 우선적으로 충족시키기 위해서 존재하는 것이 아니라 보다 독립적인 개인으로 나 자신을 인식하기 시작했기 때문인지도 모른다. 물론 윗 문장이 가리키는 감정이 입양인에게만 국한된 것은 아니라고 생각한다. 하지만 입양인 역시 모든 다른 사람들과 마찬가지로 그들이 순응적이어야 하고 통제가 가능해야 하며 절대적으로 의존적이어야 하는 세상에서 자신들의 삶을 시작한다.

문헌에서 보면, **고아**(통상 어린아이를 의미한다.)는 종종 누구든지 원하는 대로 새기거나 투사할 수 있는 대상, 다시 말해 정체성과 운명을 결정짓는다고 알려진 생물학적 뿌리에 기초한 정확한 정의나 경계가 존재하지 않는 불분명한 공간으로 간주된다. 고아는 미지의 **타자**이며 채워지지 않은 공란이다. 입양아동은 입양부모와 사회의 형상과 모양에 맞춰 동화되기에 알맞은 존재로 간주된다. 입양아동에게는 새 이름, 언어, 종교, 우주론, 세계관이 주어진다. 어떤 의미에서 입양아동은 자신의 이익을 위해, 사랑이라는 이름으로 식민화된다. 요구가 그토록 많은 사회에서의 삶은 고달플 수밖에 없다.

> 혼자 있을 때가 가장 편안하다고 말하는 입양인이 있다. 혼자 있을 때는 어떤 기대나 요구도 없다고 느끼기 때문이다. 사랑이나 인정을 받기 위해 무엇을 해야 하거나 무엇이 되어야 한다고 느끼는 입양인의 경우, 혼자 있을 때야말로 진정으로 자기 자신이 될 수 있는 안전한 피난처라고 생각할 수 있기 때문이다.[5)]

블루본드라그너의 연구 이래로 의료진과 부모가 죽어가는 아이들을 다루는 방식에 변화가 생긴 것 같다. 아이에게 이렇게 말할 수 있는 이상적 부모를 상상해 본다. "네 **몸**은 병들었단다. 어쩌면 고치지 못하고 어쩌면 모든 게 멈출지도 몰라. 하지만 네 몸이 더 이상 움직이지 않게 되면, **너**는 구름이나 나비, 빗방울로 변해 지금 네가 겪는 고통에서 자유로운 다른 삶을 경험하게 될 거야. 너를 사랑하고 네가 여기 지상에서 나와 함께 있기를 원하기 때문에 나는 슬프단다. 하지만 이건 우리가 어쩌지 못하는 일이고 우린 현실을 받아들여야 해. 이제 네가 네 몸을 떠나 다른 존재가 될 준비를 하자

꾸나." 내가 꿈꾸는 이상적인 부모는 연약하고 일시적인 인간의 육체와 인간의 **자아**를 구별할 줄 안다. 부모는 병든 아이에게 묻는다. "몸은 어떠니? 기분은 어때?" 이상적 부모는 자기 기분을 위해 아이가 거짓으로 현실을 부인하는 연극을 하게 만들지 않는다. 그렇다고 해서 자기에게 의존하고 있는 아이를 키우고 보호하고 보살피며 느끼는 부모의 권리인 만족감을 빼앗기지도 않는다. 부모의 사랑은 이기적이지 않다. 부모는 자녀가 부모를 즐겁게 하거나 영화롭게 하기 위해서가 아니라, 아무리 짧은 시간이지만 세상을 경험하기 위해 존재한다는 것을 안다. 부모는 살아있는 아이에게 자기가 사랑한 만큼 갚으라고 요구하지도 않는다. 부모는 그저 놓아줄 뿐이다.

마지막으로, 러셀의 말을 인용하고 싶다.

"입양가정은 명백하게 사실이 아닌 생물학적 친가족이 되려고 해서는 안 된다. 입양가정이 친가족보다 못하다는 의미가 아니다. 그저 다를 뿐이다."[6)]

여기서 **다른 점**은 누군가를, 무엇인가를 상실했다는 것이다. 결점투성이의 친가족이 그래도 완전한 가족이며 반면 입양가정은 그렇지 않다는 게 내 개인적 생각이다. 그래서 모든 것이 다 괜찮은 것처럼 행동하고, 입양가족의 사랑으로 잃어버린 사람과 잃어버린 문화를 지울 수 있는 듯이, 더 이상 중요하지 않다는 듯이 행동했던 내 태도는 마치 죽어가면서도 어쩔 수 없이 그렇지 않은 척하는 아이와 비슷했던 것이다.

1) Myra Bluebond-Lagner, *The Private Worlds of Dying Children* (Princeton, NJ: Princeton University Press, 1978), 228-230. 이 책은 본문에서 되풀이해 인용된다.

2) Marlou Russell, *Adoption Wisdom: A Guide to the Issues and Feelings of Adoption* (Santa Monica, CA: Broken Branch Productions, 1996), 62.

3) Russell, *Adoption Wisdom*, 46.

4) "입양을 슬퍼하는 일은 어떤 사람이 죽었을 때 죽음을 애도하는 것과는 어떤 점에서 구별된다. 어떤 사람이 죽었을 때 거기에는 슬픔을 시작하게 한 뚜렷한 끝이 있다. 입양에는 죽음이 없으므로 끝도 없다. 누군가가 실종되었을 때의 애도처럼, 끊임없이 물결치듯 연옥 같은 상황이 지속된다." *Adoption Wisdom*, 46.

5) Russell, *Adoption Wisdom*, 71.

6) Russell, *Adoption Wisdom*, 50.

제5부

집으로 가는 여정?

마음속 그림이

목적지가 될 수도 있다.

Case No. KL-2869

Social Service, Inc.

BOX 218. KWANG WHA MOON.
SEOUL, KOREA
TEL: 99-2381 · 0821

재단법인 한국사회봉사회
서울특별시 광화문우체국 사서함218
전 화 99-2381 · 0821

Date: September 3, 1974

ADOPTIVE CHILD STUDY SUMMARY

KL-2868 1265

Name LEE (Last) Hye Sun (First & Middle) Sex Female Birthdate February 5, 1970

the younger sister of LEE Hye Young : Case No. KL-2869.

Presumed that she and her sister were born proba born i… d as abandoned childr…

Presum… ntage.

Since … r custody of the St…

They w… ice for adopti on 8-1… Superintenden of the…

The Di… be appointed as the… e children around…

Status: *According … the Home, they were plac… children throu the Munic… eir names and ectimated … e time of place ment to t… s.

race Presum…

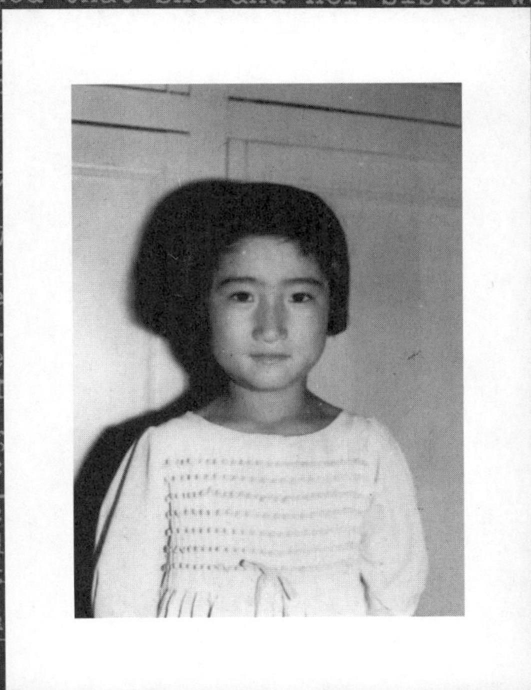

Relationship with … Unknown

…on "

occupation "

race Presumed to be a Korean.

…n Unknown

o be of full Korean parentage.

1974 they have been under custody of
l Children's Home.

relinquished to this office for adopt
by rintende
e s
r o pointed
l g ldren
-30

he ome, the
th ren thro

Chi ames and
hda e of pla
me

be

be a Korean.

모든 여행은

어딘가로 향한다.

때로 그 목적지는 마음속의 이미지다.

그리고 그 이미지의 세세한 모습 속에서 우리는

우리가 구하는 해답을,

예상치 않았던 해답이라도

찾을 수 있다.

올해 나의 여행은

내가 생애의 첫 9년을 보냈던

한국으로 날 이끌었다. 나에겐

궁금한 것이 많았다.

난 모든 것을 설명할 수 있는

이야기를 찾지는 못했지만, 대신

예전 시간을 담고 있는 두 이미지만은 찾아냈다.

이 사진들은

Ahn-nyoeng(안녕?), *Goodbye*(잘 가),

그리고

말로는 다 못할 무수한 말을 했다.

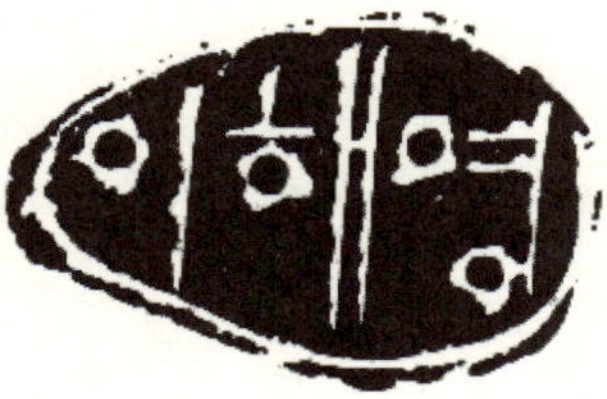

Design: 로라 가나렐리(Laura Gannarelli)

로라 가나렐리는 한국에서 9살에 입양되었으며 미네소타의 작은 마을에서 자랐다. 현재 그래픽 디자인 회사(www.gannarelli.com)를 운영하며 시카고에 살고 있다. Paper Lantern Resource (www.paperlantern.org) 라는 비영리 기관도 운영하고 있는데 이곳은 인종간 입양인들이 어린이와 성인으로서 직면하는 독특한 난관들을 타개하는 데 도움이 되기 위해 세워졌다.

23 저변에 놓인 것

—「다낭에서 온 딸」에 대한 재고

그레고리 폴 최

캐서린 세니자 최

비평가들로부터 찬사를 받은 다큐멘터리 영화『다낭에서 온 딸(*Daughter from Danang*)』의 기본전제는, **완전한 미국인**의 정체성 표층 아래에는 정체성 · 가족 · 역사에 관한 복잡한 층이 겹겹이 깔려 있다는 것이다.[1)] 테네시의 작은 마을인 풀라스키(Pulaski) 출신으로, 겉으로 보기에는 완전히 미국 여성인데다 강한 남부 악센트까지 사용하는 하이디 법(Heidi Bub)이 사실 1968년 베트남의 다낭 지역에서 마이 티 힙(Mai Thi Hiep)으로 태어났었다는 것을 알아차리기란 결코 쉽지 않을 것이다. 당시 베트남에서 힙처럼 미국 군인과 베트남 여성 사이에서 태어난 미국계 아시아인 아이들은 그들의 혼혈 출생 때문에 사회적 외면과 신체적 폭력의 위협에 시달렸다. 딸의 안전을 걱정한 어머니 마이 티 킴(Mai Thi Kim)은 베트남 아이들을 미국, 캐나다, 유럽, 호주 등지로 입양 보내는 포드 정부의 계획인 아동 공수 작전(Operation Babylift)를 통해 1975년, 일곱 살 난 힙을 외국으로 떠나보냈다.(아동 공수 작전에 대해서는 27장을 참조—옮긴이)

힙이 미국에 도착한 직후, 미혼 백인 여성인 앤 네빌(Ann Neiville)이 그녀를 입양하고 '하이디'라는 새 이름을 붙여주었다. 큐클럭스클랜(Ku Klux Klan)의 발생지인 테네시의 풀라스키에 있는 집으로 왔을 때, 앤은 하이디에게 그녀가 베트남 출신이라는 걸 아무에게도 말하지 말라고 단단히 일렀다. 후에 하이디는 앤와 점점 더 사이가 멀어졌고 친가족을 찾기 시작했다. 태평양 건너의 베트남에 있는 그녀의 친어머니도 하이디가 어디 있는지를 찾아 연락하려고 애쓰고 있었다. 결국 인터넷과 트란 트룽 누(Tran Truong Nhu)라는 기자의 도움으로 하이디와 킴은 1996년 서로를 찾아낼 수 있었다. 이듬해, 하이디는 입양 후 처음으로 그녀의 친어머니, 형제 자매들과 재회하기 위해 베트남으로 돌아왔다.[2)]

그들의 벅찬 감정 가득한 재회가 바로 『다낭에서 온 딸』의 주제다. 처음에 이 다큐멘터리 영화는 행복한 가족 재회에 대한 기대로 시작되는 여행을 소개하는 듯하지만, 즐거웠던 첫 만남은 곧 긴장이 흐르는 문화적 충돌로 대체되고 만다. 하이디는 생모의 무조건적 사랑과 포용을 갈구했지만 점점 갈수록 킴이 드러내는 끊임없는 애정에 억눌리는 느낌을 받게 된다. 하이디의 이복형제들과 킴은 하이디가 베트남 식구들을 재정적으로 돕기 시작할 거라는 기대감을 드러내고, 하이디가 이러한 그들의 금전적 요구에 당황하고 실망하며 또 이를 불편해한다는 사실에 놀라움을 금치 못한다. 굉장히 감정적인 어떤 장면에서는, 하이디가 이 여행이 애초부터 아예 없었던 일이면 좋겠다고, 그리고 처음부터 베트남에 돌아오지 말걸 그랬다고 강하게 말하기도 했다. 미국으로 돌아왔을 때 하이디는 그 재회와 그녀의 친생가족에 대해 애증이 교차하는 감정을 드러냈다. 그녀는 영화의 끝 부분에서 지금 당장은 자기 가족생활의 한 부분으로서 '문을 닫기는 했지만 아직 문을 잠그지는 않았다.'라고 결론을 내린다.

2002년 개봉 이후로 「다낭에서 온 딸」은 비평가들로부터 많은 찬사를 받았다. 미국 전역의 영화제에서 총 8개의 상과 명예상을 받았을 정도다. 아카데미 최고의 다큐멘터리 영상(Best Documentary Feature) 부문 후보작이었기도 하다. 이 영화의 공식 사이트에 게시된 특종 리뷰들과 호의적 단편들은 이 영화가 문화 충돌, 가족드라마, 전쟁의 폐해 등 폭넓은 주제에 대해 가지는 중요성을 논한다. 「다낭에서 온 딸」은 「아메리칸 익스피어런스(*American Experience*)」라는 PBS 프로그램에 방송되면서 더욱 넓은 시청자 층을 확보했다. 나아가 매우 감동스러운 PBS의 교육 웹사이트는 이 영화를 입양 문제와 관련 있는 중요한 영화로 재편성해서 올려놓았다.[3] 실례로 이 웹사이트는 입양의 역사에 대한 시간표와 입양에 대한 온라인 자료 링크를 제공하고 있다.

「다낭에서 온 딸」이 입양 문제에 관한 영화라는 점은 분명해 보일지라도, 영화 제작자인 돌진(Dolgin)과 프랑코(Franco)는 당시에나 지금에나 자신들은 국가간 · 인종간 입양에 대한 지식이 없고, 입양인들의 이야기를 담은 책에 대해서는 사실상 전혀 지식이 없다고 털어놓았다.[4] 「다낭에서 온 딸」이 2002년, 뉴욕시에서 신인감독/신작영화 시리즈의 특별작으로 방영된 후, 돌진과 프랑코는 이 영화가 미국과 베트남에 잔존하는 전쟁의 상처라는 메시지는 강조했으나 아시아의 국제입양이 불평등한 지정학적 · 사회적 현실에서 갖는 중요한 역할에 대해서는 언급하지 않았다.

조사 결과, 「다낭에서 온 딸」에 관한 영화 리뷰들 대다수도 이 영화와 입양 연구 사이의 관계를 간과했다는 것이 드러났다.[5] 따라서 본 평론의 목표는 새로이 떠오르는, 학제적이고도 다양한 전문 분야 간 협력이 필요한 입양 연구의 영역 내에서 『다낭에서 온 딸』의 위치를 확인하는 것과, 또 이 분야에서도 가장 새로운 부문인 입양인 스스로에 의한(adoptee-generated) 연구와 문화적 생산에 관련한 이론적 토대에 기초해서 이 영화를 평가하는 것이다.[6] 점차 발전하고 있는 해당 연구 영역에 이 영화가 공헌하는 바는 무엇인가? 국가간 · 인종간 입양인들의 집단적 경험과 지식이 이 영화에 포함됐다면 영화는 어떻게 달라졌을까?

영화 초반부는 국제입양의 불평등한 정치 · 사회 · 경제적 상황을 강조하고, 또 이러한 현상을 흔히 인도주의적 구제와 인종차별을 하지 않는 사랑으로 개념화하는 것에 대해 이의를 제기한다. 그러나 이러한 비판적 개입은 영화가 전개됨에 따라 사라져 버린다.

영화는, 미군의 이익을 위해 널리 알려진 것이긴 하지만 대중적으로는 '인도주의적 구제'로 개념화된 국제간 아동 입양의 **집단적 역사**에 대한 논의로부터 벗어나, 주인공 하이디 법의 추한 미국인(Ugly American)적 순진성을 수단 삼아 동양과 서양이 만날 때 생기는 문화충돌에 대한 **개인적 이야기**를 전면에 부각시킨다. 결국 전쟁의 장기적 후과들은 영화의 클라이막스에서 나타나는 하이디의 감정적 파멸에 가려지고 마는데, 이 감정적 파멸은 하이디 개인의 미성숙과 무지함으로 해석될 수 있다. 제작자들의 의도는 아니지만 영화는 결국 하이디의 인격적 온전성을 희생시킴으로써 성공을 거둔 셈이다.

나아가 영화 제작자들은 미국과 베트남 양쪽에 여전히 남아 있는 베트남전의 영향을 논평하고자 했지만, 『다낭에서 온 딸』에서 경솔하게도 입양인 본인들의 힘과 주체성은 배제하고 침묵함으로써 전쟁의 폭력성을 영속시키는 꼴이 되었다. 여기서 '입양인들의 힘과 주체성'이란 그들을 둘러싸고 있는 세상을 향해 행동하고 영향을 미치는 입양인들의 능력을 말하는 동시에, 입양인의 경험과 이에 대한 그들의 해석이, 국제입양 현상에 연루된 모든 사람에게 심각한 문제로 받아들여져야만 한다는 의미이다. 심지어 이 영화를 단순히 입양에 관련된 영화로 관람하는 관람객에게도 이는 마찬가지이다. 영화 제작자들은 베트남으로 돌아가 친가족과 재결합하고자 했던 하이디의 간절한 감정적 소망의 배후에 놓인 이유에 대해 세심하고 인도적인 접근을 하기보다, 오히려 하이디를 자기 자신의 삶에 있어 역사적 주체가 되지 못하고 주변 영향에 이끌려 다니는 숙맥처럼 묘사한다. 게다가 시청자를 포함해, 하이디 주변의 모든 사람들이 그 문화충돌에 대해 정작 그녀보다 더 잘 알고 있는 듯이 보인다. 따라서 이 영화는 사실상 영화 제작자들이 의도했던 것과 정반대의 결과를 성취했다고 할 수 있다. 그들이 의도했던 것은 베트남전의 정치성이 보다 현대적인 시점에서 어떻게 계속되는지를 조명하고 논평하려는 것이었지만, 반대로 그들은 이 영화를 통해 전쟁의 폭력성에서 매우 중요한 한 측면, 구체적으로는 미국에 있는 아시아계 입양인들에 대한 대상화, 어린아이 취급, 비인간화를 무심코 영속시키고 말았다.

내부의 이방인, 그들의 예측 불가능한 문제들

오스카상 후보작으로 선정되고 나서 새로 편집된 이 영화의 시작 부분에는, 입양모인 앤 네빌이 여섯 살짜리 마이 티 힙을 입양했다고 보도하는, 사우스캐롤라이나 《콜럼버스레코드(*The Columbus Record*)》지의 한 신문기사 스크랩이 등장한다.

> 미혼인 앤 네빌이 막 여섯 살 난 귀여운 베트남 고아를 입양했다. 이는 있음직하지만은 않은 조합처럼 보일 수 있고 게다가 처음엔 실제로 거의 불가능한 조합이었다. 그렇지만 이제 그들은 함께이고, 앤은 그들 사이에 어떤 문제도 일어나지 않으리라고 예측한다.

이런 삽화는 아시아 아동의 국제입양을 인도주의적 구원 담화로 바라보는 전형적인 대중의 이해를 반영한다. 즉 백인 여성인 미국인 어머니가 고아가 된 아메라시안(Amerasian, 많은 경우 미군을 아버지로 하는 혼혈 아시아 아동) 아동을 입양함으로써 지독한 가난과 신체적 학대로부터 구원한다는 것이다. 이 삽화에 앞서 아동 공수 작전의 한 장면을 보여주는데, 미국 정부의 계획에 따라 파송된 미국 원조기관 직원들이 베트남 어머니들에게, 미국인들이 아이들에게 훌륭한 가정을 제공할 테니까 자녀를 포기하라고 온갖 달콤한 말로 구슬린다. 심지어 한 미국인 원조기관 직원이 "내가 당신 아이들을 데려가서 미국으로 보내는 게 모든 사람에게 가장 좋은 일이에요."라고 베트남 아동들을 위한다며 후안무치하게 변호하기까지 한다. 이 장면은 극도로 불쾌할 뿐만 아니라 아동 공수 작전이 인도주의적이라고 묘사돼 온 것에 대한 직접적 반박으로 보인다. 이 영화는 아동 공수 작전이 갈수록 인기가 떨어지는 전쟁에 대해 대중의 동정심을 유발시키려는 포드 행정부의 계획이었으며 동시에 전쟁 자금 모금을 위한 방책이었다고 지적한다. 돌진과 프랑코는 미국 정부의 외국에 대한 군사적 개입, 특히 베트남과 쿠바에 대한 체제전복적 군사개입에 대해 지속적으로 다큐멘터리 작업을 해왔고, 『다낭에서 온 딸』 도입부에서 그것을 잘 드러냈으며 여전히 이 작업을 효과적으로 계속해 오고 있다.

아동 공수 작전은 항상 논란거리였다.[7] 1975년 4월 4일, 이 **구조** 노력과 관련된 군사 수송 항공기가 추락하면서, 탑승했던 아이들 100여 명과 적어도 25명 정도의 성인(호위대원들)이 사망하는 사건이 발생했다. 또, 비록 아동 공수 작전의 베트남 아이들은 **고아**라는 딱지가 붙긴 했으나 사실 그들 중 많은 아이들의 부모가 베트남에 살아있었다. 미국에 도착한 후에도 하이디와 많은 **고아** 아이들이 베트남에 있는 가족 이야기를 했다. 하이디는 영화에서, "저는 (입양모인 앤에게) 우리 어머니에 대해 물어보고는 울고 울고 또 울곤 했어요."라고 회상한다.

미군과 관련된 정황은 아시아인 국제입양에 대한 거시적 차원 중 몇 가지를 이해하는 데 있어 중요하다. 『다낭에서 온 딸』의 도입부는 매우 중요한 미시적 차원 또한 덧붙여주고 있다. 테네시 주 플라스키의 아메라시안 입양아동이었던 하이디는, 미국 남부를 지배하는 흑백간 인종역학 내부의 이방인이었다. 입양모 앤은 하이디가 스스로 이 인종간 이항대립에서 **백인** 편에 맞게끔 자신을 개조하라고 강요했다. 하이디는 앤이 그녀를 최대한 백인인 **미국인**으로 만들어 그녀가 **볕에 그을은** 미국인처럼 보이게 하려고 노력했다고 한다. 또 하이디에 따르면, 앤은 하이디에게 그녀가 베트남인이라는 것을 아무에게도 말하지 말고, 대신 사우스캐롤라이나 주의 콜롬비아에서 태어났다고 말하라고 시켰다. 영화에 등장하는 하이디의 삼촌도 앤에 대해 "소리 지르고 때리는 사람이었다"라고 고백함으로써 하이디가 입양모에게 신체적 학대를 당했음을 암시한다. 따라서 일반적으로 아시아인 국제입양이 베트남의 아메라시안들에게 닥친 폭력의 위협에 대한 보다 인도적인 대안으로 인식되긴 했어도, 또 베트남에서의 가난과 폭력이 실로 심각한 문제이긴 했어도, 미국에 살고 있는 아메라시안 입양인들을 향한 폭력 역시 감정적 학대 속에 사는 삶을 낳았고, 발달 과정에 대한 말살, 한쪽을 부정하고 다른 한쪽에 억지로 동화시키려는 폭력성 및 신체적 학대를 통해 영구화되고 있었다.

위의 신문 기사 개요에 따르면 하이디의 입양모는 "그들 사이에 아무 문제도 없을 거라 예측"했지만, 사실 이 **예측할 수 없는 문제**들이 드러났다. 하이디는 신체적 감정적 학대 및 그 후과로서 우울증이라는 엄청난 대가를 치렀다. 하이디는, 친모나 친구들처럼 그녀의 인생에 중요한 다른 사람들과 양모 사이에서 한쪽을 선택해야만 하는 것처럼 느끼곤 했다고 말한다. 그녀는 "(앤의) 전부가 되거나 아니면 전혀 아니어야" 했으며, 그녀가 앤의 최종 조건을 달성하지 못하면 그들의 사이는 멀어졌다. 양모와의 사이가 매우 어려웠던 대학시절을 떠올리며 하이디는 "저는 항상 누군가 저를 아무 조건 없이 사랑한다는 걸 느껴보고 싶었어요."라고 말한다. 하이디는 이어서, 앤이 "내가 너에게 삶을 줬으니 너는 내게 빚지고 있는 거야."라고 했다고 말했다. 이러한 의견을 말하는 데에 있는 폭력성에 주목해 보

자. 앤이 그녀에게 준 삶은 베트남에서의 하이디의 삶을 끝내버림으로써 가능해졌다.

이에 따라 영화 시청자들은 하이디와 양모 사이의 있음직하지 않은 조합이 그 이후 불가능한 조합으로 변해버렸다는 것을 깨닫게 된다. 그리고 하이디는 그녀가 어떻게 "두 어머니를 잃었는지"에 대해 고통스럽게 회상한다. 실패한 입양 관계에 대해 잘못된 암시를 했던 위의 신문기사는 전쟁의 기만성을 폭로하려는 영화 제작자들의 계획과 결부되어, 전쟁을 통한 인도주의적 구조가 불가능한 조합이라는 것을 보여준다.

불행하게도, 영화 초입부에 담겨 있는 이와 같은 중요한 관찰 사항들은 더 이상 발전되지 않은 채 남겨지며, 더 나쁜 것은, 영화가 점차 하이디의 베트남 친가족과의 즐거운 재회를 조명하기 시작하면서 이러한 사항들은 아예 가려지고 잊힌다는 사실이다. 하이디는 "이제 차츰 나아지겠지요."라고 말한다. "이제 그런 나쁜 기분들은 사라지게 될 거예요." 『다낭에서 온 딸』의 주요 주제는 위의 신문기사 개요가 끝나는 곳에서부터, 예측하지 못한 문제들과 함께 진정으로 시작되는 것이다.

그다지 순수하지 않은 영화 제작 정책

두 영화 제작자 모두 인터뷰에서, 국가간 · 인종간 입양에 대해 사실상 아는 것이 아무것도 없다고 고백했다. 또 그렇기 때문에 하이디와 그녀의 생모 마이 티 킴의 재회를 기록하는 데에 무엇을 기대해야 하는지도 몰랐다고 말했다. 그들은 구원에 대한 미사여구와 해

피엔딩을 기대했었다고 인정했다. "우리는 즐겁고 치유적인 재회의 아름다운 장면을 촬영하리라 기대하며 갔었습니다."라고 돌진은 말한다.[8] 프랑코도 그와 돌진이 **어머니와 딸 사이의 단순한 축하식**를 기대했다는 비슷한 입장을 고수한다.[9] 이어 프랑코는, "저는 아동 공수 작전에 대해 거의 아는 게 없었기 때문에 뭔가를 미리 생각해 두거나 예상하지도 않았습니다."라고 말했다.[10] 그렇다면 이 영화 제작자들이 시간과 돈, 그리고 노력을 투자해서 하이디의 재회를 기록하도록 만든 요인이 대체 무엇이었을지 하는 의문점이 생긴다. 이 영화가 전개됨에 따라, 이러한 의문점은 『다낭에서 온 딸』에 대한 다른 비판적 의문점들로 이어진다.

가장 명백한 의문점 중 하나는 왜 이 영화 제작자들이 미국의 국가간 · 인종간 입양에 대해 학습하지 않았나 하는 것이다. 논란이 되는 아동 공수 작전과 입양모 앤이 하이디의 복수 인종성(*biraciality*) 및 베트남 출생에 대한 모든 언급을 감추고자 하던 시도들에 대해 상당히 많은 장면을 할애하며 영화가 시작되기 때문에, 시청자들은 돌진과 프랑코가 전쟁의 별로 알려지지 않은 부산물인 아시아 아동 국제입양 현상을 계속해서 조명할 것이라고 예상하게 된다. 그러나 이러한 예상은 좌절되고 만다. 대신에, 영화의 처음 절반 동안 국가간 · 인종간 입양의 역사가 제시된 후 나머지 절반부분에서는 하이디의 행복한 재회의 기쁨에 초점이 놓여 이 사항은 완전히 무시됨으로써 어색한 단절이 발생한다. 인종간 입양인으로 사는 것이 하이디의 **101퍼센트 미국인이 된** 느낌을 형성하는 데에 어떤 영향을 주었는지를 계몽적이고 통찰력 있게 보여줄 수도 있었던 것이, 형식적이고 잊힌 개인적 드라마의 배경 역할만 하고 있는 것이다.

호버만(J. Hoberman)이 《빌리지 보이스(*Village Voice*)》 기고를 통해 이 영화를 비평하며 언급했듯이, "이 인상적일 만큼 신중한 영화 제작자들이 그들의 미니DV에 어떤 가슴 뭉클한 장면을 녹화하리라 예상했든 간에, 그들은 이 감정적인 자동차 사고(하이디와 베트남 가족의 재회—옮긴이)의 양쪽 측면 모두를 기록하는 놀라운 능력을 보여준다."[11] 다큐멘터리 영화 제작이라는 맥락 속에 안전하게 자리한 돌진과 프랑코는, 하이디가 가족과 감정적이고 실망에 찬 상호작용의 시간을 보낼 때, 카메라들을 돌아가게 두는 데에 있어 연출자적 의도가 전혀 없었고 주장한다. 영화의 이러한 전개에 대한 그들의 순수하고 객관적인 듯 보이는 태도는 어떤 일이 일어나든 어쨌든 일어나는 것이고 또 자연히 카메라의 틀에 잡힌다는 점에서 리얼리티 TV쇼의 환상과 유사하다. 돌진은 "이는 우리가 예상했던 것과 전혀 달랐지만, 이것이 스스로를 드러내는 동안 우리는 함께 움직이며 거기에 있어야 했습니다. 제가 생각하기에 우리 둘 다 예상했던 것보다 일이 훨씬 더 복잡해졌지요."라고 설명한다. 프랑코는 "다큐멘터리 영화 제작자들로서 우린 항상 그렇게 해야만 합니다. 우리가 하게 될 일에 대해 미리 예상한 관념 같은 건 가질 수 없어요"라고 덧붙인다.[12] 마치 돌진과 프랑코는 우리로 하여금 하이디의 이야기가 카메라의 눈만을 통해 스스로 풀어나간다고 믿게 하려는 듯하다.

그러나 이와는 반대로 『다낭에서 온 딸』에서 하이디 법은 거의 대본을 읽고 있는, 각본대로 짜인 듯한 인물이다. 우리가 이 다큐멘터리에서 하이디의 목소리를 통해 그녀의 사적인 사건들에 대한 중시, 암시 혹은 설명 등을 듣는 그 횟수와 양만큼이나 하이디의 목소리 뒤에서 이야기하고 있는 사람들은 다름 아닌 돌진과 프랑코이다.

그들은 어머니와 딸의 단순히 행복한 재회를 넘어선 이야기를 구상하지 않았었다고 주장하지만, 그들이 다큐멘터리 제작 후 언급한 사항들은 그 반대를 드러낸다. 한 인터뷰에서 프랑코와 돌진은 무심코 하이디가 **영화로 만들 만한** 문제라고 논의했다.

> **프랑코**: 우리가 처음 하이디를 만났을 때, 무엇보다 그녀에 대해 알아가는 게 우선이었습니다. 그 이야기를 알게 된 지 몇 주밖에 되지 않았었거든요. 그녀와 함께 비행기에 올라타고 그녀의 인생일대의 꿈을 실현하러 가기 이틀 전 우리는 그녀에 대해 모든 걸 알고자 긴 인터뷰를 했습니다. 정말 중요한 인터뷰였어요. 그 인터뷰를 통해 우리는 그녀와 친밀한 관계를 구축하고, 어떻게 베트남 여자아이가 베트남과 전혀 다른 장소에서 자라났는지를 알아낼 기회를 얻었지요.
>
> **돌진**: 비행기에서 내리자마자 기억들이 새록새록 떠오르기 시작할 터였기 때문에, 그녀가 7년 동안 살았던 베트남에 도착하기 전 우리는 그녀가 기억하는 것들과 그녀가 어떤 사람인지에 대해 진정한 기준치를 반드시 알고자 했습니다. 그녀는 미국에 유아 때 온 것이 아니었지요. 따라서 어떤 기억들은 그녀 안에 갇혀 있었을 거고, 분명 밝혀짐에 따라 흥미로워질 것이었습니다. 플라스키에서는 그 기억들이 억압되어 있었으니까요.[13)]

프랑코와 돌진은 하이디의 이야기가 자연스럽게 풀려나가게 내버려 두는 데에 있어 그 어떤 예상이나 기대도 가지지 않았다고 부인하지만, 영화 제작 후의 인터뷰에서는 영화 제작자들이 분명 영화를 찍기도 전에 구상해 놓은 스토리가 있음을 인정했다. 돌진은 같은 인터뷰에서 이렇게 말했다. “우리는 누구와 작업하게 되건 신뢰할 수 있고 친밀한 분위기를 만들려고 애씁니다. 왜냐하면 그러지 않고서야 우리가 말하고자 하는 방식으로 이야기를 전개할 수가 없거든요.”[14)]

『다낭에서 온 딸』의 시청자들은 ‘대체 어떻게 돌진과 프랑코가 하이디의 베트남 귀환을 통해 그들의 이야기를 하느냐’는 의문점을 고려하며 비판적으로 이 영화에 접근할 필요가 있다. 돌진과 프랑코는 그들의 존재감을 어수선하게 드러내지 않음으로써 하이디의 이야기를 자연스럽게 만들기 위해 단호히 카메라 밖에 남아 있는 듯 보인다. 또 하이디가 카메라 안에서 독백을 할 때, 전혀 영화제작자들을 향해 이야기하고 있다는 느낌도 들지 않는다. 그러나 이 영화를 찍은 카메라는 하이디가 친가족의 경제적 지원 요구에 당황하게 될, 그러한 곧 닥칠 비극을 암시하는 장면들에 초점을 맞춘다. 예를 들어, 하이디는 막 도착한 후 생모와 친가족들에게 하트 모양 반지, 시계 세트와 같은 선물을 준다. 그 순간 카메라는 그 방에 함께 있던 베트남 구경꾼들의 경외감, 시기 그리고 불신감이 드러난 표정을 포착해서, 그런 선물이 제1세계와 제3세계 국가들 사이의 주요 사회경제적 차이, 혹은 **나무에서 돈이 자라는** 신화적 이야기가 미국에선 진짜 일어날지도 모른다는 것, 그리고 더 일차적으로는 하이디 자신이 부자라는 것에 대한 물질적 증거로 해석될 수 있다는 점을 (하이디가 아닌) 시청자들에게 보여준다.

즉 영화의 이 부분 내내 돌진과 프랑코는 동서양이 만날 때의 문화적 충돌에 대해 시청자들이 마음의 준비를 하게 하지만, 영화를 제작하는 동안 이런 상황에 대해 하이디가 마음의 준비를 하고 있어야 할 필요성은 느끼지 않았던 것이다. 하이디와 킴이 재회하도록 도와주었던 기자 트란 트룽 누는 하이디와 함께 베트남으로 가는 통역자로서 이야기 전개에 중요한 역할을 한다. 하이디의 입양모가 강요했던 동화 과정 때문에 하이디는 베트남 문화나 언어를 완전히 상실했다. 누는 다큐멘터리 전개상 전략적 순간마다 등장해, 베트남에 남겨진 식구들의 경제적 **목숨줄**로 기능하면서 외국에 사는 가족 **후원자**에 대한 베트남 사람들의 개념을 시청자들에게 가르쳐 준다. 그러나 누는 친척들의 돈 간청을 점점 무례하고 모욕적으로 여기게 되는 하이디에게는 명확한 설명을 하지 않는다. 또 시청자에게는 베트남 사람들이 돈에 대해 얼마나 **매우 솔직**해질 수 있는지를 알려주지만, 또다시 하이디에게는 이러한 사실을 (적어도 카메라 앞에서는) 알려주지 않는다.

대신 시청자들은 베트남 가족들의 그런 요청에 대해 하이디가 점점 불편해하는 것이며 그 대비가 명백히 미비했음을 제작자들이 **기록**한 대로 목격하게 된다. 누는 나중에 영화에서, "그녀가 무엇과 부딪치게 될지에 대해 제대로 말해줄 수 있는 방법이 없었습니다. 그리고 그걸 말해주는 것이 과연 제가 해야 할 일이었는지도 잘 모르겠어요. …전 베트남에선 사정이 어떻게 다를 수 있는지에 대해 경고하려고 노력했습니다."라고 말한다. 심지어 누는 하이디에게 베트남을 일찍 떠나라고 설득하기도 했다. 그렇다면 우리는 돌진과 프랑코의 오랜 친구인 누 그녀 자신이, 돌진과 프랑코가 원하던 이야기를 만들어 나가는 일에서 어떻게 **연출되었는지** 의문을 품게 된다.

돌진과 프랑코는 하이디를 통해 그들의 이야기를 하고자 했고 또 그럼으로써 하이디를 자신의 이야기를 들려주는 사람보다는 신뢰감 떨어지는 나레이터 정도로 만들어 버렸다. 그녀는 사건들이 발생되는 객체로서의 등장인물이며, 시청자들은 때때로 놀라운 불신감 속에 그녀의 반응들을 주시하게 된다. 『다낭에서 온 딸』은 이렇게 조작된 하이디에 대해 속이 뒤틀리는 반응들을 이끌어냈다. 뉴욕의 신인감독/신작페스티벌에서 이 영화가 방영된 직후 영화 제작자들과의 질의응답 시간에, 한 관객은 어떻게 하이디가 그토록 미욱할 수 있었는지 의아해했다.[15] 영화비평가 베딘 리조브(Vadin Rizov)는 하이디를 "완전히 미국적으로 규정된 목표"를 가진 "이기적"인 사람이라 혹평하기도 했다.[16]

어떻게 하이디는 한심하리만치 준비가 안 되어 있고, 미욱할 수 있었을까? 그토록 자기중심적이고 사려 깊지 못할 수 있었을까? 돌진과 프랑코는 우리가 이 답 없는 의문점들 속에서 헤매기를 원하는 듯하다. 사실, 특히 하이디의 생모와 오빠가 베트남에서는 으레 가족구성원 모두가 가족전체를 위한 재정적 책임을 진다고 말했던 독백과 같은 매끄러운 해설이 동시에 제공되는 편의(우리가 다큐멘터리를 보는 동안 누렸던)가 없었다면, 시청자로서 그리고 미국인으로서 우리가 하이디 입장이라면 어땠을까? 이러한 의문점은 제1세계와 제3세계를 가르는 총체적 불공평, 베트남전에 대한 미군 개입 등으로 인해 역사적으로 영속되고 심지어 더욱 진전된 그러한 불공평에 관한 근본적인 주제를 문제삼는다. 『다낭에서 온 딸』에서 하이디는 스스로의 정체성을 찾아가며 강제적으로 빼앗겼던 과거와 대면하는 과정에 있는 국가간 · 인종간 입양인이라기보다, 전쟁의 피해자로서 더 효과적으로 묘사된다. 이 둘 사이에는 근본적인 관련성이 존재하지만 영화에서 이 관련성은 명확하게 드러나지 않는다.

새로운 입양 연구들: 연구와 정치적 수단, 예술로서의 영화 제작

국가간 · 인종간 입양인들에 대한, 혹은 그들이 제작한 다큐멘터리나 회고록, 미술전시회, 그리고 문집 등의 문화적 창작물이 급증하고 있는 실정에 맞추어 시청자들은 『다낭에서 온 딸』을 이 새로운 연구의 관점에서 비판적으로 받아들여야 하고, 또 그럴 수 있게 되었다. 이 영화는 하이디의 이야기를 아시아인 국가간 · 인종간 입양인 —그녀가 혼자서 유일한 아시아인이었던 곳, 소외와 동화강요 그리고 정신적, 신체적 학대로 고통 받아야 했던 곳에서의 성장, 출생국가로 돌아가 친가족과 재회하려는 결정, 그 귀환과 재회를 통한 상처 없는 완전함에 대한 갈망, 그리고 후의 실망과 소외의 경험—으로서 조명한다. 대개 그렇듯 **모든** 아시아인 국제입양인들의 경험을 묘사해주지 않은 것은 아니다.[17)]

그럼에도 새로운 연구 또한 강조하게 될 점은 『다낭에서 온 딸』에서 사실상 입양인 하이디 법의 입장은 밝히지 못한다는 사실이다. 국가간 · 인종간 입양인들에 대한 다른 다큐멘터리들과 비교해 보았을 때 『다낭에서 온 딸』은 훨씬 더 매끄럽게 다듬어져 있는 것처럼 보인다. 이 매끄러움 저변에 감추어진 부분은 비판적인 시청자를 찜찜하게 만든다. 디앤 보르셰이 림(Deann Borshay Liem)의 『1인칭 복수(*First Person Plural*)』나 네이선 아돌프슨(Nathan Adolfson)의 『통과지점(*Passing Through*)』과 같은 다큐멘터리들은 영화의 주제 대상이자 동시에 제작자인 자신들을 다차원적 인간으로서, 그리고 그들 스스로의 이야기를 만들어가는 행위의 주체로 표현한다.

더 나아가, 『1인칭 복수』에서 시청자들은 영화제작자들과 카메라들이 단순히 **정말 일어났던 일**들만 기록하는 것이 아니라, 오히려 일어나버린 일들에 대한 시청자들의 이해를 구성하려 한다는 사실과 직면하게 된다. 디앤의 입양부는 가족 휴가를 가서 그가 찍는 가족 영화들과 여타의 이벤트를 통해 그녀의 행복하고도 완전히 미국적인 유년기를 만든다. 그런데 우리는 그가 많은 경우에, 가족들에게 그 가족 영화 안에서 뭘 하고 있어야 할지 지시한다는 것을 알게 된다. 더욱이 이 영화에서 우리는 카메라를 든 디앤이 영화의 관객을 향해 카메라 시선을 돌리는 것을 봄으로써 우리가 영화의 정치학에서 중대한 일부분이라는 점을 상기하게 된다.

이와 유사하게 『통과지점』의 네이선도 제작자이자 주제가 되는 대상이다. 그가 입양가족들을 인터뷰할 때 카메라 뒤에서 가족들에게 얘기하는 그의 목소리가 들리기 때문에 시청자들은 네이선의 존재를 인식하게 된다. 디앤과 네이선도 하이디처럼, 그들이 태어난 국가(한국)로 돌아가 친가족들과 재회했을 때 느낀 환희, 소외감, 고통 등 어렵고 이질적인 감정들을 그들의 영화에서 드러낸다. 그러나 시청자들과 비평가들은 디앤과 네이선이 이기적이고 미숙하다고 비하하거나 혹평하지 않는다.

반면 『다낭에서 온 딸』에서는, 하이디가 베트남으로 돌아가서 느낀 복잡다단한 심경들이 '동서양 간 문화 충돌'로 단순화된다. 강한 남부 억양을 쓰는 하이디의 독백들은 사실상 베트남으로 장면이 바뀌는 모든 부분에 깔리는, 쨍그랑거리는 동양적 음악과 극한 대조를 이룬다. 나아가 베트남의 타자성은 하이디가 현대식 변기, 에어컨, 그리고 사생활이 없다고 전형적인 미국인이 할 법한 묘사를 하는 장면들로 인해 더욱 확대된다. 또 그녀는 음식의 매운 맛이나 재래시장의 자극적인 냄새들을 견디지 못한다.

그러나 하이디가 베트남으로 돌아가 친가족과 재회하려 했던 그 강한 동기의 표면 아래에는 여러 복잡한 갈망이 있다. 기억하고자 하는 갈망, 다시 연결되고자 하는 갈망, 잃은 것을 되찾고자 하는 갈망, 그리고 사랑하려 하고 사랑받고 싶어 하는 갈망이 그것이다. 이러한 갈망들이 하이디로 하여금 생모를 찾도록 하고, 많은 아시아인 국제입양인들에게 익숙해진 길—인터넷 조사와 여러 입양 및 정부기관들과의 서신교환, 해외여행의 계획, 기쁨과 실망 그리고 모순성을 포함하는 다양한 감정들의 경험—을 좇게 했던 것이다. 인종간 입양인들이 제작했거나 그들을 주제로 다루는 다른 작품들의 감상자들이 그러듯,『다낭에서 온 딸』의 시청자들도 위와 같은 갈망에 주목하면서 하이디의 캐릭터를 재해석할 수 있을 것이다. 입양 연구의 새로운 분야는『다낭에서 온 딸』의 일차원적 서사 가운데서 얼마든지 예증할 수 있는 의혹이 가는 영화제작의 정치학을 비판적으로 바라보고자 하는 이들에게 많은 시사성을 제공한다.

1) *Daughter from Danang,* VHS, 감독 Gail Dolgin, Vicente Franco (Berkeley, CA: Interfaze Educational Productions, 2002). 영화 공식웹사이트 httep://www.daughterfromdanang.com/.

2) 책 곳곳에서 이 영화와 다른 영화에서 다른 극중 출연자들뿐만 아니라 하이디, 앤, 마티 등을 성이 아니라 이름으로 부르고 있다. 내러티브 안에서 이름이 연출자에 의해 창조된 캐릭터로서 기능하기 때문이다. 영화 제작자를 언급할 때는 관습에 따라 그의 성을 부를 것이다. 한편, 출연자를 성이 아니라 이름으로 부르는 것이 영화제작자가 영화의 이야기 속에서 출연자들에게 부여한 무기력한 역할을 다시 각인시키고자 한 의도는 아님을 밝힌다.

3) 더 자세한 사항은 다음을 참조할 것. *Daughter from Danang: American Experience* website at http://www.pbs.org/wgbh/amex/daughter/.

4) 더 자세한 사항은 다음을 참조할 것. Susan Gerhard, "Coming Home: *Daughter from Danang* Revisits War Wounds," *sfbg.com (San Francisco Bay Guardian)*, March 31, 2002, http://www.sfbg.com/36/23/art_danang.html; Kate Schultz, "Interiview [sic]: A Tennessee Native Confront[s] Her Childhood Vietnam; Dolgin and Franco's *Daughter from Danang*, "*indieWIRE*, October 31, 2002, http://www.indiewire.com/people/int_Dolgin_Gail_021031.html.

5) 영화의 공식사이트에서는 리뷰들의 인용뿐만 아니라 *Chicago Sun Times, Kansas City Star, Hollywood Reporter*, *LA Weekly*의 리뷰를 볼 수 있다. 또한 더 자세한 사항은 다음을 참조하면 된다. Vadim Rizov, *"Daughter from Danang," hybridmagazine.com*, http://www.hybridmagazine.com/films/0103/daughter-from-danang.shtml; Peter Crimmins, "SF Intl. Film Festival Showcases Berkeley Directors," *Berkeley Daily Planet,* April 27, 2002, http://www.berkeleydaily.org/artentertain_article.cfm?archiveDate=04-

27-02&storyID=11631. 이 영화에 대해 부정적인 평가를 내린 몇몇 리뷰들이 발표되었다. 수 나(Soo Na)의 "*Daughter from Danang*: The Imperial Camera Lens as Documentary Form," *ChickenBones: Journal for Literary & Artistic African-American Themes* (2002), http://www.nathanielturner.com/daughterfromdenang.htm[웹사이트 주소에서 다낭을 denang으로 잘못 표기한 것에 유의].

6) 인종과 국가에 관한 분석적인 범주에 세심한 주의를 기울이면서 미국입양의 다양한 측면을 조명하고 있는 다음의 텍스트를 살펴보라: Linda Gordon, *The Great Arizona Orphan Abduction* (Cambridge, MA: Harvard University Press, 1999); Barbara Melosh, *Strangers and Kin the American Way of Adoption* (Cambridge, MA: Harvard UniversityPress, 2002); Catherine Ceniza Choy and Gregory Paul Choy, "Transformative Terrains: Korean American Adoptees and the Social Constructions of an American Childhood," in *The American Child*, ed. Caroline Levander and Carol Singley (Rutgers, NJ: Rutgers University Press, 2003), 262-279; and Toby Alice Volkman, ed., *Cultures of Transnational Adoption* (Durham, NC: Duke University Press, 2005).

7) 아동 공수 작전의 역사를 설명해주는 웹사이트가 몇 개 있는데, 그중 주요한 자료들과 정보를 제공하는 The Adoption History Project는 좀 더 광범위하게 입양의 역사를 다루고 있다. (http://darkwing.uoregon.edu/-adoption/.)

8) Crimmins, "SF Intl. Film Festival."

9) Schultz, "Interiview."

10) Schultz, "Interiview."

11) J. Hoberman, "*The Weight of Water; Daughter From Danang* 'From Hanoi to Hollywood: The Vietnam War on Film', " *The Village Voice*, October 30—November 5, 2002, http://www.villagevoice.com/film/1244,hoberman,39490,20.html. 리뷰 인용은 영화의 공식사이트의 쪽수를 인용하고 있다. http://www.daughterfromdanang.com/.

12) Schultz, “Interiview.”

13) Schultz, “Interiview.”

14) Schultz, “Interiview.”

15) 이 관람객은 상영회에 참석하여 감독과의 질의응답 시간에 돌진, 프랑코에게 직접 질문을 던졌다.

16) Rizov, “*Daughter From Danang*.”

17) 더 자세한 사항은 다음을 참조할 것. Tonya Bishoff and Jo Rankin, eds., *Seeds from a Silent Tree: An Anthology by Korean Adoptees* (San Diego: Pandal Press, 1997); *First Person Plural*, VHS, 감독 Deann Borshay Liem (San Francisco: National Asian American Telecommunicatons Association, 2000); and *Passing Through*, VHS, 감독 Nathan Adolfson (San Francisco: National Asian American Tellecommunications Association, 1998)

24 나인 것이 자랑스럽다

에이미 인자 나프즈거

백인주류의 사회에서 자라나는 유색인들은 남들과 다르다는 점이 사회에 조금이라도 덜 부합한다는 사실을 어렵지 않게 깨닫는다. 특히 어떤 사람이 정확히 왜, 그리고 어떻게 다른지를 설명하기가 힘들고, 또 다르다는 사실 때문에 따르는 대가도 부정적일 때엔 말이다. 「미운오리새끼」 동화를 떠올려 보라. 주변 사람들이 자신의 모습, 행동방식, 언어를 이상하고 불쾌하게 여기는 사회, 공공장소에서 신체적 모습 때문에 당황스럽고 창피해야 하는 그런 사회에 태어난 이후 그 사람이 느낄 감정을 상상해 보라. 아무리 가족의 확언이 있다 해도, 그 사람은 분명 자신이 다르다는 것을 끔찍하게 싫어하고, 자신의 고유정체성을 떠올리게 하는 그 어떤 계기도 피하게 될 것이다.

나는 1971년, 한국 전주에서 태어났다. 네 살 때 난 노르웨이 출신의 어머니, 스위스 출신의 아버지 그리고 그 사이에서 태어난 네 명의 형제자매가 있는 미국의 집에 입양되어 왔다. 나는 500여 명이 살고 있는 미농(Minong)이라는 위스콘신 주의 한 작은마을에서 자랐다. 그곳 사람들은 나를 '중국놈(chink)', '일본놈(jap)', 아니면 '검둥이(nigger)' 등의 인종차별적인 이름으로 불렀다. 심지어 내 나라로 돌아가라는 말을 듣기도 했다. 난 그 말들이 무슨 뜻인지 잘 알지는 못했지만, 다른 사람들이 내 외모와 연관하여 가지는 거부임을 느낄 수는 있었다. 난 항상 내가 다르다는 것을 알고 있었고 그 사실을 조금도 좋아하지 않았다. 난 스스로를 설명해 내고 싶었지만 내 자신이 누구인지에 대해 아는 게 없었고 가족들도 내 배경에 대해 가르쳐주지 못했다.

내가 열 살 되던 해, 어머니는 알코올중독자였던 아버지와 이혼했다. 오랜 시간 동안 우리는 재정적으로 허덕였다. 어머니는 혼자서 5명의 아이를 부양하기 위해 일을 몇 가지나 하셨다. 아직 어렸던 나와 내 형제자매들은 서로를 돌보고 어머니를 최대한 도와드리기 위해 일을 할 수밖에 없었다. 내가 청소년기에 들어섰을 때에 우리 가족은 더 나은 삶을 찾고자 미네소타 주로 이사했다. 거기서 난 스스로에 대해 더욱 혼란스러워졌다. 나를 나로서 받아들여 줄 진정한 친구를 찾는 데에 어려움을 겪었다. 데이트에 대한 갈등도 경험했다. 유색인과 우정조차 나누기 꺼려하는 마당에 사람들이 어떻게 다른 인종과 데이트할 생각을 할 수 있었겠는가? 나는 스스로를 보다 호감이 가게 만들기 위해 머리를 금발로 염색하거나, 옷과 행동

방식을 바꾸거나, 심지어는 성형수술을 생각하는 등 수많은 극단적 수단을 통해서라도 받아들여지고 싶었다. 그렇게 하면 모든 게 해결될 것 같았다. 난 나 자신을 속이고 있었을 뿐이었다.

내 고등학교 졸업식이 있기 한 달 전, 어머니가 대장암과 간암으로 돌아가셨다. 어머니의 장례식이 치러지는 동안 나는 내가 잃은 것의 중요성을 깨달았다. 난 다시 한 번 버림받았던 것이다. 형제자매들과 나는 성인聖人의 화신이라 믿었던 어머니를 잃어 큰 충격에 빠졌다. 어머니가 돌아가신 후 우리들은 서로 다른 길을 갔다. 나는 고등학교를 마치기 위해 노력했다. 형제자매들은 그들의 집으로 돌아가 각자의 삶을 살았다. 수년 후 나는 그 때를 회상하면서 무슨 일이 일어났었고 내가 어떻게 상황을 바꿀 수 있었을까를 생각해 보곤 한다. 어머니가 암으로 돌아가시는 걸 내가 막을 수 있었을까? 어머니를 친구처럼 받아들이고, 내 한국인 자아에 대해 좀 더 편안해질 수 있었을까? 또래들이 인종차별로 날 깔볼 때 우는 것 말고 다른 뭔가를 할 수 있었을까? 시간이 지남에 따라 나는 한 사람이 인생을 살면서 그 안에서 성장해 갈 때 뭘 해야 할지에 대해 항상 알진 못한다는 것을 배웠다. 그렇지만 그 사람이 좀 더 나이가 들어 옛일을 회상해 보면, 그때서야 왜 그런 일들이 그렇게 일어났는지를 깨닫게 된다. 나는 나의 식견이 경험에서 오고, 또 나의 힘이 인내하려는 의지로부터 온다는 사실을 알게 되었다.

거울속의 모습

1990년 어머니가 병원에서 암으로 죽어가고 계실 때, 오스버그 칼리지(Augsburg College)로부터 입학제안을 받았다. 어머니는 이 학교에 연고가 있으셨기 때문에 내게 이 학교를 다니겠다는 약속을 받아내셨다. 어머니는 "우리 목사님과 많은 친한 교회 친구들이 거기에 다녔었단다. 네 미래를 위해 오스버그가 좋을 것 같구나"라고 말씀하셨다. 나는 그 약속을 지켰다. 그 학교가 얼마나 비싼지도 알았고 또 그 곳 학생으로서 내 삶이 얼마나 어려워질지도 알고 있었지만, 그렇게 해야 한다는 의무감을 느꼈다.

그러나 나는 그 학교를 그만둬야 할 필요성을 몇 번이나 느꼈다. 등록금과 생활비를 충당하기 위해 아르바이트를 세 개나 뛰었다. 나는 좀 더 여유 있는 다른 학생들처럼 정상적인 대학생활을 할 수가 없었다. 이 때문에 나는 여러 가지로 정말 낙담했다. 내 약속을 지키는 것이 어머니를 존중하고 날 길러주셨던 것에 대해 보답할 수 있는 유일한 길이었다. 어머니가 매일 날 지켜보고 계신다는 걸 알았기에 어머니를 기쁘게 해 드리고 싶었다.

신입생 시절 하루는 편지를 가져오기 위해 내 우편함으로 걸어가고 있었다. 갑자기, 누군가 내 어깨를 톡톡 두드리는 것이 느껴졌다. 뒤를 돌아보자, 거기엔 내 인생을 송두리째 바꾼 그녀가 있었다. 157센티미터의 자그마한 몸집에 두껍고 거친 검은 머리가 어깨에 닿는 중년의 여성. 약간 다르긴 했지만 바로 내 모습이었다. 그 아시아 여성은 오스버그의 아시아인 연합 회장이었다.

"실례지만, 에이미 씨인가요?"

나는 무슨 말을 해야 할지 모른 채 충격 속에서 그녀를 쳐다보았다. 어떻게 내 이름을 알지? 지금 나한테 말하고 있는 건가? 라는 생각이 들었다. 나는 주변을 돌아보고는 다시 그녀를 바라보았다.

그러고는 뒤돌아서 그녀를 내버려둔 채 걸어가기 시작했다. 그러려던 것은 아니었는데 그러지 않을 수가 없었다. 마치 내 발이 멋대로 움직이는 것 같았다. 나는 그저 계속 걷기만 했다. 점점 멀어져 가는데도 여전히 그녀가 다른 아시아인들을 만나고 새 친구를 사귀라고 격려해주는 것이 들렸다.

이 우연한 만남 이후 2년 동안 그녀는 날 포기하려 들지 않았다. 그녀는 계속해서 그녀가 누구인지와 내가 그녀와 동참해도 된다는 점을 상기시켰다. 난 매우 두려웠고 또 망설였다. 그러던 어느 날, 난 그녀의 제안을 받아들였다. "어, 저, 저기요, 제가 음, 저도 당신 그룹에, 어, 동참하고 싶어요."

그녀는 얼굴에 큰 미소를 띠고 돌아보고는 말했다. "물론이지요. 에이미, 난 당신이 와서 너무나 기뻐요. 이 일을 후회하지 않을 거라고 약속할게요. 그리고 친구도 많이 생기고 아시아인에 대해 많이 알게 될 거라고 장담해요."

내가 동참하게 된 데에 그녀가 얼마나 기뻐하는가를 보자 안도감이 밀려왔다. 처음으로 아시아인인 게 부끄럽지 않다는 생각이 들었다. 그전까지 나는 미국에서 아시아인과 말해 본 적도 없고, 그렇게 가까이서 본 적도 없었다. 마치 처음으로 거울을 바라보는 것 같았다. 조금 당황스럽고 쑥스럽기도 했지만, 또 동시에 굉장한 호기심이 들었다. 나는 내가 혼자가 아니라는 것을 깨닫기 시작했고, 같은 학교를 다니던 다른 아시아인들로부터 많은 것을 배웠다. 나는 학교의 아시아인 커뮤니티에 적극적으로 참여했고 또 나와 같은 사람들을 위해 미니애폴리스의 한국계 입양인 단체에도 참가했다. 나는 그 회장이 어떻게 내 소외감을 타파해 주었는지를 절대 잊지 않았다.

그녀는 날 믿어 주었다. 만약 그녀를 만나지 않았더라면, 나는 지금의 내 자리에 있지 못했을 것이다.

선택의 여지

2년 후, 비록 내 인생에서 처음으로 아시아계 미국인으로서의 스스로에 대한 자부심을 느끼고는 있었지만, 사실 나 자신에 대해 잘 모르고 있다는 사실을 깨달았다. 난 좀 더 알고 싶었다. 내가 어디에서 왔는지, 내 나라는 실제로 어떤 곳인지와 같은 많은 의문점이 생겼다. 아시아인 연합에서 베트남인, 라오스인, 중국인, 몽족(타이 및 미얀마의 일부 지역에 사는 소수민족—옮긴이) 등 다른 아시아인 공동체에 대해서는 많은 걸 배웠지만, 한국인에 대해서는 아는 게 거의 없었다.

어느 날 나는 미국 안에서 더 이상 아무 데도 가지 않겠다고 결심했다. 뭔가가 부족했다. 내 삶에 변화가 필요했다. 나는 내 생물학적 가족을 찾아보고, 내 자신의 일부를 찾고, 내가 미국에서 경험했던 종류의 인종차별이 없는 사회에 속하고자 했다. 친구 중 한 명이 한국에서의 교직에 대한 작은 잡지 기사를 찾아냈다. "이건 좋은 신호다. 당장 이걸 해야겠어. 이 정신 나간 일을 실행에 옮기는 데에 앞으로 또 몇 년을 기다릴 순 없어."라고 생각했다. 난 즉시 지원했다. 일주일 내에 나는 내 고용주가 될 한국회사로부터 전화를 받았다. 전화한 사람은 내 지원서가 통과되었으며, 직원들과 함께 공항에서 날 기다리겠다고 말했다. 나는 짐을 쌌다. 가족들은 조금 놀라고 걱정하는 듯했다. 친구들은 내가 미쳤다고 생각했다. 그렇지만 이제 와서 멈출 수는 없었다. 난 이 변화를 위해 마구 달리고 있었고 또 준비되어 있었다.

난 김포 국제공항에 도착해서 커다란 가방 두 개와 캐리어가 들어 있는 카트를 밀고 있었다. 짐 찾는 곳에서 걸어 나오면서 난 한국인들의 무리를 따라갔다. 큰 자동문이 열리자 그 밖에는 수백 개의 눈이 날 쳐다보고 있었다. 충격과 안도. 나는 그 모든 아시아인들의 눈을 보고 압도되는 감정과 환희를 느꼈다. 생애 처음으로 나는 달라 보이지 않았다. 난 흥분감에 미소를 지었다. 내 이름이 쓰인 표지판을 찾아 두리번거렸다. 그런 표지판은 없었다. 거의 영겁처럼 느껴지는 시간 동안 계속해서 주변을 돌아보았다. 몇 시간 후 공항이 한산해지기 시작하자, 나는 그 사람들이 날 데리러 오는 것을 잊은 게 분명하다고 생각했다. 흥분감에 압도되었지만 또한 내 여행에 대해 준비되지 않은 상태로, 그리고 고작 255달러를 가진 상태로 난 스스로에게 물어보았다. 어떡하지? 여기 말도 모르는데! 어떻게 택시를 잡지? 화장실은? 아무도 모르는데. 어쩌면 좋아?

그날 밤, 나는 싸구려 장급여관에 묵었다. 나를 고용한 학교와 연락이 되기까지 사흘이나 그곳에 있어야 했다. 한국에 있는 동안 내가 머무를 집의 주인이 나보다 나이 많은 미혼 남성 미스터 김과 그의 예순되신 어머니이리라곤 생각지 못했다. 미스터 김이 마침내 날 데리러 왔을 때, 그에게 물었다. "저, 저는 두 아이가 있는 가족의 집에 머무르리라고 생각했는데요. 제 계약서에 그렇게 쓰여 있어요."

그는 짜증을 냈다. "아니요! 계획이 바뀌어서 이제 우리 집에서 지내셔야 합니다. 내가 당신 상사고요. 여긴 한국이고 당신은 연장자에게 순종해야 해요. 선택의 여지는 없습니다."

나는 눈을 내려 깔고 사과했다. "죄송합니다. 전 몰랐어요."

한 시간쯤 후에도 우리는 계속 차 안이었다. 내가 물었다.

"어디로 가는 거지요?"

그는 "집이죠! 왜요?"라고 대답했다.

"아직도 서울인 거예요?"

미스터 김은 빙긋 웃고 대답했다. "아니, 여긴 인천이에요."

"인천? 인천이 뭐예요? 전 서울로 가는 줄 알았는데요. 제 계약서엔 그렇게 쓰여 있어요."

미스터 김은 다시 짜증을 냈다.

"나와 함께 지내실 거라고 말했잖아요. 선택의 여지가 없다니까요. 난 인천에 삽니다."

나는 인천으로 갔다. 그러나 몇 주가 지나자 미스터 김과 사는 게 매우 불편해졌다. 그는 내 개인적 편지를 열어보곤 했다. 그는 나에게 온 개인적 통화를 전달해 주지 않았다. 그는 점점 그가 날 얼마나 사랑하고 원하는지 단계적으로 표현하기 시작했다. 4개월이 채 지나지 않아 나는 내 생활 상태에 완전히 신물이 났다. 나는 미스터 김에게 가서 그와 함께 사는 게 얼마나 불편한지 말했다. 그는 매우 화가 나서 만약 내가 그와 일하고 함께 사는 것을 그만두면 날 출입국관리소에 신고하겠다고 협박했다. 앞으로 죽을 때까지 모국으로부터 추방될 거라고 말이다. 이 남자는 나를 통해 돈을 벌려는 것뿐 아니라 날 성적으로 이용해 먹으려는 게 분명했다. 난 엄청난 공포와 충격 속에 빠졌다. 난 이제 겨우 도착한 한국에서 쫓겨나고 싶지 않았다. 얼마 후 나는 미스터 김의 지인 한 분에게 접근했다. 나는 그분을 몇 번 만났었고 그가 신뢰할 만한 좋은 사람이라고 느꼈다. 그에게 내 상황을 말하자, 그는 날 미스터 김의 집에서 빼내 그가 경영하는 다른 회사에서 일하도록 한국의 남쪽으로 데려와 주었다. 몇 주 후, 나는 구미라는 작은 도시에서 일하며 살게 되었다.

한국의 구미에서 사는 것은 미국의 작은 마을에 사는 것과 같았다. 구미의 사람들은 나를 쉽게 받아들여주지 않았다. 삶은 그 이전의 어느 때보다도 힘겨운 고군분투처럼 느껴졌다. 구미에서 난 한국에 살고 있는 다른 국제입양인들에 대해 알지 못했다. 그들이나 다른 외국인을 본 적도 없었다. 나는 매일같이 외국인이라는 이유로 거부와 끝없는 부정적 반응에 직면해야 했고 그뿐이었다. 시간이 흘러감에 따라 나는 내 자아와의 접촉도 느끼지 못하게 되었고 더 이상 내가 누구이며 어디에 속해 있는지에 대한 답도 얻지 못했다. 나는 미국에서 겪었던 것처럼 또 다시 편견 속에 살아가고 있었지만 이번엔 내 모국에서였다. 나는 너무나 받아들여지고 싶었다. 나는 한국에 사는 동안엔 "한국 사람처럼 살자. 살아남기 위해선 그래야만 해. 내겐 선택의 여지가 없어."라고 생각했다. 나는 옷 입는 스타일과 행동방식을 바꾸었고, 심지어 언젠가는 한국인 남성과 결혼할 수 있다는 가능성도 수용했다. 한국에서는 미혼을 고수하는 사람이 흔치 않았기 때문에 나 또한 정착하여 결혼에 대한 한국사회의 기준을 수용할 준비가 되어 있다고 느꼈다.

그게 바로 내가 한 일이었다. 나는 한국인 남성을 만났고 내가 속하기 위해 해야 할 일이 결혼이라는 판단을 내렸다. 하지만 이것은 잘못된 판단이었다. 한국에 온 이후 처음으로 나는 어디 출신인지의 여부가 아니라 나라는 사람으로서 받아들여진 것 같다는 오해를 했다. 그러나 한국토박이와 약혼한 뒤로 나는 내가 될 수 없는 누군가, 혹은 무엇인가가 되어야만 한다는 압박감과 기대감을 훨씬 더 많이 느끼게 되었다. 한국어를 말하고, 한국 여성처럼 요리하고, 직장을 그만두고 집에 머물며 약혼자의 가족을 위해 청소를 하는 등, 한국인이 되기 위해 그 모든 것을 해야만 하는 것처럼 느껴졌다. 나는, '빨리 한국말을 익혀. 그러면 '진짜' 한국인이 될 거야!' 하고 생각했다. 그렇지만 곧 나는 한국말을 한다고 진짜 한국인이 되는 것은 아니고, 결혼을 한다고 한국토박이들에게 더 받아들여지는 것이 아니라는 것을 깨닫기 시작했다. 오직 토박이들만이 그러한 한국인이 될 수 있었다. 그래도 나는 여전히 **진짜** 한국인이 무엇인지를 알 수 없었다. 내 몸에는 한국인의 피가 흐르고 있는데, 그것만으로는 충분하지 않다는 것인가? 정말 혼란스럽고 심란했다.

시간이 흐름에 따라 나는 한국 여성처럼 행동하는 것은 그저 내 진정한 자아를 부정하는 것밖에 되지 않음을 깨달았다. 난 언짢았고, 미국과는 너무나 다른 한국의 방식을 받아들일 수가 없었다. 나는 주변에 상처를 주고 있었지만, 누구보다도 스스로에게 상처를 주고 있었다. 21년 동안 나는 순수 미국 백인 사회에서 순수 미국 백인 가족과 함께 자랐다. 나는 오직 한 종류의 문화와 한 종류의 가족만 알고 있었다. 내가 100퍼센트 한국인이 될 수 있다고 생각했다면 그건 내 자신을 속이고 있었을 뿐이다. 행복이란 내면에서 생기는 것이라는 사실을 배웠다. 사람은 이 내면을 찾아내고 그 안에서 평화로워야 한다. 자신이 아닌 다른 사람이 되겠다고 선택할 수는 없는 일이다.

나와 약혼자가 함께하는 시간이 길어질수록 우리는 점점 더 멀어졌다. 그는 새벽 3시나 4시까지 술을 마시고는 나에게 전화해서 데리러 오라고 요구하곤 했다. 때때로 그는 집에 돌아와서 나에게 소리를 지르기도 했다. 그의 이러한 이면을 보면서 나는 이런 것이 내가 살고 싶었던 삶은 아니라는 걸 깨달았다. 나는 미련 없이 모든 짐을 싸 들고, 약혼자의 허락 없이 그에게서 떠나 서울로 도피했다.

몇 달이 지났고 우리 둘 다 문화충돌이라는 것에 동의했다. 이제와서 한국에서의 내 삶을 되돌아보면, 당시 일상을 살면서, 소속감을 느끼고자, 진짜 한국인으로 여겨지고자 고군분투하면서 내가 얼마나 좌절해 있었는지 새삼 깨닫는다. 내가 누구인지 혹은 무엇인지에 대해 모르는 한국인을 만날 때마다 난 수많은 질문에 직면했다. 한국인들은 계속해서 "일본인이세요?" "중국인이세요?"하고 물었다. 어떤 사람들은 나에게 인도에서 왔냐고 묻기도 했다. 그리고는 심지어 "한국인이세요?"라고 물어보거나 "아, 어머니는 한국인이시고 아버지는 미국인이시군요."라고 말하거나, 또는 "할아버지가 한국인이세요?"라고 캐묻거나, 또는 "왜 한국말을 못 하세요?"라고 묻고 킥킥대면서 알 수 없다는 표정으로 날 쳐다보곤 했다. 그들이 날 비웃는 동안 나는 그저 고개를 돌려 다른 방향으로 걸어갔다.

한 번은 내가 입양인이고 한국말을 못 한다는 사실을 모르는 한 한국인 남자가 내게 다가왔다. 나는 "I can't speak Korean.(전 한국말 못 해요)"이라는 말을 중얼거리며 고개를 저었다.

그 남자는 마치 귀신이라도 본 것처럼 뒤로 화들짝 물러나더니 얼떨떨한 표정을 지었다. 그는 큰 목소리로 계속해서 영어로,"뭐, 한국말을 못 한다고요? 한국 사람같이 생겼는데!"라고 말했다.

나는 불쑥 영어로, "전 한국인이지만, 입양되었었고 그리고……"

라고 말을 시작했다. 그 남자는 내 말을 끊고는 "어휴, 당신 나라로 돌아가요!"라고 말했다.

난 생각했다. 우리 부모님이 날 버린 게 내가 선택한 일은 아니었다고. 내가 입양된 게 내가 선택한 일은 아니었다. 내가 한국말을 못한 것이 내가 선택한 일은 아니었다. 많은 것들이 내가 선택한 결과가 아니었다. 내 삶이 아주 무력하고 또 덜 자유로워 보이기 시작했다. 나는 한국에서 2년 동안 살면 내 퍼즐의 잃어버린 조각들을 찾을 수 있을 것이라 생각했었다. 그러나 1년 후, 난 그 어느 때보다도 혼란스러웠다.

구미에서 찾은 퍼즐 조각

나는 내 친가족에 대해 아는 것이 없었다. 입양부모님은 아는 대로 다 말씀해 주셨지만 사실 아무것도 아닌 정도일 뿐이었다. '친어머니, 친아버지: 알려져 있지 않음'. 나의 가족을 찾는 것은 항상, 내가 기억할 수 있는 한 언제나 나의 꿈이었다. 그것도 아주 좋은 꿈말이다! 그러나 나 자신에 대해 이렇게 아는 것이 없는 상황에서 그 꿈을 이루기란 거의 불가능하다는 것을 이제는 안다. 내가 구미에 도착하던 당시 나는 26살이었다. 난 구미가 내 정체성을 찾으려는 노력을 시작하기에 좋은 곳이라고 생각했다. 나는 한국의 말과 문화를 배우기 위해 힘들여 노력했고, 이는 큰 도전이었지만 나는 결국 해냈다. 난 그다음 도전이 나의 가족을 찾는 것이라고 느꼈다. 그러나 언어를 빠르게 이해하고 구사할 수 있게 됐음에도 내 조사는 그만큼의 수확이 없었다.

내가 알아낸 사실은 다음과 같다. 나는 태어난 지 한 주밖에 안 되었을 때 전주에서 발견되었다. 시청 직원인 남자가 전주시청 앞 거리에서 날 발견했다. 1971년 6월 4일, 그 남자는 나를 전주의 아동일시보호소로 데려갔다. 나는 그 보호소에서 열흘 동안 있다가 다른 아기 열 명과 함께 익산의 영아원으로 보내졌다. 서울의 입양기관인 홀트로 보내지기 전까지 4년 간 익산에서 지냈다. 내가 입양된 것은 서울에서였다.

내가 어떤 일간지에 광고를 낸 이후, 자신이 내 아버지라고 생각한 한 남자가 찾아왔다. 정말 기이했다. 우린 실제로 많이 닮아 있었다. 비슷한 점이 굉장히 많았다. 성도 같았고 같은 지역 출신이었으며, 둘 다 왼손잡이였다. 그의 아들도 왼손잡이였다.

모든 사람들이 그가 나의 아버지라고 확신했다. KBS까지도. KBS는 우리의 DNA 테스트 비용을 지원했으며 나를 촬영하기 위해 부산으로 데려갔다. 그들은 그 사람이 나의 아버지라고 너무나도 확신했기 때문에 굉장히 많은 돈을 투자했다. 그러나 그 사람은 내 아버지가 아닌 것으로 판명났다.

그 후 나와 KBS는 전주의 보호소로 돌아가 보았는데, 그곳 직원이 실은 거짓말을 했다는 사실을 알아냈다. 처음에 그들은 제대로 내 이름을 기록해두었다. 그런데 거기에 줄을 긋고 다른 새로운 이름을 써 넣었고, 다시 새 이름에 줄을 긋고 **원래 이름**을 넣었다. 너무나 이상하게 여겨져 대체 어떻게 된 건지 물었다. 그들은 "아니 아니, 우리가 바꿨어요. 우리는 이름이 그건 줄 알았는데 이거였어요."라고 말했다. 그래서 내 이름이 진인자라고 생각한 것이다. 나는 열 명의 다른 아기들과 함께 그 보호소에서 보내졌다. 세 명은 죽었고, 한 명은 아버지가 다시 데려갔고, 나머지 여섯 아기가 남았다. 보호소 측은 결국 KBS에다가 자신들이 내 기록을 제대로 관리하지 못했다고 시인했다. 내가 아마 그 여섯 여자아이 중 하나일 테지만, 정확히 누구인지는 잘 모르겠다는 것이었다. 나는 내 이름이 정말로 '진인자'인지 궁금해졌다. 내가 다른 사람일 수도 있을까?

만약 하려고만 했다면 그 모든 사람들의 인생을 추적해서 조사를 할 수도 있었다. 그러나 난 단지 무슨 일이 일어났었는지를 알기 위해 다른 이의 삶과 가정을 방해하는 것은 정말 옳지 않다고 판단했다. 그래서 그냥 그만두기로 했다. 아이러니하게도, 지금은 친구가 된 킴벌리라는 여성이 자기 조사를 도와 달라고 내게 찾아왔고, 우리는 우리가 같은 보호소 출신이며 그녀 또한 그 여섯 아이 중 한 명이라는 사실을 알아냈다. 그녀가 '진인자'일지도 모른다.

그 조사를 하는 데에 4년이 걸렸다. 난 결코 또 다른 조사를 하지는 않았다. 누구든지 날 TV나 신문에서 볼 수 있었을 것이다. 아버지가 아닌 걸로 판명 났던 그 남자 말고는 7년 동안 아무도 찾아오지 않았고 친어머니에 대해선 아무것도 알아내지 못했다. 그렇지만 내가 노력해 보았다는 사실에 만족한다. 만약 그러지 않았더라면 아직까지도 궁금해하고 있었을 테니까. 조사 과정을 거치는 일은 스스로와 다른 사람들에 대해 많은 것을 알 수 있게 한다. 나는 정말로 내면에서 성숙했고 이를 후회할 일은 절대 없을 것이다.

우리만이 우리 스스로를 도울 수 있다

한국에 있을 때 나는 나를 이해해 주고 내 경험과 뭔가 연관 지을 수 있는 그런 친구를 찾고 싶었다. 항상 내 자신을 설명해야 했던 탓에 난 가끔 외롭고 초조했다. 시간이 얼마 지난 후 난 나를 나로서 이해해줄 수 있고 나와 공통점도 가지고 있는 다른 OAK(Overseas Adopted Korean, 해외로 입양된 한국인) 몇 명을 만났다. 나는 OAK들도 입양 간 나라에 따라 각각 성장 과정이나 개인적 경험이 상이하다는 걸 깨닫게 되었다. 또 나는 굉장히 많은 OAK들이 한국으로 돌아와 그들의 정체성을 찾기 위해 노력하면서 나만큼이나 많은 좌절을 경험했음을 알게 되었다. 많은 이들이 한국을 떠나고 싶어 했다. 그리고 실제로 많은 수가 한국에 매우 실망하고 화가 난 채로 떠나갔다. 나 또한 실망감을 느끼고 떠나고 싶었지만, 내 안의 어떤 자아는 남아서 다른 입양인들을 돕기 위한 어떤 일을 하고 싶어 했다.

나는 내가 직면했던, 내 정체성을 이해해 가는 길을 방해했던 역경들을 다른 입양인들이 경험하지 않았으면 했다. 나는 그러한 역경들을 예방할 수 있도록 그들을 교육하고 도와주고 싶었다. 그래서 1997년 나는 한국에서 한국의 입양에 대한 조사를 시작했다. 한국의 사회복지 담당부서에 따르면, 20만 명의 한국 아동들이 외국으로 국제입양 보내져 왔고 오늘날까지도 계속 입양이 이루어지고 있다. 그토록 많은 시간이 흐르고 또 많은 입양이 성사된 실정에서 나는 모국으로 돌아오는 성인 입양인들을 위한 무언가가 한국에 설립되어야 할 필요성을 느꼈다. 나의 어머니는 항상, "만약 뭔가가 마음에 들지 않으면, 그것에 대해 불평하지 말고 대신 그것을 위한 뭔가를 하렴. 우리만이 우리 스스로를 도울 수 있단다."하고 말씀하셨다. 그게 바로 내가 한 일이었고, 내가 입양인들의 적극적 행동주의에 참여하게 된 계기였다.

GOAL: 집에서 떠나 있는 집

나는 한국에 살고 있는 해외입양인들과 해외에서 올 한국계 입양인들을 위한 '집에서 떠나 있는 집'인 GOAL(Global Overseas Adoptees' Link, 국제 해외입양인 연대)을 구상했다. 우리 스스로를 goal('목표'라는 뜻—옮긴이)이라고 부름으로써, 우리가 국제적 비전에서 달성해야 할 일들이 많음을 스스로 일깨우는 것이다. 우리의 생각은 한국 사회와 해외입양인 사이의 간극을 해결하는 것뿐 아니라, 입양인 문제에 대한 한국 사회의 태도를 변화시키고 인식을 높이려는 것이었다. 이 단체는 입양되어 갔던 나라와 모국의 문화 사이에 있는 공백을 이어줌으로써 해외입양인을 도울 것이다. 우리는 한국 사람들과 정부에 OAK들의 존재, 입양의 의미를 알리고, 나아가 한국 사회와 해외입양인들을 갈라놓는 편견, 오해, 수치심, 죄책감, 동정의 벽을 허물기 위해 언론을 이용할 수 있을 터였다. 나는 이 단체가 해외입양인뿐 아니라 한국 정부, 사회공동체, 입양인들의 친생가족, 입양기관들에게도 유익할 거라고 생각했다. 이에 따라 1998년 3월 5일, GOAL이 창립되었다.

그러나 GOAL은 한국에서 인지도를 얻기 어려웠다. 한국 정부는 한국에서 발언권이나 법적 권리를 갖고자 하는 우리의 소망을 부인했다. 귀환 입양인들을 돕는 단체의 필요성이 명백했는데도 실제로 그러한 단체를 설립하기란 결코 쉽지 않다는 것을 나는 알게 되었다. 나는 해외입양인들과 더 큰 한국 사회 공동체 사이의 공백을 연결하기 위해선 GOAL에 한국 사회의 일원들이 필요하다는 것을 깨달았다. 따라서 GOAL은 유럽과 미국에서 온 한국계 입양인뿐 아니라 한국인 자원봉사자들이 단체의 중추로 구성되었다. 우리는 회장, 14명의 이사회, 22명의 분과 위원회 단원들로 구성된 조직 기반을 발전시켰다.

한국 사람들은 한국의 문화, 방식, 관습에 대한 지식을 제공함으로써 해외입양인들을 도왔다. 그들은 모국으로 돌아오는 입양인들을 돕고자 하는 엄청난 의지를 보여 주었다. 이러한 원조는 입양 문제에 대한 한국 일반대중의 인식을 높이고, 한국 정부와 입양 기관들, 넓은 범위의 한국 사회에 GOAL의 존재감을 부각시켜 줬다.

어떤 사람들은 왜 한국 사람들이 자발적으로 시간을 내 GOAL에 헌신하는지 궁금해할 것이다. 나 또한 같은 호기심이 있었다. 그래서 1999년, 제1회 국제입양인회의(International Adoptee Conference)에 참석하려고 워싱턴 DC에 가기 전, 나는 GOAL에서 일하는 한국인 자원봉사자 몇 명을 인터뷰했다. 난 "왜 GOAL에 참여하나요? 이런 자원봉사가 당신에게 무슨 도움이 되지요?"라고 물었다.

그들의 대답 중 몇 가지는 다음과 같다.

- 우리는 입양인들뿐 아니라 우리나라의 미래를 돕고 있다고 생각한다.
- 가족 중에 입양과 관련된 일이 있기도 했다. 예를 들어 사촌 중 한 명이 입양되기도 했다.
- 한국엔 많은 문제들이 존재하는데 이러한 문제는 우리사회의 큰 쟁점이라 생각한다. 그리고 한국에는 사회복지기관이 부족하다는 것을 알기 때문에 우리가 뭔가를 하고 싶다.

- 이러한 봉사를 통해 만족감을 얻는다.
- 입양기관에서 자원봉사를 했었는데 입양이 미래에 문제가 될 거라는 것을 알 수 있었다.
- 해외에서 잠깐 살았었는데, 그 기간 동안 외국인으로서 다른 나라에 사는 것이 얼마나 어려운 일인지를 알게 되었다.

과거에는 많은 청소년 · 성인 입양인들이 한국에 연고가 없다는 이유로 오지 못하곤 했다. 이 문제를 위해 GOAL은 방문이나 체류를 목적으로 한국에 돌아오는 한국계 입양인을 위한 임시숙소, 통역사, 가이드, 출생 조사 부서, 기타 지원 서비스 정보가 수록된 자료집을 편찬했다. 입양인들이 이 자료를 통해 한국을 방문할 용기를 내고, 한국에 와서 소외감을 느끼지 않게 되길 바란다.

친생가족 찾기

애초에 GOAL에는 등록소를 설립할 의도가 없었다. 하지만 너무나 많은 입양인들과 한국인 친생가족들이 우리를 찾아왔고, 나는 입양인들이 한국으로 돌아오는 가장 큰 이유가 바로 친생가족에 대한 조사라는 것을 깨달았다. 1999년 3월에 GOAL은 귀환 입양인들과 한국의 친생가족들을 위한 등록소를 설립했다. 2000년에는 인터넷 등록소가 설립되었다. 이 등록소에는 가족들이 서로를 알아보도록 도와줄 만한 사진과 기본정보들이 등록되어 있다.

GOAL은 해외입양인들이 한국 언론에 연락해 그들의 가족찾기에 도움을 받을 기회를 제공하는 것, 그들의 가족찾기 조사 과정 내내 통역을 제공하는 것, 조사를 하는 동안 생기는 사소하고도 고질적인 문제에 대처하는 일을 돕는 것, 한국에서 해외입양인들의 지위를 격상시키는 것, 한국에서 해외입양인의 법적 지위를 향상시키는 것(비자와 시민권 관련), 대중의 관심을 끌고 해외입양인에 대한 한국사회의 일반적 인식을 향상시킬 정보 제공을 목표로 한다. GOAL은 온라인과 종이 등록부를 통해 가족들의 위치를 찾아내고 입양기관과 고아원, 경찰서, 학교, 정부기관들의 연락처를 제공하며, 언론사들(KBS, MBC, YTN)이 조사하도록 착수시키고, 시장협회(Mayor's Association)를 통해 매달 한 명씩 무료 DNA 테스트를 받도록 한다.

GOAL은 2004년 3월 17일에 NGO지위를 부여받았다. 이 글을 쓰는 현재 한국의 GOAL에는 두 명의 정규직원과 네 명의 자원봉사자(현재 사무총장인 스위스 입양인을 포함) 직원이 있다. 회비를 내는 회원들이 300여 명, 매우 적극적인 자원봉사자들이 20여 명 있다. 2005년 GOAL은 30여 건의 재회를 성사시켰다.(그후 GOAL은 가족 재회 분야를 비롯한 다양한 분야에서 장족의 발전을 거듭했으나, 2010년 사무총장이 교제되고 정부 지원금이 삭감됨으로 인해 약간의 정체를 겪고 있다.—옮긴이)

다른 서비스들

이 외에도 GOAL은, 공항에서 해외입양인들을 만나 필요한 서비스들을 제공하고, 그들에게 단기 숙소나 홈스테이를 제공하는 가정을 소개하고, 직업 정보를 준다. 한국 문화와 언어에 대해 필요한 정보를 제공하며 무료 한국어 수업이나 과외를 개설하고, 단기로 핸드폰을 제공하고, 입양인 서로간의 인맥과 한국인과의 인맥 형성을 돕는다. 또 출입국관리사무소에서 입양인들을 도울 한국인 자원봉사자들을 배치함으로써 해외입양인들을 돕는다. 나아가 GOAL은 시사회보를 출간하고, 매달 해외입양인 이슈를 논하는 모임과 한국인을 교육하는 세미나를 연다. 웹사이트를 유지하며, 기금을 모금하고, 해외입양인들에 대한 한국 사회의 인식을 깨울 회의를 개최하고, 사회 활동들(한국인들과 서양의 명절을 함께 보내는 활동을 포함)을 계획하고, 2004년 서울에서 열린 한국 입양인들의 국제 모임 등과 같은 주요 행사를 조정하기 위해 다른 단체들과 협력한다. 그리고 한국에서 사회복지를 연구하는 학생들을 대상으로 한 세미나를 개최함으로써 공동체를 위한 의식을 구축하고자 한다.

F-4 비자

입양인들이 한국에서 거주하고 일할 수 있으려면 그들의 비자상 지위가 중요하다. 1999년부터 실효를 갖춘 '해외에 있는 한국인의 비자(F-4)'는 한국에서 살고 있는 입양인들을 포함해 외국에 거주하는 한국인들을 위한 특별한 비자다. GOAL의 자원봉사자들과 한국계 미국인 몇 명, 내가 제안서를 작성하여 12,000명이 넘는 사람들의 탄원 서명을 받았고, 이 문제에 대한 회의를 열었으며 F-4가 법률적으로 승인되도록 추진했던 3년 동안 여러 정부 관리들을 방문했다.

이제 수천 명의 한국계 입양인들과 교포들(가족들과 함께 해외로 이민가서 살고 있는 한국인들)이 현재 가지고 있는 외국의 시민권을 포기하지 않고도 한국에 거주할 수 있게 되었다. 또 한국계 입양인들과 교포들은 한국인처럼 일할 수 있고, 한국에 사는 동안 그들을 대리할 사업체나 보증인을 필요로 하지 않으며, 아무 때나 오갈 수 있다. 모든 한국계 입양인들과 교포들은 한국에 거주하거나 오랫동안 한국을 여행할 경우 이 비자를 획득하게 된다. 2005년 한국정부는 한국의 사업체에 고용된 모든 한국계 입양인과 교포에게 이 비자를 의무화했다. F-4 비자를 받을 수 있는 자격에는, 1948년 이후에 외국으로 이민 가 살고 있는 한국인 혈통의 사람, 해외에 거주하는 한국인(교포), 외국계 한국인(한국계 입양인, 외국에서 태어나 다른 나라 시민권을 가진 한국인, 시민권을 바꾼 한국인)이 포함된다.

F-4 비자가 입양인들에게 어떻게 이로운가

이제 우리는 한국에서 2년 간 법적지위를 갖는다. F-4 비자가 있기 전에는 직장을 옮기거나 학교로 돌아가거나 3개월 이상 머무르고자 할 경우, 다른 나라에 있는 한국영사관에서 비자를 갱신하기 위해 한국을 떠나야만 했었다. 이는 한국에 3개월 이상 거주하고 싶어 하는 외국계 한국인들에게 너무나 비싸고 어려운 방법이었다. 그러나 새로운 F-4 비자는 한국을 떠나지 않고도 갱신할 수 있다. 우리는 더 이상 학교, 회사, 가족 혹은 친구로부터의 보증인을 필요로 하지 않는다. 즉 직장, 학교, 가족 비자는 필요 없게 된 것이다. 우리는 토지, 자산, 부동산을 매입할 수 있으며 사업을 시작할 수도 있다. 또 한국인 고용주가 없이 합법적으로 개인과외를 할 수 있게 되었다.

입양기관이 입양 사후 지원 서비스로 할 수 있는 일

• 입양인들이 F-4 비자를 요청할 경우 일주일 안에 '입양승인서' 발급. 또, F-4 비자 절차에 대해 묻는 모든 입양인을 위한 설명.

• 입양기관과 고아원을 막론하고 출생배경과 친생가족에 대한 정확하고 충분한 정보. 각각의 입양 기관에 내규가 있겠지만 우리는 더 정확하고 충분한 정보가 필요하다. 그러한 정보가 제공되지 않을 수도 있는 이유를 설명한다면 입양인들이 이를 더 잘 이해하게 될 것이다.

• 입양인들의 특정 문제들에 대해 보다 잘 알고 싶은 성인 입양인들과 사회복지사들을 위한 상담 서비스.

• 의사소통을 보다 원활히 하기 위해 입양기관에 영어 사용자들을 더 많이 배치.

• 사회복지사들의 태도를 바꾸기 위한 노력을 요한다. 많은 입양인들이 입양 서류 사본을 요청하면서 사회복지사에게 지나치게 많은 질문을 받는다고 느낀다. 입양인이 친가족을 찾아 나서거나 그들이 왜 입양되었는지 알려고 나서기까지는 오랜 시간과 큰 용기가 필요하다. 사회복지사들은 입양인들이 친생가족을 찾아나선 여행에 필요한 자료를 모으는 데 상당한 곤란을 겪을 수 있다는 것을 인지하지 못하는 경우가 있다

입양 사후 지원 서비스로 한국 정부가 할 일

• 통계수치, 법률, 국제입양인들이 한국에서 가지는 권리에 대한 설명 등, 입양에 관한 최신 국제정보 제공.

• 입양 사후 지원 서비스를 위해 일하는 다양한 단체와 조직에 대한 재정 지원.

• 입양인 당사자가 주관하는 공식자료센터 설립.

한국으로 온 한국계 입양인들이 바라는 것

• 자아를 찾고 사회에 적응하고자 하는 기대감, 소망, 미래상.

• 입양인 서로간의 도움.

• 한국사회의 시선: 해외입양인을 더이상 어린아이가 아니라 성인으로 보아 주기를 바란다.

• 단순한 자원봉사 단체가 아닌, 한국정부가 법적으로 인정하는 지속적이고 독립적인, 입양인 자영 조직.

• 수용과 이해, 인권을 위한 지속적 발언권을 얻을 기회.

• 한국의 언어, 문화, 한국인을 이해하는 데 도움이 될 교육 및 장학프로그램.

• 한국에서 단기간 머무르려는 해외 입양인을 위한 주거지.

GOAL의 활동과 비전

활동 • 연례총회, 월례 모임 및 자원봉사 워크숍

• 친가족 찾기 (미디어 접촉, 관계 기관 연계 등)

• 한국어 장학금 및 1:1 수업 제공

• 해외입양인에 대한 교육 및 홍보(연례 컨퍼런스, 세미나)

• 입양인 리더십 육성- 인턴십, 멘토십

• 입양인들의 한국 문화 체험 지원

• 입양인-친가족 간 통번역 서비스

• 친가족 대상 행사 (고충 공유 및 문화 차이 교육)

• 입양인 공동체 형성을 위한 사교 모임 (설날, 추석, 추수감사절, 크리스마스, MT 행사 등)

• 위의 활동을 가능케 하는 기금 모금 사업

비전 • 전세계에 여러 언어로 정보를 제공할 자료센터 설립

• OAK와 해외 입양 단체들을 위한 네트워크 링크 제공

• 한국에 있는 고아들과 함께 하는 형 · 누나 프로그램

• 친모와 양모를 위한 지원 그룹 마련

• 연 1회의 회의와 세미나 개최, 계간지 준비

• 한국에 거주하거나 방문하는 입양인을 위한 서적 출판

• 한국에서의 합법적 신분 획득

• 입양인 회관 설립

• 입양 역사와 이슈에 대한 입양인 전시관 설립

한국계 입양인 조직의 희망

성인이 된 한국계 입양인들이 각 입양국과 한국에 그들의 조직을 세웠다는 건 각 나라에 입양 사후 지원 서비스가 매우 부족하다는 의미이다. 현재 전세계에 약 25개 조직이 있다. 입양인들이 서로를 돕는 것이 매우 효율적이긴 해도 입양인끼리만으로는 불가능한 일들이 있기에, 연합활동 및 여름학교와 캠프, 모국 관광, 국제 OAK모임, 국제네트워크 설립 등을 통해 서로 도울 자매단체가 필요하다. 이런 연대를 통해 한국 정부와 입양기관 및 다른 부처의 입양 사후 지원 서비스 부담이 분산될 것이다. 더 많은 입양인과 친생가족이 재회할 수 있을 것이며 입양인들은 모국에서 안정된 연결고리를 찾고 모국에 대해 배움으로써 긍정적 경험을 하게 될 것이다. 이는 장기적으로 한국에 유익하다.

그러나 우리는 이 비자로 은행대출을 받거나 신용카드를 발급받거나, 외국에서 한국으로 송금받거나, 혹은 3D직종(거리 행상, 공장 노동, 잡역부나 청소 관련 일 포함)을 얻지는 못한다.

F-4 비자에 요구되는 서류 중 하나에는 '호적'이라 불렸던 가족등록서가 있다. 해외입양인은 자신들이 떠나 왔던 한국의 입양기관을 통해 등록서를 얻어야 한다. 가족이 알려져 있지 않더라도, 고아이며 가족의 유일한 일원임을 명시해 주는 가족등록서를 입양기관에서 발급받을 수 있다.(안타깝게도 1950년 후반에 입양된 사람들이나 지금은 없어진 입양기관을 통해 입양된 사람들은 이 서류를 얻기가 더 어렵다.)

GOAL은 F-4 비자법규를 이용하여 해외입양인들이 이중국적을 신청할 수 있도록 청원운동을 하였고 그 결과 2011년부터 일정요건을 갖춘 해외입양인들은 이중국적을 취득할 수 있게 되었다.

입양인들이 자신의 배경에 대한 정보를 요구할 때에는, 어떤 무의미한 서류를 받기 위해 기관에 기대를 거는 것이 아니다. 그 서류엔 자신의 존재, 역사, 왜 자신이 포기됐는지 그 이유가 담겨 있다. 그 종이 몇 장이 특별한 의미를 가지며, 평생 우리의 뿌리에 대해 가장 많이 알게 될 길일 수 있다. 그래서 정확한 정보가 너무나도 중요하다. 정보가 정확히 제공되지 않거나 분실되었다고 통보받은 후에, 계속해서 내면적 고통에 시달리는 사람은 사회복지사들이 아니라 입양인들이다.

결론

해마다 한국에서 나와 비슷한 문제를 겪는 입양인들을 너무나 많이 만났다. 내 세대의 많은 입양인들은 좋은 가정에 배치받지 못했었다. 대화 속에서 우리는 정체성에 대해, 우리가 양쪽 국가 모두에서 소속감을 느끼지 못하는 이유에 대해 이야기하곤 했다. 또 우리는 어떻게 우리 삶에 방향과 한국인 역할모델이 결여되게 됐는지를 이야기했다. 나는 유럽으로 입양된 수많은 한국계 입양인과 이야기를 나누고 친해졌다. 서로 이야기하고 도울 수 있다는 것은 멋진 일이다. 2003년에 한국을 떠나기 전, 나는 GOAL이 안정적이라는 것을 확신하고 싶었다. 그 당시에는 다섯 명의 직원과 명단상 천여 명에 이르는 자원봉사자들이 있었다. 이렇게나 강력한 수행단이 있다는 것은 좋았으나, 내가 이 열성적인 목표를 달성하기 위해 흘려보낸 그 모든 땀과 시간을 사실상 모두 내버려두고 떠나는 것은 힘든 일이었다.

미국으로 돌아왔을 때 난 상실감을 느꼈다. 나에게 의지하는 많은 사람들과 함께하지 않는 것은 정말 다르게 느껴졌다. 하지만 나는 현재 미국에서 기금을 모아 한국으로 보내기 위해 또 다른 비영리단체의 설립을 추진했다. 또한 세인트폴에 있는 아시아태평양문화센터(Asian Pacific Cultural Center)의 이사회에서 적극적인 활동을 전개했다.(결국 에이미는 2007년에 미네소타 주 세인트폴 시에 소재한 비영리단체 어답소스(Adopsource)를 창설했다. 어답소스는 한국계 입양인의 문제만이 아니라 그 지역에 살고 있는 인종간 입양인 모두의 문제를 다루는 단체이다. 또한 에이미는 2012년 미네소타 주정부의 입양 문제를 다루는 부서의 최고책임자가 되었다.—옮긴이)

역경을 겪으며 나는 굳건한 사람으로 자랐다. 만약 한국으로 돌아간 적이 없었다면 지금처럼 나 자신에게 자부심을 가진 사람으로 성장하지 않았을 것이다. 스스로를 바라볼 때 그저 한국계 미국인이 아닌 **한국계 미국인 입양인**이 보인다. 한국인인 것도 아니다. 되려고 노력해 봤지만 맞지 않았다. 한국계 미국인 입양인. 그게 바로 내가 스스로에게 내린 정의이다.

25 알라를 위한 찬가

줄리아 치니에르 오패러

이 붉은 땅이
나에 대한 소유권을 주장한다
내 혈관을 타고 흐르면서
일생 무소속으로 떠돌았던
내 삶을 항복시키려고 거듭 나를 부르고 있다.

내 아버지의 집 너른 울타리 안에서
무릎 아래로 무너져 내리면서
나는 발화發話되지 못한 쓰라림의 검디검은 빛깔 엉긴 뿌리가
내 근육과 뼈를 억세게 휘감고 있던 자리에서 스르르 풀어지고

내 옥죄였던 흉곽을 놓아주는 것을 감지한다.
조상으로부터 대물림한 굶주림의
기억들을 놓아버리고
매미 울음 가득한 저녁 어스름을
내 뱃속 깊은 곳으로 끌어들이며
나는 내 첫 숨을 들이마신다.

풍요롭고 촉촉한
이 붉은 땅은
살 통통 오른 얌(고구마의 일종-옮긴이)을 출산한다
그날의 수확을 들고 있는
내 할머니의 손처럼
흙투성이에다 비틀려 울퉁불퉁한 얌을

나는 그것을 뭉근한 불로 끓여먹는다
내 아버지처럼
내 어린 남동생은 얇게 썰어 튀김하는 것을 더 좋아한다
그가 가장 좋아하는 프랑스식 감자튀김처럼

샌프란시스코 공항에서
내 손바닥은 땀을 흘린다
세관견들이 킁킁거리며 내 여행가방의 냄새를 맡는다
내 아프리카 옷으로 웅둥그린
고향 음비에레의 내 마지막 맛

얍 한 덩어리가 들어 있는 그 가방의 냄새를

큰 비가 오는 계절이어서
길바닥 표층은 다 씻겨 나가고
울퉁불퉁 패이고 찢긴 길을
치명적인 상황에도 용감하게
내 사촌은 차에다 욕을 해대며 이리저리 몬다
패인 구멍을 매우고 나면
차는 숨 막히는 붉은 흙 구름처럼 토하며 달린다.
흙먼지는 내 코로 스멀거리며 기어들고
내 눈을 붉게 충혈시킨다
나는 이 먼지가 내 살갗 속에 숨어들고
내 머리 삼태기 한 올 한 올에 터 잡는 것을 상상한다
나는 이 먼지들의 현존을 반긴다
이 땅의 풍광이 내 몸에
아로새겨지질 것을 갈망하면서

내가 이 붉은 땅에 대한 소유권을 주장하지는 않았다
이 붉은 땅이 나를 소유하겠다고 했다
이 붉은 땅, 그녀가 내 혀에 낯선 자음들을 배치한 후
내 이름을 고쳐 불렀다
우모초케의 딸
음비에레의 피
오바추의 자식

그녀는 내게 충성 맹세를 요구하지 않는다
그녀는 내게 선택하라고도
잊으라고도 요구하지 않는다
그녀는 질투하지도 않고 소유하려고 하지도 않는다
정적의 찰나들
나는 속삭이는 말을 듣는다
위로와 안락의 말
내가 한 번도 배운 적이 없는 말.

제6부

외치노니,
우리의 목소리

26 입양 연구의 새 지평

—누구의 입장에서 어떤 이슈로

커스틴 후미 슬로트

2003년 4월, 덴마크로 입양된 한국인들의 협회인 코리아클럽은 뿌리의 의미(*The Meaning of Roots*)라는 국제입양 연구 컨퍼런스를 개최했다. 회의를 한 이유는 스칸디나비아에서 주도적으로 실행되는 입양 연구 기준에 대해 논의하기 위해서였다. 코리아클럽의 주목적은 입양인들 사이의 교류를 활성화하여 서로의 입양 경험을 나누는 데 있다. 그러나 연구를 통해 입양제도와 입양 행태에 영향을 줄 수 있기 때문에 연구를 시작하는 것 또한 중요하다. 연구 결과를 통해 입양인들의 현실을 보고, 우리가 추측하는 입양의 옳고 그름에 대해 정보를 제공받을 수 있다. 그러므로 연구의 대상이었던 국제입양된 사람들이 연구 결과를 접하고 이 결과를 실제 삶의 경험과 비교해 보는 것을 통해서 연구 결과의 정당성과 신빙성을 보장해야 한다.

이 일을 단순히 비입양인의 연구로 두어선 안 된다.

지금까지 스칸디나비아 입양 연구자들은 해외로 입양되는 사람들의 실태를 설명할 때 인종·민족성·입양 전 혈족을 관련 요소로 고려하지 않거나 중요성을 과소평가했다. 그 결과 아직까지도 국제입양에 관해 얼토당토않은 이야기와 선입견, 무지가 만연해 있다. 복잡한 문제는 단순히 입양인들의 적응 및 동화 문제로, 그리고 좋은 입양과 나쁜 입양의 문제로만 치부하는 경향이 너무 크다. 또 스칸디나비아 입양 연구자들은 대체로 의사, 정신과의사, 심리학자, 사회복지사이기 때문에 국제입양을 임상 실험적으로 대하고, 건강한 것과 그렇지 못한 것, 정상과 비정상에 관해 미리 주입된 생각에 따라 사람들을 분류한다. 이러한 입양 연구의 주목적은 육체적·심리적 건강, 교육 정도, 취업 상태, 사회성, 귀속 의식(즉, 덴마크인, 스웨덴인 등으로 느끼는 것)을 놓고 볼 때, 입양인들이 입양된 나라 사람들과 어떻게 다른지를 규명하는 것이다.

문제는 이러한 연구들이 특정한 입양규범, 즉 국제입양인들이 잘 지내야 하고, 입양을 긍정적으로 받아들여야 한다는 시각에서 진행된다는 것이다. 그러므로 이런 연구는 국제입양인들이 자신을 입양한 가족과 그 나라 문화에 잘 적응하였는가를 주로 조사하며, 그 결과 국제입양의 대다수가 성공적이라는 해석으로 귀결됐다. 이 연구들은 민족적 배경의 상이함을 심각한 장애물로 고려하지 않았다. 단지 전반적으로 자신들을 입양된 국가인 덴마크나 핀란드 사람이라고 생각하고, 자신의 고향, 예를 들어 한국, 인도, 콜롬비아에 돌아가고 싶어 하지 않으며, 행복하게 그 나라 사람으로 살아가고, 인종차별이 거의 없으며, 있다 하더라도 그 정도가 심하지 않기에 입양인들이 잘 지낸다고 추론할 뿐이다.

"행복하고 건강하게 살려면 동화되어라."라는 이론은 적어도 덴마크에선 편리하게도 국제입양에 대한 이데올로기, 즉 국제입양은 미개한 제3세계에서 불쌍한 삶을 살고 있는 아이들을 구해서 인종차별이 없는 서구사회를 구축하는 구성원으로 삼는 이론에 상응한다. 다르게 말하면, 일전에 기술했듯이, "입양은 국제사회의 한 가지 의무로 비춰진다. 다른 인도주의적 원조와 똑같은 것이다. 근본원리는 입양을 함으로써 위기에 처한 아이들을 구하게 되고 그 아이의 가능성을 최대한 키워주게 되는 것이다. 이렇게 봤을 때 국제입양은 항상 아이를 위한 최선의 선택이다. 또 다른 믿음은 외국으로 입양되는 사람들의 대다수가 백인이 아니기 때문이 그들이 인종차별이 없는 국제 사회를 만들어가는 선두자가 되어야 한다는 점이다."[1] 동화에 대한 연구 결과는 이 임무가 성공적으로 수행되었다는 것을 명백히 보여준다.

이 연구 방식을 따르자면, 동화에 대한 거부는 건강하지 못하고 비정상적인 것으로 여겨져야 한다. 입양전문가들은 전반적으로 외국으로 입양된 사람들 중 정신건강이 좋지 않거나, 자부심이 없거나 입양부모와의 관계가 좋지 못한 극소수만이 그들이 태어난 문화를 탐방하고 혈족을 찾기 원한다고 주장하였다.

만일 이게 맞는 말이라면, 코리아클럽의 모든 회원은 공공 시설에 수용되어야 한다. 이들은 단지 뿌리의 의미와 인종적 정체성을 찾고 자신들의 혈족을 만나며 인종차별의 영향력에 대해 자유로이 토론하는데 관심을 갖고 가입했을 뿐이다. 요즘 들어 우리의 도움을 청하는 사람들이 늘고 있는데 회원들이 "건강하지 못하다"란 꼬리표가 붙고 자신의 정신건강 상태나 자부심, 또는 입양부모와의 관계에 문제가 있다고 평가를 받으면 회원 중 이의를 제기하지 않을 사람은 하나도 없을 것이다. 이와 달리, 입양인들은 입양에 관한 문제 해결에 중요한 의미를 부여한다. 특정 규범을 기초로 한 입양 연구는 실제로 입양된 사람들의 경험과 괴리되어 있다. 아무 성과가 없는'건강하다' 와 '건강하지 못하다' 둘로 나누기보다는 편견 없이 넓은 시각으로 문제를 접근해야 한다.

코리아클럽이 '뿌리의 의미'라는 주제를 내걸고 개최했던 컨퍼런스는 바로 이런 목적을 가지고 기획된 것이었다. 이 회의의 주요발표자 중 한 명인 노르웨이 출신의 인류학자 아눈트 브롯베이트(Anund Brottveit)는 노르웨이로 입양된 사람들의 인종적 주체성 발달을 이해할 수 있게 하는 이론을 수립하였다. 브롯베이트의 연구에 주목하고 싶은 이유는 그의 연구가 상당히 많은 것을 일깨워주며, 특히 비유럽 국가 출신인 이민자가 전혀 없고 거의 동일 인종으로 구성된 스칸디나비아 지역에 큰 도움이 될 것 같기 때문이다.[2)]

브롯베이트는 한국과 콜롬비아 출신의 젊은 입양인들(평균연령 25세)을 상대로 정체성 발전에 관한 연구를 했다. 스칸디나비아에는 한국 사람과 콜롬비아 사람이 많이 살지 않는다는 점을 고려해볼 때, 그는 스칸디나비아로 입양된 이들은 미국과 같은 나라에서 성장하지 않았기 때문에 뿌리의 정체성을 느끼지 못했을 것이라고 추측했다. 하지만, 그는 입양인의 자화상 때문에 그리고 다른 백인 노르웨이인들이 입양인들을 다른 피부색, 즉 소위 외적인 분류법에 의해 외국인 취급을 하는 이유 때문에 민족적 주체성이 문제가 되고 있다고 여전히 생각하고 있다.

입양인의 실제적인 연구를 바탕으로, 브롯베이트는 국제입양인들의 민족적 주체성을 세 부류로 나눴다. 각 부류는 전형적인 타입으로 여겨지며, 브롯베이트는 각 부류 내에서 안정적/불안정적 입양이 존재한다고 주장한다. 첫 번째 부류는 **노르웨이인**이다. (이는 덴마크인이 될 수도 있으며, 이 이론을 캐나다인 등등 비非단일 민족국가까지 확산해서 볼 수 있다. 즉, 입양을 받아들이는 국가의 지배적인 민족성을 보면 된다.) 이 부류에 속하는 입양인들은 스스로를 노르웨이인이라고 느끼고 뿌리를 찾을 생각이 없다. 이 부류 내에서 안정적인 입양인들은 그 나라 사람들과 비교했을 때 생김새가 좀 다르다는 점에 대해 자신감을 갖고 있지만 불안정적인 입양인들은 자신들의 외모나 뿌리에 대한 언급을 두려워한다. 두 번째 부류는 **이중 민족성**(Double Ethnic)이다. 이 부류 내에서 안정적인 입양인들은 자신들이 입양된 나라와 태어난 나라 양쪽의 특성을 정체성에 지니고 있는 특징이 있다. 반면, 불안정적인 입양인들은 입양된 국가의 문화에 대립해 태어난 나라를 매달리듯 탐험하다. 세 번째 부류는 **코스모폴리탄** 즉, 세계주의 그룹이다. 이 입양인들은 인종적 · 문화적 귀속의식에 대해서 유연하고 편안한 자세를 취한다. 안정적인 입양인들은 새로운 것을 받아들일 자세가 되어 있으며 민족정체성보다는 자아정체성을 강조한다. 불안정적인 입양인들은 끊임없이 찾으며, 뿌리 없이 전혀 귀속의식을 느끼지 못하는 경향이 있다.

브롯베이트는 위의 세 부류는 모두 정체성이 확실한 부류라고 강조한다. 이중 민족성이나 세계주의 부류의 입양인들은 노르웨이인으로 느끼는 입양인들과 다를 바 없이 매우 정상적이다. 이 세 부류 중 어느 쪽이 더 이상적인 정체성을 확립했다든지 더 우월하다고 할 수 없으며, 실제 삶에서는 이 세 범주가 종종 유동하고 혼합된다. 브롯베이트의 연구는 국제입양인들이 저마다 다른 민족적 정체성을 선택한다는 것을 보여준다. 상당수가 입양국에 동화되지 않으며, 특정 민족의 주체성과 행복한 삶 사이에 뚜렷한 인과관계를 찾아 볼 수 없다.

그러므로 브롯베이트의 연구는 대세적인 입양 연구 방식의 오류를 바로잡는 역할을 한다. 입양 연구는 입양인의 실제 경험에 비추어 타당성을 논의해야 하는 동시에, 브롯베이트의 연구 결과를 다른 국가간 입양인에게도 적용할 수 있는지 확인해야 한다. 브롯베이트의 연구 결과를 코리아클럽 회원들의 경험에 적용하기에 앞서 회원들이 타당한 비교대상인지 살펴보겠다.

코리아클럽은 모든 한국계 입양인을 대변하지 못한다고 지적받았다. 덴마크에는 약 8,000명의 한국계 입양인들이 있는데 그중 250명이 코리아클럽의 회원이다. 하지만 코리아클럽은 13년 동안 약 1,000명의 한국계 입양인과 교류했다. 그리고 회원 250명의 경험은 상당히 다양하다. 그리고 이들은 정보를 충분히 갖춘 집단이다. 회원들은 사람들이 종종 생각하듯 정체성이 동질한 집단이 아니다. 사실은 오히려 그 반대이다. 2001년에 회원들의 민족적 정체성, 인종차별주의의 영향, 친생가족 찾기에 대한 의식을 조사한 적이 있다. 조사 결과 입양인들마다 민족적 정체성이 서로 달랐고 인종차별이나 친생가족 문제를 다룸에 있어서도 매우 다양한 방식이 있었다.

조사는 응답자들이 자원이 풍부한 사람들임을 말해주었다. 그들은 고학력자였으며 33퍼센트가 석사학위 소지자였다. 30세에서 34세에 해당하는 덴마크인 중 7퍼센트만이 석사학위 소지자라는 점에 비춰볼 때 5배 정도 높은 수치이다. 전반적으로 응답자 대다수는 입양가족과 관계가 좋다고 보고되었다. 만약 사회경제적 점수가 높을수록 안정적으로 적응했다는 것을 뜻한다면 코리아클럽 회원들은 대세적인 입양 연구에서 조명됐던 연구대상들과 유사하다고 할 수 있다. 한 가지 매우 중요한 차이가 있다면 코리아클럽 회원들은 그들이 사회경제적 관점에서 잘 적응한 사람들임에도 그들의 삶 속에서 자신의 민족적 의미와 생물학적 뿌리를 찾는 데 여전히 관심을 갖고 있다는 것이었다.

회원들의 민족적 주체성은 어렸을 때와 어른이 되었을 때 변하였다. 입양인 거의 대부분이 어려서는 자신이 전적으로 덴마크 사람이라고 생각했지만 어른이 되어서는 다양한 그림을 보여준다. 브롯베이트의 분류에 따르자면, 계속 전적으로 덴마크인이라고 느끼는 입양인이 있는가 하며, 이중 민족성, 즉 덴마크인과 한국인을 동시에 느끼는 입양인이 있었으며, 또한 어느 특정 국적에 속하지 않는 코스모폴리탄적인 입양인도 있었다.

전반적으로 회원들은 자신들의 정체성을 형성해가는 과정에서 자신들이 한국 출신이라는 것과 입양에 대해서 탐색하는 것이 매우 중요했다고 말한다. 자신을 한국 사람으로 여기느냐 아니냐를 떠나 한국문화를 접하고 한국 음식을 먹고 자신처럼 입양된 사람과 교류하고 한국으로 돌아가서 혈족을 찾아 만나면서 한국과 친숙해지는 것이 매우 의미 깊은 활동으로 여겨진다고 했다.

조사를 통해 또한 인종주의와 차별이 입양인의 일상에서 현실인 것이 밝혀졌다. 직접적 차별보다는 간접적 차별이 가장 드러나기 힘들며 가장 고통스럽다고 한다. 간접적 인종차별은 사회 내에서 인지되지 않을 때가 많다. 상당수의 입양부모가 그들에게 한국에 대한 유용한 정보를 제공할 수 없었다고 많은 입양인들이 말한다. 하지만 어른이 되면서 한국에 대해 알아가고 한국의 이미지를 연상하면서 인종주의와 차별을 다룰 힘을 얻었다고 한다.

브롯베이트의 연구와 코리아클럽 회원들에 대한 현장 연구는 입양이 적응에만 중점을 둘 일이 아니라는 점을 시사한다. 뿌리를 찾는 행위는 이상하고 비정상적인 행위로 무시되어선 안 된다. 그렇다면 우리는 해외로 입양된 사람들을 이해하기 위해서 이 대안적 연구 관점이 내포하는 의미를 파악해야 한다. 우리의 연구가 주류 스칸디나비아의 입양 연구보다 국가간 입양인의 실태를 실제로 더 정확히 보여주는가? 어떤 사람들은 이 대안적 연구의 방식과 객관성을 의심할 것이다. 그러나 연구라는 것이 반드시 객관적이지 않으며 주류 연구의 방법론이나 이념에 대해서도 같은 의심을 품어야 한다.

정신의학과 심리학은 객관적 지식에 대한 신뢰를 기반으로 하는 실증주의적 전통을 두고 있지만, 연구자들이 특정한 방향으로 연구를 하기 위해서, 연구 이전에 자신들만의 전이해를 갖고 연구에 임하는 것은 오늘날 널리 인정되고 있다. 연구자는 항상 개인 전기傳記적으로 그리고 패러다임적으로 형성된다. 개인 전기적 요소는 성과, 민족성, 국적과 삶의 경험에 의해 구성되며, 패러다임적 요소는 과학적 이해와 이론적 · 방법적 접근으로 구성된다. 하지만 연구자로 우리가 할 수 있고 해야만 하는 바는 처음부터 추측을 명백히 밝히고 그 추측을 명확히 하는 것이다. 그래야 연구과정 중에 최대한 공개적 지평을 확보할 수 있다. 또한 연구 방법론과 분석을 기록하고 연구 결과를 검사하면 신뢰성과 타당성을 확보할 수 있다. 연구 결과를 검사하는 방식은 여러 가지가 있는데 나는 연구대상들의 반응을 조사하는 방식을 강조하고 싶다. 주류 입양 연구에서 종종 봤듯이 연구대상들이 연구 결과에 동의하지 않는다면 그 결과에는 문제가 있을 수 있다.

더욱이 주류 입양 연구자들이 너무도 자주 그랬듯, 특정 행위나 감정을 병리현상으로 단정짓지 않도록 주의해야 한다. 전세계적으로 건강한 국가간 입양이라는 것이 실제로 존재하는가? 그렇지 않다고 본다. 주류 연구자들은 입양된 사람들이 새로운 환경에 동화되기 때문에 이들이 건강하다고 주장하지만 대안적 연구가 보여준 매우 다른 시각은 적어도 국가간 입양을 이끄는 가정들을 재고하도록 촉구한다.

대규모 국가간 입양은 최근에 와서 두드러진 현상이다. 국가간 입양이 감소하거나 사라질 거라는 근거를 제시하는 연구는 없다. 아마도 국가간 입양을 여기에서 중단시키려면, 연구대상인 입양인들의 집단적 경험을 이해하기 위해 입양인들이 품은 의문들을 수집하고 기록을 확충하고 경험을 연구하려는 노력을 더 기울여야 한다. 그와 같은 연구에서 가장 중요한 것은 현재 입양 실태와 정책을 재평가해야 한다는 것이다. 오늘날 충분한 증언과 연구 결과를 통해 입양인들을 위하여 어떤 입양 사후 서비스가 필요한지 충분히 파악할 수 있게 됐다. 이제는 그런 연구 결과를 이용해서, 민족적 주체성과 친생가족을 찾고 싶어 하는 입양인이라면 누구든지 편견없이 도울 수 있게 되었다.

1) Ånund Brottveit, "'Jeg ville ikke skille meg ut'—dentitetsudvikling, ekstern kategorisering og etnisk identitet hos utenlandsadopterte fra Columbia og Korea" ("'I Didn't Want to Look Different'—Identity Development, External Categorisation, and Ethnic Identity of Adoptees from Columbia and Korea"), (Oslo: Diaconia College Center, 1999).

2) Kirsten Sloth, "Adult Korean Adoptees in Denmark—Exploring Ethnic Identity and Making Sense of Adoption," in *Official Report of the Second International Gathering of Adult Korean Adoptees August 9-12, 2001, Oslo, Norway*, ed. Kirsten Sloth, the Korea Club, 2001, http://www.adopteegathering.org/2ndgathering/g2_report.pdf, 16.

3) Sloth, "Adult Korean Adoptees."

안 다오 콜베의「잘못 놓인 짐: 같고도 같지만 다른(*Misplaced Baggage: Same, Same but Different*)」연작 중에서「리처드 스트라이트매터-트란의 초상」, 컬러사진

리처드 스트라이트매터-트란은 1972년 4월 20일에 베트남 비엔호아에서 출생한 것으로 추정되고 있다. 베트남에서의 이름은 트란 트룽 닷이었다. 베트남에서 어떤 기관을 거쳐 입양이 되었는지는 분명치 않다. 다만 잠시 월드비전의 중간의 집(halfway house)에 임시로 기거하다가 미국 메사추세츠의 케이프코드에 있는 가정에 입양되었다는 기록만 있다.

안 다오 콜베는 베트남의 사이공 외곽에서 태어나 1972년에 뉴욕을 거쳐 미국에 왔다. 2년 뒤 그녀는 입양부모와 함께 중동으로 갔다. 카타르와 오만 등에서 영국 제도 교육을 받으며 훌륭한 유년 시절을 보냈다. 최근에는「잘못 놓인 짐」작업에 매진하고 있다. 이 작업은 미국과 호주, 영국 유럽 각지로 입양된 47명의 베트남계 입양인의 모습을 찍은 초상 연작이다. 각 입양인의 독특한 개성이 드러난 이 사진들을 통해 베트남계 입양인 커뮤니티의 존재를 알리고 각자의 독특함보다도 강한 동질성을 고무시킨다. www.adkfoto.com.을 통해 이 초상 연작과 안 다오 콜베 작품의 일부를 접할 수 있다.

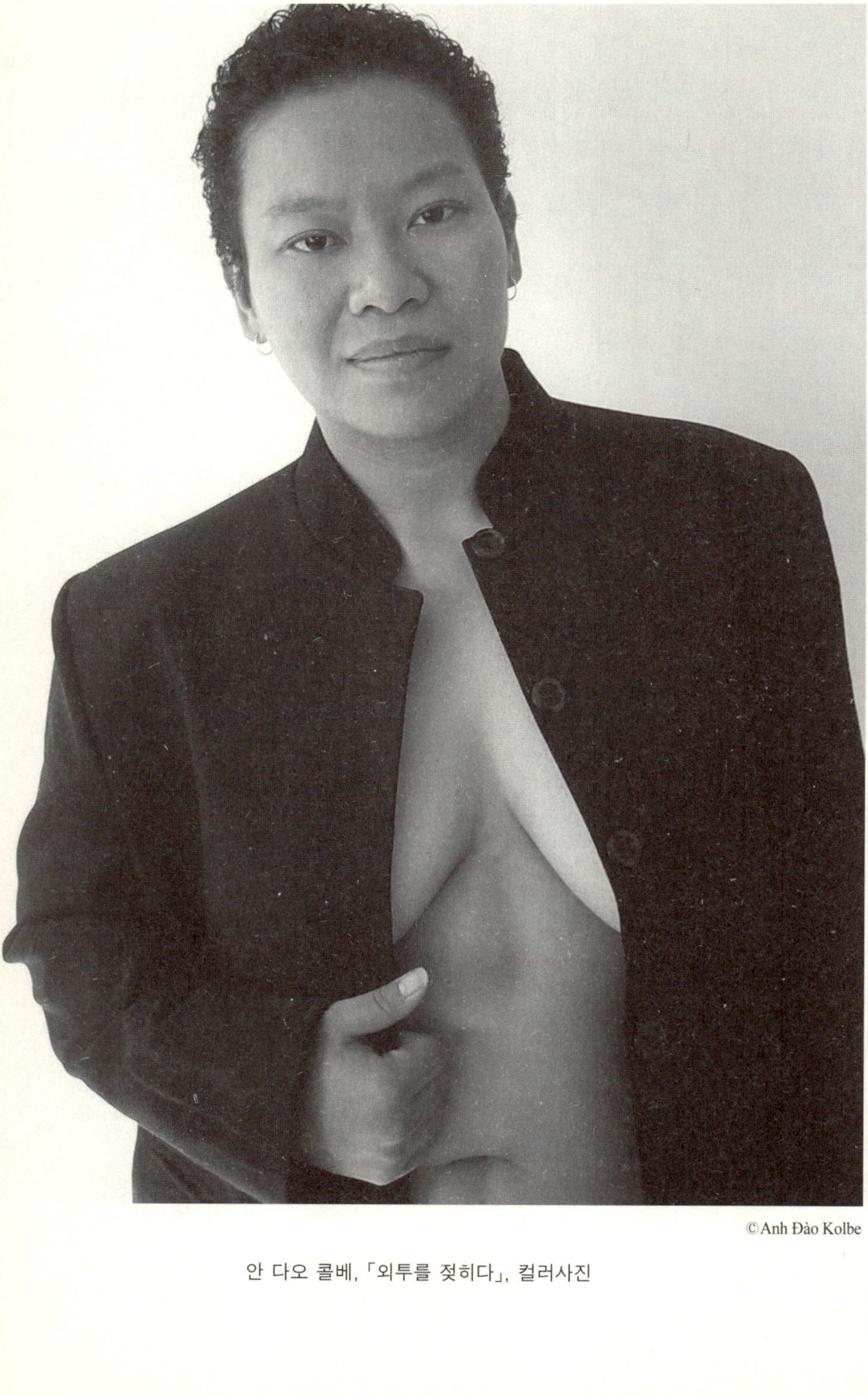

© Anh Đào Kolbe

안 다오 콜베, 「외투를 젖히다」, 컬러사진

27 베트남전 입양의 극복

—인종 틈새에 끼인 우리 삶을 내보이며

인디고 윌리엄스 윌링

서양[1)]의 백인[2)] 부모는 제3세계 혹은 사회의 변두리로 내몰린 인종의 비백인 아동을 입양한 후, 이 아동이 가족의 새로운 구성원으로서 귀속감을 느끼게 하려고 많은 사랑과 노력을 쏟는다. 어릴수록 아이는 새로운 삶을 잘 받아들이며, 그들에게 제공된 정신적 · 경제적 · 건강상의 안정에 기초해서 삶을 잘 가꾼다. 이것은 지난 20년간 서양의 백인 연구자들의 인종간 · 국가간 입양 연구에 잘 드러난 양상이다. 이 연구들은 이른바 고아들이 입양 후 누릴 이득에 대한 약속을 계속해서 뒷받침해주고 있다.[3)] 하지만, 우리가 앞으로 보게 되겠거니와, 입양인들이 성장해갈수록 이런 이득을 누리기가 점점 곤란해진다. 나는 오히려 이를 이득이라기보다 곤경이라 부르고자 한다.

그 이유는 아직도 인종이 그 사람이 주류사회인인지 이방인인지를 나누는 일에 있어서 결정적이기 때문이다. 이 책의 글들이 우리에게 상기시키는 바와 같이, 인종간 입양인들은 내부의 이방인으로 자신을 자리매김하면서 이 땅으로 도착하고 있는 것이다. 나는 베트남계 호주인이며, 호주 백인 가족으로 입양되어 성장했다. 나는 이 글을 통해 내 개인적인 삶의 이야기와 이 곳 지역 공동체들에서의 활동을 토대로 해서 국가 · 문화 · 인종의 경계를 넘어가는 것이 얼마나 어려운지 설명하고자 한다. 나아가 기존하는 방식을 뒤집고 인종간 입양인의 정체성과 차이성을 논하는 복합적 정치학에 어떤 방식으로 우리 모두가 다시 개입해 들어갈 수 있는지를 살펴보고자 한다.

귀여운 녀석부터 까다로운 녀석까지

호주 사람들은 참전 군인들과 피난민들의 이야기를 통해 베트남전에 대해 알고 이해한다. 하지만, 전쟁의 혼란 속에 가족을 잃고, 출생국으로부터 격리되어, 호주 가정 중심부로 입양된 아이들의 이야기는 어떤가? 아직 알려지지 않은 부분이 너무나 많다.

나는 1972년 사이공에 있는 고아원에서 격리되어 호주 출신 입양부모에게로 입양되었다. 공식 수치는 존재하지 않으나, 서구의 인도주의적 사회사업가들은 1975년까지 호주 사람들이 베트남 아동 수백 명을 입양했다고 추정한다. 1975년에는 280명을 상회하는 아동들이 아동 공수 작전을 통해 호주로 흘러들어갔고, 대개는 백인 중산층 부모에게 입양됐다.

입양부모들은 대체로 이 아동들이 같은 또래들과 괴리감을 느끼지 않고 정상적으로 성장할 것이라 믿었다. 사실 이 아동들의 대다수는 베트남에 대한 기억이 없었다. 출생증명서는 고사하고 기념물 하나 들고 온 아이조차 볼 수 없었다. 입양을 한 백인 가정은 대체로 베트남 피난민들의 구역과는 멀리 떨어져 살았기 때문에 이 아동들은 베트남의 가치, 문학, 노래와 언어를 접할 기회가 없었다.

역사적으로 이 시기의 호주에서는 원주민들과 이주민들을 주류사회에 끌어들여서 동화시키려는 많은 노력이 있었으며 이 노력에 대한 반대 의견은 별로 없었다. 당시 입양기관들이 입양부모들에게 아이들을 위해 다문화적 분위기를 형성하고 아이들이 뿌리를 찾기 위해 도와주라고 하지 않은 이유를 알 수 있다.

이안 하비(Ian Harvey)가 1980년 베트남 아동을 입양한 109가정을 상대로 한 연구 결과, 대체로 나이가 어린 아이들은 잘 적응하고 있었다. 다만 하비는 연구를 통해서 "해외로 입양된 아동들이 성장한 후에 어떻게 적응하고 살며 누구와 교류하는지는 아직 밝히기 어렵다"[4]고 했다.

나의 유년시절의 기억도 비슷하다. 호주에서의 첫 5년 동안 나는 내 가족과 가족이 교류하는 사람들과 괴리감을 느끼지 않았다. 그 시절의 사진을 보면 나는 절로 미소를 짓게 되며 가슴 한 구석이 따듯해진다. 나는 작고 호기심이 많았으며 내 주변에 있는 모든 새로운 것들—사람들, 산더미 같은 장난감, 끝이 없는 아동복과 완벽한 중산층 가정—에 관심이 쏠렸었다.[5]

그러나 성장해가는 동안 집 바깥의 넓은 세상을 인식하게 되었고, 베트남에 대한 이야기들은 나에게 큰 영향을 미쳤다. 처음 베트남에 대해 알게 된 것은 전쟁 사건에 대한 뉴스 보도를 통해서였다. 킴

푹(Kim Phuc)이라는 아이는 네이팜탄에 불타 벌거벗은 채로 거리를 뛰어다니고 있었다. 베트남에 대한 정보가 모두 전쟁과 파괴에 대한 이야기와 이미지밖에 없었기 때문에 나는 내 과거를 두려워했고 베트남을 곤경의 땅으로만 생각했다.

2000년 뉴사우스웨일스에 있는 입양후 자료센터(Post Adoptive Resource Centre)에서 베트남에서 입양된 13명과 인터뷰를 했는데, 이들 중 어떤 입양인들은 성장하면서 뿌리로부터 분리됨을 느꼈다고 한다. 어떤 사람들은 가족과 동료들과 잘 지내기 위해서 백인이 되기를 원했고 자신이 다르게 생긴 것에 대해 불편함을 느꼈다. 대다수는 아시안에 대한 반감과 인종차별을 느꼈으며 열등감에 시달렸다고 한다. 많은 이들은 자신의 뿌리를 부끄러워했다. 왜냐하면 베트남의 이미지는 헐리우드의 전쟁영화에서 보이는 경멸적인 이미지, 언론에서 보이는 희망이 없는 보트피플이나 사회에 문제를 일으키는 부랑자 혹은 조직폭력배와 같은 전형적인 이미지들에만 연관지어졌기 때문이었다.

마음을 아주 불편하게 하는 경우도 있는데, ABC방송의 기자 시오반 맥휴(Siobhan McHugh)가 1992년 집필한 책『지뢰밭과 미니스커트(*Minefields and Miniskirts*)』에서 밝힌 것에 따르면, 한 아동 공수 작전 자원봉사자가 자신이 데리고 온 입양인이 입양가족을 벗어나 결국은 매춘부 생활을 하게 되는 경우를 보았다고 한다. 이러한 경우에, 가족이 없는 아이들에게 새로운 삶을 선물함으로써 그들을 가난에서 구제하겠다는 이상은 현실과는 너무 다르다.

물론 고아원에 남지 않고 입양부모와 강한 유대감을 형성하고 그들 자신의 삶을 즐기고 있는 입양인의 경우도 있다. 하지만 나는 이런 입양인조차도 내면에 상실감, 버려진 느낌이 있다는 것을 대화를 통해 알게 되었다. 입양인들이 경험하는 복잡한 형태의 문화적 차별, 배척, 소외 등은 **신데렐라 이야기**로 간단하게 표현되곤 한다. 이는 많은 것을 내포한다.

특권계층(남성과 백인, 서양인, 이성애자 등)이, 소위 말하는 소수(식민지인, 유색인종, 여성 등)의 권리를 인정하고 존중하기 시작한 것은 그리 오래되지 않았다. 특권계층의 정당한 존중이 없이는, 소수의 재능과 문명과 도덕 그리고 창의성은 제거당하고, 착복되며, 저급한 것으로 취급받게 된다. 소수의 것들은 특권계층의 입장에서 바라본 평범하고 보편적인 것들과는 다르기 때문이다.[6)]

보이지 않는 이면에는 혜택받지 못하는 불우한 친생모들이 있다. 사람들은 그들의 목소리를 거의 듣지 않는다. 친생모들과 입양인의 출신국가 사람들의 목소리에 유심히 귀를 기울여야만 입양인은 자기 출생 배경을 오해하지 않는다. 입양인들의 출생국은 슬프게도 너무나 간단히 그리고 자주, 고아와 가난으로만 묘사되는 경향이 있다.[7)] 이와 반대로, 제3세계에 심각하고 영구불변한 가정 해체를 불러온 서양의 경제적 · 군사적 침략은 이 묘사에 빠지곤 한다. 이러한 불공평한 묘사와 더불어, 입양인들의 입양 과정은 출생국의 아름다움, 문명, 혹은 도덕 등을 배제한 상태로 묘사된다. 입양인 모국의 구성원인, 아이를 사랑하는 부모, 생계를 꾸리기 위해 열심히 일하는 평범한 가족, 지도자, 의사, 과학자, 농업전문가, 예술가, 시인(부커상 수상자와 노벨상 수상자까지도) 등은 아이에게 전혀 언급되지 않는 것이다. 아이를 해외로 입양보내는 어려움이나 어린이 빈곤, 집 없이 떠도는 현실을 인정받으려고 하는 말이 아니다. 물론, 입양인의 출생국에서 아동의 양육권 포기와 직접적으로 연관되는 여성의 권리도 주목하고 지원해야 한다. 입양을 함으로써 생기는 이로운 점들도 분명 존재한다. 하지만 입양은 불우한 아이들이 가진 많은 문제점들을 전략적이고 이상적으로 해결하려는 단기적 해결책에 불과하다.

더불어, 입양인의 출생국과 그 나라 국민들의 명예, 권리, 인간성을 실추시키면서 이러한 이야기들이 표현된다면 의문의 여지가 있다. 입양인 출생국은 문학적이고 전문적이고 지적인 전통이 배제된 채, 주로 비인간적이고 깊이가 없으며, 걸인, 에이즈 환자, 미혼모, 매춘부가 넘쳐나는 모습으로 표현되곤 한다. 이로 인해 입양인들은 그들의 가족에서 적출된 것이 더 나아 보이고, 출생국의 풍부한 문화와 역사를 알 필요가 없는 존재로 인식된다.

오래된 지식 다시 생각해보기

입양경험에 대한 하향식 접근을 통한 연구의 문제점 중 하나는 연구대상이 되는 입양인들이 이방인outsider이 되는 경향이 있다는 것이다.[8] 베트남계 미국인 입양지원단체 이사 린 람송(Linh Lam-Song)[9]은 **다름**에 대한 포스트모던 시대의 연구에 나오는 소외의 경향에 대한 벨 훅의 비평[10]을 언급하며 인종간 입양을 겪은 입양인들의 경험을 보여주는 일의 중요성을 강조한다.

> 오직 인종간 입양인에 관련된 이야기가 (백인학자들의) 연구에 충실히 들어있다는 주장은 백인 이론가들이 접할 수 없는 장소가 있다는 가능성을 무시하는 것이다. 본질주의적으로 따지지 않더라도, 이러한 장소

가 존재한다는 것을 무시하거나 부인하지 말아야 한다.[11)]

한국계 입양인이자 『한국계 입양인의 국가 만들기(*The Making of KAD Nation*)』(29장 참조)의 저자인 서니 조(Sunny Jo)는 이방인이 한국계 입양인 경험을 알아가는 과정에 대해서 이렇게 말한다. "과거와 심지어 오늘날에도 주로 **전문가들**(입양기관)과 입양부모들이 입양경험이 어떤 건지를 한국계 입양인들에게 말해왔다."(286쪽) 이제는 인종간 입양인들을 다른 작가나 학자들의 견해를 뒷받침하는 정보제공자가 아닌, 그들 자신의 삶을 주도적으로 보여주는 전문가로 봐야 한다. 하지만 국가와 문화와 인종의 벽을 넘어 입양된 그들이 보여주는 역사는 지금 우리에게 무엇을 말하는가?

2002년에 나는 시드니공과대학교(The University of Technology)에서 베트남계 입양인들의 삶에 대해 연구하여 석사학위를 받았고, 2003년에 보스턴에 있는 매사추세츠 대학교에서 록펠러 장학금을 받고 연구를 이어갔다. 내가 인터뷰한 베트남계 입양인들은 대부분 그들의 입양가족과 원만한 관계를 유지하고 있었지만, 인종정체성에 대해 혼란스러워하고, 조상이 물려준 전통 문화를 낯설어했다. 이러한 새로운 목소리는 입양 경험에 대한 이해를 폭넓히는 데에 도움이 되었다.

연구에 동참한 호주의 베트남계 입양인은 인종차별적 편견이 널리 퍼져있던 빅토리아주의 시골 마을에서 자랐다. 그녀는 "저는 제 친구들과 너무 다르게 생긴 게 싫어 다른 아시아인들을 싫어했어요." 라고 회상했다. 이러한 그녀의 생각은 연애관에도 영향을 끼쳤다. 그녀는 "남자들이 저를 그들과 너무 **다르기** 때문에 사귈 수 없다고 여겨 저는 전혀 매력적인 여자가 아니라고 느꼈어요…… 그리고 저는 다른 아시아인 남성과 사귀는 것을 너무 수치스럽게 여겼어요." 라고 말했다.

위와 같이 입양인들이 차별받는 느낌을 받는다는 이야기들을 종합해보면, 그녀는 입양된 것에 대해 **감사**해야 한다는 압박감을 느끼고 있고 감사해하는 것이 그녀의 슬픔과 상실감을 사라지게 만들어 줄 것이라 믿고 있다. 이는 또한 그녀의 본래 나라의 명예를 손상시킨다고 그녀는 말한다. "저는 감사함을 느끼도록 강요받았고, 어릴 적에 저는 이것에 대해 무척 화가 났어요. 저는 이러한 점이 저의 나라에 대해 수치스럽다고 느끼게 한다고 생각했고, 또한 제가 불쌍하고 열등한 저의 나라에서 구제되었다는 사실이 부끄러웠어요." 한국계 입양인이자 학자인 토비아스 휘비네트는 인종간 입양인 담론들이 "서양에서의 삶이 최고"[12)]라는 명확한 메시지를 설파한다고 주장하고 있다.

나의 유년기 시절과 십대 시절 내내, 나는 베트남에 대한 긍정적이고 멋진 모습을 찾기 위해 노력했다. 베트남인과 아시아인에 대한 생각은 주로 전쟁과 보트를 타고 표류하는 난민의 모습이었고, 그들의 이러한 생각은 나의 친구들의 태도에서 느낄 수 있었다. 내가 살던 지역의 아이들은 대부분 영국계 호주인이었고 나는 그들이 직접 마주하는 거의 유일한 아시아인이었다. 그들은 나의 아시아인 특성을 지닌 외모를 놀리곤 하였다. 우리는 같은 곳에서 자랐고, 같은 발음을 가지고 있었고, 모두 **전형적 호주인**이었지만, 나는 달랐다.

연구에 동참한 다른 입양인들은 또한 그들의 학창시절에 소속감을 느끼기 위해 노력했다고 말했다. 많은 이들은 자신들이 "백인이라 느꼈지만" 학급친구들에게 그들은 백인이 아니라며 끊임없이 소외되었다는 것이다. 인종차별을 느꼈거나 외국인이라고 취급 받았거나 "넌 어느 나라에서 왔니?"라는 질문을 계속 받았다고 한다.

많은 입양인들은 성인이 된 후에야 그들의 뿌리를 다시 찾을 수 있는 자신감을 갖추게 된다. 이러한 변화는 서로 다름에 대해 좀 더 포용하려는 호주의 시도와 함께 맞물려 일어났다. 1998년 '올해의 젊은 호주인상'(Young Australian of the Year)을 수상한 탐 리(Tam Le)와 2004년 같은 상을 수상한 코아 도(Khoa Do)와 같은 베트남계 호주인 제2세대가 알려지면서 입양인들은 그들 본래 뿌리에 대해 자신감을 느끼고 그들의 다양한 문화정체성을 인식하는 데 도움을 받고 있다.

일부 입양인은 호주의 백인에게서만이 아니라 입양인이 아닌 베트남인에게서 차별당하기도 한다. 한 입양인은 "우리가 입양인이기 때문에, 우리는 완전한 베트남인으로 여겨지지 않아요."라면서 불만을 표했다. 하지만 상당수의 베트남계 호주인 제2세대는 입양인을 환영하는 추세다. 멜버른의 풋스크레이 아트센터(Footscray Community Arts Centre)에 기반을 둔 젊은 베트남 미디어(Vietnamese Youth Media)는 「오스트레일리아에서 온 베트남 소년들(*The Viet Boys from Down Under*)」 같은 공연으로 베트남계 입양인을 돕고 있다. 또한 언론인이자 다큐멘터리 제작자 다이 레(Dai Le)는 베트남계 입양인을 특집화한 작품으로 아동 공수 작전 30주년 기념행사를 빛냈다.

언어 장벽은 베트남계 입양인과 비입양인 간 갈등의 가장 큰 원인이다. 입양인이 통역에 의존하거나 상대방이 영어로 말해야 한다. 이러한 점은 고통스러울 뿐만 아니라 비효율적이며 영어를 사용하지 않는 베트남인과 깊이 있는 대화가 불가능하다. 동시에 입양인은

진정한 베트남인이라는 개념에 완전히 맞추어야 한다는 부담감을 뿌리치지 못해 애를 먹는다.

하지만 이러한 개념이 흔들리고 있다. 예를 들어, 베트남 국제입양인 모임은 호주 온라인 커뮤니티로 입양인들이 그들의 정체성을 탐험하면서 끈끈한 유대관계를 형성할 수 있도록 도와준다. 베트남 국제입양인 모임과 그와 유사한 온라인 커뮤니티인 베트남 입양인 네트워크인 '베트남인 인터내셔널(Vietnamese International)'은 입양인이 겪고 있는 경험이 유별난 것이 아니라 드문 것이라는 점을 깨닫도록 도움을 준다. 쓰나미와 수단 내전 같은 여러 재앙으로 고아가 된 아이들을 입양하려는 부모들이 최근에 증가함에 따라 관심이 커진 것을 볼 때, 베트남과 한국을 비롯한 국제입양 사례들, 시행착오, 성공에 대해 다시 생각해야 할 때이다. 국제입양을 희망하는 가족이 중요하게 생각해야 할 것은, 다양한 인종적 · 문화적 정체성을 건전하게 존중하는 법을 알아야 한다는 것이다. 우리는 이제 입양이, 관련된 사람들이 일평생 가야 할 긴 여행이라는 것을 안다. 그리고 인종적 · 문화적 다양성에 무관심한 채 입양인을 양육함으로 인해 오늘날까지도 많은 이들이 그들의 정체성을 확고히 하려고 노력하고 있다.

새로운 대화 시작하기

인종간 입양인들 자신의 복합적 다원성은 그것이 어떻게 형성되었는지, 어떻게 수용되었는지, 어떻게 지지되었는지에 따라, 현실화와 협상에 있어서 실현가능한 힘을 부여하거나 엄청난 불안정을 가져

다주기도 한다. 우리는 우리 스스로가 차이들을 인정하고, 그 차이들을 우리 자신들의 정체성에 긍정적 방식으로 작동하도록 하게 함으로써, 우리의 존엄성을 성취하는 일을 가능하게 하는 길을 찾을 필요가 있다. 우리는 그 차이들로 하여금 우리 입양부모들과 우리 자신을 부인하도록 해서도, 또는 혼란에 빠지게 해서도 안 된다. 바꿔 말하자면, 우리가 우리의 백인 입양부모들과 또 우리가 삶을 나누는 백인이 아닌 대부분의 사람들과 또 종종 비서양권에서 우리 이전에 입양된 조상들과 다르다는 것 때문에, 우리 자신을 열등하게 여겨서는 안 된다는 것이다

비록 인종간 입양인들의 정체성이 잠재적으로 문제적이고 복합적이라고 하더라도, 나는 그 정체성들이 **최종적 독특성**(terminal uniqueness)[13]의 상태에 머무를 운명이라고 말하고 싶지 않다. 그로스버그(Grossberg)가 말했듯이, "정체성은……항상 모순적이다, 부분을 이루는 조각들로 형성되어 있다."[14] 우리에게 영향을 미칠지도 모르는 일은, 인종간 입양에 있어서 정체성 확립이란 **잘라내고 섞는 과정**인 동시에 **연결하고 나누고 이어주고 분리하는 것**의 병행인 바, 이는 디아스포라의 자녀 세대와 이주 청소년들에게서도 나타나는 현상이다.[15]

백인을 포함해 어떠한 집단도 단일체가 아니라는 점을 명심해야 한다.[16] "역사적으로 볼 때 백인을 포함해서 모든 인종은 다르다"라고 인식하지 않고 "백인들은 본질적으로 공격적이고 동일하고 바꿀 수 없고 선천적으로 인종차별주의자"라고 생각한다면 위험이 따른다.[17] 로빈스(Robbins)는 "(민족적 혹은 종교적) 기원의 거짓 진실성에 대한 전환"은 또한 "일반적인 상황이고 그 결과는 해롭고 파괴

적이며…… 문화적 오만은 문화적 위험이 될 수 있다."라고 경고했다.[18] 다시 말해서, 입양인은 문화적 특성이 선천적이거나 혹은 어떠한 문화가 다른 문화보다 낫다는 생각을 할 필요가 없다는 것이다. 하지만 이러한 지식이 우리 사회의 이방인을 포함하지 않는 것일까?

아마도 우리는 지식의 공유를 통해 우리의 삶에 의미를 부여해준 각각의 문화들 안에서 우리 자신의 표지를 세우기 위해 다양한 전략을 채택할 수 있을 것이다. 예를 들어, 우리는 미국의 맴 논(Mam Non)과 캐털리스트 재단(Catalyst Foundation)과 같은 기관들을 도울 수 있다. 이 단체들은 입양이 차이의 정치학과 더불어 이루어진다는 점을 이해하고 있는 베트남계 미국인들에 의해서 운영되는 입양가족을 위한 베트남 문화캠프를 제공한다. 이런 모임들이나 그룹들이 많이 있는데, 미국에 있는 올소노운애즈(Also Known As)나 호주의 국제입양지원네트워크(Intercountry Adoptee Support Network)와 같은 단체들이다. 이 단체들은 인종간 입양인 혹은 국가간 입양인들이 함께 만나고, 도움을 주고 받고, 친교를 나눌 수 있도록 집합적 모임의 자리를 제공한다. 대부분의 경우, 그들의 친구, 가족, 배우자 또한 동참할 수 있다. 다시 말해서, 이 모임들은 이미 **내부의 이방인**으로 살아온 사람들이 나중의 사람들에게 차이의 정치학에 관심을 기울이도록 촉구할 수 있고, 새로운 전통을 구축할 수 있게 하는 하나의 공간이다. 우리는 또한 새로운 도구들과 단체들을 지속적으로 창출해갈 수 있는 바, 이는, 우리의 시도와 실수들을 되돌아보는 일들을 통해서, 인종간 입양인들이 차이성 속에 깃든 긍지에 대한 감각을 개발하고 유지하도록 도울 수 있게 될 것이다.

마지막으로 하고 싶은 말은, 5년 전부터 새로운 바람이 일어나고 있는데, 그것은 입양을 직접 경험한 당사자들인 인종간 입양인 학자들과 작가들이 나타나서, 자신들이 누구인지, 어떻게 느끼고 있는지, 자신들이 필요로 하는 관점들은 무엇인지에 대해서 개입하고 목소리를 높이며 값진 지식들을 생산해내고 있는 일이다.[19] 이 책을 쓰고 있는 입양인들 역시 **내부의 이방인**들로 살아가는 동안 겪었던 곤경을 여실히 드러냄으로써, 그들이 필요로 하는 것이 무엇인지, 혹은 필요했었던 일이 무엇인지에 관한 로드맵을 만들어 내고 있다. **최선의 실천**이 무엇인지 최종적으로 결론짓기에는 아직 너무 이를 수도 있지만, 인종간 입양인 학자들에 의한 연구의 증가와, 둘러싸고 있는 조건들을 향한 공정한 비평과 건설적 노력들을 적용하는 입양 공동체들 안에서 진화하고 있는 지역사회의 전략들은, 더 많은 결실과 더 나은 경로들을 만들어내게 될 것이다.

1) 여기서 서양은 유럽의 백인뿐만 아니라, 북미, 호주, 뉴질랜드까지, 더 나아가 '경제적, 제도적, 정치적, 이념적 그리고 문화적' 관행을 말한다. (S. Hall, "Cultural Studies," in *The New Social Theory Reader: Contemporary Debates*, ed. Steven Seiderman and Jeffrey C. Alexander, [London: Routledge, 2001], 89). '백인적인 것'이라고도 알려진 백인 문화는 유럽의 영향을 받은 전통, 언어, 종교, 사회적 관행, 가치를 말한다. 또한 백인 문화는 "활동이나 관행을 가리키듯 정체성의 주관적 개념을 말한다."(R. Frankenberg, *White Women, Race Matters: The Social Construction of Whiteness* [Minneapolis: University of Minnesota Press, 1999], 234).

2) '백인' 또는 '백인다움'은 '같다'라는 것을 말한다. 또는 '표시 안 된 또는 중립적 범주, 말로 언급하지 않는 기준'으로도 알려지며, 서양에 주어진 '구조적 장점, 인종 특권'이라고도 한다.(참조.Frankenberg, *White Women*, 197.) 다른 인종 구별법, 즉 '서로 차이 남' 또는 '다른 이'는 '백인적인 것' 밖에 있는 인종적 · 문화적 범주를 말하며, 정치적 투쟁의 중심에 있다는 것을 강조한다.

3) 참조. Ian J. Harvey, "Australian Parents for Vietnamese Children: A Social and Psychological Study of Inter-Country Adoption," New South Wales Department of Youth and Community Services, Australia, Sydney, 1980.

4) Harvey, "Australian Parents."

5) 사회계층은 이 연구에서 주요 문제가 아니지만, 베트남 경험을 한 성인 입양인들과 다른 베트남인들 사이를 분리하는 데 관계되어 있다는 것을 완전히 배제할 수는 없다. 프랑켄베르크(Frankenberg)가 중산층 또는 상류 백인 가정에 입양된 유색인종 아이들에 대해 말하길, "미국 사회에서 계급과 연관된 인종별 계층화를 보면, (인종간 입양인이 속한) 가족의 계급과 그들의 인종적 정체성 및 문화적 정체성이 충돌하여 융합할 수 없다. 그래서 경제적 수준이 맞는

부류와 어울리든지 같은 인종끼리 살든지 택일해야 한다." (Frankenberg, *White Women*, 131).

6) Edward Said, *Orientalism*, (New York: Penguin, 1991); R. Stam and E. Shohat, "Contested Histories: Eurocentrism, Multiculturalism and the Media" in *Multiculturalism: A Critical Reader, Vol. 296-324*, ed. D. Goldberg. (Cambridge MA: Blackwell Publishers, 1994).

7) David Eng, "Transnational Adoption and Queer Diasporas," *Social Text 21*, no. 3 (2003), 1-37.

8) Linda Tuhiwai Smith, *Decolonizing Methodologies: Research and Indigenous Peoples* (New York: Zed Books, 1999), 33.

9) Linh Lam-Song and Indigo Williams, "Borders in Cyber Space and the Digital Divide Between Vietnamese Parents and Their Children Adopted Abroad Post War," paper, Generations: Continuity and Conflict in South East Asia Conference, Yale University, New Haven, (March 1-3, 2002), 1-15.

10) 여기서 사용된 "다름"은 "다름의 정책"의 의미로 사용된 것이며, 본질적으로 다르다는 믿음보다는, 인식의 어려움을 보이기 위해 썼다. 이는 동화/같음, 즉 인종적 · 문화적 정체성을 포함한 다름에 대조하는 "〔구조적〕 특권과 압박"의 이데올로기를 반대하는 전략적 인식이다. (I. M. Young, "Justice and the Politics of Difference," in *The New Social Theory Reader: Contemporary Debates*, ed. Steven Seiderman and Jeffret Alexander [London: Routledge, 2001], 203-211.)

11) bell hooks, "Critical Interrogation: Talking Race, Resisting Racism," *Inscriptions* 5 (1989), http://humanities.ucsc.edu/CultStudies/PUBS/Inscriptions/vol_5/bellhooks.html.

12) Tobias Hübinette, "Adopted Koreans and the Development of Identity in the 'Third Space'," *Adoption and Fostering* 27, no. 4 (2003): 1-9.

13) Janet M. Bennett, "Cultural Marginality: Identity Issues in Intercultural Training," in *Education for the Intercultural Experience*, ed. R. Michael Paige (Yarmouth, ME:

Intercultural Press, 1993), 115.

14) Lawrence Grossberg, "Identity and Cultural Studies-Is That All There Is?" in *Questions of Cultural Identity*, ed. Stuart Hall and Paul du Gray, (London: Sage Publications, 1996), 91.

15) Ien Ang and others, *Alter/Asians: Asian-Australian Identities in Art, Media and Popular Culture* (Annandale: Pluto Press, 2000), xix.

16) 벨 훅스는, "문화적 비평은 지배 구조에 반하는 작품을 창조할 수 있다(그 주체가 백인이든 흑인이든, 학자이든 예술가이든 아니면 둘 다이건 간에). 그리고 미학적 견지에서나 정치적 견지에서 자신들의 작품을 자발적으로 심문하여, 앞으로 변해 갈 미래의 희망을 보여준다. 이 심문 자체는 비판적 개입이며, 근본적으로 부정이 아니라 각성적 태도를 조성하는 것이다."라고 주장한다 ("Critical Interrogation: Talking Race, Resisting Racism," *Inscriptions* 5 (1989), http://humanities.ucsc.edu/CultStudies/PUBS/Inscriptions/vol_5/bellhooks.html.). 그녀는 백인들이 "백인다움"에 집중하고, 모든 이들이 그들이 보여주는 주제에 대한 그들의 관련성을 좀 더 비판적으로 조사하고 보고하는 것이 좋다고 말한다.

17) Pnina Werbner and Tariq Modood, *Debating Cultural Hybridity: Multicultural Identities and the Politics of Anti-Racism* (New Jersey: Zed Books, 2000), 11.

18) K. Robbins, "Interrupting Identities: Turkey Europe" in *Questions of Cultural Identity*, ed. Hall and du Gray, 63, 66.

19) Hübinette, "Adopted Koreans"; Anthony Shiu, "Flexible Production: International Adoption, Race and Whiteness," *Jouvert Online Journal* 6, no. 1 & 2 (Fall 2001), http://social.chass.ncsu.edu/jouvert/v6i1-2/shiu.htm; Indigo Williams Willing, "The Adopted Vietnamese Community: From Fairytales to the Diaspora," *Michigan Quarterly Review* 43, no. 4 (2004): 648-664.

28 홀로 슬퍼하지 마세요

—서비스 사용자가 주도하는 인종간 입양인 지원

페를리타 해리스

입양으로 인해 나의 생모를 잃은 것은 나의 출생권을 잃은 것을 의미하고 인디언 공동체의 생활방식을 잃은 것, 풍족하고 아름다운 문화를 잃은 것, 모계의 역사와 조상에 대한 지식을 잃은 것, 외가와 친가 식구들과 모국어로 대화할 능력을 잃는 것을 의미해요.[1)]

✦

내가 정말로 어떻게 느끼는지는 사람들이 인정하려 들지 않는다는 생각이 들어요……. 아시다시피 내 친가, 부모님, 모국, 모국의 문화와 사회, 그리고 내가 전혀 모르기 때문에 아무런 상관이 없다고들 하는 모든 것들을 잃었는데 전혀 모르니까 내가 애도할 권리도 없다는 거지요.(린)[2)]

✦

> 인종간 입양인이 되는 건 뭔가를 상실한 거예요. 말, 전통, 문화 그리고 가장 중요한 그 미묘한 문화적 차이 같은 거요. 이런 생각을 나만 하는 건 아닐 거예요. 한 번도 누린 적도 없고 어쩌면 우리가 귀중하게 여기지 않을 수도 있는 무언가를 잃었는데도 계속해서 슬퍼하고 있어요. 난 홀로 슬퍼하고 있는 것인가요?[3)]

지난 50년 이상 영국에서 백인 가정이 흑인 아동을 입양한 경우는 꽤 알려진 일이지만 인종간 입양인의 목소리는 거의 들리지 않았다. 이 다양하고 이질적이고 여태까지 침묵해 온 사람들의 유년기와 성인기의 경험 그리고 입양에 관련된 지원이 필요한지에 대해서는 실제로 거의 알려진 바가 없다. 이 글은 영국에 살고 있는 흑인 사회복지서비스 수혜자들이 주도하는 단체인 ATRAP(Association for Transracially Adopted and Fostered People, 인종간 입양인 및 위탁 양육인 협회)과 그 회원들의 경험에 초점을 둘 것이다. 영국에서, **흑인**^black^은 아프리카, 남아시아, 동아시아에서 왔거나 그 혈통인 사람들을 지칭하는 정치적인 용어다. 이들은 모두 영국에서 억압당한 경험이 있다. ATRAP은 흑인의 정체성을 정치적으로 정의하는 이 용어를 사용하고, 부모 중 한 사람이 백인인 사람들도 포함된다. 많은 입양지원 단체와는 다르게, 이 단체는 입양이든 장기 위탁양육이든 간에 백인 가정에서 길러진 모든 이들을 회원으로 초대한다. 이 단체는 인종간 입양과 백인 가정에 장기 위탁양육된 경험엔 근본적으로 차이가 있지만, 동시에 중대한 유사점도 있다는 사실을 인식하고 있다. 이 글이 그것을 보여줄 것이다. 이 글에서는 인종간 입양이 계속해서 증가하고 있는 상황을 간략하게 검토한 후, 인종간 입양인의 경험에 대한 연구를 통해 알게 된 지식들을 개관하겠다. 이어서 ATRAP 회원들이 협회에 가입한 이유와 그들이 ATRAP 회원이 된 후 삶에 어떤 변화가 생겼는지에 중점을 두겠다. 마지막으로, 인종간 입양인과 위탁양육인이 그들의 경험과 고민에 대해 목소리를 낼 기회가 상당히 요긴하므로, ATRAP 회원들의 대화에 나왔던 공통주제와 논점을 강조하고자 한다.[4)]

정황/배경 설정하기

영국 정부가 최근에서야 입양아동들의 **인종**과 민족성에 대한 통계 수집을 시작했기 때문에, 영국 내부에서든 해외로부터이든 인종간 입양 사례가 얼마나 되는지 아직은 수치를 알 수 없다. 하지만 우리는 사회적 요인과 영국 내의 인종간 입양 증가 사이에 분명한 상관관계가 있다는 것을 알고 있다. 1960년 말부터 입양 가능한 백인 아동의 수가 1968년 1만 4,000명에서 1988년 1,400명으로 감소한 추세에 따라, 인종간 입양은 보편적 관행이 되었다.[5)] 전에는, 부모 중 한 쪽만 흑인인 경우도 포함하여 흑인 아동들은 대체적으로 '입양하기 어렵다' 혹은 '배치가 어렵다'라고 여겨졌다. 결과적으로, 흑인 아동들은 대부분 지역의 보육원에서 성장했다. 하지만 1950년대와 1960년대 초기에 소수의 흑인 아동들이 백인 가정에, 주로 위탁가정에 입양되었다. 1980년대에 이르자 입양된 흑인 아동의 대다수가 백인 가정에 배치되었다. 오늘날 비록 잉글랜드와 웨일스 인구의 9퍼센트만이 흑인임에도,[6)] 입양을 계획하고 있는 다섯 명 중 한 명은 흑인 아동을 입양하고 싶어 한다.[7] **백인 아동을 위한 동일 인종** 입양배치 정책은 정상적으로 여겨지고 그 누구도 문제 삼지 않지만 흑인 아동을 위한 동일 인종 배치 정책은 여전히 논란이 되고 도전을 받고 있다.[8]

비록 영국 정부에서 최근 국외로부터의 입양과 국내입양 건수를 조사하기 시작했지만, 국제입양은 1950년대 말과 1960년대 초부터 시작된 걸로 추측된다.[9] 영국의 국제입양은 1990년대 초 이후로 꾸준히 증가하고 있다. 2000년에서 2001년 사이에, 327명의 아동이 잉글랜드와 웨일스로 입양되어 왔다. 입양아동들은 주로 중국에서 왔으며, 태국, 미국, 인도, 과테말라, 러시아, 베트남, 스리랑카가 그 뒤를 이었다.[10] 개발도상국의 가난한 나라의 아동이 선진국이자 부유한 나라에 입양되는 것은 식민주의에 그 뿌리를 둔 지구적 불평등의 확장과 다르지 않다.[11]

입양과 **인종**은 영국에서 많이 정치화되었다. 1990년대에, 이러한 정치화는 동일 인종 배치 정책에 대한 반발로 이어졌다. 이는 인종간 입양에 대한 정부의 입장을 보여주는 보건부의 전단에서도 나타난다. 아래는 그 전단에서 발췌한 내용이다.

> 아동의 민족적 뿌리, 문화, 언어, 종교는 입양기관이 아동을 가장 적절하게 배치하고자 할 때 고려해야 할 매우 중요한 요소들이다. 하지만 이 고려는 **아이가 필요로 하는 모든 것** 중 하나여야 한다.[12]

> 정부는 아동과 입양부모가 동일한 인종적 배경을 가지지 않았다는 하나의 이유만으로 아동이 사랑이 넉넉한 부모를 가져서는 안된다는 논리는 허용할 수 없음을 분명히 한다.

이러한 입장 때문에 2002년 입양과 아동법(the Adoption and Children Act)이 다시 전면시행되었다.

백인 입양부모들이 흑인 아동을 입양할 기회를 종종 거부당했다는 식으로 동일 인종 배치 정책이 공격을 받아온 것처럼 보이지만, 사실상 백인 가정의 흑인 아동 입양은 결코 중단된 적이 없었다. BAAF(British Association for Adoption and Fostering, 영국입양양육협회)의 전국적 조사에 따르면, 소수인종 입양아동의 17퍼센트가 백인 가정에 배치되었다고 한다.(농촌에선 50퍼센트에 이른다.)[13] 사회복지 조사단은 작은 규모의 표본 조사를 통해 53퍼센트나 되는 소수인종 아동이 백인 가정에 배치된 사실을 보고했다.[14] 현재 정부정책은 입양되어야 할 아동의 비율이 증가하고 있다는 것과 아동의 입양배치가 지연되지 않도록 하고 있음을 강조한다.[15] 흑인 가정을 찾는 일은 실패하고 아동을 받아들일 백인 가정은 충분하다는 두 사실이 짝을 이루어서[16] 정부는 인종간 입양 관행을 지속시키는 정책을 펼 것이고 아마도 최근의 추세보다 인종간 입양 건수가 훨씬 더 증가할 것이다. 더구나 영국에서는 2003년 6월 1일부터, 1993년에 제정된 '아동 보호와 국가간 아동 입양에 관한 헤이그 협약'이 효력을 발휘하고 있다. 이 협약에 기초해서 영국 정부는 영국이 아동 입양국인 동시에 아동 송출국 상태가 되게 했다. 영국 내에서 배치될 가정을 찾지 못한 **요보호 아동**은 영국 바깥 나라의 친척이나 알지 못하는 가정으로 입양시키는 것을 고려할 만한 선택 사항이 되도록 했다. 정부는 국가간 입양이 가능한 아동의 목록을 갖고 있게 될 것이다. 당연히 이 목록에는 흑인 아동도 포함될 것이다. 이리하여 영국은 인종간 아동의 국제입양 이행에 새로운 국면을 맞을 것이다.[17]

영국에는 인종간 입양인의 경험을 다루는 문헌이 턱없이 부족하다. 인종간 입양 연구 분야에서 자유주의 패러다임이 주도적이었기에 연구자들은 위와 같은 아동 배치가 안고 있는 곤란한 점들을 은폐하고 반박을 억누르는 인종간 입양 이론을 방어하는 경향을 보였다. **인종** 문제와 **인종차별**의 심각성을 폄하하는 것도 그런 경향 중 하나였다.[18] 나아가 영국의 연구는 동일 인종 배치든 인종간 배치든 입양아동과 성인 입양인이 자신들의 말로 기록한 경험에 대해 완전히 무시하고 전혀 관심을 기울이지 않았다. 대신 배치 결과, 즉 파양율이나 입양부모가 제공하는 입양아동의 관점(입양부모에게 동화되려 한다는 관점) 등에만 초점을 뒀다. 또한 인종간 입양인들의 필요에 대한 입양지원에 대해서 연구하지 않았고, 동시에 입양인들이 받은 서비스나 독립적인 입양지원서비스에 대해서도 조사하지 않았다. 이 연구들의 전체적인 영향은 인종간 입양인이 침묵하게 만들었을 뿐이다.

그러나 우리가 들여다볼 수 있는 연구들을 통해서, 우리는 나이가 어린 위탁아동들이나 부모 중 한 사람이 백인인 혼혈 흑인 아동은 인종간 입양이 되는 경향이 큰 것을 알 수 있다.[19] 우리는 또한 인종간 입양아동들은 오직 자신들의 피부색을 제외하고는[20] 스스로를 **백인**으로 여기는 경향이 있다는 것을 알게 됐는데, 특히 입양부모가 아이를 양육하면서 인종색맹적 태도를 견지했을 때 그러했다.[21] 이런 아동 대다수는 다른 흑인들과 거의 접촉이 없었으며[22], 그들 스스로를 **백인화**해보려 한다.[23] 게다가 국제입양된 아이들은 외상후스트레스장애와 원인을 알 수 없는 건강상의 문제를 겪을 수도 있다.[24]

입양인들은 심한 인종차별을 경험한다고 보고되는 바, 때로는 친척이나 교우에게 인종차별을 당한다[25)]고 말했다. 이는 유년기에 겪는 인종차별주의자의 괴롭힘도 포함하는데, 언어적 폭력과 신체적 폭력 모두를 포함하며, 특히 학교에서 가장 빈번하게 일어난다.[26)] 그들은 그때의 기분을 '어떻게 감당해야 할지 모르는 기분'이라고 표현한다.[27)] 시범적 연구조사의 일환으로 열 명의 성인 인종간 입양인들을 인터뷰한 데릭 커턴(Derek Kirton)의 조사에 의하면, 인종간 입양인들은 **백인성**[whiteness]과 관계맺기에 곤경을 겪고 있고, 동시에 **출생공동체**와의 관계맺기에 있어서도 마찬가지로 양가적 곤경에 처해 있다. 한편으로는 강력히 끌리면서도 다른 한편으로는 거리감과 불쾌감을 느낀다.[28)] 성인이 된 흑인 입양인들은 인종차별에 직면했을 때 도움을 받지 못했다고 느끼고 있으며, 그들이 겪는 인종차별을 입양부모가 알아채지 못하도록 입양부모를 보호해야 했다고 말한다. 이 연구는 매우 중요한 점을 발견했는데, 인종간 입양인들이 백인 입양인들에 비해 그들의 입양가족과는 현저하게 다르다는 점을 느끼고 또 입양모와의 관계에서 매우 낮은 친밀도를 느끼고 있다는 것이다.[29)] 백인 입양부모들은 인종간 입양아동의 친생 혈족을 받아들임에 있어 흑인 입양부모들보다 훨씬 관용도가 낮다.[30)] 인종간 입양이 된 소녀들은 소년들보다 파양될 위험이 약간 더 높은 것으로 드러났다.[31)] 나아가, 만족감 혹은 **인종적** 문화적 긍지와 같은 여타의 척도들을 고려할 경우에는 모든 아동의 장기적 배치가 항상 성공적이지만은 않다는 것이 밝혀졌다.[32)]

그리고 백인 입양인은 31.2세가 되어서야 가족을 찾기 위해 정보를 검색하기 시작하는 데 비해, 인종간 입양인들은 훨씬 낮은 연령인 25.8세에 가족 찾기에 나서는 것이 발견됐다. 또한 인종간 입양인들이 가족찾기에 일찍 나서는 가장 주요 이유는 **인종적 이유**이며 민족적 정체성 문제라는 게 발견됐다.[33] 인종간 입양인들 중 흑인들은 백인들보다 훨씬 더 많이, 주도적으로 계속해서 그들의 생부를 찾는다.[34] 어떤 인종간 입양인들은 스스로를 흑인으로 간주하기 때문에 백인 친생가족을 찾았을 때 거부당할지도 모른다는 두려움을 갖는다. 그래서 백인 친생가족을 찾는 과정에서 불안과 모순된 감정에 사로잡힌다.[35] 아동협회가 가족찾기와 재회에 관해 실시한 한 연구에 의하면 인종간 입양인들은 그들의 백인 입양가족과 다르다는 점을 느끼며[36] 입양가족과 있을 때 **집에 있는** 느낌을 덜 느끼는 것으로 드러났다. 반면 백인 입양인들은 그들의 **백인 가족**과 함께 있을 때 **집에 있는** 느낌을 훨씬 강하게 느끼는 것으로 밝혀졌다. 이는 인종간 입양인들에게는 재회 이후에 인종적인 욕구와 민족적 정체성에 대한 욕구가 뒤따른다는 것을 드러내 준다.

최근 수년 동안 사회복지서비스 사용자의 지식에 대한 관심과 사회복지서비스 사용자가 전문가라는 인식이 커지고 있다. 1980년대에 이르러 사회복지서비스 사용자 자신들의 조직이 출현하게 되었고 이 단체들은 보다 낫고 보다 맞춤한 서비스에 대한 각 사용자들의 고유한 관점들과 욕구들을 반영하면서 기존 사회사업 정책과 관행 실태를 들춰냈다. 비록 이러한 사회서비스 사용자 운동들 사이와 그들 내부에 차이는 존재했지만 모두 **그들 자신을 위한 발언권**을 내세웠고 토론했으며 그들의 운동과 사회 안에서 그들 자신에게 영향을 끼친 논쟁과 결정에 개입했다.[37] 인종간 입양인들 역시 하나의 서비스 사용자 그룹으로 볼 수 있다. 이들은 단체를 결성하여 그들 자신의 경험에 대해 발언하고, 입양과 입양 사후 지원 서비스에 대한 요구사항을 만들며 어떤 이들은 인종간 국가간 입양의 관행에 대해 도전했다. 인종간 입양인들은 또한 그들의 경험에 관해서 저술하기 시작했다. 영국과 다른 나라로 입양된 이들이 쓴 개인적 삶에 대한 이야기들은 그들이 생산해낸 창의적인 문장의 집적물들과 더불어 백인 입양가정에서 성장한 흑인들의 일상 경험에 대해 보다 깊은 통찰력을 보이고 있다. 그들은 차이, 귀속, 정체성, 상실, 감사, 인종주의, 인종적 학대, 아동기의 우울증, 성인기의 정신병리적 고통, 친생가족과 문화와 언어의 상실, 출생국 방문, 친생가족 찾기와 재회 등에 관한 공통 주제를 묶어냈다.

현재 시행 중인 서비스 규정

의사들이 인종간 입양인에 대한 지원 그룹의 필요성을 강조해 왔지만 영국에는 해외입양을 포함한 인종간 입양아동과 성인 입양인의 욕구에 맞게 설계된 통합적 입양 지원 서비스가 없다.[38] 하지만 상담 서비스에 의하면 흑인으로서 백인 가정에 입양된 사람들은 입양가족 안에서 인종차별을 경험하고 '분노와 슬픔, 어리둥절함'을 느끼며 '자신에 대한 부정적 이미지'와 씨름하고 나아가 흑인 친생부모를 찾고 싶어 한다고 한다.[39]

인종간 · 국가간 입양인 아동과 성인 모두를 위한 입양지원 서비스가 없다는 것은 매우 걱정스러운 일이다. 1988년 런던에 세워진 입양 사후 지원 센터는 영국에선 처음으로 인종간 입양인 성인에게 서비스를 제공하는 기관이다. 이 기관은 두 흑인 지지자를 중심으로 형성된 일련의 지지 그룹을 이어받았다.[40] 더 최근에, 2001년

맨체스터의 지지 그룹인 애프터어답션(After Adoption)이 인종간 입양 성인을 위한 월례모임을 시작했다. 이어서 웨스트미들랜드(West Midlands)의 지역 입양 사후 지원 기관과 관련 있는 서비스 사용자들의 입장에 대한 연구가 진행되었고[41], 1990년 중반의 실패를 딛고 비슷한 모임을 만든, 버밍엄의 어답션서포트(Adoption Support)가 그 뒤를 따랐다. 인종간 입양인들의 욕구가 얼마나 중요한지 인식하지 못한다는 것은 정부와 독립적 서비스 제공자들이 인종간 입양아동과 성인들의 요구에 들어맞는 통합적 입양 지원 시스템을 제공하는 일에 실패해왔음을 드러내준다.

결국 다수의 ATRAP 회원들이 이전에 어떤 입양 사후 지원 서비스와 연결된 적도 없었고 그들의 상황에 따르는 권리와 서비스가 존재한다는 것조차 알지 못했다는 것은 놀라운 일이 아니다. 다른 서비스를 이용했던 몇몇 사람들은 실로 많은 난관들을 겪었음을 토로했다. 입양기록에 접근할 때 오랫동안 기다려야 했던 일을 포함해서, 출생기록에 대한 조언, 상담 서비스, 상담사와 치료사를 찾는 일에 있어서의 문제점들, 특히 인종간 입양과 가족찾기 · 가족 재회에 대해 전문성을 갖춘 노련한 흑인 치료사를 찾는 일, 정보의 결여, 다른 나라에 살고 있을지도 모르는 친생가족을 찾는 일 등이 그렇다.

ATRAP이란?

ATRAP는 인종간 입양되거나 인종간 위탁양육되는 사람들을 위해서, 그리고 그들에 의해 운영되고 있다. ATRAP는 인종간 입양인과 장기 위탁양육된 사람들의 경험과 시각을 중요시하며 그들의 경험을 필수적 지식의 기초로 여긴다. ATRAP은 구성원들이 그들 자신에게 유익을 가져오는 서로로부터 배우며 그들의 경험을 탐색·분석하고 자신들과 다른 이들의 삶의 질을 고양시킬 변화를 위한 행동과 전략을 일치시키고자 한다. 1993년에 세워진 ATRAP은 입양 사후 지원 센터(Post Adoption Center)에서 개최된 인종간 입양인들의 모임들에서 비롯됐다. 이 단체는 점점 발전해서 1996년에 자선기관으로 등록되었고 2000년에 재발족되어 2001년에는 최소 3년간 보건부로부터 자금을 제공받았다. 비록 런던에 근거를 두고 있지만, ATRAP의 구성원들은 리즈, 브라이튼, 브리스틀에도 또한 지역적 그룹과 네트워크를 구축했다. 단체를 유지하는 것은 항상 쉽지 않으며, 구성원 개인들의 여정, 즉 그들의 가족찾기나 흑인 공동체와 연관을 맺는 일, 감정적 고민을 털어놓는 일 등에 영향을 받는다.

ATRAP의 가장 주요한 목적은 인종간 입양되거나 위탁양육된 사람들이 느끼는 소외감을 경감시킬 수 있도록 동료지원(peer support) 프로그램을 제공하는 것이다. ATRAP은 구성원들이 만나고 얘기할 안전한 공간을 만들고 또한 용기를 북돋아주는 사회적·교육적 기회를 제공하는 것을 목표로 한다. ATRAP은 인종간 입양인들과 장기 위탁양육된 사람들이 입양과 위탁, 국가간 입양, 가족찾기, 재결합에 관해 어떤 견해를 지녔든 간에 상관하지 않는다. 또 그들의 성별과 계급, 정신 보건 서비스의 수혜자인지 아닌지, 정신과적 진료세계의 생존자이든 아니든 상관하지 않는다. 장애인, 레즈비언, 게이, 양성애자, 범죄 연루 경험 등에도 상관없이 그들을 환대하고 지지하며 판단당하지 않도록 하고자 노력한다. 모든 구성원들이 받아들여지고 서로를 가치있게 여기는 안전한 환경을 확보하기 어려웠지만 ATRAP은 계속 차별과 억압에 도전하고 있다.

ATRAP는 국내외 인종간 입양된 사람이나 장기 위탁양육 시설에서 **보호**되었거나 개인적으로 위탁양육된 모든 사람에게 열려 있다. 브리스틀 ATRAP 그룹인 LAFTA 또한 압도적으로 백인이 많은 지역의 고아원에서 자란 사람들에게 열려 있다. ATRAP 구성원은 인종간 입양인, 위탁양육된 사람, 입양가족들에게 파양당하고 학대당하거나 버려진 사람들의 다양한 양상을 드러낸다. 구성원들은 도시 또는 시골에서 자란 10대 후반부터 40대 중반까지 있다. ATRAP 회원 자격은 관심 있는 전문인들, 친생가족, 위탁양육 가정, 입양가정, 정부 기관과 자원봉사기관에게도 주어진다.

수년 동안 ATRAP는 사회적 이벤트 워크숍, 이메일리스트, 웹사이트, 구성원들의 시, 산문, 편지가 담긴 계간 뉴스레터, 법적 상담추천, 입양 사후 지원 서비스, 봉사 기회 제공, 비공식적 후원과 사람들 간의 네트워크 등의 많은 서비스를 제공했다. 사회적 이벤트를 통해 구성원들이 다른 인종간 입양인이나 위탁양육된 사람들을 만날 수 있게 하고 서로 동료지원을 나누며 경험을 나누고 평가하게 한다. 런던에 있는 ATRAP 조직은 지부 설립을 희망하는 이를 지원하고 있다. ATRAP에서 제작한 「사랑은 충분하지 않다: 인종간 입양경험(*Love is Not Enough: Experiences Transracial Adoption*)」[42]이라는 동영상에선 세 명의 인종간 입양인이 그들의 경험에 대해 목소리를 내고 있다. ATRAP은 또한 훈련과 공공 발언, 언론을 통한 활동도 해왔다.

왜 사람들은 ATRAP에 참여할까?

사람들을 다양한 이유로 ATRAP에 가입한다. 가장 주요한 이유는 그들과 같은 인종간 입양인이나 위탁양육된 사람들을 만남으로써 고립감을 줄이려는 것이다. ATRAP은 구성원들에게 놀림받거나 묵살되거나 판단당하거나 해고당하거나 불신당하거나 병적 존재로 여겨지는 두려움 없이 각자의 경험을 얘기할 기회를 제공한다. 몇몇 회원들은 어렸을 적 그들이 형제자매를 포함해 다른 인종간 입양인 혹은 위탁 양육된 이들과 만나봤지만은 결코 자신들의 경험 그 자체에 대해서나 국가간 · 인종간 입양 관행에 대해 대화할 수 없었다고 말한다. 많은 회원들은 그들이 입양가족이나 위탁가족 구성원들, 친구들 그리고 지인들과 자신의 감정을 나누려고 시도했을 때 부정적 반응에 부딪혔다고 토로했다.

> 저는 대부분의 제 친구들에게 제가 ATRAP에 간다고 말했어요. 하지만 제 친구들은 제가 왜 그러는지 이해를 하지 못했고 제 생각에 친구들은 인종차별이 정말로 있다는 것을 이해하지 못하는 것 같았어요……제 친구들이 이해하긴 정말 힘들겠죠……네 삶에서 모든 것이 다 괜찮은데 왜 네 스스로가 우울하고 슬퍼해야 하니? 그러니까, 그 친구들이 생각할 수 없는 그런 일인 거죠……그리곤 저는 단지 하찮은 일을 과장해서 떠들어댄 걸로 끝나는 거죠.(린)

> 제 경험을 정말로 이해할 수 있는 유일한 사람은 저와 같은 경험을 한 사람밖에 없어요. 다른 사람들은 그 경험을 다른 쪽에서 봐요…… 내가 말하는 것과 그들이 보는 것은 일치하지 않죠. 그러고 나선 조용히 하라는 둥, 그런 거 있잖아요, 말도 안 된다는 둥 그런 반응을 보일 거예요. 그냥 닥치라고 말을 하든지, 있잖아요, "도대체 무슨 소리야?

정말 웃긴 일이네, 그런 일은 일어나지도 않았고 일어날 수도 없다고, 그건 단지 네 생각이라고." 하는 거요.(아바요미)[43)]

회원들은 또한 그들이 혼자라고 느꼈던 경험을 이야기했으며 백인 가족에 의해서 자란 다른 흑인들은 어떻게 느꼈는지 알고자 했다.

제가 그렇게 느낀 유일한 사람이 아니었다는 것을 말함으로써 다른 사람들에게 위안을 줄 수 있길 바랐어요. 혼자라는 느낌을 줄이고 싶었어요.(린)

저는 처음부터 ATRAP 회원이 됐어요. 저와 비슷한 경험을 한 사람들의 의견을 듣고 싶었죠. 그리고 내 경험에 대해 말할 공간이 절박했어요. 내가 완전히 엉뚱하게 보이거나 갑자기 외계인이 된 듯한 두려움 없이 말입니다.(아바요미)

그들이 이런 경험에 대해 말하는 과정은 그들이 겪은 복합적 상실, 아픔, 죄의식, 수치심, 자기 혐오, 혼란, 감사, 충성, 그리고 그토록 많은 회원들이 털어놓은 두려움 등으로 더욱 복잡해져갔다.

저는 가끔 제 나라, 문화, 가족을 잃어버렸다는 말못할 슬픔을 겪곤 해요. 그리고 제가 감사해야만 한다는 무거운 짐을 쏟아버릴 용기가 있었으면 하죠. 제가 이런 감정에 대해 표현해도 사람들이 제 그런 모순과 배반자 같은 태도를 비난하지 않았으면 해요. 왜냐하면 그런다고 해서 내가 멋진 입양가정과 행복과 다른 많은 것을 누렸음을 부인하는 건 아니니까요.(마일)[44)]

왜 ATRAP이 필요할까?

자신과 같이 인종간 입양인이거나 위탁양육된 사람들을 만나는 경험은 심오하고 강력하며 어떤 이들에겐 흥분되고 감격적인 일이다. 궁극적으로 이러한 경험 자체가 치유일 수 있다. 이런 만남은 많은 사람들로 하여금 혼자가 아니라는 것, 예전에 스스로 **외계인**이라고 생각했던 것이 사실이 아니라는 깨달음을 준다. 다른 사람들을 만나는 것은 그들의 인종간 입양 경험과 위탁양육 경험을 정상적인 것으로 만들며 그들 스스로에 대한 감정을 변화시킬 잠재적 가능성을 높여준다.

> 인생의 반이 지나고서야 내가 ET가 아니었음을 깨달았죠. 그리고 내가 경험한 비정상적 상황에 제 자신이 지극히 정상적으로 반응한 것이란 점도요.(익명의 입양인)[45]

몇몇의 ATRAP 회원들은 이런 만남이 자신에 대한 느낌과 치유력을 얼마나 긍정적으로 변화시켰는지 설명한다. 이런 변화를 통해 그들은 미래에 대해 훨씬 낙관적으로 생각할 수 있게 되었다.

> 사람의 정체성은 자기 경험과 비슷한 경험을 한 사람들과 있을 때 지지받지요. 그리고 그것은 자신을 받아들이도록 도와줘요. 나는 상처입었다고 느꼈지만 그 상처는 표현되지 않았지요. 그 상처는 내가 그들과 함께 있을 때 치료됩니다. ……나는 나 자신이 될 수 있고 그게 바로 치료인 거죠. 어떤 다른 장소에서도 얻을 수 없는 내 자신의 한 부분이랍니다.(폴루쇼)[46]

ATRAP 회원들은 또한 ATRAP이 공개토론의 장, 즉 그들의 이야기를 공유하고 자책감과 인종간 입양인과 위탁양육된 사람들을 병리적으로 바라보는 관점을 허물어뜨리는 그런 공간을 만드는 것이 중요하다고 강조했다.

> ATRAP 공간에서 이야기할 때 나는 ATRAP과 관계를 맺으면서 얻게 되는 정보나 철학을 말해요. 그 철학은 바로 인종간 입양인이 된 건 내 잘못이 아니고, 내 책임이 아니며, 내가 죄의식을 가질 필요도 없고 어떤 것에도 나쁜 감정을 가질 필요가 없다는 것이죠. (아바요미)

몇몇의 회원들은 처음으로 그들이 누군지, 그들의 환경이 어땠는지 말해야 할 필요를 느끼지 않았다고 말한다.

> 자신에 대해 설명해야만 하는 삶, 자신에 대해 설명할 필요를 회피하느라고 삶을 허비해야 했습니다. 하지만 당신과 비슷한 경험을 한 사람들과 함께 있을 땐 사람들은 그런 압력을 받지 않아요.(조)

어떤 사람들은 ATRAP이 어떻게 그들의 정신건강 유지에 도움이 됐는지 말한다.

> 위탁양육된 존재라는 불편함과 흑인이라는 고통은……ATRAP에서 해결됐어요…… ATRAP을 좀 더 빨리 찾을 걸 그랬어요.[47] 저에게는 대안이 거의 없기 때문에 ATRAP이 매우 중요해요. 이런 기회가 없었다면 미쳐버렸거나 내 얼굴에서 심각한 정신질환을 느낄 수 있었을 거예요.(아바요미)

정신과 시스템이 준 고통에서 살아남은, 인도인과 아일랜드인 부모에게서 태어난 베로니카 디완(Veronica Dewan)은 ATRAP에 참여한 경험에 대해 말했다.

> 1993년에 나처럼 백인 가정에 입양되거나 장기 위탁된 흑인들을 만났어요. 그들과 함께 상실감, 고독, 혼란, 거부감, 버려졌다는 느낌을 공유했어요. 다른 사람들이 내 이야기를 세심히 알고 있다는 말을 들었을 때 혼자가 아니라고 느꼈어요. ……우리 삶의 여정에 대한 이야기가 한데 모이면서, 격정에 사로잡히지 않고 점차 다양한 방법으로 다른 사람들에게 도움을 주려고 했어요. 이 경험은 내게 어딘가에 소속된 느낌, 사회공동체의 한 부분이 되어 힘을 얻는 것이 어떤 느낌인지를 배우는 출발점이 되었지요.[48)]

홍콩에서 입양된 수 자뎅(Sue Jardine)이란 중국계 여성은 ATRAP에서 사람들과 어울리면서 깨달은 점을 말했다.

> 다른 사람들의 경험을 듣고 내 목소리를 낼 수 있게 되면서 우리가 얼마나 어릴 때부터 우리 입양 상황에 대해 스스로 책임져야 한다고 느꼈는지 깨달았어요. 대부분 고립되어 자랐기 때문에 이러한 상황은 끝없이 이어졌고 입양가족들이 우리의 경험에 연루되지 않게 보호해야 한다고 느꼈지요.[49)]

회원들은 또한 ATRAP에 참여함으로써 무력감을 떨치고 일어나 긍정적인 정신 건강과 삶의 향상을 위한 전략에 자신들을 동일화시켜 나가기 시작했다. 새로운 설명들과 관점들이 생각을 바꾸도록 이끌고 갱신된 희망 가운데로 인도하는 동안, 개인적 곤경은 공통의 과제로 재규정되었다. 회원들은 그들의 경험에 대해 집단적 긍정을 받고 공동으로 행동함으로써 개인적으로 성장하고 자신감이 향상되었다. 그들은 그들의 여정에 있어서 다른 관점에 관해 경청하게 되었고 서로 공감하며 서로 배울 수 있었다.

ATRAP은 내 상황이 조금이나마 나은 편이라고 생각하도록 이끌었습니다. 우리 중에서 다른 사람의 이야기를 듣다 보면 여러 부분에서 나와 비슷하다는 걸 알게 되죠. 이게 내 자신의 관점을 변화시켜요. 내 경우와 별로 비슷하지 않은 이야기를 듣고 있노라면 모든 문들이 닫히는 느낌이에요. 반면 유사한 이야기 한두 가지만 들어도 금세 긍정적으로 생각하게 되고, 이성적으로 판단할 수 있게 됩니다. 최소한 달라지려는 시도를 할 수 있게 되죠.(아바요미)

공동의 문제

상황은 다 다르지만 그 가운데서도 ATRAP의 구성원들은 친생가족, 공동체, 출생국가의 상실이라는 점에서 그리고 **인종적** 문화적 정체성과 인종 차별에 관한 문제를 제기한다는 점에서 공통된 경험을 갖고 있다.

• 정체성

인종적 문화적 정체성은 인종간 입양인과 백인 가정에 위탁되어 성장한 사람들에게 핵심문제이다.

런던에 오면서 아주 큰 충격을 받았어요. 저는 모든 것을 잃은 느낌이

었어요……흑인이 무엇을 의미이든 좋아하지 않았고 내가 완전히 백인이라고 생각하며 성장했거든요.(폴루쇼)

인종간 입양인으로서 인종간 입양인이라는 사실과 씨름하면서, 그리고 흑인인 나를 좋아하면서 살아가고 있다고 생각해요. 흑인은 나쁘다고 하는 것은 사람들 마음에 심어진 생각일 뿐…… 자라는 동안 나 자신이 어떤 존재인지 생각하도록 했을 그 무엇에도 불구하고 나는 내가 누구인지 생각해야만 해요. ……아마도 내가 백인이라고 생각하면서 다니는지도 모르지요. 그러나 나는 사람들이 나를 보는 바에 적응할 수 있어야 합니다.(피터)

우리 대부분에게 정체성의 위기가 옵니다……그것은 바로 내 자신을 재구성하는 일이죠.(폴루쇼)

인종간 입양인은 많은 상실을 안고 있다. 그 중 주요한 것이 문화의 상실이다.

내 안의 흑인 문화적 삶이 부정된 것 같아요. ……30대 중산층인 백인 부모님이 흑인 문화를 내게 알려줄 방법을 어떻게 알겠어요?[50)]

• 감정적 고통

구성원들은 그들의 인종정체성에 대한 공황발작, 즉 자해 행위나 자기혐오, 자살 그리고 결국 정신과 치료에 이르는 상황에 대해 말했다.

저는 7살에 처음으로 자살시도를 했습니다. 그리고 그러한 생각이 제

어린 시절 내내 맴돌았죠. 저는 저의 뿌리로 되돌아가야 했어요.[51]

우리들 사이에서 자기혐오감이 가장 많은 이유는 바로 우리들의 백인 부모가 우리가 "특별"하다고 말하는 동시에 공공장소에서, 언론에서 보여준 것처럼, 흑인들에 대해 인종차별을 보여주었기 때문입니다. 자존심이 무시되고 자살할 지경에 놓이는 것을 담보로 사랑을 원하는 사람이 있을까요?[52]

• 인종 학대 및 인종차별 상황에서의 지지 결여

구성원들은 종종 입양가족, 위탁가정, 지역, 사회에서 겪은 인종차별에 대해 종종 말한다.

인종차별은 어릴 때부터 늘 있었지만 만약 당신이 백인들 손에 양육됐다면 어릴 땐 알 수 없을 거예요.(조)

아마 엄마는 인종차별을 인식하지도 못하고 이해하지도 못했을 거예요. 난 7살 이후부터 인종차별을 절대 언급하지 않고 혼자 끌어안고 살았죠. 20대 초반까지 누구에게도 말하지 않았습니다. 그리고 그게 정말 내게 해로웠다고 생각합니다. (린)

• 입양과 위탁 양육이 일상에 미치는 영향

백인 가정에서 자란 경험은 인종간 입양인과 위탁양육된 사람들의 자존감에 영향을 준다.

> 가족들에게 인정받는 과정 속에서 인종간 인양인은 입양가족에게 깊이 각인되어 있을지 모르는 인종차별적 태도를 받아들여야 해요. 인종간 입양아동은 생존을 위해 자신이 흑인이라는 사실을 혐오하면서 성장해야 하지요. 비록 무의식적이라 하더라고 인종차별적인 입양가족이 자신의 피부색과 그에 따른 문화를 존중하지 않는 대가를 입양인이 치러야 하는 거예요. 그런 어린 나이에 자존감이 상처를 입으면 평생 회복이 힘들어요. ……자존감은 우리의 모든 행동, 성취, 사랑 뒤에 숨어 있죠. 타인과의 관계 형성, 다른 이를 사랑하는 능력, 다른 사람의 **사랑을 받음직한 존재**라는 느낌 뒤에는 자존감이 있는 겁니다.(피터)

입양은 일생을 관통하는 경험이다. 백인 가정에서 자라며 친가족과 그 문화·종교·언어 유산을 상실한 일은 다양한 방식으로 계속 영향을 미친다.

> 오늘날 나의 가장 큰 문제는 내가 입양인이라는 단순한 사실입니다. 이렇게 하든 저렇게 하든 나는 나 자신을 위탁양육 시설로 되돌려버릴 수 있어요. 입양이 나를 이렇게 만든 셈입니다. 나는 어떤 사람들과도 연결되지 않은 채 살아낼 능력이 있는 게 자랑스럽다고 곧 말할 겁니다. 다른 문제는 친생부모의 문화와 단절된 데 근원이 있어요. 일상적으로 그 단절을 직면해야 하고 그걸 생각하지 않을 수가 없어요. 그리고 그걸 계속 억눌러야만 하고 그러고 나서는 그 생각이 온통 나를 뒤덮죠. 그리고 다시 억누르고요.(아바요미)

• 감사와 죄책감

많은 회원들이 그들의 입양가족과 위탁가정에 고마운 느낌을 가지고 있고, 백인 가정에서 자라는 것이 진짜 어떤지 말하거나 인종간 입양 관행의 필요성에 의문을 갖는 데 죄책감을 느낀다.

> 저는 정말 감사하게 생각하기 때문에, 제 인생에서 경험한 부정적인 것에 대해서도 엄마나 형제들에게 말하려 하지 않아요. 그리고 사람들은 그것을 느끼죠. 모든 사람들이 제 삶을 환히 들여다보고 있기 때문에 마치 소설 같은 삶을 살고 있다고 느끼게 되죠. ……사람들이 그걸 원하니까 제가 정직하지 않게 된 건지도 몰라요. 전 어떤 것이든 부정적인 말을 하면서 죄책감을 느끼는 거죠.(린)

> 무엇보다 죄책감이 엄청나고, 그것이 살면서 작동해요. 그 죄책감은 다양한 방식으로 스스로를 드러내죠. 죄책감을 다루는 좋은 방법이 있지만 펼치기 상당히 어렵긴 해요.(아바요미)

죄책감은 입양인들 사이에서도 작용한다. 몇몇 회원은 다른 입양인에게 자신이 어떻게 보일지 두려워하고 그 때문에 침묵을 지킨다.

> 저는 절대 제가 어떻게 느끼는지 말하지 않아요. 다른 입양인들이 저를 배반자로 볼까 두렵기 때문이에요.(린)

ATRAP 회원 중에는 자신의 인종간 입양 경험과 인종간 입양의 필요성에 대안 의견을 입양부모와 편안하고 솔직하게 대화한 사람이 없다. 입양부모들은 그들의 자녀가 다른 입양인과 위탁양육된 사람들을 만나 백인 가정에서 자란 경험을 서로 얘기한다는 것을 알면 위협당한다고 느낄 것이다.

저는 제 가족들에게 제가 어떻게 느끼는지 절대 말하지 않아요. 용기를 내어 입양엄마에게 ATRAP에 간다고 말한 적이 있어요. 그게 경험이 되었죠. 엄마는 상당히 분개하셨고 방어적인 태도를 보였어요.(린)

• 입양가족과 위탁가정 내부의 인종차별과 학대

입양가정과 위탁가정 내부의 인종차별은 신체적 학대와 정신적 학대가 복잡하게 얽혀 있다. 린다는 그녀의 입양모로부터 받은 신체적·정신적 학대에 대해서 얘기한다.

두들겨패고 "흑인년, 이년 저년" 욕을 해대고선, 곧 이어 나더러 얼마나 엄마를 사랑하는지 묻곤 했던 굴욕의 시절이었답니다.[53)]

어떤 회원들은 입양가족에게 당한 성적 학대에 대해 말한다. 이런 성적 학대는 인종문제일 수 있다. 일례로 성인 입양인 L이 명명한 **인종 성애화**(sexualization of ethnicity) 일화가 있다.

내가 다른 인종이라는 이유로 발동된 호기심 때문에 나를 만진 거죠. **몸의 모든 부분을 만지는** 일도 있었죠. 다른 아이들에게는 결코 일어나지 않는 일이에요. 심지어 다른 아이들이 앞에서도 그랬는데 내게만 그랬어요. 주범은 입양부모님, 친척, 학교 선생님, 그리고 슬프게도 친구들 부모님이었죠. 그들과 다른 내 인종적 특징이 그 어른들의 공격성을 불러일으켜서 나를 만지고 때리고 느끼고 거칠게 대하고 붙잡고 끌어안게 하는 거죠.[54)]

샤메인은 그녀의 양엄마로부터 받은 정신적·신체적 학대, 그녀의 대부, 양오빠, 그리고 선생님에게 받은 성적 학대에 대해서 말했다.

> 내가 받은 성적 학대 경험은 기억할 수 있는 한 다 기억해요 언제가 처음이었는지는 기억할 수 없지만요. ……저는 학교에서 매우 똑똑한 아이였지만……점점 무단결석을 하고 자해를 했으며 약물을 복용하기 시작했습니다.[55)]

십대가 되자 샤메인은 거듭해서 입양가정을 탈출했다. 사회복지사가 방문하자 그녀는 입양가정이 자신에게 안전한 곳이 아니라고 말하면서 새로운 가정을 찾아달라고 요청했지만 소용이 없었다. 그녀는 아무도 그녀의 이야기를 들어주지 않는다고 느꼈다. 샤메인의 경험으로 사회복지전문가들 역시 입양가족들이 아동을 학대하고 방치한다는 사실을 인정하려 하지 않는 것을 명백히 알 수 있다.

> 아무런 도움이 없었어요. 저는 항상 반항적인 사람이었을 뿐이었죠. 저는 교회, 학교, 복지 시설에도 도움을 요청했습니다.[56)]

어른이 돼서야 샤메인은 학대 경험을 치유하기 시작했으며 그들이 자기 삶에 어떻게 영향을 미쳤는지 이해하기 시작했다.

• 가족찾기와 재회

친생가족을 찾고자 하는 욕구는 모든 회원들의 공통 주제는 아니지만 회원들이 매우 자주 나누는 화제이다.

> 아직 내 친엄마를 만나보지 못했어요. 매년 어머니의 날이 오지만 나

한테도 그런 날이 올까 생각해요. 내가 죽기 전에 생모의 삶을 축복해 주거나 돌아가셨을 때 애도할 수 없을 것 같아요.[57)]

가족찾기는 인종간 입양인들을 그들이 떠난 삶과 모국에 대한 상념에 사로잡히게 한다.

베트남에 대한 생각, 나는 다른 베트남 사람과 어떻게 다를까 하는 생각을 안 한 날이 없어요. ……베트남에 있을 내 친가족은 어떨까, 내가 만약 베트남에 있었다면 어떤 삶을 살았을까 생각해요.[58)]

• 재회

재회한 친가족과의 관계는 아주 복합적이다. 친가족 중 백인이 있는 유색인 입양인은 재회 후 친가족으로부터 겪는 인종차별 문제를 해결해야 한다.

아직 제 친엄마는 제가 흑인이라서 거부하고, 저는 친엄마의 인종차별 때문에 그녀를 거부해요.[59)]

언어 장벽을 극복해야 하는 문제도 있다.

다른 입양인들과 이야기해봤는데, 그들이 친부모와 관계를 가꿀 수 없는 이유는 바로 같은 언어를 쓰지 않기 때문인 것 같아요.(린)

친부모의 동성애자를 향한 태도 때문에 두 번째로 거절당할지도 모른다는 두려움 역시 중요한 문제다. 인도인 친생부모를 둔 인종간 입양인 미나는 자신이 레즈비언임을 숨긴 이야기를 한다.

내가 쓰는 것에 대해 주의해야 해요. 나에 대해 어머니에게 하고 싶은 말이 너무 많지만 모든 걸 말한다면 어쩌면 어머니가 나와의 관계를 부인하게 되겠죠. 나는 어머니를 또 잃을 준비가 되어 있지 않답니다.[60]

• 생존

몇몇 회원들은 그들의 힘겨운 삶과 삶의 의미를 위해 하루하루 버텨내는 것에 대해 이야기한다.

나는 인종간 입양인이나 위탁양육된 사람들이 하루하루를 자신들의 깨어진 삶의 조각들을 맞추고 세상에서 자신에게 합당한 위치를 잡아가며 그들을 지옥처럼 괴롭히는 것들을 해결하려고 애쓰고 있다는 것을 잘 알고 있어요.—무엇보다 살아남기 위해서죠.[61]

결론

영국의 입양에 관한 법률이 최근 변하고 사회복지에 있어서 서비스 사용자의 개입이 늘고 사용자 주도 단체의 회원수가 증가했는데도 입양 영역에서만은 서비스 사용자들, 특히 흑인 입양인들이 주변화되어 있다. 인종간 입양인들과 위탁양육된 사람들의 경험을 통해 알 수 있듯이 그들 자신의 말들은 아직 중요하게 여겨지지 않고 있다. 하지만 ATRAP의 경험이 보여주는 바와 같이, 인종간 입양인들과 위탁양육된 사람들은 그들의 필요를 정의하고 목적을 세우고, 변화를 촉구하기 위해 행동할 능력이 있으며, 부당한 것과 억압에 도전할 줄 알며 그들 서로를 북돋고 지지하며 협력할 줄 안다.[62] 이제 사회복지사들은 이들의 분석과 담론에 마땅한 관심을 기울여야 하며, 그들의 관점을 존중하고 가치를 부여해야 할 때이다. 입양인들에겐 지금까지의 인종간 입양 관행에 도전할 수 있는 경험과 지식이 있다. 인종간 입양에 대한 서비스가 인종간 입양인의 필요를 전혀 만족시키지 못했던 것으로 드러났다면 당사자들이 입양지원 서비스의 발전에 중심적 역할을 해야만 한다. 만약 전문가들이 흑인 서비스 사용자의 지식을 존중하지 않는다면, 국제입양인을 포함한 인종간 입양인의 요구와 관심에 대응할 지원 서비스를 확립하지 못할 것이다.

감사의 말

이 글의 초본은 H. 아젠트가 편집한 『입양 지원 모델: 유효한 것과 그렇지 않은 것(*Models of Adoption Support: What Works and What Doesn't*)』(London: BAAF, 2003)에 실렸다.

1) Shobha, "Mother's Day Service," *ATRAP Newsletter*, no. 1 (2000): 3-5.

2) Lyn (동남아시아 출신의 국가간 · 인종간 입양인).

3) M. Anderson, "Fish Outta Water," *ATRAP Newsletter*, no. 3 (2000): 3-5.

4) 다른 언급이 없는 한, 이 문구는 2002년 5월 8일에 열린 ATRAP 회의와, 2002년 5월 25일에 열린 위원회와 다른 회원들로 구성된 위원회 회의에서 발췌한 것이다. 참가자들의 실명을 보호하기 위해 가명을 썼다.

5) Beverly Prevatt Goldstein and Marcia Spencer, *"Race" and Ethnicity: A Consideration of Issues for Black, Minority and Ethnic and White Children in Family Placement* (London: BAAF, 2000).

6) United Kingdom, Performance Innovative Unit (PIU), *Prime Minister's Review of Adoption* (London: Cabinet Office, 2000).

7) National Statistics Online, "Census: The Most Comprehensive Survey of the UK Population," 29 April 2001, http://www.statistics.gov.uk/census.

8) Goldstein and Spencer, *"Race" and Ethnicity*.

9) K. Kinsara, personal communication, August 22, 2002.

10) Mary Mather and Marko Kerac, "Caring for the Health of Children Brought into the UK from Abroad," *Adoption and Fostering Journal* 26, no. 4 (2002): 44-54.

11) K. Kinsara, unpublished paper (presentation, ATRAP Social, London, UK, February 3, 2002).

12) Department of Health, "Adoption: Achieving the Right Balance." *LAC* 98, no. 20.

13) Cherilyn Dance, *Focus on Adoption: A Snapshot of Adoption Patterns in England—1995* (London: BAAF, 1997). 비고: 이 조사의 응답률은 50퍼센트 미만이었다.

14) Social Services Inspectorate (SSI), *For Children's Sake: An SSI Inspection of Local*

Authority Adoption Services (London: Department of Health, 1997).

15) PIU, *Prime Minister's Review*.

16) SSI, *Excellence Not Excuses: Inspection of Services for Ethnic Minority Children and Families* (London: Department of Health, 2000).

17) Department for Education and Skills (DFES), *Adoption Guidance: Adoption and Children Act 2002* (London: DFES, 2005).

18) Derek Kirton, *"Race," Ethnicity and Adoption* (Buckingham: Open University Press, 2000).

19) June Thoburn, Liz Norford, and Stephen Parvez Rashid, *Permanent Family Placement for Children of Minority Ethnic Origin* (London: Jessica Kingsley Publishers, 2000).

20) Owen Gill and Barbara Jackson, *Adoption and Race: Black, Asian and Mixed Children in White Families* (London: Batsford Academic and Educational, 1983), 81.

21) Derek Kirton, Julia Feast, and David Howe, "Searching, Reunion and Transracial Adoption," *Adoption and Fostering Journal* 24, no. 3 (2000): 6-18; Kirton, *"Race," Ethnicity and Adoption*.

22) Gill and Jackson, *Adoption and Race*.

23) Kirton, *"Race," Ethnicity and Adoption*; Kirton, Feast, and Howe, "Searching, Reunion and Transracial Adoption," 9.

24) Rene Hoksbergen and Cor van Dijkum, "Trauma Experienced by Children Adopted from Abroad," *Adoption and Fostering Journal* 25, no. 1 (2001): 19-25; Mather and Kerac, "Caring for the Health."

25) Kirton, *"Race," Ethnicity and Adoption*; John Triseliotis, Julia Feast, and Fiona Kyle, *The Adoption Triangle Revisited: A Study of Adoption, Search and Reunion* (London: BAAF, 2005).

26) Kirton, *"Race," Ethnicity and Adoption*; Kirton, Feast, and Howe, "Searching, Reunion and Transracial Adoption."

27) Sue Greenwood and Sarah Forster, "Tell Me Who I Am: Young People Talk About Adoption," After Adoption, www.afteradoption.org.uk, n.d., 19. 이 사이트에 지금은 이 글이 없다.

28) Kirton, *"Race," Ethnicity and Adoption*, 90.

29) Kirton, Feast, and Howe, "Searching, Reunion and Transracial Adoption"; Triseliotis, Feast, and Kyle, *The Adoption Triangle Revisited.*

30) Stephen Rashid, "Diverse Reactions," *Community Care* 1244 (1998): 28-9.

31) Thoburn, Norford, and Rashid, *Permanent Family Placement*; Peter G. Moffat and June Thoburn, "Outcomes of Permanent Family Placement for Children of Minority Ethnic Origin," *Child and Family Social Work* 6, no. 1 (2001): 13-21.

32) Moffat and Thoburn, "Outcomes of Permanent Family."

33) David Howe and Julia Feast, *Adoption, Search and Reunion: The Long Term Experience of Adopted Adults* (London: The Children's Society, 2000).

34) Kirton, Feast, and Howe, "Searching, Reunion and Transracial Adoption."

35) Greenwood and Forster, "Tell Me Who I Am."

36) Howe and Feast, *Adoption, Search and Reunion*; Kirton, Feast, and Howe, "Searching, Reunion and Transracial Adoption."

37) Suzy Croft and Peter Beresford, "Postmodernity and the Future of Welfare: Whose Critiques, Whose Social Policy?" in *Postmodernity and the Fragmentation of Welfare*, ed. John Carter (London: Routledge, 1998), 103-120

38) J. Shekleton, "A Glimpse Through the Looking Glass—A Summary of Personal Experiences and Reflections of a Group of Transracially Adopted Adults," *Post Adoption*

Centre Discussion Paper no. 8 (London: Post-Adoption Centre, 1990); M. Hayes, “Post-Adoption Issues in Transracial and Same Race Placements,” in *After Adoption: Working with Adoptive Families*, ed. Rena Phillips and Emma McWilliam (London, BAAF, 1996); M. Hayes, “Transracial Adopted People’s Support Group,” in *After Adoption.*

39) Phillida Sawbridge, “The Post Adoption Centre—What Are the Users Teaching Us?” in *Signposts Adoption: Policy, Practice and Research Issues*, ed. Malcolm Hill and Martin Shaw (London: BAAF, 1998), 241.

40) Shekleton, “A Glimpse Through the Looking Glass”; Rose S. Dagoo, “Getting Together: Groups for Transracially Adopted Adults, and for Birth Mothers,” in *Adult Counselling and Adoption*, ed. Alan Burnell, Diana Reich, and Phillida Sawbridge(London: Post-Adoption Centre, n.d.).

41) Perlita Harris, “*It Changed My Life Completely”: West Midlands Post Adoption Services (Summary)*, (Birmingham: West Midlands Post Adoption Service, 2002)

42) ATRAP 비디오 “사랑은 충분하지 않다” (“Love is Not Enough”)는 인펙튜에이션 프로덕션 Infactuation Productions 전화: 020 7503 0509 또는 이메일: info@infactuation.co.uk. 에서 구입할 수 있다. 판매금의 일부는 ATRAP로 지원된다.

43) Abayomi (인종간 입양된 나이지리아인).

44) Mylien, “Orphans of the Airlift,” *ATRAP Newsletter*, December 2001, http://free.hostdepartment.com/a/ATRAP/html/newsletter.html#airlift.

45) Anonymous adoptee, ATRAP, http://ATRAP.port5.com/ (출판할 당시 웹사이트가 계속 오픈되지 않았다.).

46) Folusho (인종간 위탁양육된 나이지리아인).

47) Peter (인종간 위탁양육됨).

48) Veronica Dewan, “Life Support,” in *Something Inside so Strong: Strategies for Surviving*

Mental Distress, ed. J. Read (London: Mental Health Foundation, 2001), 44-49.

49) Sue Jardine, "Transracial Placements: An Adoptee's Perspective," in *Working with Black Children and Their Families*, ed. Ravinder Barn (London: BAAF, 1999), 147-156.

50) Farrah Eldred, "Farrah Talks the Talk," *ATRAP Newsletter*, no. 1 (2000): 2-3.

52) Veronica Dewan, "The Pressure of Being a Human Chameleon," in *Speaking Our Minds: An Anthology*, ed. Jim Read and Jill Reynolds (Hampshire: Macmillan Press Limited, 1996), 23-27.

51) Anon., "Dear Editor," *ATRAP Newsletter*, no. 2 (2000): 11-12.

53) Linda, "Untitled" *ATRAP Newsletter*, no. 6(2001):3-5

54) L, "Transracial Adoption—An Experience," *ATRAP Newsletter*, no. 9 (2002): 6-7.

55) Charmaine (인종간 입양된 카리브 제도 출신의 입양인), 2002년 8월 22일에 필자와 개인적으로 대화하였다..

56) Charmaine.

57) Mary, "An Overwhelming Impact," *ATRAP Newsletter*, no. 2 (2000): 8.

58) G. Anthony, "Orphans of the Airlift," *ATRAP Newsletter*, no. 7 (2001): 3-4.

59) Dewan, "Losing and Choosing," *ATRAP Newsletter*, no. 5 (2001): 6-8.

60) Meena, "Letter to My Mother," *ATRAP Newsletter*, no. 3 (2000): 10-11.

61) Anon., "Dear Editor," *ATRAP Newsletter*, no. 2 (2000): 11-12.

62) 당시 ATRAP는 아직 출범하지 않았다.

29 KAD 국가

서니 조

KAD – 한국계 입양인/Korean ADoptee.

어렸을 때 한국에서 해외로 입양되어 대체로 다른 인종, 다른 민족 배경, 다른 문화권 부모에게 길러진 사람.

한국 아동들의 국제입양은 1950년부터 1953년까지 전개된 한국전쟁 이후에 시작되었다. 전쟁이 끝났을 때 많은 아동들은 고아가 되었다. 또한 상당히 많은 수의 혼혈 **GI 아동**(한국인 여성과 미군 또는 다른 서양 군인 사이에서 태어난 아동) 또한 한국에 고아로 남겨졌다.[1)] 한국의 전통사회는 아버지 중심의 가족적 연대, 혈통, 그리고 **민족**의 순수성을 강조한다. 그래서 혼혈이나 아버지가 없는 아이들은 한국 사회에서 쉽게 받아들여지지 않았다. 이런 고아들의 운명에 관심을 가지게 된 서양 종교단체과 다른 단체들은 아동들을 미국과 유럽의 가정으로 보내기 시작했다.[2] 또한, 이 시기에 대부분의 서양국가에서는 사회복지 프로그램과 합법화된 낙태, 피임약 사용으로 인해 건강한 자국 아동들이 부족해졌기 때문에, 많은 서양부부들은 국제입양에 관심을 가지기 시작했다.

국제입양은 인기 있는 유행이 되었고, 이러한 경향은 서양 중산층 불임부부들의 국제입양에 대한 요구가 증가하면서 지속되었다.[3] 오늘날 국제입양은 해가 다르게 증가되며 종종 부부들이 그들의 가정을 이루기 위해 선호하는 방법 중 하나이기도 하다. 또한 많은 국가들이 입양아동들을 내보내고 받아들이는 쌍방향에서 국제간 입양의 문을 활짝 열었다.

한국은 지난 수십 년 동안 세계에서 가장 많은 입양아동을 수출했다. 몇몇은 한국의 경제적 성장을 고려했을 때 국제적 망신이라고 우려의 목소리를 높이지만 가부장적 혈통을 중시하는 한국에서 국내입양은 흔한 일이 아니다.[4] 공식적으로는 대략 15만 명이 미국, 유럽, 오세아니아로 입양되었으나[5] 실제로는 20만에 달한다. 아동 대부분이 교외에 사는 백인 중산층 가정에서 자란다. 이 새 가정은 입양기관과 전문가들의 당부대로, 아동들의 민족적 정체성과 뿌리에 대한 혼란을 방지하고자 그들이 새로운 문화에 적응하도록 노력한다. 때문에 많은 KAD들은 그들과 같은 처지의 다른 사람들에 대해서 모르고 자라는 경우가 많다.[6] 그러나 KAD 첫 세대는 이제 어른이 되었고 그들 중 많은 이들이 그들의 역사, 뿌리, 고국의 문화, 그리고 그들의 친부모를 찾아 한국에 돌아왔다.

KAD 도용

오늘날까지, 입양에 관한 **전문가**들과 입양부모들은 종종 KAD에게 **입양 경험**이 실제로 무엇인지 말하곤 한다. 많은 사회복지사들과 상담원들은 그들의 일생동안 입양 분야에서 전문적으로 일해 왔다. **입양전문가**들이 형성되면서 후원금, 세력, 권력이 뒤엉키게 되었다. 그리고 입양 정책과 평가를 조장하면서 입양의 기틀을 마련했다. KAD들이 수행한 연구조차도 그러한 기준 및 앞선 **전문가**들의 연구 결과를 바탕으로 이뤄졌는데 이는 연구 결과를 **신뢰성있게** 보여주기 위해 필요했기 때문이었다.

힘의 차이가 존재하는 상황에서 어떤 사람이 그 자신의 이익이나 목적을 위해 다른 사람의 이미지나 이야기 또는 경험을 변론, 정의, 묘사, 혹은 사용할 때, 우리는 도용appropriation이라고 한다. 또 어떤 사람이 다른 사람의 경험에 대해 전문가가 되어 그 사람의 정체성에 대해 더 잘 아는 것처럼 여겨지는 현상도 해당한다.[7)] KAD 사회에서는 이런 **입양전문가**와 관련된 경험을 **KAD 도용**이라 한다.

입양기관은 광고와 공공캠페인을 벌여 사람들로 하여금 입양, 특히 국제입양을 장려하기도 한다. 이런 캠페인들은 국제입양이 아이들, 부모들, 그리고 사회에 커다란 **사회적 혜택**을 가져다준다는 생각에서 비롯된다. 현재의 입양전문가들의 지배적 공론은 입양이 국경선과 인종 그리고 종교를 넘어서 도움이 필요한 아동들에게 사랑의 보금자리를 제공한다는 인식이다. 다시 말해 **선진국**의 부유한 백인부부들이 가난하고 굶주린 **제3세계**의 아동들을 구원함으로써 그들에게 교육과 **멋진 삶**의 기회를 제공한다는 것이다. 권위 있다는 분들과 전문가들이 일컫는 이 **축복**은 입양을 조장하는 사람들에 의해《어돕티브패밀리즈(*Adoptive Families*)》,《어돕션투데이(*Adoption Today*)》 같은 입양 장려 출판물에서 종종 사회적 홍보 전략으로 이용되고 강조된다. 이에 관해 의문을 제기하는 성인 입양인들은 사회에 적응을 제대로 못했거나 그들 개인에게 문제가 있다고 묘사된다. 이는 종종 입양과 관련된 진정한 문제들이 큰 문맥에서 빠져 나와 개인적 문제들로 간주됨을 뜻한다.

위와 같은 신념은 전 세계의 입양관련 회의에서 명백한 지지를 받는다. 어른이 된 입양인들은 자신이 **전문 단체**에 종사하고 있지 않는 이상 그 회의에 자주 초대되지 않는다. 만약 이들이 이 행사의 일부로 참여한다 해도 그것은 주로 패널 토론의 참가자로서이거나 혹은 그들의 삶이나 삶에 얽힌 이야기의 발표자로서일 것이다. 결과적으로 입양인들의 입장은 **전문가**들이 평가하고 논의된 개인의 경험으로 국한되고 있으며, 이는 사회가 얻게 되는 정보에 대한 불균형을 명백히 드러내고 있다고 할 수 있다. 불운하게도 한국과 다른 국제입양인들이 형성한 국제적 단체는 주로 자원봉사자들과 무료 공공단체(free publicity, 회의를 열고 입양에 대한 연구를 실행하고 연구에 필요한 인력을 조달하고 모국 방문에 가이드 제공 등의 역할을 한다.)에 의존할 수밖에 없는 실정이다. 그들은 다른 입양 업계에 비해 형편없이 구성되었으며 불충분한 지원을 받아왔다.[8)]

여러 단체들

1986년에 창설된 스웨덴 한국입양인 협회(Swedish Adopterade

Koreaners Forening)는 성인이 된 KAD들이 최초로 만들어낸 단체다.[9] 그 이후로 비슷한 단체들이 캐나다, 호주, 한국을 포함한 많은 서유럽 국가들과 미국내 여러 곳에서 생겨났다. 이전에는 대부분의 KAD 행사가 입양부모들과 한국 이주민들에 의해 진행돼 왔다. 행사는 주로 문화캠프와 친목회를 포함하였고 입양가족과 입양아동에게 주로 초점이 맞춰졌다. 하지만 성인 KAD 단체의 창립과 함께 그들 스스로 주도권을 쥐고 처음으로 비슷한 경험을 가진 사람들과의 만남을 가질 수 있었다. KAD들은 "우리는 더 이상 아이가 아니며, 우리들만의 독특한 관심과 문제를 지닌 독립된 어른이다"라고 성명을 발표했다.

이 다양한 그룹과 단체들은 지역적 · 국제적으로 한국과 입양국가들과 관련해 KAD들의 독특한 입장에 대한 인식을 높이기 위해 뭉쳤다. 1995년에 최초의 KAD회의가 독일에서 열렸고 1999년 회의는 미국과 한국 두 곳에서 개최되었다.[10] 지난 몇 년 동안 KAD들은 전 세계에서 참석자들이 모인 세계모임을 비롯하여 수없이 많은 성인 한국계 입양인 회의와 친목회를 여러 나라에서 조직했다.

독특한 문화와 민족성의 창조

KAD는 한국과 입양된 모든 국가에서 느껴지는 소외감과 차별에 근거하여 그들 자신들의 문화를 한국과 입양된 국가 모두와 차별되고 분리된 문화로 여기기 시작했다. 우리는 세계 곳곳에서 눈에 띄게 혹은 그 사회의 문화적 "소수"로서 흩어져 있지만 여전히 고유한 문화(다양한 하위문화들과 파벌을 내포한)와 공통의 정체성을 가지고 있다. KAD 문화의 형성은 민족문화의 발전과 다른 문화와의 혼합을 통한 새로운 민족 집단의 진화, 그리고 그 이후의 새롭고 독특한 문화의 형성을 통해 등장했다.[11)] 이 단순한 형성에서 "민족 집단"은 공통된 넓은 범주의 구성원들로 구성되고 이 범주는 다시 다양한 분류제도에 의해 나누어질 수 있다. 정체성은 명백하고 과학적인 경계라기보다는 자기신분이라고 볼 수 있으며, 문화의 다문화주의가 KAD의 "민족성"에 내재되어 있다. 개별 한국계 입양인의 경험과 근본은 다양하지만, 우리는 그 모두를 KAD라 인정한다.(비록 우리가 우리 자신을 KAD[한국계 입양인], OAK[해외입양한국인], KOA[한국국제입양인] 또는 그 어떤 이름으로 부르든 간에.)

KAD의 민족성과 문화의 형성은 KAD 자신의 문화와 혈통에 대한 요구에서부터 시작했다. 이 요구는 우리를 억압해온 입양가족과 그 문화로부터 받아온 수치와 열등감(예를 들어, 우리를 완전히 동화시키려는 시도, 우리를 입양해서 우리를 "더 나은 삶"으로 구원해줬다는 인식, 우리가 본래 지녔던 이름과 언어, 문화의 제거와 대체, 우리의 유산과 친부모에 대한 존중 부족, 비웃음 그리고 인종차별) 혹은 한국으로 돌아갔을 때 한국에서 느낀 압력(예를 들어, **더 한국인다워지는 것**에 대한 강요와 한국어를 배우는 것에 대한 강요-바꿔 말하면 완전한 동화-그리고 한국인다운 관심과 문화를 지닐 것에 대한 기대) 등을 극복하기 위한 것이다. 이 좁은 틀을 깨고 나와 우리는 우리가 태어난 나라 또는 우리를 **구원**해줬다고 여기는(도대체 무엇으로부터?) 주류사회 문화에 비해 열등하지 않다는 것을 인식하는 것이 자기를 인식하고 우리의 독특한 문화를 받아들이기 위한 첫걸음이다. KAD 문화가 우리 고유의 민족적이고 문화적인 단체(**"한국인"** 또는 **"입양된 그 국가의 사람"**이라고 여겨지는 것에 그치지 않고)로 인식될 때에만 비로소 새로운 정체성과 유산이 한국과 입양사회에서의 편견과 기대로부터 우리를 자유롭게 하고, 자부심으로 우리를 감싸줄 수 있을 것이다.

한국의 국제입양이 1950년대에 시작되어 현재의 성인 KAD들은 KAD 문화 형성에 적극적인 최초의 세대이고 따라서 그들이 나아가는 길에 여전히 많은 것들이 갖추어져야 할 것이다. KAD 첫 세대를 키운 입양부모들이 우리를 완전히 동화시켰기 때문에[12] 많은 KAD들은 어른이 될 때까지 우리의 한국인다운 모습에 대해 깨닫지 못하거나 그것에 대해 탐구해보지도 않았다. 이는 성인이 된 KAD들 조차도 배울 것이 많음을 의미한다. 많은 이들에게 있어 가장 첫 번째 단계는 한국이름을 갖는 것이다. 몇몇은 법적으로 그들의 출생이름으로 개명했고 다른 이들은 한국이름을 이메일 주소나 컴퓨터 아이디로 사용한다.

몇몇의 KAD 문화의 토대는 한국 밖에서 자라기(대부분의 시간을 한국문화와 사람들로부터 완전히 고립되어 살아왔다), 새로운 환경으로 동화되기 위한 시도, 그리고 새로운 이름과 모국어를 갖게 되는 것을 포함한다. 많은 KAD들이 인종차별, 부정적 편견, 가족 내에서의 소외감, 그리고 자신이 모르는 과거와 문화에 직면해야 한다는 것 등 많은 공통적 문제를 경험한다.

우리는 또한 공통의 역사를 공유한다. 완전히 또는 대부분 백인문화에 둘러싸여서, 많은 KAD들은 어릴 때 그리고 어른이 되어서도 우리 자신의 인종과 유산을 부인할 생각으로 다른 아시아인들을 피했다. 많은 이들이 우리가 입양가족과 친구들과 같은 백인이기를 바랐고 매우 강한 백인의 정체성을 지녔다. 한국인과 한국문화를 접하는 것이 몇몇에게는 정신적 충격으로 다가왔다.[13] 그 충격의 결과는 비근원성이었을 것이다.

최근에 와서야 비로소 성인이 된 KAD들은 우리 자신을 위한 공간과 정체성을 요구하기 위해 결합하고 뭉칠 수 있게 되었다. 이 결합에는 캠프상담가나 문화캠프 멘토로 자원봉사 활동을 함으로써 어린 입양아동들을 돕는 활동이 포함되는데, 많은 '고국문화' 프로그램의 선도적 역할을 한 사람은 입양자녀들을 데리고 있는 입양부모들이었다.

성인이 된 KAD들은 세계 곳곳으로 퍼져나갔지만 어떤 특정한 지리적 위치에 모이는 경향을 보였다.-주로 아시아계·한국계 사람들이 이미 많이 존재하는 넓은 도시나 지역이 바로 그곳이다. 이 경향은 KAD 사회에 몇몇의 지리적 거점을 형성했는데 미국의 로스앤젤레스, 샌프란시스코, 미네소타의 트윈시티, 뉴욕, 토론토, 서울, 유럽의 스톡홀름, 암스테르담, 브뤼셀이 이에 속한다. 몇몇 주요 언어는 이 공동체의 통합에 사용되는데 영어, 불어, 스칸디나비어가 이에 속한다. 그러나 많은 다른 언어들도 소수그룹에서 쓰인다.

몇몇의 KAD들은 우리의 KAD 문화와 정체성이 고국이나 입양국가의 그것에 비해 더 강하다고 여긴다. 왜냐하면 우리가 계속적으로 두 나라(한국과 입양국가) 그 어디에도 완전히 받아들여지지 못하면서 우리가 두 문화에 비해 열등하다는 부당한 생각에 빠지기 쉽기 때문이다. 어디에도 소속되지 못한다는 생각, 또는 뿌리가 없다는 생각 또한 KAD 사이에서 강하다.[14]

KAD가 다른 민족 집단과 구별되는 하나는 KAD 대부분이 다른 문화와 환경을 가진 부모와 가족들에 의해 길러졌다는 것이다. 이것은 KAD의 정체성과 문화가 가족 전체적으로 공유되는 것이 아닌 개인적 발견이 되게 한다. 또한 사회의 소수집단이 되는 것을 비롯해서 KAD들은 가족 사이에서도 소수집단이 되어 어떤 이들은 입양부모에게 기대고 조언을 구하는 것조차 어렵다. 우리는 인종차별적 사회 한가운데서 소수집단으로 살아가는 데 필요한 생존법칙을 입양가정에서 배운 적이 없다. 입양인으로서의 현실을 입양부모와 공유할 수 있는 것도 아니다. 위와 같은 곤란이 어떤 사람들에게 한국계 입양인들과 한국계 입양인 공동체에 대한 충성심과 집단의식을 심어주었다.

KAD 공동체 내의 이 소속감과 충성심으로 어떤 이들은 배우자나 소중한 사람들을 한국계 입양인 내에서 찾기도 했다. 많은 이들이 다른 KAD들과 긴밀한 우정과 연대감을 형성했다. 이것은 우리 자신의 가족이나 사회적 네트워크를 구성할 때 공통된 경험을 통한 연대감과 정체성이 얼마나 필요한지를 보여준다. 그리고 우리의 결합은 KAD 공동체를 전 세계적으로 전파시키고 있다. 이 강하게 결합된 KAD 조직, 친구, 가족, 부부들의 소수 집단은 미래 KAD 국가를 건설할 단체의 기초가 될 것이다.

1) Hwang Jang-jin, "Adult Korean Adoptees in Search of Roots," *The Korea Herald*, December 10, 1998.

2) Jang-jin, "Adult Korean Adoptees."

3) Jang-jin, "Adult Korean Adoptees."

4) Louise Elliot, "Battling Pride and Prejudice," *The Korea Herald*, August 30,2002, http://www.koreaherald.co.kr/SITE/data/html_dir/2002/08/30/200208300006.asp.

5) Elliot, "Battling Pride and Prejudice."

6) Isaac Dani Meier, "Loss and Reclaimed Lives: Cultural Identity and Place in Korean-American Intercountry Adoptees" (PhD diss., University of Minnesota, 1998).

7) Marianne Ignace and Ron Ignace, *First Nations Study Guide* (First Nations Studies, Simon Fraser University, 1998), 18.

8) Charles T. Salmon, *Information Campaigns: Balancing Social Values and Social Changes* (Newbury Park, CA: Sage Publications, 1989), 20-25.

9) Tobias Hübinette, "Korea-adoptionens historia (Um & Yang 3/1999)," http://hem.passagen.se/akf1/UmYang/Artiklar/historia.htm.

10) Hübinette, "Korea."

11) Ignace and Ignace, *First Nations*, 140.

12) Ryan Teague Beckwith, "Adopting a Culture: Woman's Struggle for a Korean Identity," *Columbia Journalism News*, November 11, 2002, http://www.jrn.columbia.edu/studentwork/race/2002/korearyan.shtml.

13) Meier, "Loss and Reclaimed Lives," ch. 5.

14) Meier, "Loss and Reclaimed Lives," ch. 5.

30 세대를 넘어 집으로

샌드라 화이트 호크

원에 안과 밖이 있듯이, 우리 자신에게도 안과 밖이 존재한다. 우리의 마음에도, 우리의 사회에도 안과 밖은 존재한다. 인디언으로서 우리는 우리가 시작과 끝을 모르는 인생의 신성한 원의 한 부분이라고 믿는다. 그리고 우리가 이 원에 모이게 되면 우리는 엄숙해지며 우리는 집으로부터 떨어진 집에 있다는 것을 알게 된다. 신성한 에너지는 이 인생의 원에 있어서 우리들을 연결시켜준다. 그것은 **우리의 친척들**이다. 입양아동들은 이런 인생의 신성한 원 밖에서 그것에 대한 이해와 지식 없이 자라게 된다.

우리가 **우리의 친척들**에게 돌아갈 때 우리는 보통 슬프게도 원 안으로 들어갈 수 있는 방법을 모른 채 원 밖에 서 있게 된다. 우리는 심지어 그곳에 우리를 기다려주는 공간이 있는지조차 모른다. 그 공간은 우리가 입양되었을 때 남겨진 공간이다.

우리에게는 또 다른 원이 있다. 이 어두운 원은 부끄러움과 슬픔과 불편함으로 가득 차있다. 그 원은 너무나 어두워서 우리가 처음으로 그것을 경험할 때에는 보통 움직일 수가 없다. 우리는 얼어붙고 압도당한 채로 서있게 된다. 그곳은 우리의 인생이 시작된 곳임에도 불구하고 우리는 안으로부터 연결되지 않는다. 원 밖에 있는 우리는 단절되어 있고 결국 우리는 **끼어 사는 것처럼** 살게 된다.

자아의 연결은 생물학적인 거울이다. 그 생물학적인 거울은 우리의 사람들, 즉 우리의 친척들이다. 우리의 사람들로 구성된 원에서 반영된 우리의 이미지를 보는 것이 작은 위안이 된다.

마음 밖에서 안으로 이어주는 연결은 드럼이며 우리의 노래이며 우리의 의식(ceremonies)이며 우리의 친척들이며 우리 자신이다. 이 신성한 진실을 알 수 있도록 우리가 서로를 동정심으로 도울 것이다.

미국 인디언 언어에는 입양되어 가다(adopted out)를 의미하는 단어가 없다. 가장 가까운 단어를 번역한다면 "따로 떼어두다" 정도이다.

내가 처음으로 내가 누구이며 어디서 왔는지를 듣게 되었을 때 나는 나의 입양모와 얼굴을 마주보고 서 있었으며 그녀는 나의 어깨를 잡고 있었고 나는 그녀가 말하는 것을 주시하고 있었다. 그녀가 말했다. "너의 엄마는 사실 너를 진정으로 원하지 않았어. 그녀는 오직 네 덕에 복지혜택을 받아 그 돈으로 술을 마시려고 너를 데리고 있었지. 우리가 만약 너를 데려 오지 않았더라면 너에게는 기회가 없었을 거야. 불행했을 테지. 우리가 너를 데리고 와서 네 인생에 기회를 준 것에 대해 매우 감사해야 해."

그녀는 나에게 몇 번이고 말하고 또 말했으며 시간이 지나면서 이 말들은 나의 주체성으로 자리 잡게 되었다. 나는 배은망덕하며 더럽고 못생긴 작은 인디언 아이였고 나를 진정으로 원하지 않던 보호구역 사람들로부터 구해져야 할 아이였다. 그 이후로 나는 인디언들은 쳐다보지도 않았다고 그녀가 말해주었다.

나의 친생모인 니나(Nina)에 대해 들은 말 중에 오직 긍정적인 것은 그녀가 예뻤다는 것이다. 그녀는 나를 낳기 전 레오나드(Leonard)와 에디트(Edith)라는 두 아들이 있었다. 레오나드는 **늙은 인디언**과 함께 살았다. 나의 입양모는 "그 늙은 인디언이 너도 키우려고 했지. 그런데 우리가 너를 데리고 왔어. 레오나드는 결핵에 걸렸었지. 우리가 너를 데리고 온 것은 잘된 일이야. 왜냐하면 그 사람들은 물과 전기도 공급되지 않는 낡은 오두막집에서 살았었거든." 라고 말했다. "네가 그곳에 있었더라면 이런 기회는 없었을 거야." 라고 덧붙였다. 하지만 난 사실 내가 로스버드 보호구역에 돌아가지 않았다고 해서 운이 좋았다고 생각한 적이 없다. 내가 느끼기에 나의 입양모는 이 늙은 인디언이 사는 방식을 매우 수치스럽게 생각했던 것 같다. 항상 그녀는 말보다 목소리, 톤과 몸짓을 통해 더 많은 것을 알려주었다.

1994년 나는 입양모가 말했던 늙은 인디언이 내 할아버지라는 것을 알게 되었다. 나는 또한 그가 살았던 **낡은 오두막**이 여전히 그 자리에 있으며 나의 친척 중 한 명은 그곳에서 2002년까지도 살았다는 것을 알 수 있었다. 그 낡은 오두막은 친할아버지와 삼촌이 기른 내 오빠의 집이었다. 그 집은 사우스다코타의 모저(Moser)에 있는 다른 오빠의 집 밑에 있었으며 양쪽 집으로 오가는 길이 있었다.

그분들은 사슴 사냥을 하는 동안 그 집에서 머물며 죽은 사슴을 보관했다. 내가 그 낡은 오두막을 볼 때까지도 그곳에는 수도관이나 전기가 통하지 않았다. 나는 그것을 둘러보며 내 자신에게 말했다. "이곳은 내 고향이 되었을지도 모르는 곳이야." 내 친척들이 그곳에서 살았으며 나에겐 그곳이 아름다웠다. 나는 내가 품었던 원한을 잊기로 결심했다. 나는 그 집을 두 눈으로 보았다. 그 **낡은 오두막**은 초라한 한 칸짜리 집이었다. 내 인생에서 내가 무서움에 떨었을 때마다 나는 그 집으로 향하는 길에 서 있는 내 모습을 상상했다. 그리고 나보다 먼저 그곳을 걸었던 조상들을 그려보았다.

내 입양모는 항상 나를 소개할 때면 그녀가 입양한 인디언 아이라고 소개했다. 그러고선 머리를 젖히며 슬픈 얼굴이 되면서 목소리 톤을 바꾸곤 했다. 그녀는 깊은 한숨을 내쉬며 내가 태어났던 곳을 묘사하고 만약 나를 데리고 오지 않았더라면 나에게는 기회가 없었을 것이라고 말하곤 했다.

나는 항상 발치를 바라보며 부끄러워했고 내가 못났다고 느꼈다. 나의 피부는 마치 수치스러움이 나의 몸 전체를 덮는 듯한 고통을 느꼈다. 그녀가 한마디할 때마다 수치심이 내가 질식할 때까지 나를 더욱 덮고 또 덮었다. 나는 그녀가 나를 소개해준 사람들이 나를 쳐다볼 때 마치 "그래 정말 인디언 아이처럼 생겼다."라고 말하는 눈빛으로 나를 바라보는 것을 견디는 것이 너무나 힘들었다. 호기심 많은 어른들이 나를 관찰할 때마다 벌거벗은 느낌이었다. 내 생각에 그들 중 일부는 나를 동정했을 것이며 나의 친생모가 부적절했다고 느꼈을 것이다.

내가 마치 구출당한 동물인 양 "얘는 내가 입양한 인디언 딸이야.

애가 어디서 왔는지 보라고."라며 잘못된 소개를 할 때마다 내 안에 형성되어가던 **평범한 아이**는 여지없이 부서졌다. 그녀는 누가 듣던 간에 어떻게 그녀와 남편이 사우스다코타에서 **인디언과 함께 일하기**를 하고 인디언 아이를 찾게 되었는지와, 내 인디언 엄마가 술을 많이 마셨고 진정으로 나를 원한 건 아니었다는 이야기를 하고 또 했다. 그녀는 내 친족을 묘사할 때마다 기독교를 믿지 않아 인생이 어려워진 이교도들이라고 했다.

사우스다코타의 농장

나는 우리가 사우스다코타에서 살던 집을 기억하고 있다. 나는 아직도 주방에서 싱크대가 어디 있는지 테이블이 어디 있는지 그리고 거실과 침실은 어디 있는지 기억이 난다. 그 방에서 느낄 수 있었던 작고 사소한 것들, 풍광, 소리, 냄새, 에너지는 어떤 기억들일까?

나의 입양부모는 소를 가축하는 작은 목장에서 일하며 살았다. 아버지는 나와 함께 그 가축들이 목장 밖으로 나가는지 살펴보았다. 나는 아직도 우리가 울퉁불퉁한 길을 지나 작은 여울을 지날 때 지프차를 타면서 느꼈던 쾌감을 잊을 수 없다. 어머니가 말하기를 나는 결국 소가 새끼를 낳을 준비가 되어있는지 말할 수 있게 되었다고 한다. 내가 기억할 수 있는 것은 나의 양아버지와 느낄 수 있었던 즐거움이다. 그는 항상 파란색 작업복을 입곤 했다. 그는 키가 크고 덩치가 있으며 큰 손을 갖고 계셨다. 나는 그의 수줍은 미소를 아직도 기억한다.

어느 날 지프차가 고장 나는 바람에 우리는 목장에서 집까지 걸어

왔다. 나는 아버지가 나를 그의 어깨 위에 목마를 태워주셨던 것을 기억한다. 그리고 그 위에서 보이는 광경이란! 그의 걸음은 크고 강했으며 한걸음 한걸음 걸을 때마다 자갈을 차며 리듬감 있는 소리를 냈다. 나는 그의 어깨 위에서 매우 편하게 목마를 탔고 나의 다리는 그의 작업복 단추를 스치며 어깨 주변을 감쌌다. 햇살은 따뜻했으며 메뚜기는 길가를 따라 뛰었고 까치는 우리를 위해서 노래를 불러주었다. 나는 매우 행복했다.

그때 내 인생에서 종종 그랬듯 행복한 감정은 갑자기 멈춰버렸다. 나의 양어머니가 의자에 앉아서 자기 품에서 벗어나려는 나를 꽉 붙들고 있었다. 얕게 헐떡이는 숨소리가 들렸다. 그녀는 내가 꼼짝달싹 못하게 만들었다. 난 그 상황이 어쩐지 수치스러웠다. 양어머니가 내게 너무나도 밀착되어 있어서 그녀의 피부 모공을 볼 수 있었고 그 피부의 냄새를 견디기 힘들었다. 나는 다른 누군가가 되어버린 느낌이었고 작고 피부가 검은 벌거숭이 아이가 무서운 엄마의 팔에서 벗어나려고 안간힘을 쓰는 것을 보았다. 그 아이는 의자에 앉아서 나를 실망스러운 눈빛으로 쳐다봤다. 바로 그때 문이 열렸다. 아버지의 큰 덩치 뒤의 햇빛은 그의 얼굴에 그늘을 드리웠다. 어머니는 깜짝 놀라 일어나 나를 바닥에 내려놓고는 침실로 빠르게 들어가 버렸다. 한참 후에 나는 그녀가 나에게 했던 것이 학대라는 것을 알게 되었다. 내가 그때 알고 있던 것은 양어머니가 나의 몸을 만질 때 얼마나 아팠는지가 전부였다.

사우스다코타의 위너(Winner)에서는 도매시장이 열렸고 나는 아버지와 함께 갔었다. 나는 도매시장의 모든 면을 사랑했다. 그것은 가축, 비료, 곡물의 냄새와 경매인들 소리로 가득했다. 나와 나의 아버지는 앉아서 가축들이 헛간의 중심에서 모두에게 잘 보이게 줄지어 입찰을 기다리는 것을 보곤 했다. 나는 아빠와 함께 있었고 모든 일이 잘 풀렸다. 한번은 큰 뿔을 가지고 있는 스코틀랜드산[産] 소를 산 적이 있다. 우리는 내가 몇 년 전에 입양부모님과 타던 빨간색 트럭에 그 소를 태우고 집으로 갔다. 그 덩치 큰 스코틀랜드산 소가 몸을 트럭 벽에 밀어붙이니 그 트럭은 소의 육중한 힘으로 움직였다. 소는 트럭에 감금되어 있는 것을 저항하듯이 울부짖었다. 나의 가슴은 소를 보면서 흥분감에 두근거렸다. 어머니는 소의 뿔이 한 쪽 끝부터 다른 한 쪽까지 32인치나 되었다는 이야기를 해주시곤 했다. 어느 날 소는 그 커다란 뿔을 잃어버리게 되었다. 나는 왜 그 소의 뿔을 잘라야만 했는지는 알 수 없었지만 뿔을 잘라버리려는 사람들로부터 벗어나려고 안간힘을 쓰던 것을 울타리에 매달리면서 본 기억이 난다.

그렇게 사우스다코타에서 나의 인생은 지나갔다. 내가 아버지와 지내는 시간들은 시골의 풍경과 냄새로 가득 찬 모험적인 시간들이었다. 어머니와의 시간은 비밀스러웠으며 끔찍한 시간이었다. 내가 점점 클수록 나는 그녀로부터 육체적으로 가까워지는 것을 피할 길을 찾았다.

남동생이 생기다

어느 날 우리는 차를 타고 있었다. 내가 아마 4살쯤이었던 것 같다. 우리는 천천히 언덕을 올라가 다른 쪽으로 내려와서 차도로 돌아갔다. 나는 백미러를 보면서 내 옷의 깃을 보았다. 내 교회 옷 중 하나였다. 나는 그 옷을 입을 때면 기분이 좋았고 하얀색 테두리의 깃이 마음에 들었다. 그러고 나선 고개를 들어 붉은 벽돌 건물을 보았다. 유니폼을 입은 간호사가 작은 꾸러미를 우리 차에 건네주었다. 나의 어머니는 간호사와 함께 차로 걸어왔다. 그들은 그 꾸러미를 차 뒷좌석에 내려놓았다. 나의 새로운 동생이었다. 나는 뒷좌석에서 천으로 둘둘 말린 채 자고 있는 아기를 보니 흥분되기 시작했다. 나는 그가 눈을 뜨게 하기 위해 노력했다. 나는 아기의 눈이 인형의 눈처럼 누우면 감기는 것으로 생각했나 보다. 내가 아기의 눈을 뜨게 하려고 하자 아기는 울기 시작했고 나는 부모님에게 맞았다. 우리가 위스콘신으로 이사 가기 전까지 내 동생에 대한 기억은 거의 남아 있지 않다. 그러나 나는 그가 나와 피를 나눈 형제라는 것을 알게 되었다. 그 아기는 내 친어머니의 네 번째 아이였던 것이다. 나는 그를 "반쪽 동생"이라고 부르고 싶지 않았다. 마치 나와 그의 관계를 축소하는 것만 같기 때문이다.

나의 양어머니는 "네 엄마는 너의 동생이 태어나기도 전에 넘겨주겠다고 서명했단다. 자기는 그 아이를 돌볼 수 없다는 것을 알았던 거야. 그래서 우리에게 준 거지."라고 하셨다. 나중에 나는 나의 친어머니가 아홉을 낳았고 그 중 두 명만 입양시켰다는 걸 알게 되었다.

카제노비아의 농장

1958년 나의 입양부모는 그들의 사우스다코타 집을 팔고 위스콘신으로 이사를 갔다. 그곳의 농장은 메디슨 북쪽으로 90마일 정도 떨어진 나무가 많은 시골에 눈에 띄지 않는 곳에 위치했다. 그곳은 아름다웠다. 그 푸른 숲은 너무나 푸르러 푸른 냄새를 맡을 수 있었다. 집은 자갈도로의 1/4마일쯤 위쪽으로 떨어진 곳에 위치했다. 나는 주요 도로에 있는 우편함까지 걸어가는 걸 좋아했다. 어느 날 누룩 뱀이 나의 다리사이를 지나갔다. 나는 그것이 전혀 무섭지 않았다. 다만 뱀이 어떻게 나타났으며 그게 마치 목적지가 있는 것처럼 스르르 지나가는 것이 신기했다. 그곳에는 여울을 지날 수 있도록 만들어진 나무 다리가 있었다. 나는 걸어가거나 차로 지나갈 때마다 그 나무가 내는 소리가 좋았다. 나는 그 여울의 기슭에서 몇 시간이고 상상에 빠지며 노는 것을 좋아했다. 나는 어느 날 외로운 학 한 마리를 발견했다. 나는 숨이 탁 막혔으며 내가 보는 것이 무엇인지 잘 알지 못했기에 그 학에 대해서 신성함을 느꼈다. 그 여울에서는 많은 모험을 할 수 있었다. 바위 밑에서 가재를 잡기도 했고 두꺼비와 놀기도 했으며 딱따구리와 메뚜기의 노래 소리를 보고 듣기도 했다. 그리고 쏙독새 소리가 날 때면 집으로 갈 시간이라는 것을 깨닫곤 했다. 이 모든 것들은 여전히 나에게 남아있다. 그 초원의 평화로운 노래 소리는 내 영혼에 잠들었다.

나의 아버지는 때때로 나를 데리고 들판에 나갔다. 나는 트랙터 위에 타서 비료를 뿌리는 것을 보며 하루를 보내는 것을 좋아했다. 향기로운 냄새의 푸른 비료는 곤충들과 새들에게 좋은 먹을거리가 되었다. 나는 어른이 돼서야 비로소 비료에서 고약한 냄새가 난다는 것을 알게 되었다. 나에게 그것은 아버지와 함께 할 수 있는 멋진 시간 중의 한 부분이었다. 나의 아버지는 낡은 수프 캔을 들고 다니며 휴식이 필요하거나 목이 마를 때면 그 캔에다 물을 담아 먹곤 했다. 그 물은 봄철의 여울이었기 때문에 항상 차가웠다. 그는 나에게

민트나무를 보여주었다. 우리는 그것을 꺾어 코에다 가져가며 평화로운 고요 속에서 휴식을 즐겼다.

그 농장의 지하에는 석탄 통이 있었다. 어느 날 아빠가 나를 깨우고는 계단 밑으로 내려가서 암탉이 둥지에 알을 낳은 것을 보여주셨다. 그것들은 부화하고 있었고 아빠는 이런 신기한 광경을 나에게 보여주고 싶어 하셨다. 우리는 조용히 앉아 병아리가 알을 깨고 천천히 나오는 것을 지켜보았다. 나는 알 속에서 삐악삐악 나는 소리를 들을 수 있었다. 나는 밴텀닭의 아름다운 모습이 그 알을 집어 들고 싶은 마음을 없앴고 병아리가 나올 수 있도록 하였다는 것을 느꼈다. 엄마 닭은 긴장된 상태로 우리의 손을 주시하고 있었다. 그리고 우리 손이 알에게 가까워지면 쪼을 준비를 하고 있었다. 나는 아버지의 목소리는 기억나지 않는다. 하지만 나는 우리가 나누었던 그 고요함의 전율은 기억할 수 있다. 오늘날까지도 나는 아버지가 즐겼던 그 숭고한 것이 이 세상의 것이 되는 순간을 상기하고 있는 내 모습을 발견할 수 있다.

아빠는 오시지 못한단다

내가 입양된 탓에 피할 수 있었다던 가난, 학대, 알코올 중독 등은 인생의 자연스러운 전개에 따라 나에게 닥쳐왔다. 나의 양아버지께서는 농장에서의 사고로 내가 6살 때 돌아가셨다.

동생과 나는 막 깨어나서는 파자마를 입은 채 계단의 가장 위 칸에 앉아 있었고 서로를 향해 웃고 있었다. "아빠는 집에 언제 오셔?" 내가 물었다. 어머니는 계단의 가장 아래 부분에 서서 우리를 바라

보고 있었다. 그녀는 얼굴이 붉어지면서 눈은 슬픔으로 가득 찼고 쉰 목소리는 무언가를 말할 것만 같았다. 그녀가 말했다. "너의 아빠는 다시는 돌아오시지 않을 거야." 나는 아빠가 죽었다는 것까지 들었는지 아닌지는 기억나지 않는다. 기억하는 것은 내 몸이 무겁고 무서움으로 가득 차 있었으며 매우 슬펐다는 것이다.

나는 지금 50살이다. 그리고 내가 양아버지와 함께 지낸 시간은 불과 몇 년 되지 않는다. 우리는 우리가 다니던 위스콘신 발톤의 교회 뒤에 그를 묻었다. 나는 그의 이야기에 대해서 말할 기회를 갖지 못했다. 내가 지금 글을 쓰다 보니 그가 나의 인생에 얼마나 많은 영향을 끼쳤는지 깨달을 수 있다. 그분께서는 나에게 좌절 이후 다시 일어나는 법을 가르쳐 주셨다. 그분께서는 나에게 고요함 속에 앉아 있는 것이 정신적 조예라는 사실을 가르쳐 주셨다. 내가 그를 알기 때문에 비록 목소리조차 기억할 수 없지만 그가 온화하고 친절한 분이셨다는 걸 안다. 나는 고요함 속에서 우리가 나누었던 것은 순수한 사랑과 수용이라는 것을 안다.

아버지께서는 돌아가셨고 어머니께서는 세상에서 우리 형제 외에는 외로운 신세가 되셨다. 그리고 그녀가 농장을 운영하게 되었다. 세 명의 신성한 영혼들 즉 두 명의 어린이와 한 명의 어른이 전부였다. 그녀는 아마 매우 두려웠을 것이며 불안했을 것이다. 내가 인생을 다시 되새겨볼 때마다 항상 내 양어머니에 대해 참 안됐다고 생각한다. 그녀는 든든함을 잃어버린 셈이었다. 일꾼을 고용했지만 그런 일꾼은 농장의 생명이 될 수는 없었다. 일꾼은 단지 그의 봉급을 위해서 일할 뿐이었고 그 땅을 위해서 일하는 것은 아니었다. 우리는 결국 집과 농장을 잃었다. 교육 수준도 낮고 정신적으로 불안정한 양어머니는 최소 임금만 받을 수밖에 없었다. 정신병 진단이 내려진 적은 없는 것 같지만 **안정**을 위해 병원에 입원하셨다. 우리는 아버지의 죽음으로 심각한 손상을 입었다. 다소 안정적인 상태가 되자 어머니의 정신적인 상처는 심각하게 받아들여지지 않았고 결국 특이한 행동이 나타났다.

나는 그녀가 고통스럽고 힘든 마음을 푸는 대상이 되었다. 그녀의 성적 · 육체적 · 언어적 학대를 모두 참아내야만 했다. 하지만 나는 살아남았고 고등학교를 졸업한 후 해군에 들어가 결혼을 했다. 그리고 두 명의 아이를 낳았고 결국 이혼을 하고 알코올중독을 이겨냈다. 나 또한 양어머니로부터 받은 상처를 치료하기 시작했다. 나는 노여움을 떨쳐버려야 했다.

나는 동생을 매우 사랑했다. 그는 순수하고 사랑스러운 정신을 가진 귀여운 아이였다. 우리는 서로를 즐겁게 하면서 몇 시간이고 보낼 수 있었다. 나는 그의 웃음이 좋았다. 하지만 이 모든 것이 그가 12살 때쯤 바뀌고 말았다. 동생과 어머니의 관계는 나보다도 훨씬 더 심각했다. 우리가 어른이 되었을 때 나는 그에게 혹시 나처럼 어머니에게 똑같은 일을 당했는지 물어보았다. 그는 매우 충격적인 표정을 지었다. 나는 더 이상 그것을 캐묻지 않았다. 왜냐하면 나는 그녀가 그가 가진 전부라는 것을 알고 있었기 때문이다. 나는 좋은 우정을 만들 수 있었고 어머니와는 헤어지게 되었다. 그는 그녀가 필요했다. 그는 아마 그 나름대로의 비밀이 있을 것이다. 만약 그가 그것을 말하고 싶다면 언젠간 말할 것이다.

1988년 나는 처음으로 로즈버드의 집으로 갔다. 친가족이 나를 기억할 뿐만 아니라, 친삼촌이 매년 다른 친척들이 돌아오는 일도 고대하고 계신다는 소식을 듣게 되었다. 나는 9남매 중의 한 아이였고 우리 남매 중 둘만 입양되었다. 내 친모인 니나 룰루 화이트 호크(Nina Lulu White Hawk)는 20남매 중 맏딸이었고, 친척 대부분은 인디언 기숙학교에 다녔다.(미국 정부는 인디언 아동들에게 미국식 교육을 제공한다는 명분하에, 미국 인디언 거주지의 아동들을 가족으로부터 격리하여 기숙학교로 보냈다. 이는 가족해체와 문화말살을 야기했다는 비판을 받고 있는 일이다.—옮긴이) 내 가족은 나를 반겼으며 줄곧 내가 돌아오기를 원했다.

네가 서있는 길

가난과 학대로 인해 내 성장기가 쉽지만은 않았다. 내 성장기를 통해서 나는 내가 남과 '다르다' 혹은 '잘 안 맞는다'는 느낌이 많이 들었다. 왜냐하면 주변에는 나 같은 사람이 없었으며 그것은 내게 참을 수 없는 고독을 안겨주었다. 나는 인디언의 얼굴을 갖고 자라났으며 내가 아무 곳에도 낄 수 없는 못생기고 원치 않는 아이라는 이미지를 갖게 되었다. 14살 때 나는 그런 기분들을 잊기 위해 술과 마약을 배웠다. 하지만 내 마음 깊은 곳에서는 아주 작게나마 내가 인디언이라는 것은 좋은 것이라고 생각했다. 이 기분을 표현할 말이 없다. 그리고 그 어느 누구와도 상담한 적이 없다. 나는 어떻게 이 상황을 벗어나야 할지 몰랐지만 언젠가는 그럴 거라고 느꼈다. 나는 몇 년 간을 외로움과 혼돈 속에서 살아야만 했다. 그것은 나에게 가장 외로웠던 공간이었고 내 인생에서 가장 어두운 시간이었다.

라코타 신앙은 우리가 이 지구에 어린이로서 어떻게 태어나게 되었는지에 대해서 이렇게 말했다. 우리는 별 뒤에 있는 영혼의 세상에 있다. 시간이 되면, 우리는 부모님을 선택한다. 우리는 누구에게로 태어날지 고르는 것이다. 우리는 우리의 탄생이 부모에게 어떤 영향을 줄 것이며 또 내가 자라나면서 내 인생이 어떨 것인지에 대해 고를 수 있다. 따라서 우리 결정에 따라 우리는 부모님에게서 태어나는 것이다.

내가 처음으로 한 늙은이에게 내 입양에 대해서 말했을 때 그는 이렇게 말했다. "당신이 지금 서있는 이 길을 선택한 것이오."나는 굴욕감을 느꼈고 상처를 받았다. 내가 원하는 것은 오직 태어난 곳으로 다시 돌아가는 것뿐이다. 그런데 기껏 들은 말이 내가 이 길을 선택했다는 말이라니! 만약 그가 내가 걸어온 길을 알고 있었다면 그렇게 말하지 못했을 것이다! 나는 학대당했고 외로웠으며 혼돈스러웠고 마음 깊이 내 자신에 대해 수치스러움을 느끼고 있었다. 누가 이 길을 선택한단 말인가? 나는 절대로 인디언 사람들로부터 멀리 떨어진 곳에서 자라나는 것을 선택하지 않았을 것이다! 하지만 그가 늙은 사람이었기에 나는 정중하게 그의 말을 경청했고 그 말의 가시를 꿀꺽 삼켰다. '당신이 이 길을 선택했다.'

시간이 갈수록 나는 우리가 우리의 길을 선택한다는 이야기와 같은 내용을 다른 부족의 다양한 버전으로 들을 수 있었다. 그리고 나는 어떤 늙은이가 얘기하는 것을 들었다. "가끔 영혼은 아주 어린 부모를 선택하지. 그들은 부모를 돕기 위해 그 가정에 태어나지. 너는 어린 엄마가 자기 아버지에게 임신했다는 사실을 말하길 무서워하는 일에 대해 얼마나 들어봤니? 그 엄마의 아버지는 매우 화를 낼테고 그러다가 아이가 태어나면 그 엄마의 아버지는 할아버지가 되면서 어린 손자의 순수함에 마음이 녹게 되지."

내가 많은 늙은이들과 만나 우리 스스로를 치료하는 이야기를 들어본 뒤, 이러한 질문에 사로잡히게 되었다. '만약 내가 나의 길, 즉 경직된 기독교 집안에 태어나서 아버지는 곧 돌아가시고 정신적으로 불안정하며 학대를 일삼는 어머니에게 길러질 것을 선택했다면, 그 목적은 무엇일까?'

만약 내가 이 길을 선택한 거라면 내가 이것을 해내리라고 알았기 때문이리라 믿는다. 나는 내가 살아남을 것을 알았고 곧 해결책을 찾아 분노, 원한, (사랑으로부터 멀어지게 하는) 수치심을 이겨내리란 걸 알았다. 그리고 만약 내가 살아남는다면 나는 분명 다른 사람에게 같은 희망을 불어넣어 줄 것을 알았을 것이다.

한때는 내가 이렇게 외롭고 혼란과 수치심에 빠져서 사는 것이 모두 다 학대의 결과라고 생각한 적이 있었다. 나는 이제 마음 깊은 상처가 한 인디언 여성으로서 내 영혼의 중심으로부터 떨어져 있기 때문이라는 것을 안다. 그 이후로 나는 자신감, 위엄, 삶의 목적의식, 그리고 내 인생에 속해 있는 느낌을 갖게 되었다. 우리 미국 인디언의 전통적인 노래와 의식에 의해 얻은 결과였다. 나는 몇 년간 매우 좋은 상담치료를 받았지만, 처음 인디언의 북 소리를 듣고 비로소 내 굳게 닫힌 마음이 열리고 수치심, 노여움과 원한을 떠나보낼 수 있었다. 지혜로운 현자, 푸른 잔디, 다른 치료약의 효과는 노여움으로 둘러싸인 내 영혼을 잠재우고, 내 인생에 어떤 목표 의식을 불어넣어 주었다. 내 조상께서 그들의 언어로 불러주신 의식적인 노래들은 몇 년 동안 굳게 닫혔던 내 마음을 열어주기 시작했다. 비록 나는 수년 동안 이것이 무슨 의미인지 알 수 없었지만, 내 영혼은 라코타였다. 그 노래와 의식, 약초는 나를 치료해줬고 나는 스스로 집으로 돌아갈 수 있었다.

원주민 고아협회 창립

이제 내 인생의 목표는 내 이야기를 다른 사람, 가족, 그리고 사회와 나누고, 우리 친척과 자아와의 분열에서 오는 슬픔을 극복할 수 있도록 희망을 불어 넣어주는 것이다. 이제 알맞은 시기가 온 것 같다. 이것이 내 인생의 목표인 것 같다.

우리는 1941년과 1978년 사이, ICWA[인디언아동복지법]가 통과되었을 당시, 인디언 아이들의 약 35퍼센트가 그들의 집에서 시설이나 백인 가정으로 강제로 옮겨졌다. 이 시설이나 가정은 대체로 가혹했고 그 결과로 어린 시절 분리감에서 오는 외상후스트레스장애만 더 심화되어갔다. 이 아이들을 잃어버린 많은 가족들은 아직도 그 상실감 때문에 고통을 받고 있다. 이 아이들은 이제 어른이 되었지만 그들의 자아정체성과의 일체감의 혼란 때문에 갈등을 겪고 있다. 정신적, 감정적 피해는 입양인의 높은 자살률과 우울증증세에 나타난다. 많은 이들은 가족 간의 유대관계를 찾지만 어디서 시작해야 할지도 모르며, 이것은 또다시 그들의 고통을 악화시킨다. 그들의 강제적인 동화로 인한 상처를 일체감의 회복과 정신적으로 풍부한 가족의 힘으로 치료해야 할 시기가 왔다.

고아들을 위한 노래의 비전이 나에게 왔고, 그 명예로운 노래는 그들의 길을 다시 찾을 수 있도록 도와줄 것이다. 나는 이 비전을 프레이리 아일랜드 다코타(Prairie Island Dakota)부족의 원로이자 전미인디언어린이복지회(National Indian Child Welfare Association)의 영적 조언자인 크리스 리스(Chris Leith)에게 말했다. 그는 오글랄라 라코타(Oglala Lakota)부족원인 제리 디얼리(Jerry Dearly)에게 노래를 만들어줄 것을 부탁했다. 우리들은 대부분, 입양되기 전에 입양가정이 어떤 곳이 될지 확인해줄 ICWA가 없을 때 입양되었다. 당시는 탄압의 시대였으며 우리 가족들에겐 절망의 시대였다. 결과적으로, 아직도 많은 가족들이 고통을 겪고 있으며 자신의 아이들이 아직도 살아있고 건강하기를 기도한다. 나는 이 노래가 부당한 체계로 인해 아이들을 잃은 가족들에게 위로가 되기를 희망한다. 우리는 2000년 6월 21일, 세계평화와 기도의 날(World Peace and Prayer Day)에 블랙 힐스(Black Hills)에서 처음으로 이 노래를 불렀다.

그 노래가 불려진 후에 크리스는 나에게 말했다. "우리는 눈물을 닦는 의식(Wiping of Tears Ceremony)을 통해 가족과 사회의 분리로 인한 슬픔을 치유해야 해요." 그는 집으로 다시 돌아온 이들을 위해 우리가 이 노래를 부르고 의식을 행함으로써 우리는 고아들을 위해 모든 것을 긍정적으로 만든다고 말했다. 얼마 후 우리는 입양인과 가족을 연결시키고 도와주는 조직을 만들 필요성을 느끼게 되었다. 나는 크리스와 함께 FNOA[원주민고아협회]를 설립했다.

오늘날 ICWA가 있다. 그렇지만 아직도 많은 인디언 어린이들이 백인 위탁가정에 보내지고 있다. 인디언 가족들과 사회는 기숙사 학교 와 입양, 위탁보호가 낳은 세대 간 외상을 아직도 치유중이다. 이것은 인디언 보호구역이 처음 설립됐을 때부터 우리 어린이들을 계획적으로 이동시킨 것의 결과이다.

1890년 연방 정부는 동화정책을 실행하면서 우리 어린이들을 계획적으로 이동시키기 시작했다. 공무원들은 어린이들을 기숙학교로

FNOA의 목적

FNOA는 인디언의 전통에 기반한 영적유산과 ICWA에 따른 정책들에 기초하여, 모든 입양인들과 위탁가정에서 성장한 인디언들과 그들의 친생가족을 옹호한다. FNOA는 인디언 입양인들과 위탁가정에서 성장한 이들로 하여금 전문가들, 부족공동체의 리더들, 다른 입양인들, 위탁가정에서 성장한 다른 인디언들, 원주민 영적지도자들과의 결속에 이르도록 봉사한다. FNOA는 인디언 가족들과 공동체들의 문화적 전통들과 가치들에 관련해서 종사하고 있는 사회복지제공자들을 교육해서, 그들로 하여금 문화적 교량 역할을 하게 하고, 그 전통들과 가치들을 더 풍부하게 가꾸도록 한다. 또한 가족과의 결별, 문화적 유산과의 단절에 기인하는 세대간의 트라우마를 지속적으로 치유하는 의식ceremony을 제공하고자 한다.

옮겼다. 그와 동시에 선교사들이 사회봉사 제도를 시작하게 됐다. 그들은 가난한 보호구역에서 우리 어린이들이 "더 나은 삶을 살아갈 기회"를 받는 것이 마땅하다고 우리에게 확신을 주었다. 마음상한 엄마들은 그들의 어린이들을 루터교 사회봉사회(Lutheran Social Services), 천주교 자선단체(Catholic Charities)와 그런 비슷한 종류의 기관에 아이들을 넘겼다. 많은 사람들이 "당신은 아이 양육에 있

FNOA의 목표

1. 입양아동과 위탁아동으로서 성장한 개별 인디언의 부족 등록을 돕는다.

2. 입양아동과 위탁아동으로서 성장한 개별 인디언의 가족찾기와 재회를 돕는다.

3. 입양아동과 위탁아동으로서 성장한 개별 인디언의 가족재회 이후 정신심리적 지원을 돕는다.

4. 입양아동과 위탁아동으로서 성장한 개별 인디언의 상황을 파악하고 나아가 그들의 권리와 인디언 부족 등록을 통해 얻는 사회보장 혜택을 찾도록 돕는다.

5. 입양아동과 위탁아동으로서 성장한 개별 인디언이 입양인으로 살아온 경험의 결과로 인해 촉발된 다른 문제들의 해결을 돕는다.

6. 입양아동과 위탁아동으로 성장한 개별 인디언이 인디언 부족의 영적지도자를 찾는 일을 돕는다.

어 기여할 만한 어떤 것도 가지고 있지 않다."라는 말로 인해 수치스러움을 느꼈다. CLWA[미국청소년복지협회]에서는 인디언 어린이들을 인디언 가정 밖으로 보내는 것을 중점으로 둔 인디언 어린이 입양프로젝트(Indian Adoption Project)를 실행했다. 2001년 4월 CLWA 회장인 셰이 빌식(Shay Bilchik)은 이 프로젝트가 준 무력감과 피해로 인해 인디언 가족의 파괴를 불러일으킨 것에 대한 공식적인 사과를 했으며, 알래스카 주 앵커리지 언론에서 크게 다뤄졌다.

나는 공무원들이 미국정부에 의해서 만들어진 보호구역의 밀집된 캠프 상태에 대해, "내가 어떻게 당신들 삶의 질을 높일 수 있을까요?"라는 질문 대신에 우리의 미래를 밝혀줄 유일한 자산인 우리 어린이들이 가족으로부터 떨어져 있어야 한다는 결론을 내린 매우 모순적인 면을 찾아냈다. 삶의 질은 오직 돈과 소유물로만 결정되는 것이 아니다. 우리가 읽은 많은 자서전에서는 가족이 주인공에게 이렇게 말한다. "우리는 가난하지만 서로가 있잖니?" 인디언으로서 우리는 우리 가족의 안정을 잃었다. 우리 인디언 사회는 아직도 이 시대의 파괴적인 영향으로부터 회복 중이다.

오늘날 비록 약간 개선되고 이해도 증진됐지만 아직도 많은 인디언 친부모의 권리가 무시당하고 너무나 많은 아이들이 입양보내지는 것을 볼 수 있다. 안타깝게도, 잘못된 인식을 가진 많은 사회복지사들은 인디언 아이들이 자기 문화권 밖의 다른 가정에서 자라는 것이 **최선**이라고 믿고 있다. ICWA가 연방정책으로 있는 한, 인디언 부족은 아이들에 대한 권리를 지켜야 한다.

어떤 주에서는 ICWA변호사, ICWA판사, 훈련된 ICWA사회복지사들로 구성된 전문 ICWA팀을 갖고 있다. 그들은 ICWA정책을 배우고 확대가족제도를 통해 인디언 가족들을 더욱 탄탄하게 만들려는 목표라고 이해한다. 반면, 어떤 주의 사회복지사들은 이런 정책을 무시하고 인디언 아이들이 그들의 가족과 재회하는 것을 완강히 반대한다. 나는 ICWA정책이 주는 심각한 침해를 증언하고 그들이 말한 가족들을 어떻게 재판할지 모른다는 사회복지사들의 이야기를 들어 알게 되었다. 또한 나는 어머니, 아버지, 조부모, 다른 가족 구성원들에게서 확대가족 내에서 사촌이 입양되는 사실을 몰랐다는 이야기를 들었다.

그럼 과연 이 문제의 해결책은 무엇인가? 우리는 가족을 강화 시기기 위해 뭉쳐야 한다. 또한 가족들이 위기 속에서도 같이 뭉칠 수 있는 방법을 모색해야 한다. 그리고 가장 중요한 것은, 주 정부는 ICWA를 연방위임정책으로 받아들이고, 각 부족들의 지도를 받아다 함께 아동복지에 영향을 주는 문제들을 논해야 할 것이다.

현재 미국 전역에서 여러 사람들이 모임을 갖고 위기에 처해 있는 가족들에 대한 방안을 모색하고 있다. 이 사람들은 가족들의 **안전**과 **유지성**이란 주제로 많은 시간 동안 의견을 주고받고 있다. 그 중 장기위탁가정에서 자란 어떤 한 입양인은 그의 민족을 찾고, 그에게 소속감을 찾으며 그의 기원으로 돌아가기 위해 애쓰고 있다. 우리는 과연 올바른 방향을 보고 있는 것인가? 우리 본질은 어머니의 태내에서 결정된다. 어떻게 우리는 그 부인할 수 없는 사실을 높이 사고, 입양된 아이들이 자신들이 무엇인지, 어디서 왔는지에 대한 답을 확실히 할 수 있는지 확신할 수 있는가?

나는 많은 곳을 여행하며 이 문제에 관하여 많은 이야기를 들었고, 그중 크리스의 말이 인상 깊었다. "가족에게서 아이를 뺏는 것은 마치 그 가족 내의 할아버지, 할머니에게서 아이를 뺏는 것과 같다."

당신이 지금 이 글을 읽는 순간에도, 할머니는 자신의 손자가 돌아오길 기도를 하고 있을 것이다. 이제 우리는 우리가 잃었던 것을 우리의 열정과 사랑으로 되찾아야 할 때다.

우리는 세대를 넘어 집으로 돌아가고 있다.

한국어 판에 부치는 말

제인 정 트렌카

줄리아 치니에르 오패러

선영 신

알 수 없는 것을 알고, 생각할 수 없는 것을 생각하라

—제인 정 트렌카

많은 한국 어머니들이 그들의 자식을 낯선 땅, 알지 못하는 곳, 서구의 나라로 입양 보내는 것은, 그것 말고는 다른 길이 도무지 없기 때문이다. 어머니들은 자식을 보내면서 이 아이들이 부유한 가정에서 잘 먹고 잘 자라서 언젠가 아마도 모국으로 돌아올 거라는 환상과 꿈을 가진다.

우리 해외입양인들 일부는 성인이 되어 한국에 돌아왔고, 일부는 한국의 친가족과 재회할 수 있었다. 오랜 결별 후에, 우리 어머니들이 어떤 사랑의 말이나 미안함을 표현할 수 있을까? 입양인들은 그런 어머니들을 위로하는 것 말고 다른 어떤 반응을 보일 수 있을까? 우리의 비현실적이고 과장된 대화는 마치 종교의식 같다. 우리는 오랫동안 서로 전화하거나 편지를 주고받지도 않았다. 우리는 처음 보는 가족을 공항이나 호텔방이나 입양기관의 사무실에서 만나면서 마치 무슨 기억을 되살리듯 통역을 통해 이렇게 반복한다.

"사랑해."

그녀도, "사랑한답니다."

"미안해."

그녀가, "미안해하지 말랍니다."

"용서해 줄 수 있겠니?"

그녀가, "용서할 것이 하나도 없답니다."

거의 20년 전 내가 서울의 소피텔 앰버서더에서 친엄마와 이런 의식을 거행할 때, 엄마는 갑자기 죄의식을 느낀다며 눈물로 온 호텔 방을 채우셨다. 당시 내가 할 수 있는 말은, “죄의식을 갖지 마세요. 엄마는 올바른 선택을 하신 거에요. 결과적으로 잘된 거에요. 전 행복해요.”뿐이었다. 결국 엄마의 한은 호텔 방 구석구석에 가득 차올랐고 딸인 나는 이역만리에서 자라며 겪은 삶을 제대로 털어놓을 공간을 찾을 수 없었다. 나는 가족 결별과 인종간 입양이 내게 무슨 짓을 당하게 했는지 진실한 이야기를 털어놓을 수 없었다. 성폭력, 잔인한 인종 차별, 자살 시도, 중증 우울증에 대한 고백 대신 나는 엄마의 희망을 짓밟지 않을 거짓말을 해야만 했다.

입양으로 인해 우리 모녀는 오랜 세월 헤어졌지만 결국 입양은 엄마가 희망한 것들을 내게 주지 못했다. 미국에 가서 부유한 부모와 멋진 가정을 만나 좋은 집에 살면서도 어느 정도는 한국적인 것을 유지하고, 비록 그 미국 동네에 한국인은 하나도 없지만 한국 남자를 만나서 결혼하고는 아름다운 한국 아이를 낳으리라는 희망. 만약 엄마가 내 인생에 정말로 무슨 일이 일어났는지를 아셨다면, 나를 입양 보낸 것을 정당화하실 수 없으셨을 것이다. 난 사실 엄마의 슬픔을 위로해 드릴 수 있는 처지에 있지 않았다. 내 사연을 아신다면 어머니께서는 아직도 한스러워 하실 것이다.

많은 입양인들은 친가족을 몇 번 만난 후, 의사소통이 너무 어려워서, 더 이상 친가족을 만나지 않는다. 그리고 친가족을 만나도 대화를 나누는 대신 음식을 함께 먹는다. 친가족과의 두 번째 만남은,

첫 번째 만남과는 달리 마음을 편하게 해주는 통역사도 없다. 낯선 친엄마 집에 있으면, 입양인은 어느새 TV랑 한 세트가 되어 버린다. 말이 안 통하기 때문이다. 그렇게 식사를 기다리는 동안 영어 방송을 본다. 입양인은 엄마 집에 가족이 아니라 손님으로 와있기 때문에 음식 준비를 도와서도 안 된다. 마침내 저녁이 차려지면 또 작은 의식이 시작된다.

"매운 음식 좋아해? Spicy?"

"좋다 좋다."

"맛있어?"

"좋다 좋다."

"많이 먹어."

"Good!"

이런 어색한 대화, 그리고 상다리가 부러질 것 같은 너무 많은 음식. 엄마는 성인이 된 자식의 입에 쌈을 넣어 주겠다고 고집하신다. 엄마는 알지 못하신다. 입양인이 엄마가 자기를 직접 키우는 대신 마치 비행기에서 기내식으로 소고기나 닭고기를 선택하듯 입양을 선택하여 자기를 보냈다고 여긴다는 건 상상도 못하신다. 엄마가 생각할 수 있는 건 선택의 여지가 없었다는 것이다. 식칼, 맥주병, 전화번호부…… 모든 것이 무기가 될 수 있는 가정폭력. 엄마는 비닐하우스에서 석탄이 타던 냄새를 기억한다. 열한 가구가 건물 밖의 재래식 변소를 함께 쓰던 집과 아빠로부터 도망친 것을 생각한다. 엄마는 입양 보내지지 않고 남은 딸들을 거두기 위해, 일하시던 식당에서 남은 음식을 집에 가져 와서 남은 자녀들에게 먹였던 걸 생각한다. 그리고 지금 여기, 자기 마음을 온통 채우는 딸과 함께 식사를 한다는 것이 얼마나 행복한지 생각한다.

집에서 손수 장만한 음식들로 한 상 가득 차려 먹는 것이 무슨 의미인지 모르는 채로 입양인은 말한다. "배불러요," 그러자 엄마는 딸의 밥그릇에 밥을 더 얹는다. 엄마는 단순히 딸이 살아있다는 사실과 다시 볼 수 있는 현실이 너무 좋고 감사하다고 생각한다. 엄마는 입양부모가 자기 딸을 아주 좋은 환경에서 잘 키웠을 거라 생각하며 고마워한다.

"이제 슬픈 과거를 잊자. 그리고 행복하게 살자," 엄마는 말하지만 딸은 다른 언어인 엄마의 말을 이해하지 못한다. "많이 먹어," 엄마는 또 쌈을 싸서 딸 입에 넣는다.

"더는 못 먹어요." 딸은 영어로 말하고 엄마는 이해하지 못한다. 딸은 엄마의 손을 피한다. 지난 25년간 못 먹은 밥을 한꺼번에 다 먹을 수는 없는 노릇이다.

입양인은 엄마가 상상하지 못하는 이방인의 도시에서 자신에게 지난 25년간 일어난 일을 말하고 싶지만 엄마가 생각조차 못하고 있는 일들을 표현할 말을 찾지 못한다. 엄마는 입양이 최선이었다는 걸 철석같이 믿으시는데 어떻게 딸이 입양부모가 성폭행했다는 말을 하겠는가. 어떻게 인종차별이 심각해서 학교를 그만두고 싶었다고 말할 수 있나. 백인 양부모는 인종차별이 뭔지 알지도 못하고 이해하려고도 하지 않아서 그 차별을 막고자 아무 대응도 하지 않았다고 어떻게 말할 수 있나. 평생 한국에만 사신 엄마에게 내가 미국에서 아시아 여성으로서 겪은, 비수처럼 아픈 인종차별을 어떻게 설명하겠는가.

"아가, 맛있어?"

재회한 한국계 해외입양인과 그 친부모 간의 '문화 차이'는 단순히 밥/피자, 한국어/영어의 차이가 아니다. 서로 상대방이 생각할 수도 없고 알 수도 없는 경험을 화해시키기 위해서 몸부림쳐야 한다. 가장 가깝고 친밀한 사이여야 할 모자 관계가 입양으로 말미암아 소원해졌기에 그들의 만남은 종종 실패한다. 양쪽 다 실망하고 우울해하며 다시 낯선 사람이 된다.

한국계 해외입양인들은 자기 친부모보다 입양인들과 더 긴밀해진다. 유사한 경험들을 나눌 수 있고, 또 마치 종교의식과도 같았던 친부모와의 공허한 상호작용에 대해 누구보다 잘 알기 때문이다. 이 공허한 관계는 입양인 공동체의 지식 중 하나이다. 이런 지식으로 우리가 무엇을 할 것인지가 중요하다. "우리는 단지 친엄마를 만나고 싶었을 뿐"이고 "잘 사시길 바란다."라고 말하는 걸로 만족하면서 우리 자신의 경험과 영영 작별할 수도 있다. 혹은 우리 한국 가족과 입양인에게 무슨 일이 일어난 건지 진지하게 조사하고, 그 결과를 활용해서 친가족과 더 깊은 관계를 가꾸고 나아가 우리 공동체의 미래를 위해 법과 정책, 관행을 바로잡을 수도 있다.

빈곤에 내몰린 미혼모 중 어느 누구도 자기 자녀를 국가와 문화와 인종을 초월해 사사로이 입양 보낼 경제적 자본이나 사회적 자본이 없다. 오직 사회와 정부만이 이처럼 탐욕스러운 입양을 이뤄낼 능력을 갖추고 있다. 그들은 기반 시설을 통해 엄마들에게서 아이들을 데려와 입양기관으로 보내고 정부부처로 하여금 아동이 국외로 이주하는 데 필요한 모든 문서를 발급하게 한다. 마찬가지로, 다른 나라 아이를 입양하려는 서구 입양부모들도 대개는 한국 아이를 자기가 알아서 데려와 입양시킬 능력은 없다. 그들은 한국 아이를 입양하기 위해 자기 나라의 입양기관과 정부에게 수수료를 지불해야만 한다.

그러니 입양은 그에 연루된 두 가족이나 입양인 한 사람 한 사람에게 일어나는 개인적인 현상이 결코 아니다. 오히려 입양은 전적으로 하나의 체제에 기반하는 집단적 현상이다. 아이를 보내는 쪽과 받는 쪽 둘 다를 착취하는 요소를 지닌 시스템이자, 구조적 폭력이 깃든 영속적인 제도이다. 만약 우리가 재회한 가족 간의 개인적 관계를 이해하고자 한다면, 이러한 상황을 가능하게 한 제도를 이해해야 한다. 우리는 이전까지 알려지지 않았고 생각할 수도 없었던 것에 대해 알고 생각할 수 있어야 한다. 우리 감정을 억누르고 우리가 알고 있는 지식을 묻어버리는 것은 가족의 미래를 보다 낫게 만드는 데 아무 도움이 안 될 것이다.

역사는 우리에게 "너는 여기 있다! 지금 여기 있다! 너는 알고 있다! 너는 행동해야 한다!"라고 도전의식을 심어주고 있다. 『인종간 입양의 사회학(*Outsiders Within*)』이 미국에서 발간되고 1년이 지난 후, 나는 한국에서 다른 해외입양인들과 함께 〈진실과 화해를 위한 해외입양인모임(Truth and Reconciliation for the Adoption Community of Korea)〉(이하 '트랙'으로 표기)을 만들었다.

『인종간 입양의 사회학』 한국어판 발간 바로 전인 지난 해에, 트랙은 〈뿌리의 집〉, 〈한국미혼모가족협회(KUMFA)〉, 아이를 해외입양 보낸 입양 반대 생모들의 모임인 〈민들레회〉, 〈해외입양인연대(ASK)〉, 공익변호사그룹 〈공감〉과 함께 입양특례법을 성공적으로 개정하는 성과를 이루었다. 개정된 입양특례법에는 친생가족 권리 보호와 성인 입양인들의 권리를 보호할 수 있는 것에 목적을 둔 다양한 내용이 도입되었다. 또한 2011년에 트랙은 제네바에서 개최된 유엔 아동권리위원회에 참가하여 한국 입양 문제에 대한 우리 입양인들의 우려를 전달함으로써 국제사회의 주의를 환기시켰다. 그리고 이러한 우리 입양인들의 우려가 2011년 유엔 아동권리협약 권고문에 반영되었다. 한국정부는 매년 5월 11일을 '입양의 날'로 선포했다. 이에 대해 트랙은 〈뿌리의 집〉, 〈한국미혼모가족협회〉, 〈한국한부모연합〉과 함께 2011년 5월 11일을 첫 번째 '싱글맘의 날'로 선포하고 이를 통해 다음과 같은 사실을 한국 사회에 알렸다. 지금까지 20만 명의 한국 아이들이 세계 곳곳에 입양 보내졌다는 사실. 지금도 계속해서 한국 아이들이, 단지 그 아이들 대부분의 친엄마가 미혼모라는 이유로 해외입양을 통해 강제추방을 당하고 있다는 사실.

비록 트랙이 부지런히 움직이고는 있지만 아직까진 한국사회에 인종간 입양의 의미를 잘 알리지 못했고, 무엇보다 전지구적인 국제입양 제도의 성격과 역사, 국제입양 제도에서 한국이 지니는 중요성에 대해 충분히 문제를 제기하지 못했다. 그래서 나는 이 책의 영문판과 한국어판을 발간한 분들과 더불어 한국의 독자들에게 감사드린다. 이 책을 읽은 독자들은 이 책의 내용과 생각을 행동으로 변형시키는 진정한 사명을 수행할 것이라고 믿기 때문이다. 이 책은 전체 한국 사회가 한국의 입양 시스템 안에 깊이 뿌리박힌 불평등, 편견,

폭력들을 시정하도록 요구한다. 한국의 입양 시스템은 여성과 아동의 인권이 법적으로 제대로 보호받고 있지 못하는 상황 덕에 이익을 보고 있기 때문이다.

만약 사회가 친가족 구성원을 거시적 수준에서 받아들인다면, 가족은 미시적 수준에서 치유될 수 있다. 그러므로, 이 책이 사회적 행동을 이끌 뿐 아니라, 입양인들과 그 친가족이 더욱 공개적인 의사소통의 장으로 나올 수 있도록 이끌 수 있기를 희망한다. 우리 가족이, 과거를 잊거나 회피하려고 하지 않고, 우리와 함께 앉아서 우리 이야기를 들을 수 있는 용기를 낼지도 모르지 않겠는가? 만약 우리 입양인들이 모든 과거를 망각할 수 있었다면, 우리는 벌써 과거를 망각해 버렸을 것이다. 그러나 우리는 그럴 수 없었다. 우리 친엄마 역시 과거를 지워버릴 수 없을 것이다.

영어에 이런 말이 있다. "빠져나가려면 겪어내는 수 밖에 없다." 이 책은 인종간 입양인 자신들이 겪은 고통의 핵심부를 통과하며 진실을 말한 용기의 산물이다. 이렇게 자신의 이야기를 함께 나눔으로써 서로 돕고 연결될 수 있다. 해외입양인뿐만 아니라 그들의 친가족들도 당황하거나 부끄러워하지 않고 죄책감 없이 다른 해외입양인의 친가족들과 마음을 활짝 열고 경험을 나눌 것을 제안한다. 인간은 근본적으로 비슷한 경험을 한 사람들과 함께하는 공동체를 필요로 한다. 내가 관찰한 바로는 대부분 친가족과 친엄마들이, 소중한 아기를 입양으로 잃은 후에 받은 정신적 외상에 대하여, 가족 안에서의 지원조차 받지 못했다. 내 모든 이모들과 내 엄마의 영적 자매들에게 이 얼마나 비극적인 일인가!

입양으로 아기를 잃은 엄마는 종종 가족, 친구, 사회로부터 아무런 지원도 못 받고 망망대해의 섬처럼 고립된 느낌을 받는다. 해외입양인들도 종종 해당 지역의 학교에서 인종적 소수자이기 때문에, 같은 고립감을 느낀다. 우리는 아주 오랫동안 아주 멀리 떨어져 있었다. 우리는 상실, 공황, 숨 막히는 슬픔의 바다 건너편에서 결별한 채 살아왔다.

그러니 이제 큰 기대와 희망을 품고 이 책을 우리 가족이 있는 미지의 군도에 띄운다. 이 책은 작은 은빛 범선처럼 우리 생각과 이해심을 드넓은 바다 위에 띄워 줄 것이다. 우리가 마침내 도착할 미지의 해안에, 한때는 서로 잘 알지 못했던 가장 사랑하는 사람들이 기다리고 있으리라 기대하면서…….

상실, 상처 그리고 치유

-줄리아 치니에르 오패러

많은 국제적인 인종간 입양인들과 같이, 나 역시 인생의 많은 부분을 여기저기 옮겨다니는 데 보냈다. 인종간 입양인들은 일시체류자들인 동시에 탐구자들이다. 인생의 첫 단추를 탈구와 재배치로 시작한 것은 우리에게 이동의 메커니즘을 장착시켜서 우리는 이주에 너무 익숙하고 한곳에 뿌리 내릴 만큼 오래 머무를 수가 없다. 내 20~30대를 뒤돌아보면, 불과 10년 조금 넘는 기간 동안 열 번 이상 짐을 싸서 여기저기 이주했음을 깨닫게 된다. 대인관계도 그렇다. 누군가를 사귀고 결혼도 했지만 방랑벽이 항상 남아있다. 살다가 말로 표현할 수 없는 막연함을 느끼는데 최대한 말로 하자면 그것은 '이곳은 내가 머물 곳이 아니다. 나는 여기에 속하지 않는다. 이제 다시 떠날 때가 되었다.' 같은 감정이다.

반면에 정착하고픈 갈망도 있다. 사랑하는 사람들과 하나의 공동체 가운데 머물며 마침내 귀속되는 것 말이다. 어디엔가 속하고자 하는 욕망은 복합적이다. 그것은 가족, 혈연, 나와 외양이 비슷한 사람을 찾는 것이다. 내가 아주 어렸을 때 갈색 꼬마가 갈색 부모의 손을 잡고 있는 그림을 그린 적이 있다. 나는 그 그림을 그리며 죄책감을 느꼈다. 그러고 나서는 그림을 접어서 숨겼는데, 아무도 내 마음 가장 깊은 곳의 두근거림을 눈치 채지 못하게 하고 싶어서 였다. 나중에 안 것이지만 내 친모는 백인 영국 여성이고 친부는 나이

지리아인이다. 내가 어려서 그린 갈색 아빠엄마는 내 친부모가 아닌 것이다. 내가 그린 그림은 귀속되고 싶은 나의 갈망을 표현한 것 같다. 그 그림은 또한 민족과 인종, 정체성에 관한 것이다. 그 그림은 "너는 어디에서 왔니?" 혹은 "**집**에 돌아가본 적 있어?" 같은 질문에 대답할 수 있을 것이다. 그 그림은 아이가 알 수 있는 가장 깊은 연결고리를 상실한 트라우마에 관한 것이다. 내 경험에 의하면 그런 트라우마는 오직 가족의 무조건적 사랑, 인내, 이해심으로만 치유할 수 있다. 그렇다고 그 가족이 내가 어릴 때 그렸던 이미지와 같아야 할 필요는 없다. 대신 우리가 선택한 사람들이 그런 가족이 될 수 있다. 나에겐 그 가족에 제인과 선영(이 책의 공동편집자)이 포함된다. 내가 창설에 협력했던 단체인 AFFAD(Adopted and Fostered Adults of the African Diaspora, 입양되거나 위탁양육된 아프리카인 디아스포라)가 포함된다. 세계 유색입양인 공동체도 포함된다. 그 가족엔 또 캘리포니아 오클랜드 커뮤니티가 포함되는데, 그곳은 서로를 판단하지 않고 이해심이 넉넉하며, 인종적으로 다양하고, 사회정의를 추구하는 동시에 종교적으로도 개방적인 정신으로 가득한 곳이다.

이 책을 편집하면서 나는 어떤 강력한 힘을 느꼈고 내 상처가 치유되는 경험을 했다. 한 페이지 한 페이지를 거듭 읽으면서 삶을 느끼고 숨 쉬었을 때, 이 책은 내 영혼 안으로 치고들어왔다. 내가 개인적으로 만나보지 못한 글쓴이들도 삶과 현장에서 내 자매와 형제들이 되었다. 우리는 우리가 걸어온 삶의 여정 중 일부를, 우리를 버렸거나 키우기를 포기했던 고국과 고국의 커뮤니티와 공유했다. 키울 수 없었던 고국과 고국의 사람들로부터 우리가 걸어 온 삶의 여정을 공유했다. 우리는 친모, 친가족, 모국을 애도했다. 우리는 왜 입양인들이 가난한 가정과 나라에서 부유한 가정과 나라로 세계를 이동하며 다녔는지 그 복잡한 이유를 풀어놓았다. 그리고 우리는 자기가 낳은 자식의 부모가 될 수 있는 가장 기본적인 인권을 누릴 수 있는 세상에 대한 우리의 비전을 주창했다. 『인종간 입양의 사회학』을 출산하면서 나는 내 이야기도 해산했고, 내 속에 있던 분노, 슬픔, 고통을 풀어주고 생의 다음 단계로 넘어갈 수 있었다. 내 어린 시절과 청소년기의 혼란과 씨름을 개인적 성숙과 다른 사람을 위한 치유로 치환하는 작업을 통해 나는 나 자신에 대한 해결책과 치유를 발견했다.

이 책이 영어권에 나온 지 벌써 6년이 되었다. 그동안 입양인들과 그 친구 · 동료들이 이 책을 읽었다. 그동안 어디에도 귀속되지 않은 채 임시 체류자로 살던 나의 삶에도 변화가 있었다. 지금 나는 친가족과 가까워졌고, 남캘리포니아의 **작은 나이지리아 구역**에서 정기적으로 시간을 보내고 있으며 또한 고향으로 가 친척들을 만나곤 한다. 나는 지금 입양모와도 가깝게 지내면서 감사하게 여기며, 더 마음을 터놓고 이야기하고, 용서가 내게 꼭 필요한 일이었기에, 함께 자란 형제들을 용서했다. 나는 나이지리아의 전통적인 영적 풍습에서 치유와 힘을 찾았다. 이 풍습은 대재난 후에 수백 년 동안 세계 곳곳에 흩어져 있는 나이지리아인들에게 안내자 역할을 하고 위로가 되었다. 나는 내 법적인 성[姓]을 입양가정에서 받은 '서드베리(Sudbury)'에서 출생 시의 이름인 '오패러(Oparah)'로 바꿨다. 그리고 이 책이 출판되었을 때 새 이름으로 일하고 글을 쓰기 시작했다. 2010년 나는 아름다운 딸을 낳았고 그 애 이름을 오니에카치토(Onyekachito)로 지었다. 이 이름은 나이지리아의 출생권과 지금은 돌아가신 내 조지아 입양아버지의 명예를 기리는 것이다. 아버지는 내 딸이 태어나기 직전 나를 찾아오셨다. 내 딸은 전통적이 아닌 방식으로 선택된 가족에 둘러싸여 있다. 나이지리아 친족, 영국과 파키스탄계 입양가족, 절충적 입장에 있고 인종적으로 다양한 활동가들, 교육가들, 예술가들, 작가들, 학생들이며 이들은 어찌 보면 딸을 쏙 빼 닮기도 했고 안 닮기도 했다.

『인종간 입양의 사회학』의 한국어판을 위해 헌신과 인내를 보여주신 모든 분들, 특별히 제인과 뿌리의집 출판사에게 감사드린다. 이 책이 독자에게 깊은 감동을 주고 삶에 변화를 가져오는 힘이 되기를 희망한다. 수많은 아동을 상실한 민족은 그 아픈 상처에 대한 치유가 필요하다. 병은 알려야 낫는다는 말처럼, 상처는 햇빛에 내 놓아야만 치료가 된다. 나는 이 책을 아시아의 여성과 남성들에게 헌정한다. 그들은 자기가 낳은 아이들을 아시아 아동의 재배치를 추구했던 미국과 유럽으로 입양보내고 잃을 수밖에 없었다. 당신은 이 책에서 잃어버린 아이들의 목소리를 들을 수도 있고, 그 목소리를 통해서 이 책에 기록되어 있지 않는 다른 입양인을 연결해 줄 수 있는 씨앗을 심을 수 있을지도 모른다. 형제 자매, 사촌, 친구, 이웃을 잃은 분들은, 그분들에 대한 추억을 소중하게 여기고 기억하며, 그분들이 만약 당신에게 돌아오면 환영해 주시길 바란다. 한국계 입양인들과 그 가족의 정의를 위해 부름받은 사람들이나 혹은 위기에 처한 여성들이 그들의 아이를 키울 수 있도록 정부의 지원과 사회적 수용을 구축하고자 하는 사람들, 또는 예술과 저술 및 언론 활동을 통해 입양인에 대한 이해를 촉구하고자 하는 사람들 모두 이 책을 통해 감동을 받아 더욱 행동을 위한 힘을 얻길 바란다. 우리는 이러한 모든 분들이 우리 다양한 입양인 가족으로 합류하는 것을 환영한다.

입양인과 친부모의 행복을 위해

-선영 신

이 책의 한국인 독자들이 큰 포용력을 가지고 도덕적인 상상력을 발휘하면서 이 책을 읽어주기를 바란다. 한국의 입양이 절정에 달했던 시기에 우리의 출생과 입양 사이에 우리들이 한국에서 임시 생존할 수 있도록 했던 많은 개인과 시설들은 의도적으로 그 존재를 은폐하고 있다. 영아로 혹은 어린이로 입양된 우리에겐 이 사람들과 시설들, 감각들, 감정들이 희미하다. 심지어 관습적 기억에까지도 접근불가능하게 되었다. 우리를 입양한 사람들의 관점에서는 우리가 언어 습득 이전 단계에 애착 형성에 문제가 있고 트라우마를 지니고 있다. 그래서 우리는 오래지 않아 그들의 언어를 받아들였다. 내 의료기록에 따르면, 내가 두 돌이 좀 안 된 시기에 적절히 한국어를 구사했다고 한다. 그러나 미국에 보내진 후 내 주변에 한국어를 하는 사람이 한명도 없었기 때문에 나는 자연스레 영어를 빨리 배우고 사용하게 되었다. 내게 영어가 한국어를 '대체'했다거나 내 한국어가 '사라졌다'고 말하는 것은 아니다. 한국어는 마치 귀신처럼 감춰지고 쓸모없는 낯선 것으로 계속해서 내 안에서 살고 있다. 마치 내가 비행기를 탈 때 입었던 한복이나 양말, 신발처럼, 내 오래된 한국 이름과 엄마, 오빠, 물, 우유 같은 한국어들은, 내 몸이 자라고 영어 어휘력이 느는 동안, 내 의식의 서랍 속에 성장을 멈춘 채 조용히 머물고 있다.

현대적인 의미에서의 국가간 입양인들이 그토록 많은데도 그들 한 사람 한 사람에 대한 자료는 기록되지도 않았고 기억되거나 회자되지도 않았다. 그래서 많은 입양인들은 본인들도 전혀 기대하지 않았던 인간형으로 변모되도록 강요당한다. 예를 들면, 나는 아메리칸이자 미국 시민권자로 간주되려고 하지 않았다. 나는 포기된 아이로 간주되고 실제와는 달리 법 절차에 따라 고아가 되었으며 입양 가능한 아동으로 만들어졌다. 그래서 시카고 교외에 사는 독일-아일랜드계와 폴란드계 가톨릭 가정으로 배치되었다. 그 집에는 이미 미국에서 국내입양된, 양부모님과 인종적으로는 동일하지만 친자식은 아닌 D 오빠가 있었고 나는 그와 한집에서 살게 되었다. 그토록 많은 해외입양인들이 나처럼 가족과 민족이 혼합된 제비뽑기 복권 같은 환경에서 자라난다.(비록 물론 입양은 복권처럼 전부 무작위로 되는 것은 아니다. 입양에는 입양아동을 얻을 수 있는 대기자 자격을 정하는 규칙이 있다.) 입양인은 살아가면서 계속적인 트라우마, 돌이킬 수 없는 장소 · 언어 · 가족 · 지역 · 이름 · 자아의 운명 재조정에 직면해야 한다. 양어머니는 아이들의 우스꽝스러운 순진함에 대해서 내게 반복해서 이렇게 말씀하시곤 했다. "우리가 너를 입양한 후, D가 우리에게 이렇게 말했단다. '얘하고 노는 게 재밌어요. 그런데 얘는 언제 돌아가나요?'" 나는 새로운 장난감이나 강아지처럼, 양부모님의 애완견이 새끼를 낳았을 때 입양가정에 도착했다. 그래서 그들은 내가 도착했을 때 신기해하지도 않았다.

이 책에 등장하는 각 입양인의 목소리를 통해서 우리는 입양인 개개인의 경험을 넘어선 입양의 문제점을 조망할 수 있다. 우리는 현대 해외입양이 어떻게 입양인의 자녀와 그 후손에까지 영향을 미치는지 숙고할 때가 되었다. 부모가 된 입양인들은 일반인들과는 달리, 자녀들과의 관계에 있어서 전혀 역할모델이 없이, 정체성, 친척, 문화, 언어, 혈통에 관한 과제를 해결해야 한다. 나는 공립학교 교사의 직무를 통해, 많은 입양인들의 사춘기 자녀들이 입양인인 부모와의 관계에서 혼돈과 상실감으로 인한 어려움을 겪는 것을 알게 됐다. 이들 자녀가 보기에 입양인 부모들의 가족 네트워크가 대개는 불특정하거나 가시적이지 않기 때문이다.

『인종간 입양의 사회학』이 미국에서 출간된 후 나는 초문화적 입양인들의 자녀들을 더 많이 만났다. 입양인의 자녀들은 종종 자신들의 정체성 형성에 가장 중요한 대가족이 결여된 상태에서, 인종 · 문화 등에 관해 정신적 혼란을 겪고 있었다. 이런 반복된 부재감은 입양인 부모와 자녀 사이의 관계 정립에 있어서 고통과 소외감의 원인이 될 수 있다. 입양인 부모가 자신의 친생가족을 찾으려 하지 않거나 찾고 싶어도 못 찾는 경우에도 그 자녀들은 입양인 부모가 가족과 뿌리를 찾기를 바랄 수도 있다. 입양인 본인이 성인이 되고 부모가 된 후에도 여전히 본인의 출생국에 관련해서는 입양부모들을 보호하려는 부담을 지고 산다. 입양부모들은 입양인들이 출생국에 관해 알고자 할 때 '원주민'이 되고 싶은 거냐고 부정적 태도를 보여왔기 때문이다. 입양인의 자녀들은 자신들의 자아를 형성하고 자신이 누구인지를 아는 일에 있어서 결정적으로 중요한 점들은 물론이거니와, 자기의 의료적 유전자 일부의 역사에 대해 전혀 모르는 채로 성장해야 한다는 것을 깨닫고 있다. 요즘 폭넓게 인정되는 대로, 혈통 문제에 있어서 입양은 심각하고 영구적인 새로운 문제를 일으킨다. 많은 입양인들이 지니고 있는 복합적인(때로는 해결이 불가능한)

충성심과 의무감은 많은 경우 그 자녀들에게도 그대로 상속된다. 입양인의 자녀들이 유전적으로 입양조부모의 전체적인 가계에 유전적으로 관련이 없다는 것, 즉 입양인 부모들의 양부모 가족들과 관련이 없다는 것은 입양인의 자녀들에게 어떤 의미로 다가올까? 누가 그들이 그런 처지에 놓이게 했는가. 입양인의 자녀들 역시, 자기 부모처럼 역할 모델 없이, 새로운 발달 과제를 수행해야 하는 어려움에 직면해 있는 것이다.

우리는 또한 입양인들이 자기 형제 자매와의 관계가 복잡해서 혼란스럽다는 말도 듣게 되었다. 그들에겐 형제 자매들과 겪고 있는 분열적인 문제의 해결에 도움이 될 길잡이가 없다. 형제 자매가 친생가족으로서 같은 가정에 동시에 입양된 경우도 있고, 각각 다른 나라에서 입양된 경우도 있고, 입양부모의 친자식일 수도 있다. 이 책의 출간 이후 나는 많은 입양인과 이야기를 나누었다. 입양인들은 입양 이슈들이 대개 가족 제도 안에서 해결하기 어려운 문제라서 형제 자매와 소원해지는 경우가 많아 힘들다고 호소했다.

양부모의 친자녀들 중에는 자신의 입양 형제 자매들과 더 가까워지고 더 잘 이해할 수 있었으면 좋겠다고 말한 사람들도 있다. 이렇게 입양인과 그 양부모의 친자녀가 선의로 가득하지만 안타깝게도 그 관계가 소원해진 이야기를 우리는 디앤 보르셰이 림의 『1인칭 복수』에서 볼 수 있다. 1966년에 한국에서 미국으로 입양된 디앤의 이 영화는 많은 입양인이 직면한 화해 불가능한 상태 속에서 화해가 얼마나 어려운지를 정교하게 탐사하고 있다.

한 가족 안의 동기 간에 소통이 안 되고 그로 인한 상처를 치유하지 못하고 있다는 걸 증언하는 일은 고통스러운 일이다. 미국의 유대계 다큐멘터리 감독인 니콜 오퍼(Nicole Opper)가 2010년에 찍은 『준비, 탕(*Off and Running*)』에서 그 고통을 볼 수 있다. 이 영화는 십대 흑인 소녀인 에이버리 클라인클라우드(Avery Klein-Cloud)와 에이버리를 입양한 유대계 백인 레즈비언 커플, 입양된 두 형제의 이야기를 다룬다. 에이버리의 형제들 중 남동생은 한국에서 입양되었고 오빠는 푸에르토리코에서 입양되었는데 녹색 눈에 에이버리보다 피부톤이 밝고 이름은 라피(Rafi)이다. 라피는 친엄마가 마약중독자였다는 것을 알고 있으며 자기가 입양된 것을 행운으로 여긴다. 그는 에이버리처럼 정체성 문제로 고민하지도 않는다. 에이버리가 자신의 외모에 대한 위안을 얻고자 오빠를 바라보지만 라피는 긍정도 인정도 해주지 않고 에이버리는 더욱 고통스러워한다. 에이버리의 입양모들은 그녀를 사랑하고 헌신적이며 교육 수준도 높고 사회적 소수자의 문화와 그들에 대한 박해를 인식하고 있으며 에이버리가 친모를 찾는 걸 도와주고 싶어한다. 그렇지만 백인 지역에 살고 있는 흑인 소녀의 아픔에 대해서는 전혀 알지 못한다. 그들은 흑인 문화에 전혀 가치를 두고 있지 않고, 에이버리가 흑인 문화를 받아들이려고 노력하는 것에는 오히려 위협까지 느끼는 듯 보인다. 그들은 입양부모가 입양자녀를 얼마나 지극히 사랑하는가 혹은 얼마나 신체적으로 안전한 가정을 제공하는가 등에는 상관없이 입양 그 자체가 외상후증후군의 조건이라는 점은 전혀 알지 못한다. 이 작품에서 에이버리가 이사를 간 후, 입양모 커플인 토바(Tova)와 트래비스(Travis)는 인터뷰에서 자신들이 에이버리를 그리워하지만 아무런 도움을 줄 수 없는 상황에 대해 좌절감을 표현한다.

그 앤 분명 우리 도움을 원하지 않아요.

다른 누구의 도움에도 전혀 마음을 열지 않는 것 같아요.

우리는 이 아이를 위해 무엇이든 하고 싶어요.

무엇이든.

그 애는 자기에게 닥친 모든 일을 어렵게 만들고 있어요.

자기에게 정말 잊을 수 없을 정도로 큰 정신적 충격이 일어난 것처럼 행동해요,

그러나 그 애는 그런 충격을 받은 적이 없거든요.

입양부모, 형제 자매, 입양인은 한 집에 살고 있는 것처럼 보인다. 하지만 사실은 한 구성원의 상위에 다른 구성원들이 층층이 자신들을 위계화시키고 전혀 소통하지 않는 채로, 즉 가족이지만 가족 구성원 사이에 **언어**가 존재하지 않는 채로 산다. 이런 일이 입양을 통해 형성된 가족한테만 일어나는 것은 아니지만 입양인들은 종종 가족 속에서 인종적·국가적 혹은 초국가적으로 고립된다. 입양인이 정체성이나 문화 문제로 고민을 하게 되면, 『준비, 탕』에서처럼 종종 입양인 자신의 문제로만 간주된다. 교사로서 나는, 입양부모가 이렇게 불평하는 걸 들은 적이 있다. "그 아이의 가장 나쁜 적은 자기 자신이라니까요.", "그 아이가 왜 그렇게 화를 내는지 이해를 못 하겠어요."

그래, 왜 그렇게 화를 낼까? 입양인이 입양가족에게서 어떤 취급을 받는지와는 무관하게, 전형적인 입양인의 삶에는 움푹 팬 자국이 있다는 걸 인정받아야 한다. 여기서 전형적이라는 뜻은 한 개인이 폐쇄적인 법적 입양을 통해 다른 사람에게로 이전된 것을 말한다. 이 팬 자리는 문서에서의 누락이나 악보에서의 긴 침묵과 같다.

나는 이 은유가 적절하다고 생각하는데 왜냐하면 아무도 입양이 어느 정도 회복과 치료조차 불가능한 재해라고 주장하지는 않기 때문이다. 『인종간 입양의 사회학』에서 입양을 단순히 학대와 같은 것으로 말하고 있진 않다. 그러나 이 공백 혹은 누락은 기억이 없는 공간이며, 그것은 인간정신에 문제가 된다. 인간은 인과관계의 지속적인 현실감 한가운데를 헤치면서 살 필요가 있다. 기억상실증으로 비유하는 것이 적절할 것이다. 한 사람 생애의 과거 한 시기에 대한 기록이 없고 잊혔으며 회복될 수 없다면, 그것은 단순한 궁금증을 넘어 미네소타의 정신과 전문의인 폴린 보스(Pauline Boss)가 이야기하는 **모호한 상실**의 경험이 될 수 있다. 이 개념에 따르면, 일생에 걸친 친부모에 대한 상실감, 친생혈족을 잃는 재난으로 말미암아 일어나는 비탄이나 의학적 소인들은 "개인의 질병이 아니라 관계 장애로 봐야 한다."(Boss, http://www.ambiguousloss.com/a_leading_therapist.php)

물론 입양은 전적인 상실이 아니다. 입양을 통해서 많은 것을 얻기도 하고 새로운 길이 열리기도 한다. 그러나 모든 입양은 다방면에 걸친 상실에서 시작된다. 지난 10년간 입양부모들과 대화를 나누고 입양에 관한 주류적 생각을 드러낸 책을 읽은 내 경험에 따르면, 이러한 내 관념은 점점 더 폭넓게 받아들여지고 있다. 그러나 여전히 언론과 더불어 세인들에겐 붕괴된 입양인들에 대한 추문과 감각적인 이야기 그리고 마음을 따듯하게 하는 행복한 입양가족에 대한 이야기들이 화두로 떠오르는 것 같다. 인종주의와 인종간 입양의 생물정치학에 대해 비판적 입장을 취하는 입양인들은 종종 잘 적응한 입양인들 세계에서 예외적인 인물로 규정된다. “두 세계 사이의”와 “두 세계의 최고”를 보여주는 체제는 극단적으로 모든 것을 단순화할 뿐 아니라 이런 체제에 저항하거나 거부하는 입양인들에게 재차 트라우마를 안겨 준다. 많은 입양인들은 또한 자신들을 “선물”(한 나라에서 다른 나라로 가는 선물 혹은 한 엄마에게서 다른 엄마에게로 가는 선물)이나 나라와 문화 간의 “사절”로 규정짓는 것을 거부한다. (참조. 미국 학자 Sara K. Dorow 『국가간 입양; 인종, 성, 친족관계의 문화적 경제(*Transnational Adoption: A Cultural Economy of Race, Gender, and Kinship*)』). 나는 중국이나 다른 나라에서 온 새 세대 입양인들이 입양가족과 문화 그리고 인간문명의 다원주의 세계 가운데서 자신들의 삶의 자리를 만들기 위해 어떻게 교섭해 나가는지 열심히 지켜보고자 한다. 나는 이들 입양인들이 자기 입양의 의미를 격하시키는 것에 저항하고 내 세대의 입양인들이 남겨 놓은 입양인에 대한 구태의연한 틀에 대해 도전하기를 희망한다.

해외입양인에 대해 진전이 일어난다면 어떤 일이어야 할까? 복잡한 관행이 인류애 어린 동류 인간을 발생시킬까 아니면 고아, 입양된 왕자, 숨겨진 공주, 빈민, 사기꾼, 유령 같은 인간의 원형을 발생시킬까? 내가 희망하는 것은 문화간 입양이 중요하고도 변화하는 다른 관점들과 더불어 궁극적으로는 보편적 인권의 입장에서 검토되는 것이다.

인간 발전의 비전과 인권은 어떤 국가간 입양의 구조적 개혁보다 우선한다. 여성의 권리와 발전은 인류 전체를 위해 가장 긴급한 세계적 관심사라는 것에 모두 동의할 것이다. 최근 인간발전 연구는 소녀와 여성들이 교육 · 보건 · 가계 · 비즈니스금융 · 거버넌스 분야에 있어 얼마나 취약한 상황인지 지적한다.(인구활동개발센터(The Center for Development and Population Activities), www.cedpa.org) 소녀와 여성들이 자신들의 생활수준을 높이는 것이 허락되면, 그 소녀와 여성들은 자신이 얻은 것을 가족과 공동체, 전체 사회의 이익에 재투자하는 것으로 나타난다는 주장이 오늘날 국제기구에서 인정되고 있다.(유엔 성평등과 여성 권한을 위한 기구: UN Entity for Gender Equality and the Empowerment of Women).

국가간 입양 문제를 살펴볼 수 있는 한 가지 길은 자본주의 문제를 살펴보는 것이다. 만약 입양이 인류 자원 경영의 한 종류라면 (만약 우리가 가족을 개인적 층위와 문명적 층위에서 유전적 · 사회적 · 정서적 · 심리적 생존에 필요한 자원으로 간주한다면) 어떤 범위에서 **수요와 공급**이 자원 경영에 어느 정도로 도움이 되나? 인간인 우리가 가장 견디기 어려운 인간상품화는 어디까지일까? 우리 개인의 유전적 지속성은 문자적으로 개인적인 DNA에 불과한 것일까 아니면 가족적 DNA인 것인가? 한편에서는 완전히 이익을 추구하는 사업이고 다른 한편에서는 입양인을 거래함으로써 개인들을 지지해주는 이 같은 경제적 사회문화적 모델은 또 어떤 것이 있을까? 생명윤리적이고 철학적인 이해관계에서 우리의 한계를 어디로 정할 수 있을까? 내장? 자궁? 난자? 정자? 태아? 임신 3개월이 넘은 아기? 산달이 임박해서 정상 출산한 인간? 상품화의 한계이자 사유화의 손이 미치지 않는 것이 있다면 무엇일까? 인간 존재의 가장 기본적인 요소인 공기, 물, 땅

같은 것? 그리고 거기에 이어 우리 아이들?

나이 든 사람들, 혼자 사는 사람들, 동성애자, 과체중자 등 **건강한 영아**를 원하는 사람들에게는 합법적인 해외입양이 점점 힘든 일이 되어서 어떤 사람들에게는 대리출산이 더욱 매력적인 선택 사항이 되고 있다. 비록 국가간 입양과 국제적 대리출산은 가족을 만드는 데 있어 분명하게 다른 길이기는 하지만, 재력이 있는 부부나 개인들에게는 둘 다 마치 메뉴판의 음식처럼 선택이 가능한 사항이다. 그래서 그들은 비교 선택하여 아기를 가진다. 해외입양이 입양송출국과 입양수령국 양측에서 모두 부패에 연루되어 있다는 이유로 엄격한 조사를 받고 있고 또한 성인 입양인들의 운동에 의해서도 비판을 받고 있는 상황인 반면에 해외 대리출산은 아동 수령국가들 안에서는 현재까지 별다른 비판을 받지 않고 있다. 내가 믿기로 그 까닭은 대리출산으로 태어난 아이들이 아직 성인이 안 되었고 대리모와 그 아이들이 서로 만나려 하거나 찾지 않으며, 그들 자신의 단체를 조직하지도 않았고 그들의 근원에 대해 조사하고 있지도 않으며, 자신들의 출생 방식이나 친척관계 형성 방식에 대한 그들의 고유한 목소리를 아직 발견하지 못했기 때문이다.

비용이 많은 드는 해외입양처럼, 대리출산은 아기를 원하는 중산층이나 상류층의 존재 지속성과 자궁선택 사슬의 한 부분이다. 불임부부들은 처음에는 임신강화 치료를 받았을 것이다. 2010년 ABC 방송에 따르면 빅터(Victor)와 메리(Mary) 후이위(Hui-Wee)부부는 20년 넘게 임신을 위해 할 수 있는 모든 의학적 노력을 기울였다. 체외임신을 3번 이상 시도했고 4만 5,000불을 썼지만 실패했다. 부모가 되고 싶은 다른 부부들은 미국 국내 대리출산 제도와 협상하며 낙담하고 있다. 같은 기사에서 브래드 피스터(Brad Fister) 기자는 "미국에서 대리출산으로 아기를 얻으려면 법적으로 복잡한 점이 많다."라고 보도했다.

대리출산은 입양보다 장점이 있는 것으로 인식되고 있다. 왜냐하면 대리출산에는 잠재적으로 후회하는 친모가 없다고 보기 때문이다. 이론적으로 대리모는 자기가 대리로 낳은 자녀가 다른 나라로 보내져서 길러질 것이라는 것을 미리 알고 계약서에 서명을 하며 중개인을 통해서 모든 일은 익명으로 처리된다. 해외입양은 오랫동안 미국의 부모가 되고 싶어 하던 부부에게 인기가 있었다. 왜냐하면 해외입양의 경우엔 어느 날 갑자기 마음을 바꾼 친모가 "문을 노크하며" 아이를 돌려달라고 할 염려가 적기 때문이다. 대리출산 경우엔, 임신한 대리모가 **자기** 아기를 스스로 키우겠다고 생각할 시간이 없고, 그녀가 성관계를 나눈 **그들의 아기**의 아빠인 남자가 없기 때문이다.

대리출산을 통해 태어난 아기는 물론, 유년기와 어린 시절에 아무런 문제도 제기 하지 않는다. 언론은 종종 걱정하면서 기다리면서도 흥분과 기대감에 찬 부모들에 대해 초점을 맞추어 보도한다. 보도과정에 있어서 윤리와 도덕은 중시되지 않는다. 대개 부모의 감정과 노력이 무엇보다 중요시 된다. 애리조나에 살고 있는 와일스(Wiles) 부부에게 출산은 그들이 4년 간 노력한 과정의 절정이다. 임신 실패로 가슴이 미어지는 실망감을 겪어야 했고, 결국 많은 시간 인터넷 검색을 하고 장시간 비행을 한 끝에 아기를 얻을 수 있었다. 아기를 갖겠다고 그들이 결심한 결과 최소한 부분적으로는 자신들의 유전자를 지닌 아기를, 고도의 과학기술을 이용해, 마침내 인도에 있는 대리모를 통해 임신시켜 미국으로 데려올 수 있었다.

마곳 코헨(Margot Cohen)이 쓴 월스트리트저널(*Wall Street Journal*) 2009년 10월 9일자 기사 "대리출산모를 찾아서 인도까지"(http://online.wsj.com/article/SB100014240527487042520045744590032794078 32.html)는 미국 중상류층 부모들을 겨냥해서 쓰인 글이며 결국 (광고주를 통한) 신문사 수익에 도움이 된다. 대리모 시장에서는 입양부모들과 입양기관들이 쓰던 용어들을 훨씬 뻔뻔스럽게 차용하고 있다. 재생산의 사이클이 시작되기도 전에 **수요자**들이 통제권을 장악하고 있기 때문이다. 대리출산을 통해 부모가 되려는 사람들이 대리출산을 규정하기 때문에 종종 상업적이고 과학적인 용어들을 사용한다. 예를 들면 39세의 버건 씨(Mr. Bergen)는 "우리는 대리모를 고용하려고 파나마와 우크라이나를 살펴보았습니다."라고 말한다. 그러나 인도의 기반 시설이 더 낫고 기술이 더 발전해 있으며 인도 여성들은 대개 담배를 피우지 않고 마약도 하지 않는다.(Cohen). 미국의 어떤 백인 여성은 자신의 아기를 출산한 인도 대리모에게 128,000달러를 지불했다. 위의 특별한 기사는 대리출산 기관을 비판하는 대리모의 목소리와 여성 인권 옹호에 일정 지면을 할애하긴 했지만, 첫 부분과 마지막 부분에선 아기에게 부모의 집이 아늑하고, 제집 같이 편안한 곳이 될 것이라고 묘사하고 있다. 지난 5년 동안 내가 읽은 거의 모든 기사들은 입양에 대해서도 이러한 식으로 묘사했다.

이러한 기사는 아기를 갈망하는 백인 부부가 "열심히 노력했지만 아기를 가질 수 없어서" 다른 여성의 배에서 오는 아기를 "오랫동안 기다렸다"(Cohen)는 식으로 독자가 이 백인 부부에게 동정심을 느끼도록 유도한다.

다른 누군가(someone else). 우리의 친엄마들이 바로 그 **다른 누군가**이기 때문에 이 책을 편찬했다. 우리 친아버지들도 **다른 누군가**이다. 우리 입양인들도 **다른 누군가**로서 존재해왔다. 우리 친가족이나 친엄마가 입양을 **선택**해서 우리를 보냈거나 아니면 우리가 문자 그대로 **납치**되었거나, 우리는 모두 법적 포기와 친생가족 관계의 종결 과정을 통해서 **입양 가능**한 아이가 된 것이다. 우리는 다른 아이가 되었고, 다른 "그"와 "그녀"에게 속하게 되었다. 나는 한국 친부모를 모른다. 다른 입양인들과 마찬가지로 어린 시절 여러 번호로 등록되었다가 이름과 국적이 바뀌고, 가족에 속했다가 분리되어 다른 가정에 속해게 되고, 재편성되었다. 나는 재생되었다.

우리 중 많은 이들은 입양으로 만난 가족과 친족들에게 좋은 대우를 받았지만 또 많은 이들이 심각한 피해를 입었다. 방치, 관계 단절, 성적 학대, 신체적 폭력, 시설 감금, 유기……. 물론 입양인들이 동질적인 사람들인 것은 아니다. 모두에게 공통점이 있다면 입양이 우리에게 복합적이고 심원한 영향을 미쳤다는 것이다.

"구입 가능한 아이"가 되었던 우리가 누구인지 숙고해주길 바란다. 누가 이 아이들의 어머니와 아버지인지도 생각해달라. 우리가 얼마나 이 이론적 차원의 자녀, 가족 체계 안에서 오직 하나뿐인 종류의 인간 존재, 하나뿐인 여성, 하나뿐인 남성이라는 것에서 벗어나고 싶은지 생각해보라. 왜 먼 나라의 부유한 여성을 위해 익명의 여성이 몸을, 자궁을, 핏줄과 신장과 심장과 폐로 구성된 육신을 동원하여 '출산 가능한 여성 농장'의 개체가 되는지 자문해보라. 짧게 보면, 이러한 모든 것은 단지 개인적 선택의 문제인 것처럼 보인다. 아마도 한 여성이나 그 여성이 속한 가정과 지역의 경제적 기회처럼 보인다. 그러나 나는 입양인으로서(아마 입양인은 대리출산을 위한 초보적 기술의 원형인지도 모르지만), 지구 공동체 구성원들에게 입양의 후과가 한 아동에게 미치는 감정적 · 심리적 · 영적 영향을 생각해보라고 간청하는 바이다. 남의 자녀를 은밀하게 사유화하는 은폐된 노력은 지속적으로 조명되고 검토되고 알려져야 하며 도전받아야 한다.

이 책을 회상해 보며 우리가 앞으로 쟁취해야 할 멋진 새 세상을 앞에 놓고, 나는 끊임없이 희망을 품고 싶다. 나는 이 책을 위해 열심히 일해 주신 제인, 줄리아, 사우스엔드프레스 출판사, 뿌리의집 김도현 목사님, 세계 곳곳에서 이 책을 읽는 사람들에게 많은 빚을 지고 있다. 입양인들과 친생부모들과 그 공동체의 복락을 위해 치열하게 벌이는 활동들은 보다 나은 세상을 향한 인류의 끈질긴 노력과 집단적 상상력의 표상이다.

■관련 단체 목록■

(사)뿌리의집(KoRoot)

http://www.koroot.org

뿌리의집은 모국을 방문하는 해외입양인들의 게스트하우스이자, 해외입양문제의 해결을 모색하는 시민단체이다. 입양이 아동복지의 최후 수단이 아니라 최선의 수단으로 강조되고 권유되는 사회 현실과 정부 정책을 비판하며, 입양장려책보다는 싱글맘에 대한 사회적 편견과 차별 개선, 아동양육에 대한 사회적인 지원 정책을 해법으로 제시해 왔다. 진실과 화해를 위한 해외입양인모임(TRACK), 한국미혼모가족협회를 비롯한 몇몇 단체들과 연대해서 2011년 입양특례법의 개정을 이루어 내었으며, 싱글맘의 날 운동을 통해 한국의 모성권과 아동권리의 옹호를 위해 노력하고 있다. 한국사회에 잘 알려지지 않은 입양인들의 목소리를 전하기 위해 노력해 왔으며, 그 일환으로 출판사를 설립하여 입양인의 경험과 삶의 기록이 담긴 소중한 책들을 번역하여 국내에 소개하고 있다.

트랙-진실과 화해를 위한 해외입양인 모임(TRACK)

http://justicespeaking.wordpress.com

트랙은 과거 입양인의 해외이주 과정에서 이루어진 아동 신상 위조, 납치 등 불법행위의 진상을 조사하고 진실을 규명한 후 사과와 용서를 통해 한국 사회와 진정한 화해를 이루고자 해외입양인들이 결성한 단체이다. 매년 5월 11일 싱글맘의 날 기념 국제 컨퍼런스를 기획하여 싱글맘에 대한 사회적 관심과 지원을 촉구하고 있으며, 2011년에 미혼모에 대한 사회적 인식개선 운동을 전개한 공로를 인정받아 고정희자매상을 수상했다. 또한 시민단체와 연대하여 입양특례법 개정 활동을 주도한 결과, 2011년 6월 입양특례법이 개정되는 큰 성과를 이루어냈다. 스위스 제네바에서 열리는 유엔아동권리위원회에 참석하는 등의 활동을 통해 한국정부가 유엔아동권리협약 21조 a항의 유보를 철회하도록 촉구하고 있다.

(사)해외입양인연대(G.O.A.'L)

http://goal.or.kr

G.O.A.'L은 1998년에 설립되었고, 입양인들이 만든 단체 중 유일하게 한국 NGO로 등록되었다. 친가족, 정부, 입양기관, 국내 협력단체와의 관계에서 성인 입양인의 입장을 대변하고 있으며, 입양인들이 스스로 운영하며 그들이 필요로 하는 서비스를 제공하기 때문에 입양인 공동체로부터 큰 신뢰와 지지를 받고 있다. 특히 입양인들의 뿌리에 대한 알 권리를 옹호하며, 입양인 친가족 찾기에 큰 힘이 되어 주었다. G.O.A.'L은 해외입양인의 고국방문과 그들의 친가족 찾기를 일반인들에게 알리고 더 많은 입양인들이 친가족과 만날 수 있도록 친가족찾기 캠페인을 진행해 왔다. 또한, 해외입양인의 이중국적 허용을 위한 캠페인을 벌인 결과, 2011년부터 해외입양인의 한국국적 취득이 가능해졌다.

국외입양인연대(ASK)

http://www.adopteesolidarity.org

국외입양인연대는 귀환입양인들의 구성한 단체로, 한국의 아동을 해외로 입양보내는 일은 더 이상 필요치 않으며, 해외입양을 중단하고 저소득층에 대한 사회복지 체계를 강화하는 것이 대안임을 제시하고 있다. 다양한 교육과 활동을 통해 입양문제에 대한 한국인의 관심을 끌어내고 사회구조적 변화를 이끌어내 해외입양의 대안을 모색하고자 한다. 입양 관련 이슈에 관한 월례포럼을 개최하여, 한국사회의 성교육, 십대 임신, 입양인에 대한 대중적 이미지 등에 관해 논의해 왔으며, 최근에는 입양인의 정신건강 문제에 주목하여 입양인의 치유와 건강한 삶을 위한 워크샵을 개최했다.

한국미혼모가족협회(KUMFA)

http://cafe.naver.com/missmammamia/

미혼모 가족의 법적, 사회적 권익 향상을 위해 양육 미혼모 당사자들이 만든 단체이다. 미혼모 당사자의 역량 및 조직 강화, 미혼모에 대한 인식 개선, 미혼모 가족에 대한 사회적 지원 확대를 목적으로 하고 있다. 매월 정기적인 모임을 통해 회원 간의 친목을 도모하고 정보를 공유하며, 당사자들의 자존감을 높이기 위한 다양한 프로그램을 진행하고 있으며, 미혼모와 그들의 자녀가 차별받지 않도록 삶의 현장에서 생생한 목소리를 내고 있다.

민들레부모회(Mindeullae)

민들레부모회는 입양으로 아이를 잃은 부모들이 모여 만든 단체로, 진실과 화해를 위한 해외입양인모임(TRACK), 국외입양인연대(ASK), 뿌리의집, 한국미혼모가족협회, 공익변호사그룹 공감과 함께 입양특례법 개정활동에 참여했다. 민들레부모회는 입양을 통해 결별의 상처를 가지고 살아야 했던 부모와 입양인의 경험을 토대로 해외입양 반대 운동을 벌였고, 해외입양 금지를 촉구하는 서명 운동을 벌이기도 했다.

아이를 입양보낸 엄마들의 슬픈 사랑이야기(자녀를 입양보낸 친생모 웹사이트)

http://cafe.daum.net/Adopteesmam

자녀를 입양 보낸 친생모들이 자신들의 경험을 공유하고, 입양에 관한 생각을 나누는 웹사이트이다. 입양을 보내야 했던 여성들은 자신들의 자녀를 키우지 못하고 입양 보낸 사실에 대해 죄책감과 상실감을 갖고 있으며, 이로 인해, 만성적 우울증, 무력감, 수치심 등 정신건강상 문제를 갖고 있다고 알려져 있다. 익명이 보장되는 인터넷 공간에서, 남들에게 쉽게 드러낼 수 없는 경험을 터놓고 얘기하고, 공감하고, 위로받을 수 있는 소통의 장이자 치유의 공간이다.

중앙입양원(KAS)

http://www.kadoption.or.kr

개정된 입양특례법에 따라 2012년 8월에 설립된 복지부 산하 재단법인인 중앙입양원은 아동의 권익을 보장하고 입양에 대한 사회적 책임을 완수하기 위하여 입양 관련 업무 지원 · 조정 기능을 수행함으로써 국민의 복지증진에 기여하고자 한다. 이를 위해 입양아동 · 가족정보 및 친가족 찾기에 필요한 통합데이터베이스 운영, 입양아동의 데이터베이스 구축 및 연계, 국내외 입양정책 및 서비스에 관한 조사 및 연구, 입양 관련 국제협력 업무, 그 밖에 보건복지부장관으로부터 위탁받은 사업을 수행하고 있다.

글쓴이들(본문 수록 순)

SOO NA는 미국 버지니아로 입양되기 전 한국에서 6년 동안 살았다. 햄프셔 대학에서 학사를 받았으며 현재는 워싱턴에서 살고 있다.

JENI C. WRIGHT는 폴란드/독일/아프리칸 아메리칸 혼혈 여성으로, 뉴잉글랜드의 백인 가정에 생후 7개월 때 입양되었다. 그녀가 9살이던 해 입양된 다른 혼혈 자매, 베트남계 입양인 오빠, 입양되지 않은 백인 자매와 함께 자랐다.

KIM DIEHL는 마이애미 플로리다에 입양되어 줄곧 그곳에서 생활하고 있다. 그녀는 사람들을 가두고 통제하는 것이 우리를 안전하게 만든다는 믿음에 도전함으로써 감옥산업복합체에 종지부를 찍으려는 국제적 운동 단체의 조직 구성원이다.

MARK HAGLAND는 1960년 한국에서 태어나 위스콘신 밀워키에서 자랐다. 위스콘신 매디슨 대학교에서 영어 학사를 받고 1982년 노스웨스턴 대학교에서 저널리즘 석사를 취득했다. 현재 시카고에서 살며 의료 정책, 비즈니스 등의 분야에 글을 쓰는 전문기자이다. 남성 동성애자로서 20여 년 넘게 그의 배우자와 살고 있으며 혼혈인 딸을 입양하여 키우고 있다.

DOROTHY ROBERTS는 노스웨스턴 법대 교수이며 사회학, 아프리칸 아메리칸학, 정책 연구원, 빈곤연구 공동센터에 임용되어 있다. 예일대학에서 학사를 받았으며 하버드 로스쿨에서 법학박사를 받았다. 생식과 모성애, 아동복지에 관한 법적 문제 내의 젠더, 인종, 계층의 상호작용에 관한 광범위한 연구 및 강의를 진행해왔다. *Shattered Bonds*와 *Killing the Black Body* 등의 저서로 상을 받기도 했다

KIMBERLY R. FARDY는 오클랜드의 저소득/우범지대의 젊은 유색인종 여성들의 자기 동기부여와 자기 결정권을 위한 사회경제정의 조직인 〈Young Women United for Oakland〉의 임원이다.

ELLEN M. BARRY는 〈아이를 가진 수감자를 위한 법률 서비스〉의 설립 이사이며 〈수감 여성을 위한 전미 네트워크〉의 공동 회장이다. 수감 여성을 위해 일한 공로로 소로스 시니어 저스티스(Soros Senior Justice) 펠로십과 맥아더 지니어스 지원금(MacArthur "Genius" Grant)을 받았다. 2005년에는 노벨 평화상 후보에 올라갔다.

LAURA BRIGGS는 입양부모이며, 여성학 부교수이면서 역사학, 인류학, 라틴아메리칸학 쪽에도 연관되어 있다. *Reproducing Empire: Race, Sex, Science, and U.S. Imperialism in Puerto Rico*의 저자이며 관심 연구 분야는 교육, 테크놀로지, 우생학, 재생기술이다.

KIM PARK NELSON은 1971년 서울에서 태어나 미네소타 세인트폴의 백인 가정에 입양되었다. 미네소타 대학 미국학 박사 논문에서 그녀는 한국계 입양인들을 냉전시대 이후 한미 지정학 관계의 상징으로, 입양에 관한 인종적 · 문화적 담론을 통제하도록 조직된 동기를 부여받은 배우들로 보았다.

PATRICK MCDERMOTT는 매사추세츠 살렘 주립대에서 라틴아메리카학과 라티노학을 공부하고 있다. 그는 하버드 록펠러 센터에서 열린 라티노학회에서 엘살바도르 이민자에 관한 연구를 발표한 바 있다. 엘살바도르의 무장 갈등 탓에 흩어진 가족들을 연결해주는 NGO인 Pro-Busqueda에서 일했고, 여타 중미 이민 조직 활동에 활발히 참여해왔다.

SHANDRA SPEARS는 배우이자 가수이며 작가로서 북미 전반에 걸쳐 공연하고 작품이 읽혀졌다. 연극과 커뮤니케이션학 학사를 받았으며 조지 브라운대학에서 성폭력 피해 여성과 아동을 위한 상담과 지지 프로그램에서 강사를 맡고 있다. 미국 인디언 오지브웨이 부족 출신인 그녀는 온타리오의 채텀에서 자랐으며 현재는 토론토에 살고 있다.

HEIDI KIIWETINEPINESIIK STARK는 미네소타 대학에서 미국인디언학으로 학사를 받았다. 포드 재단(Ford Foundation) 펠로십을 받고 미네소타 대학의 미국학 박사 과정에 있다. **KEKEK JASON TODD STARK**는 부시 리더십(Bush Leadership) 펠로십을 받았으며 햄라인 법대에 다니고 있다. 미니애폴리스 아메리칸인디언 센터에서 인디언 아동복지법 법원 모니터 일을 하였다.

TOBIAS HŰBINETTE는 스웨덴 스톡홀름대학교 동양언어학부에서 박사학위를 받았다. 스톡홀름 근교 봇쉬르카(Botkyrka)에 위치한 다문화센터(Multiculure Center)의 연구원이며, 쇠데르테른 대학교(Södertörn University)의 강사이다. 그의 박사학위 논문 Comforting an Orphaned Nation은 『해외입양과 한국민족주의』라는 제목으로 한국어로도 출판되었다. 한국의 해외입양에 관련한 자료를 망라한 아카이브를 운영하고 있으며, 트랙(Truth and Reconciliation for the Adoption Community of Korea)의 회원이기도 하다.

JAE RAN KIM은 한국에서 태어나 1971년에 미네소타로 입양되었다. 그녀가 김치를 처음 먹은 것은 서른 살 때였다. 2005년에 한국으로의 두 번째 여행을 마치고 나서 그녀는 법적으로 그녀의 원래 한국 이름으로 개명했다. 미네소타 대학 사회복지 분과의 Title IV-E 아동복지 학자이며, 그곳에서 사회복지학 석사과정을 마무리하고 있다. 그녀의 시와 소설, 에세이는 *Korean Quarterly, Korean Journal, Minnesota Monthly*, 그리고 *Star Tribune*지에 실린 바 있다. 두 아이, 배우자와 함께 미니애폴리스에서 살고 있다.

SHANNON GIBNEY는 미국 내에서 백인 가정으로 입양된 혼혈 흑인 여성이다. 다수의 지면에 소설과 비소설, 시를 기고했고 단편집으로 2002년 허스턴 작가상(Hurston Wright Award)를 수상하였다. 2005년 부시 아티스트(Bush Artist) 펠로십을 받았으며 인디애나 대학의 MFA프로그램에서 소설을 전공한 후 *Indiana Review*의 편집자로 활동하였다. 최근엔 소설 *Hank Aaron's Daughter*를 펴냈다.

BETH KYONG LO는 서울에서 태어나 1975년에 미국으로 입양되었다. 아이들로 가득찬 집에서 아이들을 돌보고 있지 않거나 임상심리학 박사 과정 작업을 하지 않을 때 그녀는 소설을 쓰거나 창작 비소설을 쓰며 시간을 보낸다. 그녀의 글은 *Seeds from a Silent Tree, A View from the Loft* 등의 책과 *Colors Magazine, Paj Ntaub Voice, Asian*

*American Renaissance journal*등에서 볼 수 있다.

BRYAN THAO WORRA는 1973년 1월 라오스의 비엔티엔에서 출생했으며 미국인 비행사에게 입양되었고 현재 미네소타의 세인트폴에 거주하고 있다. 가장 많이 책을 낸 라오스인 작가로서 *The Other Side Of The Eye*, *Touching Detonations*, *Winter Ink*, *Barrow and The Tuk Tuk Diaries: My Dinner With Cluster Bomb* 등의 저서가 있다. 미국 정부가 수여하는 예술 기금 중 문학 분야에서 라오스계 미국 작가로선 처음으로 수여자가 되었다. 2009년에는 미네소타 주에서 수여하는 아시안 퍼시픽 리더십(Asian Pacific Leadership) 상을 받았다.

JOHN RAIBLE은 흑인 혈통과 영국/아일랜드/프랑스/노르웨이계의 혼혈 입양인이다. 흑인 입양 부모와 여러 해를 산 뒤 1962년에 입양되었다. 다문화교육에 관한 석사를 가지고 있으며 매사추세츠 대학에서 박사 과정을 마무리하고 있다. John Raible Online이라는 웹사이트를 운영하며 인종간 입양에 관한 정보를 제공하고, NYSCCC 웹사이트의 '전문가에게 물어보세요' 페이지에 올라온 질문에 답변을 달기도 한다. 흑인 아이 두 명을 입양한 입양 부모이기도 하다.

RON M.은 스코틀랜드 글래스고에서 1961년에 태어나 생후 6개월에 스코틀랜드의 다른 가정으로 입양되고 가족 전체가 1970년에 호주로 이민갔다. 서른 살에 스코틀랜드 생모를 찾았고 이후 카슈미르 출신의 생부를 찾았다. 호주 인권과 평등 기회 커미션에서 일하고 있으며 20대 초반의 딸을 둔 아버지이다. 다른 나라에서 온 아이들의 입양을 앞두고 있는 부모들을 위한 워크숍에 정기적으로 강연자로 서고 있다.

HEIDI LYNN ADELSMAN은 미네소타 대학을 졸업했으며 미니애폴리스의 역사적 건물들, 학교의 인종분리, 환경정의에 대해 연구하고 미네소타 지역의 다양한 지면에 글을 쓰고 있다. 인종간 입양에 대한 그녀의 관심은 1960년대의 미네소타 인종간 입양의 선봉에 있던 자신의 가족이 겪은 일들에서 비롯했다. 유색인종인 남동생은 그녀의 어머니가 일했던 기관을 통해 1966년에 입양되었다.

RACHEL QUY COLLIER는 1974년 베트남에서 태어나 이듬해 미국으로 입양되었다. 이후 그녀는 모국과 입양국 둘 다에서 글을 쓰고, 편집하고, 강의하고, 사회복지 운동을 했다. 현재는 캘리포니아에서 배우자와 함께 살고 있다.

GREGORY PAUL CHOY는 미네소타 미니애폴리스에서 6년간 거주하며 미네소타 대학에서 인문학을, 세인트토마스 대학에서는 영문학을 가르쳤다. CATHERINE CENIZA CHOY는 UC Berkeley의 민족학부 부교수로서 아시안 아메리칸 문학을 가르치며, 2003년에는 아시안 국제 입양의 역사를 조명한 *Empire of Care: Nursing and Migration in Filipino American History*를 저술하였다. 2007년에는 *International Korean Adoption: A Fifty-Year History of Policy and Practice* 중에서 *Institutionalizing International Adoption: The Historical Origins of Korean Adoption in the United States*를 집필하였다. 두 사람의 공동 저작물로는 2003년 출간된 *The American Child, eds. Caroline Levander and Carol Singley*에 수록된 *Transformative Terrains: Korean American Adoptees and the Social Constructions* *of an American Childhood*가 있다.

AMI INJA NAFZGER는 1975년 한국의 전주에서 4살의 나이에 미국으로 입양되어 위스콘신에서 자랐다. 미네소타 오스버그 칼리지에서 사회복지, 사회학, 미국 인디언학을 전공했다. 1996년에 한국으로 이주하여 1998년 GOAL을 공동 설립했다. 2007년에 미네소타주 세인트폴 시에 소재한 비영리 단체 어답소스(Adopsource)를 창설했고 2012년 미네소타 주정부의 입양 문제를 다루는 부서의 최고책임자가 되었다.

KIRSTEN HOO-MI SLOTH는 1973년에 한국에서 태어나 생후 9개월쯤에 덴마크로 입양되었다. 정치학 석사이며 코펜하겐의 시장조사 회사에서 프로젝트 매니저로 일하고 있다. 1999년 이후로는 덴마크의 한국계 입양인 연합인 코리아클럽(Korea Klubben)의 이사회 구성원으로 있다.

INDIGO WILLIAMS WILLING는 베트남 사이공에서 호주 시드니로 1972년에 입양되었다. 베트남 국제입양인 모임(Adopted Vietnamese International)을 세웠으며 시드니 기술대학의 연구생으로서 MIT와 예일대에서 2002년에 작업을 발표했다. *The Review of Vietnamese Studies*와 베트남 호주 작가들의 단편집인 *Phoenix*에서 그녀의 글을 볼 수 있다.

PERLITA HARRIS는 인도 태생의 40대 여성으로 5세 이전에 입양되었으며 친생가족 모두와 재회했다. 인종간 입양에 관한 책들을 편집했고 영국 브리스톨 대학의 정치학 분과에서 사회복지에 관한 강의를 하고 있다.

SUNNY JO 는 30대의 한국계 입양인 작가이자 활동가이다. 그녀는 납치되어 18개월에 노르웨이로 입양되었고 현재는 스웨덴에 살고 있다. 한국에서 친생가족을 다시 만났으며 2000년에는 미국으로 입양된 친동생과 만났다. 그녀는 한국계 입양인에 관한 온라인 토론장이자 정보 포럼인 K@W의 개설자이다.

SANDRA WHITE HAWK는 로즈버드 인디언 보호구역에 있는 시칸구 라코타 부족 출신의 입양인이다. 현재 자녀 셋과 손자 셋이 있다. FNOA의 공동설립자이자 임원으로서 미국과 캐나다의 집회에 참여하곤 하는 그녀는 입양과 위탁양육 제도가 미국 원주민에게 끼치는 영향력에 관한 대변인이고 전통 무예가이기도 하다.

찾아보기

ㅈ

ㅊ

ㅋ

ㅌ

ㅍ

ㅎ

A

B

C

F

G

I

K

L

M

O